HERMES

在古希腊神话中,赫耳墨斯是宙斯和迈亚的儿子,奥林波斯神们的信使,道路与边界之神,睡眠与梦想之神,亡灵的引导者,演说者、商人、小偷、旅者和牧人的保护神……

西方传统 经典与解释
Classici et Commentarii
HERMES

施特劳斯集
The Collected Works
of Leo Strauss

刘小枫◎主编

重订扩充版

论僭政

——色诺芬《希耶罗》义疏
含施特劳斯与科耶夫通信集

On Tyranny
Including the Strauss-Kojève Correspondence

［美］施特劳斯 Leo Strauss ｜ 著
［美］古热维奇 Victor Gourevitch 罗兹 Michael S. Roth ｜ 编
彭磊 ｜ 译

华夏出版社

古典教育基金·蒲衣子资助项目

"施特劳斯集"出版说明

1899年9月20日,施特劳斯出生在德国Hessen地区Kirchhain镇上的一个犹太家庭。人文中学毕业后,施特劳斯先后在马堡大学等四所大学注册学习哲学、数学、自然科学,1921年在汉堡大学以"雅可比的认识论"为题获得哲学博士学位。1924年,一直关切犹太政治复国运动的青年施特劳斯发表论文《柯亨对斯宾诺莎的圣经学的分析》,开始了自己独辟蹊径的政治哲学探索。三十年代初,施特劳斯离开德国,先去巴黎、后赴英伦研究霍布斯,1938年移居美国,任纽约社会研究新学院讲师,十一年后受聘于芝加哥大学政治系,直到退休——任教期间,施特劳斯先后获得芝加哥大学"杰出贡献教授"、德国汉堡大学荣誉教授、联邦德国政府"大十字勋章"等荣誉。

施特劳斯在美国学界重镇芝加哥大学执教近二十年,教书育人默默无闻,尽管时有著述问世,挑战思想史和古典学主流学界的治学路向,身前却从未在学界获得什么显赫声名。去世之后,施特劳斯才逐渐成为影响北美学界最重要的流亡哲人:他所倡导的回归古典政治哲学的学问方向,深刻影响了西方文教和学界的未来走向。上个世纪七十年代以来,施特劳斯身后才逐渐扩大的学术影响竟然一再引发学界激烈的政治争议。自由主义知识分子觉得,施特劳斯对自由民主理想心怀敌意,是政治不正确的保守主义师主;后现代主义者宣称,施特劳斯唯古典是从,没有提供应对现代技术文明危机的具体理论方略。为施特劳斯辩护的学人则认为,施特劳斯从来不与某种现实的政治理想或方案为敌,也从不提供解答现实政治难题的哲学论说;那些以自己的思想定位和政治立场来衡量和评价施特劳斯的哲学名流，不外乎是以自己的灵魂高度俯视施特劳斯立足于古典智慧的灵魂深处。施特劳斯关心的问题更具常识品质，而且很陈旧：西方文明危机的根本原因何在？施特劳斯不仅对百年来西方学界的这个老问题作出了超逾所有前人的深刻回答，而且提出了切实可行的应对方略：重新学习古典政治哲学作品。施特劳斯的学问以复兴苏格拉底问题为基本取向，这迫使所有智识人面对自身的生存德性问题：在具体的政治共同体中，难免成为"主义"信徒的智识人如何为人。

如果中国文明因西方文明危机的影响也已经深陷危机处境，那么施特劳斯的学问方向给中国学人的启发首先在于：自由主义也好，保守主义、新左派主义或后现代主义也好，是否真的能让我们应对中国文明所面临的深刻历史危机。

"施特劳斯集"致力于涵括施特劳斯的所有已刊著述（包括后人整理出版的施特劳斯生前未刊文稿和讲稿；已由国内其他出版社出版的《霍布斯的政治哲学及其起源》《思索马基雅维利》《城邦与人》《古今自由主义》除外），并选译有学术水准的相关研究文献。我们相信，按施特劳斯的学问方向培育自己，我们肯定不会轻易成为任何"主义"的教诲师，倒是难免走上艰难地思考中国文明传统的思想历程。

古典文明研究工作坊
西方典籍编译部甲组
2008 年

Leo Strauss

Alexandre Kojève

目 录

中译本说明 ································ 1

序言与致谢 ································ 1
芝加哥大学版序言 ························ 3
增订版序言 ······························· 4

导言 ······································ 5
论僭政 ··································· 21
  色诺芬 希耶罗或僭主 ················ 22
  施特劳斯 论僭政 ····················· 43
        引 言 ························· 44
        一 问题 ························ 51
        二 标题和形式 ·················· 53
        三 场景 ························ 60
           A 人物及其意图 ············ 60
           B 对话的情节 ·············· 79
           C 特殊语词的使用 ·········· 104
        四 关于僭政的教诲 ·············· 106
        五 两种生活方式 ················ 123
        六 快乐与美德 ·················· 146
        七 虔敬与法 ···················· 163

施特劳斯与科耶夫的争论 ⋯⋯⋯⋯⋯⋯⋯⋯⋯⋯⋯⋯ 167
 科耶夫 僭政与智慧 ⋯⋯⋯⋯⋯⋯⋯⋯⋯⋯ 168
 施特劳斯 重述色诺芬的《希耶罗》 ⋯⋯⋯⋯ 213

施特劳斯与科耶夫通信集 ⋯⋯⋯⋯⋯⋯⋯⋯⋯⋯⋯ 253

人名索引 ⋯⋯⋯⋯⋯⋯⋯⋯⋯⋯⋯⋯⋯⋯⋯⋯⋯⋯⋯ 365
主题索引 ⋯⋯⋯⋯⋯⋯⋯⋯⋯⋯⋯⋯⋯⋯⋯⋯⋯⋯⋯ 370

中译本说明

1948年，流亡美国十载后，施特劳斯出版了他的第一部英文著作《论僭政》。当时施特劳斯年近五十，在社会研究新学院（New School for Social Research）执教。这所学院聚集了一批欧洲流亡学者，一时景象蔚然。最初，《论僭政》只是对色诺芬《希耶罗》的解读，薄薄一册，仅94页，时任新学院院长的经济学家Alvin Johnson作序（"关于色诺芬和施特劳斯博士"），扉页题献给CWM——据说是当时新学院的教务长Clara W. Mayer。

《论僭政》振聋发聩，力图揭示古今政治科学的根本差异。可是，此书面世后，几乎没有引起来自政治科学家们的回响。施特劳斯致信远在法国的老友科耶夫，嘱托他写篇评论，因为，"除了你本人和克莱因，我不知道还有谁懂得我在追求什么"（1948年8月22日信）。科耶夫很快写出评论，以"哲人的政治行动"为题于1950年发表。施特劳斯随即写了一篇回应文章，对科耶夫的论点做了"最彻底和最果断的讨论"（1949年9月4日信）。科耶夫提议出版《论僭政》的法译本，不只翻译施特劳斯的解读，还要收录《希耶罗》的法译文、科耶夫的评论、施特劳斯回应文章的法译文。经科耶夫的推动，1954年，"四合一"的《论僭政》在法国出版。科耶夫的评论改题为"僭政与智慧"，施特劳斯解读的大量注释被删去。

仿照1954年的法文版，《论僭政》于1963年出了英文增订版，篇幅扩充到228页。编者布鲁姆（Allan Bloom）找人翻译了《希耶罗》和科耶夫的评论，但科耶夫文的英译非常不准确。有感于这一缺憾，时隔近三十年后（1991年），古热维奇（Victor Gourevitch）和罗兹（Michael Roth）重新整理编辑了《论僭政》。他们找伯纳德特（Seth Benardete）修订了《希耶罗》的英译，使之贴合施特劳斯的解读，还自己重译了科耶夫的评论，收入并翻译了科耶夫与施特劳斯1932—1965年的通信。这个"五合一"版本扩充到336页，不再只是施特劳斯对一部古典作品的解读，还展现了施特劳斯与科耶夫深刻的思想争论，也记录了两人由年轻到年老的友谊。凡此种种，使得《论僭政》当之无愧地成为二十世纪的经典。

在这一版本的基础上，古热维奇和罗兹先后两次小幅订正，推出2000年版和2013年版。三个版本的差异主要在于施特劳斯的《重述色诺芬的〈希耶罗〉》。《重述》最初是以法文发表在1954年的《论僭政》法文版中，此后，施特劳斯删去了其中两个段落，以英文形式收入1959年的文集《什么是政治哲学？》(*What is Political Philosophy? and Other Studies*)和1963年版的《论僭政》。古热维奇和罗兹起初根据法文版将施特劳斯删去的结尾段落译回英文，在2000年版中根据新发现的英文原稿复原了这一段落，又在2013年版复原了被删去的另一个段落，从而恢复了"重述"的原貌。

《论僭政》或许是施特劳斯最易读、最易进入的著作。施特劳斯敏锐的眼力、细致的文本解读功夫在书中发挥到了极致。也正是从《论僭政》开始，施特劳斯深化了他早年对启蒙的一系列思考，开始着力探讨那些标志着他迈向思想成熟的主题，比如古今之争、隐微与显白教诲、哲学与政治的关系以及"神学-政治"问题。由于触发了与科耶夫的争论，《论僭政》也极其有助于理解施特劳斯的古典立场何以与现代立场对立。

"经典与解释"系列丛书出版的第一部施特劳斯的著作便是《论僭政》，何地先生的译本问世于2006年。十年过去了，对施特劳斯著作的翻译和研究在中国有了极大推进，施特劳斯几乎所有已刊和未刊著作（包括书信）都有了中译。笔者十年前初读《论僭政》，叹服于施特劳斯的眼力和洞察,为了个人更好的学习,遂起念翻译。没想到,译事一再延宕,时断时续,竟绵延了六年多。译稿最初据2000年版翻译,译毕又据2013年版修正。多谢刘小枫老师和陈希米女士,有赖于他们的督促,这桩心愿才得以顺利了结。

彭 磊

2016年4月20日

中国人民大学古典文明研究中心

序言与致谢

　　施特劳斯对色诺芬《希耶罗》的注疏体研究《论僭政》首版于1948年。1954年出了法文版，除了施特劳斯原初的研究外，还收录了《希耶罗》的法译、科耶夫对施特劳斯研究的重要评论，以及施特劳斯的《重述》——文中简短回应了沃格林教授的评论，并进而逐条挑战了科耶夫的评论。1963年出了内容大致相同的英文版。如今，我们有幸能够推出这一已成经典之作的最新版本，并增加了施特劳斯与科耶夫之间现存的全部通信。

　　利用这次再版的机会，我们订正了原有版本的各种错漏，并修订了译文。我们尤其感谢伯纳德特教授细致审定了《希耶罗》的译文。科耶夫《僭政与智慧》一文原有的版本需全盘修改，所以我们给予重译。

　　我们复原了施特劳斯《重述》中相当重要的结尾段落，这一段落见于先前的法文版中，但被此后的美国版删去。遗憾的是，我们没找到施特劳斯英文原稿的复印件，所以只能从发表过的法译转译这一段落。

　　在导言部分，我们拟集中讨论当前这个版本收录的文本所提出的诸多问题，并尤其关注施特劳斯与科耶夫的争论。读者若对这场争论更广阔的背景感兴趣，不妨参见以下更详尽的论述：古热维奇的《哲学与政治》《自然正当问题与〈自然正当与历史〉中的基本抉择》；[①]罗兹的《认知与历史：二十世纪法国对黑格尔的窃用》《承认：

[①] Victor Gourevitch, "Philosophy and Politics", I-II, 载 *The Review of Metaphysics*, 1968, 32：页58-84, 281-328; "The Problem of Natural Right and

科耶夫和历史的终结》。①

我们不想过多介入读者与文本中间,因此尽量减少了编注。除非特别说明,编注均放在尖括号"〈　〉"中。

罗兹在为《认识与历史》做研究的过程中,在科耶夫的文档中发现了施特劳斯的信件。科耶夫致施特劳斯的信件则保存在芝加哥大学图书馆的施特劳斯档案中。感谢科耶夫的遗产继承人 Nina Ivanoff 惠允我们发表施特劳斯的信件,感谢施特劳斯文献遗产的执行人克罗波西教授惠允我们发表科耶夫的信件。同样感谢 Laurence Berns 惠允我们使用施特劳斯的照片,感谢伊万诺夫惠允我们使用科耶夫的照片。

古热维奇誊写、翻译、注释了这些信件,并为之撰写了短序。本书导言由我们合写。

古热维奇／罗兹
1990 年 6 月

---

the Fundamental Alternatives in Natural Right and History",见《自由民主的危机》(The Crisis of Liberal Democracy), K. Deutsch/W. Scoffer 编, SUNY Press,1987,页 30-47。[译按]《哲学与政治》一文中译见《驯服欲望:施特劳斯笔下的色诺芬撰述》,华夏出版社,2002,页 26-88;《自然正当问题与〈自然正当与历史〉中的基本抉择》,中译见《施特劳斯与古今之争》,刘小枫选编,华东师范大学出版社,2010,页 91-111。

① Michael Roth, *Knowing and History: Appropriations of Hegel in Twentieth Century France*, Cornell 1988; "The Problem of Recognition: Alexandre Kojève and the End of History",载 *History and Theory*,1985,24:页 293-306。

芝加哥大学版序言

很高兴有这次机会恢复第一次印刷时不幸漏掉的"致谢":感谢 Jenny Strauss Clay、George Elliot Tucker、Suzanne Klein、Heinrich Meier 在最开始誊写施特劳斯信件时付出的辛劳,感谢 Herbert A. Arnold、Krishna R. Winston 在审阅信件的译文时对我们的帮助。

我们也很高兴能够复原施特劳斯《重述》一文结尾段落的原样。伯恩斯非常慷慨地把自己保留的英文原稿复印件交给我们使用。

我们订正了一些敏锐的读者正确指出的打印错误,并更新了一些编注。

古热维奇/罗兹
1999 年 9 月

增订版序言

施特劳斯最初发表《重述》(Mise au point),是在《论僭政》法文版中(Gallimard,1954)。他选择在英文版中删去其中两个段落,《什么是政治哲学?》(1959)收入的版本是如此,《论僭政》英文"修订扩充版"(1963)中亦如此。在我们早先编定的《论僭政》中,我们自作主张,恢复了极其重要的最后一个段落。如今我们又被说服恢复另一个删去的段落。这个段落出现在今版的第 193 页。我们从 Nathan Tarcov 拥有的清楚、干净的打字稿中复制了这一段落。非常感激他把打字稿交给我们处理。打字稿上的评注不知出自谁手,我们并未视之为权威,也未据之做任何推测。还要感谢 Nathan Tarcov、Hilail Gildin、Heinrich Meier、David K. O'Connor、Emmanuel Patard、Olivier Sedeyn,以上诸位提醒我们注意上一版本中的疏忽和打印错误。

古热维奇／罗兹
2012 年 5 月

导　言

　　[ix]过去十年间,对现代性性质的论争不休不已。我们是否真的已经从现代走到了后现代?如果我们完成了这一转变,我们如何才能评价引致这一转变的历史?或者说,这一转变的标志就是我们无力做出这样的评价?这一新版《论僭政》带我们回顾两种较早的关于现代性的立场:施特劳斯和科耶夫的立场。在两人关于僭政的争论中,在两人的通信中,我们清晰地看到了有关哲学当今的可能性和责任的基本抉择。

　　两人的争论极不寻常,涵盖了比较表面的政治差异乃至关于第一原理的基本分歧。通常,在分歧如此深刻和激烈的情况下,不太会有严肃认真的讨论。但在这里,双方理解问题的愿望比他们对自己立场的依附要强。这是他们之所以如此彻底地阐述自己立场的原因之一。他们完全清楚,在大多数情况下,把哲学的或政治的选择仅仅归约为两个选择,这是不明智的。但是,这样做的确有助于让问题凸显出来。

　　把这么多相关的文本辑到一起,好处显而易见。这样做的主要弊端,可能就没那么明显了:由于施特劳斯最初的《论僭政》成了一个更大的整体的一部分,所以就难以从它自身来审视它。但这一努力值得尝试。《论僭政》是对色诺芬的短篇对话的细读,对话在叙拉古僭主希耶罗与智慧的诗人西蒙尼德之间展开,[x]谈论僭政的各种负担、如何可能减轻这些负担。施特劳斯是位模范读者。他带着敬重和一颗开放的心灵阅读。因为他阅读是为了学习,所以他带着批判的眼光阅读。而与施特劳斯最格格不入的,就是利用文本作为展示自己智巧的跳板。《论僭政》是施特劳斯第一次发表对单部古典作品的完整分析,而且一直是他的细读作品中最易进入的。《论僭政》的确应当处理一篇对话。施特劳斯非常合理地假定,谨小慎微的写作者会选择呈现自己思想的形式,因此一部对话和一篇论文的差别具有哲学意义。据此,他密切关注一部对话的言辞,也同样密切关注其背景、人物、情节。《论僭政》说明,通过这样密切关注一部对话的戏剧特征,对这部对话的论证的理解能够得到多么大的丰富。施特劳斯的解读方式直接挑战了黑格尔的观点:对话的戏剧特征仅仅是装饰。这两种路向的差别,生动地体现在科耶夫对柏拉图的黑格尔式解读与施特劳斯对相同对话的解读之间的对立上。在讨论这些差异时,施特劳斯简要地阐明了自己的解释原则,进而简要但饶有意味地评论了一些他从未在著作中讨论过的对话。从科耶夫1957年4月11日的信件开始,至施特劳斯1957年9月11日的信件结束,他们讨论柏拉图的一系列信件或许很有助益,可与施特劳斯对《希耶罗》的解释对照来读。这也是这些书信最有意思的地方之一。

施特劳斯语带挑衅地开始《论僭政》:现代政治科学缺乏对最大规模的政治现象的理解,以致甚至不能认清那些最坏的僭政的本相:

>……当我们被带到僭政面前——一种超过了过去最强大的思想家们最大胆的想象的僭政——我们的政治科学没能认出来。(页23,177)

鉴于"我们的政治科学"的失败,他提请我们重新考虑古典政治哲学或科学如何理解僭政。这一提请随即提出了如下问题:古典政治思想如何可能正确处理那些与它曾经直接经历的政治现象迥异的政治现象?这一问题预设黑格尔的以下主张是正确的:"哲学是在思想中所把握的它自己的时代"(philosophy is its own time grasped in thought)。[xi]《论僭政》的目的之一就是挑战这一主张。

施特劳斯提请我们重新考虑的古典政治哲学的根本前提是：那些基要问题，尤其是政治生活的基要问题，至少在原则上来说，永远都有、处处都有。"僭政是一种与政治生活同步发生的危险"（页22），而且，对政治生活的反思表明，"社会将总是试图对思想施行僭政"（页27）。对僭政的反思因而导向对思想或哲学与社会之关系的反思。施特劳斯因此逐渐将他的探究的关注点从僭政本身转向哲学与社会的关系。在他看来，《希耶罗》展现了对这一关系古典的、苏格拉底式的理解：西蒙尼德代表哲学生活，希耶罗代表政治生活。哲学与社会的关系对于理解古代僭政至关重要，对于理解现代僭政同样如此。因为，尽管现代僭政的鲜明特征源于意识形态和技术，但意识形态和技术是对哲学与社会之关系极其现代的理解的产物或副产物（页23）。施特劳斯自视为对这一关系的古典理解的代言人，而科耶夫自视为现代理解的代言人。

两人完全同意，哲学与社会之间有一种紧张，的确有一种冲突（页195，205，比较页27）。他们也同意，哲学或智慧在诸目的的等级中位列最高，是建构性的目的或原理（《黑格尔导读》[Introduction à la lecture de Hegel]，Paris，Gallimard，1947，页303，95，273-275，397以下；1950年9月15日信[译按]疑为1950年9月19日科耶夫致施特劳斯信）。他们的分歧在于，哲学与社会的冲突是否能够并且应该得到解决。换言之，他们在一个完全理性的社会的可能性这一问题上有分歧。选择显而易见：要么保持哲学与社会之间尽可能大的距离，尽可能努力规避两者的冲突；要么致力于哲学与社会的和解，尽可能努力解决两者的冲突。施特劳斯选择前者，科耶夫选择后者。

对施特劳斯而言，哲学与社会的冲突不可避免，因为社会基于对共同信念的共同信赖，而哲学质疑任何信赖和权威。他站在柏拉图一边反对科耶夫的黑格尔，声称哲学不可能不再是一种探询，而成为单纯的智慧。

> 哲学本身不是别的，而是真正意识到某些问题，即那些根

本的、全面的问题。思考这些问题,[xii]不可能不变得倾向于一种解决方案,倾向于非常少的解决方案中的一种或另一种。然而,只要没有智慧而仅仅有对智慧的探询,所有解决方案的证据必然渺小于这些问题的证据(页197;1934年1月16日信,1957年5月28日信)

哲学生来是怀疑的或"探询的"(页197)。哲学因此有瓦解社会的自我确信并削弱其意志的危险。哲学因此必须考虑社会的要求。但是,一旦它屈从于社会的要求,它就不再是哲学,而成了教条。哲学因此必须走自己的路。人的问题不接受一种政治的解决(页182)。

科耶夫拒绝这一结论。在科耶夫看来,哲人发现自己面对着他的社会或时代的各种实践和信念上的种种不一致、"矛盾",而哲人不可能"仅仅"在思想上解决它们。哲人必须也在行动上解决它们。解决"矛盾"的唯一有效方式——解决人与人之间或人与自然之间的任何差异的唯一有效方式——就是通过劳作和斗争来改变最初展现"矛盾"的现实:通过启蒙或意识形态,改变人们的态度、信念和生活方式;通过征服和控制自然或技术,改变人们的物质生活条件(页178)。所有重大的理论分歧同时也是实践性的。这意味着,这些分歧不可能由单独一个人来解决,只能大家一起解决,通过每个人与所有人的共同努力。哲学必然是政治的,政治必然是哲学的。如科耶夫所说,任何真正求"知"——就此词的强烈意义而言——的人将被驱使着"验证"他纯然"主观的确定性"(页152,163以下,166)。

> 那么,只要一个人是独自知道某物,他就永不能确定他真的*知道*它。如果一个坚定的无神论者以社会(国家)和历史取代上帝(即超越人的意识和意志的意识和意志),他就不得不说,但凡实际超越了社会的和历史的验证的东西,都永远要归

入意见(doxa)之域。(页161)

"验证"我们意见的唯一方式,是让这些意见"被承认"。"承认"(Recognition)"验证"我们的"主观确定性",表明"对我们"成立的也"对他人"成立。"承认"由此建立一种"主体间的同意"(inter-subjective consensus)。"承认"必然是相互的。因此"承认"[xiii]始终会有一种道德维度。至少,"承认"永远也是承认他人是自由和平等的。这意味着,哲学的进步只有与道德的和政治的进步携手才是可能的(页174以下)。"历史"——就科耶夫赋予此词的强烈意义而言——是一连串得到"承认"的"验证"的历史。"承认"带来"满足"。科耶夫更喜欢谈论"满足"而不是"幸福",这同样因为,"满足"是一个更公共因此也更"客观"的判断标准,而"幸福"容易沦为私人性的或"主观的"。"承认"带来"满足";它是否带来"幸福"完全是另一个问题(1946年6月22日信,1956年6月8日信;黑格尔,《历史中的理性》[*Vernunft in der Geschichte*],Lasson编,Meiner,1930,页70,78)。因此,强烈意义上的"历史",人类为了通过"承认"获得满足而付出的千年辛劳和斗争,就是人与人之间的和谐、人与世界之间的合一不断的实现和"验证"。简言之,历史是对"所有人是自由和平等的"这一命题渐进的承认。

科耶夫主张,归根结底,对相互承认的寻求只可能在他所说的"普遍同质国家"中得到满足。任何缺乏"同质性"亦即平等的东西,都会为阶级、地位、性别的专断区分留下可能。任何缺乏"普遍性"的东西,都会为宗派的、宗教的或民族的敌对,为持续的内战和外战留下可能。在普遍同质国家中,每个人都"知道",并生活在每个人享受着平等的尊严这一"知识"之中,这种知识植入了国家的种种实践和制度(例见《黑格尔导读》,页184以下)。一旦所有人承认所有人都是自由的,就不会再有集体性的不满足,因而就不会再有集体性的追寻或努力,尤其不会再有为了新的方式和秩序或为了一种新的理解进行的集体性的劳作和斗争。一旦人们是自由的,并普遍承认他们是自由的,历史——就此词的强烈意义而言——就终结了。只要政治的进步与哲学的进步携手前行,它们的完成就也将如此。因此,历史的终结也标志着哲学或对智慧的探询的终结,标志着纯粹的智慧的统治的开始(例见《黑格尔导读》,页435注)。

对科耶夫的黑格尔而言,历史是真理的启示,这一真理主要是通过主奴辩证法完成的诸多交替得到启示的。主奴辩证法是历史的发动机,对承认的欲望是燃料。[xiv]科耶夫赋予主奴辩证法的中心地位为什么如此强有力?科耶夫的黑格尔无疑是一位激动人心的实用主义者。真理和成功的行动被捆绑在一起,进步是通过为了"承认"进行的劳作和流血斗争来实现的。科耶夫宣称,凭借由马克思和海德格尔的文本打磨过的透镜,他能够看清历史的整一性(totality)以及人类欲望的结构。当历史和欲望的目的、目标变得清晰,历史和欲望也就变得可理解了。科耶夫宣称要提供这种清晰,他以一种政治宣传的形式表达他的解释,这种政治宣传将会推进革命,而革命将会确证这一解释本身。在1930年代,科耶夫认为黑格尔的哲学促进了历史的最后阶段应有的自我意识,这一阶段的特征在于,人对相互的、平等的承认的根本欲望得到了满足。科耶夫——以及所有其他人——也能看到,谁是平等的敌人,因此,为了"承认"进行的最后斗争的战线是清楚的。哲学与革命在世界历史的巅峰中连接起来。

"二"战后,或许是回应施特劳斯对自己观点的尖锐批评(尤其在其1948年8月22日的信中),或许也是回应他可能感到日益板结的政治环境,科耶夫放弃了他的"英雄黑格尔主义",放弃了他对历史的意义和方向的信心。他后期的著作不再采取政治宣传的形式,不再旨在激起一种革命性的自我意识。他转而采取对一部已经完结的历史进行解说的形式。革命的地位的变化促成了科耶夫哲学的形式的变化:他从一个激动人心的实用主义者转变成了一个好反讽(ironic)的文化批评家。他依旧相信,世界历史的巅峰会阐明之前所有事件的真理;他依旧写作讨论黑格尔的哲学,认为它提供了这一真理。不过,他不再把这一哲学置于世界历史的巅峰的起始处,他在后期著作中宣称,历史的终结已经发生。一旦革命不会马上发生这一点变得清楚可见,对科耶夫的黑格尔主义而言,唯一可能的政治修辞就是采用反讽(irony)的方式。他后期著作中大部分反讽的锋芒,都缘于他在连"进步"也不可能的时候对自我意识的尊崇。

"历史的终结"和"哲学的终结"这些说法已经变得流行,成了空洞的口号。在我们的时代,科耶夫第一个严肃思考了这些说法或许意味着什么。

[xv]以某种修辞性的浮夸,科耶夫声称历史于1806年随着拿破仑在耶拿之战中对普鲁士的胜利"终结"了,这场胜利使欧洲其他国家——长远来看,也使世界上其他国家——向法国大革命的原则开放。

> 自此以后,所发生的一切都不过是罗伯斯庇尔—拿破仑在法国实现的普遍的革命力量在空间上的延展。从真正历史的视角看,两次世界大战以及随之而来的大大小小的革命,所起到的作用仅仅是,使偏远地域落后的文明与(的确或实际上)最发达的欧洲历史阶段步调一致。如果俄国的苏维埃化和中国的共产化殊为重要和特殊,不同于德意志帝国(通过希特勒主义)的民主化、多哥(Togo)的独立甚至是巴布亚人(Papuans)的自决,①这也仅仅是因为中苏实现了罗伯斯庇尔式的波拿巴主义,从而迫使后拿破仑的欧洲加速清除它前革命的过去众多或多或少过时的残余。与在欧洲本身相比,这一清除的过程在北美(即欧洲的延展)更为发达。甚至可以说,从某种观点看,美国已经达到了马克思主义的"共产主义"的最后阶段,因为

---

① [译按]多哥位于西非,曾是英法殖民地,1960年独立。巴布亚人是太平洋岛屿上的土著民族。

一个"无阶级社会"的所有成员实际都能够获得他们想要的任何东西——不论他们什么时候想要,同时又无需为之从事超过他们意愿的工作。(《黑格尔导读》,第二版,页 436 注;J. H. Nichols Jr. 译文,页 160 以下,略有改动)①

显然,如果俄国革命、两次世界大战、斯大林主义和希特勒主义仅仅确认——"验证"——了"历史的终结",那么,"历史的终结"就不可能意味着什么都不会再发生。它只可能意味着,在生活的所有层面、在地球的整个表面,不会再实现任何彻底新的东西、任何在重要性上可与"承认"相比的东西;它只可能意味着,以黑格尔的话说,所有人是自由的,或者,如科耶夫所说的"普遍同质国家"所暗示的,所有人是自由和平等的。但是,这绝不意味着政治的终结。如施特劳斯注意到的,科耶夫从来没有期望国家什么时候会消亡(页 211)。

科耶夫认为,如果历史是为了实现自由和平等进行的千年斗争,那么,历史的终结也标志着"历史之人"——努力和斗争的人,简言之,就是我们目前所知的人——的终结(1950 年 9 月 19 日信;《黑格尔导读》,页 387 注 1,页 434,64)。科耶夫并不认同马克思的历史终结观:[xvi]历史向"真正自由的王国"敞开,在"真正自由的王国"中,人们可以早上打猎,下午钓鱼,晚上饲养家畜,晚饭后搞评论,同时无需成为猎人、渔夫、农夫或评论家(《资本论》III. 48. iii;《德意志意识形态》I A)。他也不期望,一旦人们实现自由和平等,还会继续并寻求实现高贵或善。他倒是设想,大多数人满足于彼此的相互承认,无目的或无限制地做着他们所做的一切,随心所欲地获取和消费,他们将会做正确之事,避免做错误之事,因为没什么会

---

① [译按]参见 *Introduction to the Reading of Hegel:Lectures on the Phenomenology of Spirit*, Allan Bloom 编,J. H. Nichols Jr. 译,Cornell University Press,1980。

强迫他们不这么做。他们不会是英雄；科耶夫看上去认为，他们也不会是恶棍。他们仅仅是"自动机"(automata)，只有通过茶艺、插花或能乐①这样纯粹自命不凡的、一本正经的仪式，他们或许才显示出一丝残余的人性。在普遍同质国家中，会有少数人依旧不满足他们无目的的存在，他们会去寻求智慧。由于他们生活在一个本质上理性的秩序中，他们不再需要为了理解而改变这一秩序。他们现在"仅仅"能沉思(1950年9月19日信；《黑格尔导读》，页440注；第二版，页436注)。"密涅瓦的猫头鹰在黄昏起飞。"

科耶夫一贯认为，如此理解的终结是好的、可欲的。科耶夫的哲人们因此会尽其所能把自由和平等嵌进各种实践和制度之中，或者，"至少接受并'说明'这种行动，如果某人在某地参与其中"(《黑格尔导读》页291；1953年10月29日信全文)。我们不禁想知道，科耶夫如何将赞成"普遍承认"与"接受"和"说明"这个时代最坏的僭主们调和起来。在《僭政与智慧》中，他的确建议僭主们在普遍同质国家中寻求相互承认，换言之，寻求"自由化"，至少长远来看，也寻求某种形式的民主。科耶夫当然知道，如果他的建议传到僭主那里，在最好的情况下，僭主也会装作没听见。但他也知道，行动比言辞更有分量，不论他曾说过什么，他的行动是为了尽己所能对僭主施加压力。他非常正确地认为，他帮助建立的欧洲经济共同体可以成为一个能够抗衡苏联的经济力量，因此能够迫使苏联自由化(1950年9月19日信)。他显然也把欧洲经济共同体和苏联看成"普遍同质国家"最为可能的两种非此即彼的模式，[xvii]他人生的最后二十五年都在努力使欧洲模式胜出。他并没有无视时代的恐怖，"像个暴风雨中的人，在墙后面寻找遮挡"。

科耶夫所理解的历史的终结也标志着"哲学的终结"。实际上，他把普遍同质国家看成历史的目的和完成，这只是因为他把普遍同质国家看成必要条件，有它才会有全面且条理的——因而确定

---

① [译按]能乐(Noh Plays)是日本传统歌舞艺术形式。

且真实的——阐述（account）；简言之，才会有智慧（1950年9月19日信；《黑格尔导读》，页288以下，291）。智慧是建构性的原理。全面且条理的阐述是"循环的"：它解释并解决了"所有"可替代的、临时性的（早前的）阐述之间的冲突，同时又阐述了它自己。临时性的阐述——亦即严格意义上的哲学或诸哲学——不可避免地被怀疑主义遮蔽。全面且条理的阐述会克服这种怀疑主义。

怀疑主义是一回事，相对主义完全是另一回事。确定的阐述是否可能，怀疑主义对之存而不论。相对主义则绝对否定这一可能。最典型也最具影响力的相对主义接受黑格尔的论证，即直到"现在"，存在、生命和思想完全是历史性的，但拒绝黑格尔的结论，即历史"现在"已经终结。他们认为，历史不可能"终结"，因此"永远"不可能有一种确定的阐述。科耶夫和施特劳斯一致断然拒绝这一被斩首的黑格尔主义（例见1950年9月19日信，1957年8月1日信全文）。科耶夫以全面且条理的阐述的名义拒绝之，施特劳斯以怀疑主义——他喜欢称怀疑主义作探询主义（zeteticism）——的名义拒绝之。

科耶夫并不认为，"哲学的终结"没有留下任何要思考的东西，或说人们将停止思考。我们至多能说——或他至多能说，如他所说——从此以后，没有机会进行从"真正历史的视角"（以第xv页的引文的语言来说）来看非常紧要的思考。从此以后，人们思考"仅仅"是为了理解。从此以后，思考就是重思或重忆（erinnern）并重构历史，尤其是哲学史，并重新确定历史的目的。科耶夫正是以这种精神看待他后期对古代哲学的研究，他在与施特劳斯的通信中详细讨论了这方面的内容。

施特劳斯从头到尾拒绝科耶夫对哲学与社会的调和。这一调和既无必要，又不可欲，甚至也不可能。[xviii]他研究《希耶罗》的目的之一，也许是主要目的，是呈现支持调和两者的论证之外的其他可能，而且，他在回应科耶夫的评论时抓住机会重述了这一可能。

在他看来,科耶夫的评论仅仅确认,调和哲学与社会的努力注定会毁灭两者,并由此再次确认,需要厘清亦即"解构"两者的交缠,恢复两者古典的分离。

施特劳斯承认,他的确也强调,他所理解的哲学生活本质上是分离的生活。哲学生活达到了人所能达到的最大程度的自足。哲人们的"自我崇拜或自我满足要变得合理,并不必然需要他人的崇拜来确认"(页204)。当科耶夫称对哲学生活的这一阐述是"伊壁鸠鲁式的",施特劳斯并没表示反对。他也没有被科耶夫"验证主义者的"(verificationist)论证所遏阻。主观确定性令人遗憾,但或许不可避免。哲人们总是倾向于聚集在彼此对立的宗派之中。不过,在清楚地暗示科耶夫和他本人一生友好的分歧时,施特劳斯补充说,哲人们之间的"承认"也能够超越宗派性的忠诚。Amicus Plato[吾友柏拉图]。然而,尽管"承认"不一定仅限于同一宗派的成员,它也不可能是普遍的。"普遍的承认"轻视甚或完全忽略有能力者与没能力者的区别,或知识与意见的区别。事实上,对承认的欲望根本不是对知识的欲望。对承认的欲望只不过是享有另一个名称的虚荣:Recognitio recognitiorum[对承认的承认](页209)。科耶夫曾试图通过谈论"赢得的承认"(earned recognition)避开这一批评(页156)。但是,"赢得的承认",即我们从那些赢得了我们承认的人那里赢得的承认,不可能与科耶夫所鼓吹的平等且普遍的承认相调和。"承认"不能解决哲学的分离这一问题。因此,对于通过承认来进行验证,科耶夫的论证,即哲人们必须改变世界以及自己,以便使世界与他们的(否则只能是主观的)确定性和谐一致,是无力的。所以结论就是,哲学必然是政治的(页208以下,195以下,203以下)。

更准确地说,施特劳斯完全承认,他的确也强调,哲学不可避免地是政治的,哪怕仅仅是因为哲人们生活在政治共同体中。但他否认,哲学需要为任何既定的政治秩序的改善做出贡献。哲学不需要为了它自己的善这么做,也没有义务为了公共的善这么做。因为人们在信念和实践上的种种不一致不可能在行动上得到解决。[xix]此外,哲学并不要求一种正义的,甚或条理分明的政治秩序。哲学和哲学教育在各式各样的政制中都可以兴盛,也必然与所有政制发生冲突。因此,哲学在任何时候、任何地点都不得不保护自己,应对怀疑甚至是直截了当的指控:败坏青年,宣扬怀疑主义和无神论。为了这一目的,哲学从事施特劳斯所称的"哲学的政治",即哲人们无时无地不在做的这样一种努力:说服社会相信哲人们珍视社会所珍视的、痛恶社会所痛恶的,从而赢得社会的宽容甚至是赞同(页206以下)。科耶夫把调和哲学与政治共同体的任务归于知识分子,他们力图把哲学带入共同体,并启蒙共同体(页173),施特劳斯则把这一任务归于修辞家,他们就像普洛斯比洛(Prospero)的技艺,①力图保护哲学免受共同体之害,也保护共同体免受哲学之害(页205以下):

> 我不相信苏格拉底与民众交谈是可能的(我不清楚你怎么看这一点)。哲人与民众的关联是通过某一类修辞家的中介,他们唤起人们对死后惩罚的恐惧;哲人可以引导这些修辞家,但不可能做他们的工作(这就是《高尔吉亚》的意义)。(1957年4月22日信)

对施特劳斯来说,说哲学是政治的,主要是就哲学的方式而言。对科耶夫来说,哲学的内容同样是政治的。

科耶夫的论证成立与否,取决于他的这一观点成立与否:哲学与社会的调和使得终结作为探询的哲学成为可能,并为智慧,亦即确定的、全面的和条理的阐述,提供了条件。以科耶夫简练的表达来说,这样一种阐述会推理出我们(能)从"我们言说"这一事实出发说出的一切(1953年10月29日信)。他显然并不认为,有必要

---

① [译按]莎士比亚戏剧《暴风雨》中的主人公,拥有魔法。

或有可能还要推理出"'我们言说'这一事实"。然而，他所理解的智慧，即全面的、条理的亦即"循环的"阐述，也要求他推理出如下这点：人并不完全是自为成因（self-caused）。因此，全面的、条理的阐述要求对人、对生物和自然的推理性阐述。黑格尔尝试过这样的推理。科耶夫一贯否认，这样一种推理或任何对自然的推论性阐述是可能的（《黑格尔导读》，页166-168，378）。问题由此产生：他的阐述能否是——即便仅仅在原则上——全面的和条理的？[xx]相同的问题会以略微不同的样貌产生，只要一个人停下来反思科耶夫的这一观点：他所谓的全面的和条理的阐述要求哲学与社会的调和，这一调和预设了对自然的征服和控制，并由此预设了自然服从于人的意志和理性（《黑格尔导读》，页301）。换言之，如施特劳斯所指出的，它预设了一种人类中心主义的目的论或天命论。如果一个人拒绝这一预设，正如科耶夫明确做的以及施特劳斯默而不宣地做的，哲学就不可能战胜怀疑主义。"自然"对我们给出一个全面的阐述的能力施加了限制。施特劳斯因此质疑哲学和社会是调和的或能够完全调和。"自然"的问题不能被抛在一边，正如它不能通过"承认"来得到解决（1957年5月28日信，页279；比较1948年8月22日信，页237；另见《自然正当与历史》，页173注9）。

至于"承认"的道德维度，施特劳斯不假思索地拒绝如下命题：人们能够或应该对"每个人都承认每个人在机会和尊严上享有平等的自由"感到满足（页208以下，210）。他常常留给读者这样鲜明的印象：在他看来，自由和平等与其说是目标，不如说是对软弱和激情的让步。他挑战科耶夫，让科耶夫表明他那普遍同质的目的国家的公民们与尼采的"末人"有何不同（页209；1948年8月22日信，页239；1957年9月11日信，页291；见《扎拉图斯特拉如是说》I. 3-5）。末人们自我陶醉，自我满足。他们不知惊讶也不知敬畏，不知恐惧也不知羞耻。他们的灵魂退化了。他们令人厌恶之极。我们禁不住对他们避而远之。单单这一事实就清楚表明，我们并不仅仅满足于被承认为自由和平等的。尤其是，一个未为灵魂对伟大的渴望保留充足空间的政治社会,或许能一时毁灭或压制人的人性,但长远来看,它最可能导致它自己的毁灭。当受伟大抱负驱使的灵魂得不到空间来寻求高贵和美之物,他们会变得倾向于毁灭。如果他们不能成为英雄,他们就会成为恶棍。通过这寥寥几笔对灵魂的提及,施特劳斯回到了自然的问题,并特别回到了人的自然的问题:任何充足的伦理和政治都不得不考虑灵魂的自然。科耶夫承认,如果有一种人的自然,施特劳斯就是对的。但他拒绝把人的自然作为一个标准,尤其拒绝以之作为道德或政治的标准:

> [xxi]……问题在于,一方面谈论"伦理"和"应当",另一方面谈论遵照一种"被给定的"或"固有的"人的自然,这两者是否并不矛盾。因为,动物们无疑拥有这样一种自然,但它们并没有道德意义上的"善"或"恶",至多有健康或疾病、野性或驯化。一个人或许因此得出结论说,会导致大众驯化和优生学的正是古代的人类学。(1953年10月29日)

科耶夫的语言仅此一次锋芒毕露:Massendressur 或 mass-training[大众驯化],Volkshygiene 或 eugenics[人民卫生/优生学],难免让人想起纳粹的语言和实践。还有,不论一个人怎么看待这种"生物主义"的指控,问题并没有由于忽略自然或诉诸 Geist 或 esprit[精神]得到解决。对科耶夫而言,精神赖以征服自然的斗争和流血战斗并不仅仅是比喻性说法。在同一封信的前文,他为斯大林的集体化运动辩护。他选择的术语 Kollektivierungsaktion[集体化运动]清楚地承认了这些集体化运动无情的野蛮。他看上去认同黑格尔令人不寒而栗的判断:"精神的伤口会无疤而愈。"(1999年末,未经证实的媒体报道称,科耶夫涉嫌以某种不明确的方式为苏联秘密服务。)

《论僭政》致力于恢复古典政治哲学。因此,施特劳斯的如下断言或许会令读者有些惊愕:

> 不难指明：……自由民主或宪政民主比当今时代可行的其他备选方案更接近古人的要求。（页194）

他并没说，除自由民主或宪政民主外，他认为当今时代还有什么可行的备选方案。他也没表明，古人所赞同——甚或仅仅可以接受——的政治秩序与现代自由民主之间的亲缘关系。亚里士多德的混合政制有时被认为接近我们的自由民主。但从没人从亚里士多德的原则（例参《政治学》III. ix. 8）推出现代自由民主。当然，借用施特劳斯对自然正当与神圣启示之关系的一条评论来说，一旦自由民主的观念产生并变得理所当然，似乎就容易使它迎合古典政治哲学。深思且爱国的学者们试图调和古典政治哲学与现代自由民主，[xxii]但从他们的努力来看，所有这些尝试要么最终自认失败，要么最终对现代人让步（比如在自然权利、商业共和主义或技术问题上），而这是施特劳斯坚决拒绝的。① 因此，施特劳斯暗示自由民主能够依据古人得到解释说明，或许最好将此理解为，他是在暗示需要彻底修正我们的自由民主概念。

两人的通信证实了敏锐的读者早就注意到的一点：公开的争论虽然从未提及海德格尔，却始终没离开过海德格尔。海德格尔的这一角色并不奇怪。施特劳斯和科耶夫早年都深受海德格尔影响。此外，在纳粹主义的恐怖昭著于世的年代，不仅他们，任何人反思僭政与哲学的关系，怎会不时常想到曾加入纳粹的唯一一个重要思想家，尤其这个思想家加入纳粹还是以其学说的名义？② 海德格尔似

---

① ［译按］2000年版中此句后有"页205；223，190，22，207"，2013年版无。

② ［译按］2000年版中此句后有："在哲学史上，兴许没有哪个重要思想家曾如此危及哲学的名誉，或如此极端地以行为挑战了苏格拉底的格言'知识即美德'以及相关联的格言'灵魂不知不觉地符合于它所关注的对象'。"2013年版无。

乎就是施特劳斯原初的《重述》结尾句所指向的对象：et humiliter serviebant et superbe dominabantur［既卑贱地臣服，又高傲地统治］,①施特劳斯稍微改写了李维（Livy）的原话，李维原本是在描述平民的本性，当时他讲述了平民在另一位后出的"叙拉古的希耶罗"的僭政统治期间以及之后的表现（XXIV. xxv. 8）。我们只能推测施特劳斯为何在此后发表的英文版中删除这一段落。看起来有可能的是，在他删除的时候，他决定明确地详尽谈谈海德格尔，而且他希望他公开的评论得到适宜的调整。但是，我们毫无理由怀疑，对海德格尔政治生涯的反思仅仅使施特劳斯以及科耶夫确信，对自身居首要之位的东西，或者说对存在的思考，必须始终与对我们而言居首要之位的东西——政治生活——连接在一起。

施特劳斯与科耶夫的对话并没有以调和结束。两者都愿意接受他们各自的立场带来的一切结果。同时，正因为没有以调和结束，他们的对话帮助我们更清楚地看到，我们面前那些最基本的选择带来的诱惑和危险。

古热维奇／罗兹

---

① ［译按］李维原话为 aut seruit humiliter aut superbe dominatur,施特劳斯把动词由第三人称单数变成了第三人称复数，把连词 aut［或］变成了 et［和］。

论僭政

希耶罗或僭主

色诺芬

一

(1)诗人西蒙尼德曾到僭主希耶罗那里去。两人都得闲的时候,西蒙尼德说:"你愿意给我讲讲,希耶罗啊,你可能比我知道得更好的事吗?"

"是什么样的事,"希耶罗说,"我本人竟会比你这样智慧的男人知道得更好呢?"

(2)"据我所知,"他说,"你生为平民,现在则是僭主。所以,既然你经验过这两者,你可能就比我更知道,僭主的生活与平民的生活有什么不同,在属人的快乐与痛苦方面。"

(3)"你为何不,"希耶罗说,"提醒我想起平民生活中的情形呢,既然你至少现在还是平民?因为,这么一来,我认为我就最能够向你表明每种生活中的不同。"

(4)于是西蒙尼德这样说:"那好,希耶罗啊,我觉得我已经观察到,平民们对景象感到快乐与不快是通过眼睛,对声音是通过耳

[译按]由译者据希腊文译出,所据底本为 *Xenophontis Opera Omnia*, Vol. 5, Oxford, 1920。翻译时参考了洛布丛书中的英译文(*Xenophon Scripta Minora*, E. C. Marchant 译, Loeb Classical Library, Havard University Press, 1968)及《论僭政》中所收译文(Marvin Kendrick 译,Seth Benardete 校订)。正文中"[ ]"内的内容是为了顺通文意而补充的。除特别注明外,下列注释皆出自译者。

朵,对气味是通过鼻子,对食物与饮料是通过嘴,至于性嘛,当然是通过[我们]所有人都知道的那些玩意。(5)至于冷和热、硬和软、轻和重的东西,我觉得,"他说,"我们在对它们作区分时,我们是用整个身体感到快乐和痛苦。我还觉得,我们对好的和坏的东西感到快乐和痛苦,有时是通过灵魂本身,有时则共同通过灵魂和通过身体。(6)我们对睡觉感到快乐,我觉得我是感受到了,可究竟怎样、因何以及何时[感到快乐],我就觉得不太知道了。兴许这也没什么好奇怪的,如果[事物]在醒时比睡觉时带给我们更清晰的感受。"

(7)希耶罗对此回答说:"我呢,西蒙尼德哦,"他说,"除了你本人说到的这些,恐怕我不能说僭主还会怎样感受到别的什么。所以,至少到现在为止,我不知道僭主的生活跟平民的生活哪里有不同。"

(8)西蒙尼德说:"但在下面这一点上肯定不同,"他说,"[僭主]通过这些方式中的每一个[方式]得到的快乐要多好几倍,所得的痛苦却少得多。"

而希耶罗说:"根本不是这样,西蒙尼德啊!你可要知道,僭主们的快乐比那些过得适度($\mu\varepsilon\tau\rho\iota\omega\varsigma$)的平民少得多,痛苦却多得多也大得多。"

(9)"你说的难以置信!"西蒙尼德说,"因为,如果是这样,怎么会有很多人都渴望成为僭主呢,甚至那些被认为最有能力的男人也是如此?怎么所有人都羡慕僭主们呢?"

(10)"宙斯在上啊!"①希耶罗说,"这是因为他们没有经验过两种生活的行为($\xi\rho\gamma\omega\nu$),所以才对这[僭主的生活]妄加猜测。我要试着教导你,我说的是事实。我会先从视觉开始,因为,我似乎记得你也是从那里开始说起的。

---

① ναὶ μὰ τὸν Δία,强调性起誓,为与普通的起誓相区别,翻译时加感叹号,并加语气词。

（11）"首先，在借由视觉看到的景象方面，我经过推理发现僭主们亏大了。因为，不同的地方都有不同的值得看的东西。为了各种值得看的东西，平民们前往他们想去的任何城邦，还前往公众集会，人们认为最值得看的东西全聚集在那里。（12）但僭主们在'看'上绝不拥有什么。因为，他们去那些他们将不会比在场者强大的地方并不安全，而且他们在家里所拥有的东西也不牢靠，以致能将之托付给别人并到外地去。因为，令他们恐惧的是，被剥夺了权力，同时又变得无力报复那些行不义者。

（13）"你兴许会说，'可是，这样的[景象]会来到他们跟前，虽然他们待在家里'。宙斯在上，西蒙尼德哦，那只是众多[景象]中很少的一些；而且，这类[景象]是以大价钱卖给僭主们的，结果那些展示者不管是展示什么，都巴望着离开时能一会儿工夫就从僭主那里拿到比他们一辈子从所有其他人那里挣的还多好几倍的[报酬]。"

（14）西蒙尼德说："不过，要是你们在景象方面亏了，那你们至少通过听觉赚到了，既然你们从不缺少那最悦耳的声音——赞美。因为，在你们面前，所有人都赞美你们所说的一切、所做的一切。反过来，你们也从不会听到那最难听的声音——骂声，因为没人愿意当面说一个僭主的坏话。"

（15）希耶罗说："你认为那些不说坏话的人会让人快乐，当一个人清楚地知道这些沉默的人对僭主满心恶意时？或者，你觉得那些赞美的人会让人快乐，当他们被怀疑只是为了谄媚才行赞美时？"

（16）西蒙尼德说："宙斯在上啊！我完全同意你说的，希耶罗哦，来自那些最自由者的赞美才最悦耳。但是，你看，恐怕你还是说服不了任何人相信，通过我们众人得到滋养的东西，你们并没有享受到多得多的快乐。"

（17）"我至少知道，"他说，"西蒙尼德啊，大多数人之所以判定我们喝得和吃得比平民们更快乐，还自认为享用摆在我们面前的饭菜会比享用他们自己的饭菜更快乐，原因在于，超越惯常的东西才带来快乐。（18）因此，所有人都兴冲冲地期盼着宴会，除了僭主们。因为他们的餐桌上总是为他们准备得满满的,结果宴会上也没什么可增添的。所以,首先在'期望'所带来的这样一种快乐上,僭主们就不如平民们。(19)其次,"他说,"我深知你也有这样的经验:一个人面前超过足够量的饭菜越多,他就会越快对食物感到饱足。所以,在快乐的时效上,一个被奉上许多饭菜的人还不如那些活得适度的人。"

(20)"但是,宙斯在上,"西蒙尼德说,"至少在灵魂受到吸引的那段时间里,①那些得到准备好的奢侈饭菜滋养的人比那些仅被奉上廉价饭菜的人快乐得多。"

(21)"那么,"希耶罗说,"西蒙尼德哦,对任一行为最感快乐的人,你不认为他对这一行为最有爱欲?"

"当然。"他说。

"那你有没有看到,僭主们去吃自己的饭时比平民们去吃自己的饭时更快乐些呢?"

"没,宙斯在上啊!"他说,"当然没看到,反而更没什么劲头,正如许多人会认为的那样。"

(22)"那好,"希耶罗说,"你有没有观察到,有许多谋划过的饭菜摆到僭主们面前:刺激的、辛辣的、酸涩的,诸如此类的?"

"当然,"西蒙尼德说,"而且我觉得,这些饭菜对人们而言非常违背自然。"

(23)"你认为这些饭菜是别的,"希耶罗说,"而不是一个软弱且病态的灵魂所渴求的?因为我本人深知,兴许你也知道:那些吃得愉快的人根本不需要这些机巧。"

(24)"虽然,"西蒙尼德说,"你们身上抹了昂贵的气味,可我认为,你们旁边的人比你们本人更享受它们,正如一个吃过饭的人自己不会感受到那些不雅的气味,②可他旁边的人却感受强烈。"

(25)"是这样,"希耶罗说,"而且,一个人总是坐拥各种各样的

---

① 亦即在感到饱足之前。
② 亦即一个吃过气味不雅的食物的人就不会感受到那些气味。

食物,他进食时就没有任何食欲;一个人缺少某样食物,一旦这食物出现在他眼前,他便会开心地吃个饱。"

(26)"很可能仅仅是性方面的享受,"西蒙尼德说,"使你们产生对僭政的欲望。因为,成了僭主,你们就可以和你们眼中最美的人交合。"

(27)"现在,"希耶罗说,"你可说到了——你要清楚地知道——我们不如平民们的那个方面。因为,说到婚姻,首屈一指的是跟那些在财富和权力上更优越的人缔结的婚姻,它被认为最美,而且会带给新郎官一种备感快乐的荣誉感($\varphi\iota\lambda o\tau\iota\mu i\alpha$);其次是门当户对的婚姻。但是,跟比自己低的人缔结的婚姻被认为非常丢脸和没有用处。(28)所以,除非僭主娶一个异邦女子,否则他就被迫娶一个不如自己的人,这样他就并不太会得到他中意的东西。再说,来自最高傲的女人们的服侍才最让人快乐,而来自奴隶们的服侍尽管唾手可得,却根本不会让人满足,相反,一旦忽略了什么,反而会引起可怕的愤怒和痛苦。

(29)"不过,僭主在与男童交欢的快乐上的损失,远多于在与生儿育女的[女人们]交欢的快乐上的损失。因为,我们所有人大概都知道,伴随着爱欲($\H{\varepsilon}\rho\omega\varsigma$)的性会让人尤其快乐。(30)可是,爱欲最不愿意在僭主身上产生,因为,爱欲并不乐于渴求近在眼前的东西,而是乐于渴求所期待的东西。所以,正如一个没有经验过口渴的人并不会享受喝一样,一个没有经验过爱欲的人也就没有经验过最快乐的性。"希耶罗这么说。

(31)西蒙尼德笑着说:"你怎么这么说呢,"他说,"希耶罗啊?难道你否认对男童的爱欲会在僭主身上自然地萌生($\H{\varepsilon}\mu\varphi\upsilon\omega$)?既然这样,你,"他说,"怎么还会爱欲($\H{\varepsilon}\rho\tilde{\alpha}\varsigma$)那被称作最美的戴洛库斯($\varDelta\alpha\iota\lambda\acute{o}\chi o\varsigma$)呢?"

(32)"宙斯在上啊!"他说,"西蒙尼德哦,这不是因为我试渴望从他身上得到那显得唾手可得的东西,而是因为我试渴望赢得那最不适宜于僭主的东西。(33)因为,我之所以爱欲戴洛库斯,正是为了人的自然兴许迫使[人]向那些美人们乞求的东西,我爱欲得到的是这些东西,可我非常强烈地渴望,能伴着爱(φιλία)①从一个情愿的人那里得到它们;我还觉得,我宁愿伤害我自己,也不愿通过强力从他那里夺取它们。(34)我本人相信,从不情愿的敌人们那里夺取是所有事情中最令人快乐的,但我认为,最令人快乐的宠幸来自那些情愿的男童。(35)比如说,与一个回应以爱的人的对望令人快乐,问询令人快乐,应答令人快乐,而斗气和争吵最令人快乐也最销魂。② (36)享用那些不情愿的男童,"他说,"至少在我看来更像是抢劫,而不太像是交欢。尽管抢劫来的好处和对敌人的困扰带给抢劫者某些快乐,但是,把快乐建立在所爱欲之人的困扰之上,亲吻却遭来怨恨、抚摸却遭来厌恶,这难道不是一种恼人的、可悲的不幸吗? (37)对一个平民来说,当所爱欲的人提供某种服侍时,这就随即表明他讨自己欢心是出于爱,因为平民知道,他服侍时没受到任何强迫;但一个僭主永远不可能相信自己被爱。(38)因为我们知道,那些出于恐惧而服侍的人会竭尽所能让自己像是在提供爱人般的服侍。此外,针对僭主们的阴谋大多是由那些假装最爱他们的人发动的。"

二

(1)西蒙尼德对此说道:"但你说的这些都是微不足道的[损失],至少在我看来。因为,许多人,"他说,"我看到在那些被视为男人的人里面,情愿忍受饮食和肴馔上的损失,甚至情愿远离性事。(2)但你们在下列事情上肯定比平民们强得多:你们谋划大事,并

---

① [M. K. 注]原文φιλία,即被爱者所回报的爱。在这一长段中(29-结尾),希耶罗坚持ἔρως[欲爱、激情之爱]与φιλία[爱、喜欢、友谊]的区分,与μετὰ φιλίας相对照的是29节的μετὰ ἔρωτος。

② ἐπαφροδιτόταται:M. K. 英译作"在性方面也最刺激"。

迅速实行;你们拥有最多的非凡之物;你们拥有德性超群的骏马,美轮美奂的武器,给女人们的顶级首饰,最富丽堂皇的房子,里面有价值连城的各种器物;此外,你们拥有在数量[上最多]和在知识上最好的仆人;你们还最有能力伤害敌人、有益于朋友。"

(3)希耶罗对此说道:"人们中的大多数,西蒙尼德啊,被僭政蒙骗,这我一点儿也不奇怪。因为我觉得,杂众(ὁ ὄχλος)完全是通过'看'来判定某些人幸福还是悲惨。(4)而僭政呢,它展示了那些被认为极有价值的所有物(κτήματα)并公开呈现给所有人看,但它把那些艰困藏在僭主们的灵魂中,那里才是人们的幸福与不幸的贮藏之所。(5)大多数人对此浑然不觉,就像我说的,我并不奇怪;可你们也不知道这些——你们被认为通过头脑比通过眼睛对大多数事情看得更通透——这我就觉得奇怪了。(6)但我本人基于经验清楚地知道,西蒙尼德哦,而且我要对你说:那些最大的好,僭主们分享到的最少;那些最大的坏,僭主们拥有的却最多。(7)比如说,如果和平被认为对人们是大的好(μέγα ἀγαθόν),则僭主们享有的最少;如果战争是大的坏,则僭主们分得的份额最大。(8)因为,首先,对平民们来说,除非他们的城邦在打一场共同的战争,否则他们可以去自己想去的任何地方,根本不害怕有人会杀他们;但所有的僭主到哪里都像是经过敌人的领土。至少他们认为自己必须继续武装好,而且身边始终得跟着其他卫兵。(9)此外,平民们即便出征到了敌国的什么地方,一旦回到家乡,他们便相信自己安全了。而僭主们一旦回到自己的城邦,他们也就知道自己到了人数最多的敌人之中。(10)还有,如果有强敌进攻城邦,即便城墙外的那些弱众觉得自己身处险境,可他们一旦进到堡垒里面,便全都认为自己已经安全了。可僭主即便走进家里也没有摆脱危险,僭主反倒认为,家里面才最应该小心戒备。(11)此外,对平民们来说,借由和约并借由和平,战争便会停息;而对僭主们来说,针对那些受僭政统治者的和平永不可能产生,僭主也永远不敢相信什么和约。

(12)"有城邦之间的战争,也有僭主们对那些受压迫者的战争。在这些战争中,城邦中的人有多少艰困,僭主便有多少艰困。(13)因为两者都必须全副武装,必须小心戒备,必须冒生命危险;如果战败,两者都会遭受某种伤害,各自都为这些[战争]感到痛苦。(14)到此为止,[两者的]战争是平等的。但是,城邦中的人们在攻打城邦时拥有的快乐,僭主们却不再拥有。(15)因为,当诸城邦在战斗中征服对手时,的确不容易说清,击溃敌人有多么快乐,追击[敌人]有多么快乐,杀戮敌人有多么快乐,[人们]在行动时多么欢跃,收获了多么荣耀的名声,多么欣喜地相信自己开拓了邦土。(16)每个人都佯称自己曾经出谋划策并杀死了最多敌人;很难发现他们在什么地方没继续说谎,[即便]他们声称杀的人比实际死的人还多。在他们看来,一场大胜利是如此的高贵。

(17)"但是,当僭主怀疑并察觉有人的确在谋逆时,他处死这些人,并且他知道自己并没有扩大整个城邦,也确信自己统治的人变少了;他不可能为此高兴,也不可能夸耀自己的行为;他倒要尽可能减少所发生的这种事,这么做的同时,还得辩解说自己处死这些人并没有行不义。他的所作所为甚至在他自己看来也不高贵。(18)虽然他恐惧的这些人死了,他的胆子也没壮起来,反而比之前更加戒备。所以,僭主一辈子都处在我所表明的这样的战争之中。"

三

(1)"你再来看看爱,僭主们分享到多少。首先,爱对人们是否是大的好,我们得考察这一点。(2)因为,如果一个人被一些人爱,爱他的人一定会高兴看到他在场,也一定会高兴地帮助他(εὖ ποιοῦσι),他不在的时候一定会思念他,他回来的时候一定会兴高采烈地迎接他,为他的那些好而一同欢欣鼓舞,一看到他有任何闪失就来解救他。

(3)"此外,甚至诸城邦也没有忽视这一点:爱对人们是极大的好,而且令人们极其快乐。不管怎样,许多城邦都认为,惟独杀死通奸者之举可免受惩罚,这显然是出于这一理由,因为这些城邦认为通奸者破坏了妻子对于丈夫的爱。(4)因为,①一个女人如果是因为某种不幸而被迫性交,丈夫们也不会因此轻看了她们,只要她们的爱并未改变。

(5)"我本人判定,被爱($τὸ\ φιλεῖσθαι$)是某种如此之大的好,以至于我相信,来自神们以及来自人们的各种好实际会自动发生在被爱的人身上。② (6)但就是在这样一种所有物上,僭主们远远不如所有其他人。

"可如果你想要知道,西蒙尼德啊,我说的是事实,那你就考察下面这一点。(7)因为,最牢靠的爱一定被认为是父母对孩子的爱、孩子对父母的爱、兄弟对兄弟的爱、妻子对丈夫的爱、同伴对同伴的爱。(8)那么,如果你愿意仔细想想的话,你会发现,平民们主要被这些人所爱,而许多僭主杀死了自己的孩子,又有许多僭主自己就死在孩子手中;许多兄弟在僭政中互相残杀;许多僭主被自己的妻子毁灭,被自己认为最够朋友的同伴毁灭。(9)这些人如此受那些出于自然以及法律的强迫而最应该爱他们的人仇恨,他们又如何能相信自己被其他什么人爱?"

四

(1)"还有,分享信任($πίστις$)最少的那个人,怎么会没损失一

---

① [Marchant 注]这里的 $ἐπεί$ 不表示"因为",而表示"但是"。这句话并非在说明杀死通奸者可以免于惩罚的原因,而是说明杀死通奸者的权利具有某种限制。比较《普罗塔戈拉》335c。"不幸"是指强奸。

② 或译作:各种善($ἀγαθά$)实际会自动发生在被神们以及人们所爱的人身上。

种大好处呢?因为,什么样的交往会令人快乐呢,若没有相互的信任?什么样的夫妻关系会是愉悦的呢,若没有信任?什么样的仆人会令人快乐呢,若他不受信任?(2)这种对某些人的信任,僭主享有的最少。由于终日对饮食不信任,结果在向诸神献祭前,他们也要首先命令侍从尝一尝,出于不信任,唯恐在这种场合也会吃到或者喝到什么坏的东西。

(3)"此外,父邦($\pi\alpha\tau\varrho\iota\delta\varepsilon\varsigma$)对其他人来说极有价值。因为,公民们无偿地互相保护,防范奴隶,也防范为恶之人,以便任何公民都不会死于暴力。(4)他们在防备举措上走得如此之远,以至于许多人立法规定,杀人者的帮凶也并不洁净。因此,有赖于父邦,每一个公民都生活得很安全。(5)可僭主们的情况恰恰颠倒过来了。这是因为诸城邦不是为他们复仇,而是大肆地封赏杀死僭主者;不是把这些人摒除出神庙,就像对待杀害平民的凶手们那样——诸城邦不是这样,而是在神庙中立下有如此之举者的雕像。

(6)"可如果你认为,僭主拥有的所有物($\kappa\tau\acute{\eta}\mu\alpha\tau\alpha$)比平民们多,所以也就因为这些所有物而更快乐,那也不是这么回事,西蒙尼德啊。这就像比平民们强壮不会让运动员们快乐,但不如对手就会让他们气恼一样,显得比平民们拥有更多东西并不会让僭主快乐,但要是比其他僭主们拥有的少,便会让他感到痛苦。因为他把他们看成是他在财富($\pi\lambda o\tilde{u}\tau o\varsigma$)上的对手。

(7)"僭主渴望的东西也不会比平民渴望的东西实现得快。因为平民渴望的是房子、田地或者家奴,而僭主渴望的则是众城邦、广阔的疆域、众港口或强固的堡垒,与平民们渴望的东西相比,获得它们更难也更危险得多。

(8)"此外,你还会看到,只有很少平民像那么多僭主一样穷困。因为,要判断是多还是少,不是看数目,而是看其用度。因此,超过充足就是多,不及充足就是少。(9)尽管僭主拥有的是平民的许多倍,但就必需的开支而言,僭主手头还不如平民充足。因为平民们可以削减日常开支,不管他们想怎么削减;僭主们就不能这么做,因为他们最大也最必要的开支是用来保全性命的。削减这些开支被认为是[自我]毁灭。

(10)"此外,那些能够凭正义的手段拥有他们需要的一切的人,一个人怎么会可怜他们是穷人呢?那些被匮乏所迫而谋划邪恶和卑劣之事以过活的人,一个人怎么能不正当地称他们为可怜人和穷人呢?(11)僭主们大多数时候被迫不正义地劫掠神庙和人们,因为他们始终需要额外的钱用于必需的开支。因为,就像有一场永久的战争一样,他们被迫养着一支军队,否则就得灭亡。"

五

(1)"我要告诉你僭主们的另一种残酷的痛苦,西蒙尼德啊!因为,尽管僭主们认识的勇武者、智慧者和正义者一点不比平民们少,但他们不是崇拜而是恐惧这些人:恐惧勇敢者呢,是唯恐他们会为了自由铤而走险;恐惧智慧者呢,是唯恐他们会谋划什么;恐惧正义者呢,是唯恐多数人会渴望受他们统治。(2)一旦僭主们出于恐惧偷偷除掉这些人,还剩下什么人供他们驱使呢,除了那些不正义者、不自制者和奴性者?不正义者受信任,是因为他们像僭主们一样恐惧,诸城邦一旦哪一天变得自由,也就会变成他们的主宰;不自制者受信任,是因为他们当下的放纵;奴性者受信任,是因为甚至他们也不认为自己配得到自由。所以,这种痛苦至少在我看来很残酷:认为这些人才是好男人,却被迫驱使其他人。

(3)"此外,僭主也不得不爱城邦,因为若没有城邦,恐怕他既不能保全性命,也不能幸福。可僭政迫使他们甚至要扰乱自己的父邦。因为,把公民们变得勇武或者武装精良,他们并不会感到高兴;使异邦人比本邦人更可怕,他们反倒更快乐,而且还任用这些异邦人做卫兵。(4)此外,碰上个好年景,有丰足的好收成,僭主也不会跟着一起高兴。因为他们认为,人们越是感到匮乏,也就越易于驱使。"

六

(1)"我愿意向你,"他说,"西蒙尼德啊,表明那些快乐,我当平民时享有它们,现在自从我成了僭主,我便感到失去了它们。(2)我曾跟同龄人为伴,以他们为乐,他们也以我为乐;我也曾和自己为伴,一旦我渴望安宁;我曾终日宴饮,常常直到我忘却了人的生命中的一切艰困,常常直到灵魂完全沉浸在歌声、酒宴和舞姿中,常常直到我和在场的人有了上床的欲望。(3)可现在,我被夺去了那些以我为乐的人,因为我以奴隶们而非朋友们为同伴;我本人被夺去了与那些人快乐的交往,因为我看到他们[奴隶们]对我毫无善意(εὔνοια)。我严防酣醉和睡着,像是在打埋伏一样。(4)恐惧杂众,也恐惧独处;恐惧没有护卫,也恐惧那些护卫者;不愿身边的人没有武装,但又不乐意看到他们全副武装——这怎么不是一种痛苦的境遇呢?(5)此外,更信任异邦人而不是本邦人,更信任野蛮人而不是希腊人,渴望让自由人一直做奴隶,却被迫把奴隶变成自由人——在你看来,所有这些不是灵魂被各种恐惧摧残的明证吗?

(6)"你知道,恐惧若流淌在灵魂中,它不仅自身令人痛苦,也会破坏它紧紧依随的所有快乐。(7)如果你也经历过战争,西蒙尼德啊,而且曾经贴近敌营作战,那就请你回想一下,那些日子你吃的是什么饭、睡的是什么觉。(8)你当时经受的痛苦是怎样的,僭主们的痛苦就是怎样的,而且还要更可怕。因为僭主们认为,他们看到不仅正对面有敌人,而且四周全都有敌人。"

(9)听到这些,西蒙尼德接过来说:"我觉得你说的有些好极了。因为战争的确令人恐惧,但是呢,希耶罗啊,我们在出征的时候会预先安排好卫兵,所以我们还是放心地得到那份饭食和睡眠。"

(10)希耶罗说:"没错,宙斯在上,西蒙尼德啊!因为法律看守着这些卫兵,所以他们为自己恐惧,并代你们恐惧。但僭主们付钱雇佣卫兵，就像雇佣收庄稼的人一样。(11)如果卫兵得能够做什么的话，那他们一定得是值得信任的。① 然而，找一个值得信任的人，可比找一大群干活的人——不管你想到什么活儿——困难得多，尤其当那些卫兵只是为了钱才守在跟前时，尤其当他们杀死僭主在短时间内赚的钱会比常年保护僭主赚的钱多得多时。

(12)"你羡慕我们，因为我们最能够帮助（εὖ ποιεῖν）朋友，又比其他人更能制服敌人。实际并不是这样。(13)因为，说到朋友，你怎么会认为你帮助他们了呢，当你清楚地知道，从你这儿得到最多的那个人只有在尽快离开你眼前后才会最高兴？因为，不论一个人从僭主那里得到了什么，没人相信这些东西属于他自己，直到他走出了僭主的控制范围。(14)至于敌人，你怎么会说僭主们最有能力制服他们呢，当他们清楚地知道，他们的敌人就是所有受僭主统治的人，他们既不能杀死所有这些人，也不能囚禁所有这些人——否则还能统治谁呢？但是，他们知道这些人是敌人，所以必须同时既防范这些人，又被迫驱使他们。

(15)"你可要知道，西蒙尼德啊，对于公民里头让僭主们害怕的那些人，僭主们看他们活着难（χαλεπῶς），杀掉他们也难。这就像有一匹好马，却让人恐惧它或许会造成某种致命的伤害；念在这匹马的德性上，一个人杀掉它难，但留它活着驾驭起来也难，还得时刻留心，以免它在危险之中造成某种致命的伤害。(16)还有许多别的所有物，也是这样难对付但却有用，同样，它们全都既让拥有它们的人痛苦，也让摆脱它们的人痛苦。"

七

(1)西蒙尼德听了他上面的话，说："看起来，"他说，"希耶罗

---

① 或译：卫兵首要的要求是值得信任。

啊,荣誉是某种非凡之物($μέγα\ τι$),就是为了追求它,人们才历经各种辛劳,忍受各种危险。(2)而你们,看起来——尽管僭政有你所说的那么多的问题——还是不由分说地冲向它,为的就是受到尊荣,让所有人毫无理由地遵照你们的一切命令服侍你们,让所有人注视你们,为你们从座位上起身、为你们让路,让所有在场的人始终以言辞和行动尊敬你们。因为,这类事正是被统治者们($οἱ\ ἀρχόμενοι$)为僭主们以及他们当时碰巧所尊荣的其他任何人做的。

(3)"因为我觉得,希耶罗啊,男人与其他动物($ζῴων$)的区别就在于对荣誉的追求。因为,所有动物看起来同样为吃、喝、睡、性感到快乐,但爱荣誉($φιλοτιμία$)既不会在没有理性的动物身上,也不会在所有人身上自然地萌生。对荣誉和赞美的爱欲会自然地萌生于那些最不同于畜群的人,他们被认为是真男人,而不再仅仅是人。(4)所以,在我看来,你们合理地忍受着你们在僭政中所承受的这一切,因为你们比其他人更受尊荣。① 因为没有哪种属人的快乐显得比关于荣誉的欢乐更接近神圣了。"

(5)希耶罗对此说道:"但是,西蒙尼德啊,在我看来,僭主们的荣誉恰好与我向你表明的他们的性的情况类似。(6)因为,那些并不回应以爱的人的服侍在我们看来并非宠幸,强迫的性爱也并不显得快乐,同样,来自那些心怀恐惧者的服侍也并非荣誉。(7)因为我们怎么能说,那些被迫从座位上起身的人是为了尊荣行不义者们才起身,或者那些给更强者让路的人是为了尊荣行不义者们才让路?

(8)"此外,许多人会送礼物给他们恨的人,尤其当他们恐惧会遭受对方的某种伤害时。可我认为,这些有理由被视作奴性的行为。在我本人看来,荣誉产生于与此相反的行为。(9)因为,当人

---

① $τιμᾶσδε\ διαφερόντως\ τῶν\ ἄλλων\ ἀνθρώπων$:或译"你们受到的尊荣不同于其他人"。$διαφερόντως$ 可以表示"优于",亦可表示"不同于"。$διαφέρειν$在本章第三节出现两次,都表示"不同于"。

们相信一个男人能够惠泽他们,并认为自己享受着他带来的好处时,他们就会常在嘴上赞美他,每个人看他都像是在看自家的好,自愿为他让路、从座位上起身,而且是出于爱而不是出于恐惧;他们为他的公共美德(κοινή ἀρετή)和恩惠给他戴上花冠,并且愿意送他礼物。在我本人看来,那些这般服侍的人才真正地尊荣了这个人,配得到这般服侍的人才真正受到了尊荣。我本人把如此受尊荣的人看作蒙福之人。(10)因为我感到,没有人阴谋反对他,反倒是他让人担心他会遭受什么,而且他没有恐惧、不受嫉妒、没有危险、幸福地度过一生。而僭主像是一个因其不义而被所有人判处死刑的人,西蒙尼德啊,你要知道,他就是这样度过夜晚和白日的。"

(11)西蒙尼德听完所有这些,"但是,"他说,"希耶罗啊,如果做僭主如此不幸,而且你也认识到了这一点,你为什么不摆脱这样大的恶呢?为什么其他任何人也从来没谁自愿放弃僭政,一旦他获得[僭政]?"

(12)"因为,"他说,"西蒙尼德啊,这正是僭政最悲惨的地方:摆脱僭政并不可能。因为,一个僭主怎么能清偿他所抢掠的那么多人的钱财呢?他怎么能反过来遭受他对那么多人所施的囚禁呢?他又怎么能提供那么多条命来抵偿他杀死的那些人呢?(13)不过,如果上吊自尽对什么人有益的话,西蒙尼德啊,你可要知道,"他说,"我本人发现这么做对僭主最有利。因为,不论保有还是放下这些罪恶,都只对他一个人不利。"

八

(1)西蒙尼德接过来说:"不过,希耶罗啊,你现在对僭政感到沮丧,我并不奇怪——既然你渴望被人们爱,并认为僭政妨碍你被爱。不过,我觉得我本人能够教育你:统治丝毫不会阻止你被爱,反而比平民生活更有助于[被爱]。(2)要考察实际是不是这样,我们先不考虑这个,即统治者是否因为更有权力而能够给予更多恩惠,而是思考:如果平民和僭主做同样的事,两者谁会通过相同的行为获得更大感激。

"我要从最小的事例开始。(3)首先,设若统治者和平民看到一个人并友好地问候他,在这种情形下,你认为谁的问候让听者更快乐?还有,设若两者赞美同一个人,你觉得谁的赞美会带来更大的快乐?设若献祭时两者各自尊荣[同一个人],你觉得谁赐予的荣誉会得到更大的感激?(4)设若他们同样地照料病人,岂不显而易见,来自最有权力者的照料让人最愉快?设若他们赠予同等分量的东西,在这种情形下,不也显而易见,来自最有权力者的一半恩惠也比来自平民的整份礼物还有价值?(5)此外,在我本人看来,来自诸神的某种荣誉和恩惠跟随着一个统治的男人。因为不仅[统治]使一个男人更高贵,而且,即便是同一个人,看到统治时的他也比看到身为平民的他更令我们快乐;与那些更尊贵的人交谈,比与那些跟我们平等的人交谈更令我们自豪。

(6)"而男童①——也就是你最主要地指责僭政的方面——最少对统治者的年老不满,也最少考虑他们碰巧结交的[统治者]的丑陋。因为,受到尊荣本身最能装点一个人,使令人不快的东西消失,使高贵的东西显得更光彩夺目。

(7)"既然你们以同样的服侍会获得更大的感激,那么,当你们能够通过完成多许多倍的事情来施益,能够赠予多许多倍的礼物时,你们不就理当比平民们更加被爱吗?"

(8)希耶罗立即接过来,"不,宙斯在上,"他说,"西蒙尼德,人们会因某些事情招致仇恨,而我们被迫比平民们更多得多地做这类事情。(9)必须聚敛钱财,如果我们要有经费应付各种需要的话;必须强迫[人们]守卫那些需要守卫的东西;必须惩罚不义

---

① *παιδικά*:不同于第一章中的形容词,这个中性复数形容词表示受宠爱的少年(darling, favourite, minion)。

者；必须阻止那些想要肆意妄为之人（ὑβρίζειν）；当危机爆发，要尽快从陆路或海路开拔时，我们必须不能把这事托付给那些懒散的人。（10）此外，身为僭主的男人还需要雇佣兵；对公民们来说，没什么负担比这更沉重了。因为公民们认为，僭主们豢养这些雇佣兵，不是为了让他们与僭主们享有同等的荣誉（ἰσοτιμία）①，而是为了自己的利益。"

九

（1）对此，西蒙尼德再次说道："不错，必须要关切所有这些事情，希耶罗啊，这我并不否认。只不过在我看来，有些关切（ἐπιμέλεια）的确会激起仇恨，有些关切则一定会令人感激。（2）因为，教导那些最好的东西，并对最美地完成这些东西的人予以赞美和尊荣，这种关切本身就让人感激；对一个做事不力的人予以责骂、逼迫、处罚和惩戒，这些必然会更多地激起怨恨。（3）所以我说：身为统治者的男人必须命令其他人惩戒需受强迫者，颁发奖赏则必须他亲自来做。这些[做法]很美，有些事例可以证明。（4）因为，当我们想让我们的歌队进行竞赛时，统治者（ὁ ἄρχων）②会设立奖赏，但他命令歌队队长们召集各支歌队，又命令其他人教导[歌队]并对那些做事不力的人施加强迫。所以，在这些情形下，令人愉快的事立即借着统治者成就，令人反感的事则借着其他人成就。（5）有什么妨碍其他政治事务这样得到完成呢？因为，所有城邦都划分为几部分——有的按'部落'（φυλή）分，有的按'组'（μόρα）分，有的按

---

① ἰσοτιμία的拼读只是一种猜测。也可能是ἰσοτίμους、ἰσότιμος或τιμῆς。
② M. K. 英译文直接写作 Archon，大概因为这里的 ὁ ἄρχων 并非通常的"统治者"，而是掌控歌队的"主人"。

'伙'(λόχος)分①——统治者们掌管着每一个部分。(6)如果有人像对歌队那样为这些部分设立奖赏,[奖励]武器的精良、纪律的严明、骑术的高超、战场上的英勇以及契约中的正义,很可能所有这些就通过爱竞争(φιλονιχία)而被全力以赴地达成。(7)宙斯在上,他们将更快开拔到需要去的任何地方,因为他们渴求荣誉;他们将更快交纳钱财,无论什么时候需要;此外,所有事情中最有用却最不习惯通过爱竞争来从事的农业自身将得到极大发展,如果有人设立奖赏,按地块或村庄奖励那些种田种得最美的人;有赖公民里头那些踊跃转入农业的人,许多好将得以成就。(8)因为岁入将会增加;由于缺少闲暇,节制(σωφροσύνη)将多得多地随之出现;恶行则更少在忙碌的人们身上自然地产生。

(9)"如果贸易对城邦有什么益处的话,贸易巨头一旦受到尊荣,他将会聚集更多商人。此外,如果为城邦发现某种不会引起痛苦的岁入的人会受到尊荣,如果这一点变得显而易见,那么,也不会无人从事这种思索自身。(10)总而言之,如果在各个方面可以清楚地看到,引入某种好的人不会得不到荣誉,这便会激励许多人去从事思索某种好的工作。而且,当许多人关注有益之物时,[有益之物]必然更会被发现和实现。

(11)"要是你担心,希耶罗啊,在这么多事情上设立奖赏会产生许多开支,你要记住,没什么商品比人们为了奖赏所买的东西更廉价了。你不是看到,在马术竞赛、体育竞赛和歌队竞赛中,一点点奖赏就会从人们那里引出大笔的开支、许多辛劳和许多关切?"

---

① 阿提卡分成十个 phylae,拉刻岱蒙分成六个 morae,忒拜和阿尔戈斯则按 lochi 进行划分。见亚里士多德《政治学》V. 8;色诺芬《希腊志》VI. iv. 13, VII. ii. 4。

十

(1)希耶罗说:"西蒙尼德啊,我觉得这些你说得很美。不过,关于雇佣兵,你有什么要说的?如何才不会因为他们而招致仇恨?或者你是说,只要统治者赢得爱,他就不再需要任何卫兵?"

(2)"宙斯在上,"西蒙尼德说,"他当然需要!因为我知道,如下情形就像在马身上一样在有些人身上发生:他们的需要越多地得到满足,他们就会越放肆。(3)卫兵带来的恐惧会使这类人节制一些($\sigma\omega\varphi\rho o\nu i\zeta o\iota$)。至于贤人们呢,依我看,没有什么会像雇佣兵那样带给他们那么大的益处。(4)因为,你豢养他们肯定是为了保护你自己,可迄今有许多主人横死于奴隶们之手。所以,在给雇佣兵的命令中,如果首要的一条是,作为所有公民的卫兵,他们要救助所有人,如果他们觉察这样的情况①——为恶之人产生于诸城邦中的某处,正如我们所有人都知道的——也就是说,如果命令[雇佣兵]守卫公民们,②公民们就会知道自己受益于他们。(5)除此之外,他们很可能还最能够给乡下的农人和畜群带来勇气和安全,不论是你私人的[农人和畜群],还是遍布乡下的[农人和畜群],③全都一样。此外,他们能够赋予公民们闲暇来关切私人的[事],因为他们守卫着那些要地。(6)还有,面对敌人隐秘和出其不意的攻击,谁会比始终全副武装和训练有素的[雇佣兵]更迅速地预先察觉或予以阻止?在出征时,什么会比雇佣兵对公民们更有益?因为,论预先吃苦、带头冒险和站前哨,很可能数他们最有准备。(7)因着始终全副武装的他们,相邻的城邦岂不必然特别渴望和平?因为他们训练有素,最能够保全朋友们的

---

① 即奴隶伤害主人的情况。
② $\tau o \acute{u} \tau o \nu \varsigma\ \varphi \nu \lambda \acute{\alpha} \tau \tau \epsilon \iota \nu$:防范为恶之人,或守卫公民们。
③ 即归其他人所有的农人和畜群。

东西,并摧毁敌人的东西。(8)一旦公民们认识到,这些[雇佣兵]非但根本没有伤害那并未行不义者,反倒阻止了那些意图作恶者、救助了那些遭受不义者,而且为公民们预先着想和带头冒险,他们岂不必然非常乐意把钱花在这些人身上?毕竟,为了比这些还小的目的,他们个人也要豢养卫兵。"

十一

(1)"你应该,希耶罗啊,毫不迟疑地把个人的所有物花在公共的好上面。因为在我看来,城邦方面的花费比个人方面的花费更为必要,对一个身为僭主的男人来说。我们来逐一考察每一点。(2)首先,你认为什么更会带给你声誉($κόσμον$):花了大价钱装饰过的房子,还是建有城墙、庙宇、柱廊、市场和港口的整个城邦?(3)怎样会让敌人觉得你更可怕:你自己披挂上最骇人的武装,还是你的整个城邦武装精良?(4)你认为岁入怎样会变得更多:仅仅使你的私产生利,还是应当设法使所有公民的财产都生利?(5)饲养赛马被认为是所有事业中最高贵和最壮美的,你认为它怎样才更会带来声誉:你本人饲养了希腊人里头最多的赛马并把它们送到节日集会上,还是来自你的城邦的养马主最多、竞赛者也最多?你认为什么样的胜利更高贵:赛马在德性上的胜利,还是你所领导的城邦在幸福上的胜利?(6)我本人认为,身为僭主的男人不宜与平民们竞赛。因为,即便你取胜,你也不会受钦佩,反倒会遭嫉妒,因为你耗费了许多人的家产;可如果你落败,你就会在所有人里面最受嘲笑。

(7)"可我告诉你,希耶罗啊,你的竞赛是针对其他城邦领袖的:如果你使自己领导的城邦成为这些城邦中最幸福的,你要知道,你就会被宣布赢得了人间最高贵和最壮美的竞赛。(8)首先,你会立即获得被统治者们的爱,而这正是你碰巧渴望的东西。其次,宣布你获胜的不会是一个人——所有人都会歌颂你的美德。(9)你得到来自四面八方的注视,不仅受平民们也受许多城邦欢迎;不仅私下里让人钦佩,在公开场合也令所有人[钦佩];(10)如果你想看什么东西,就安全方面来说,你可以去你想去的任何地方,你原地待着也可以这么做。因为你身边总是聚集着那些想要展示的人——如果有人拥有某种智慧的、美的或好的东西的话——以及那些渴望服侍你的人。(11)每个在场的人都会是你的同盟,每个不在场的人都会渴望看到你。

"由此,你不仅会被爱($\varphi\iota\lambda o\tilde{\iota}o$),还将被人们爱欲($\dot{\varepsilon}\rho\tilde{\omega}o$);你无需引诱那些美人,而只需接受被他们引诱;你不会有恐惧,而是把恐惧交给其他人,[让他们恐惧]你会遭受什么;(12)你会有自愿服从的人们,你会看到他们愿意为你预先着想;如果有什么危险,你不仅会看到同盟,也会看到先头兵以及热诚的人;①你被认为应得到许多礼物,你也不缺少可与之分享这些礼物的好心人;所有人都为你的好东西一起高兴,所有人都为你的[东西]如同为自己的[东西]而战。(13)此外,你会拥有许多宝藏,那就是来自朋友们的所有财富。

"打起精神,希耶罗哦,要使朋友们富有,因为这样你就会使自己富有;要扩大城邦,因为你会加于自己权力;要为权力寻求同盟;(14)要把父邦看成家产,把公民们看成同伴,把朋友们看成你自己的孩子,把儿子们看成你的灵魂,还要努力在善举上胜过所有这些人。(15)因为,如果你在善举上超过朋友们,敌人们就会无力抵抗你。如果你做到所有这些,你要知道,你就会获得人间最高贵也最蒙福的所有物。因为你将幸福却不受嫉妒。"

---

① 或译:热诚的先头兵。

论僭政

施特劳斯

写作反对政府,这一习惯自身对品格有一种不利影响。因为,凡习惯于写作反对政府的人,也就习惯于破坏法律;而破坏哪怕一项不合理的法律的习惯,也容易使人们变得完全不守法……

自从我们的印刷品完成解放的那一天始,我们印刷品的净化就开始了……在一百六十年间,我们的出版自由一直在变得愈加全面;在这一百六十年间,读者们的普遍感受加诸作者们的限制一直在变得愈加严格……今天,那些不敢印刷任何反思他们生活在其下的政府的文字的外国人,难以理解何以欧洲最自由的出版也会最古板。

麦考莱(Macaulay)[1]

---

[1] [译按]引自 T. B. Macaulay,《詹姆斯二世登基以来的英格兰史》(The History of England from the Accession of James II)卷四第二十一章。

引　言

[22]我应当表明,我为何把对一篇被人遗忘的论僭政的对话的详尽分析提交给政治科学家们思考。这样做是恰当的。

僭政是一种与政治生活同步发生的危险。因此,对僭政的分析就如政治科学本身一样古老。最初的政治科学家们对僭政的分析如此清晰、如此全面,而且表达得如此令人难忘,[23]以致会被从未切身体验过现实僭政的后人记住和理解。另一方面,当我们直面僭政——一种超出了过去最有力的思想家们最大胆的想象的僭政时,我们的政治科学却无法认出它。并不奇怪的是,许多我们的同时代人对时下关于当今僭政的分析感到失望或厌恶,可一旦他们重新发现柏拉图和其他古典思想家似乎已在一些篇章中为我们解释过二十世纪的恐怖,他们就会感到松了口气。对于僭政现象的正统解释,人们重新产生了普遍的兴趣,但奇怪的是,这并未使人们重新对古典时期唯一明确专门讨论僭政及其义涵的作品产生普遍的或学术的兴趣,这部作品从未得到全面的分析,它就是色诺芬的《希耶罗》。

无需太多观察和反思就能认识到,古人所分析的僭政与我们时代的僭政有根本差异。对比古典僭政,当今僭政有"技术"以及"意识形态"受其支配;更宽泛地说,它预设了"科学"——一种对科学特殊的解释,或一种特殊的科学——的存在。相反,古典僭政不像现代僭政,它实际或潜在地面对着一种并不想用于"征服自然"或不想被大众化和四处散播的科学。不过,注意到这一点也就会无形中承认:一个人只有先理解了前现代的僭政,亦即僭政初级的、在某种意义上是自然的形式,才能理解现代僭政的特质。实际上,现代僭政的这一基础层级依然是我们无法理解的,除非我们求助于古人的政治科学。

当今的政治科学没能如僭政实际所是的那样理解僭政,这并非偶然。我们的政治科学受制于一个信念,即在科学研究中不容许

"价值判断",而把一个政权称作僭政,这显然等于宣告一个"价值判断"。接受这种科学观的政治科学家会谈论大众国家、独裁、极权主义、专制主义等等,作为一个公民,他也许会诚心诚意地谴责这些东西,但作为一个政治科学家,他被迫把僭政的概念拒之为"神话式的"(mythical)。若要克服这一界限,必须反思当今政治科学的基础或根源。当今的政治科学常将其根源上溯至[24]马基雅维利。这一主张有其道理。且不说更宽广的考虑,马基雅维利的《君主论》(有别于他的《论李维》)的特征便在于故意忽视王与僭主的区别;《君主论》以秘而不宣地拒绝这一传统区分为前提。① 马基雅维利完全清楚,通过提出《君主论》中所探讨的观点,他就与政治科学的整个传统分道扬镳了;或者,借用马基雅维利谈论《论李维》时的一个说法来说《君主论》:他踏上了一条还没有任何人走过的路。② 要理解当今政治科学的基本假定,就不得不去理解由马基雅维利造成的划时代变化的意义,因为这一变化就在于发现了一块大陆,这块大陆是所有特定的现代政治思想,因此尤其是当今政治科学的家园。

恰恰是在试图揭示现代政治思想最深的根源时,一个人会发现,关注一下《希耶罗》非常有用,甚至绝对必要。如果不将马基雅维利的教诲与他所拒绝的传统教诲相对照,就不可能理解马基雅维利的成就的意义。尤其是对于马基雅维利当之无愧的最著名作品《君主论》,我们必须将其中的教诲与传统的君主镜鉴作品的教诲相对照。但在这样做时,我们必须意识到一种诱惑,即赋予马基雅维利从未屈尊点名提到的中世纪和现代早期的君主镜鉴以不相称的重要性,从而试图比马基雅

---

① 对比 *Social Research*,v. 13,1946,页 123-124;霍布斯,《利维坦》,"综述和结论"(A. R. Waller 编,页 523),"'僭政'一词的含义正好等于'主权'一词的含义(不论主权掌握在一个人还是许多人手中),只不过使用前一词的人被认为对他们所称的僭主心怀愤懑……";孟德斯鸠,《论法的精神》,XI 9,"亚里士多德在讨论君主制时显然感到困难。他把君主制分为五类:他的区分不是按照政制的形式,而是按照偶然性的东西,比如君主们的美德或恶行……"。

② 《君主论》,第 15 章,开头;《论李维》I,开头。

维利想让他的读者成为的那样更智慧或更博学。我们应当专注于马基雅维利着重提到的唯一一部君主镜鉴,不难预料到,这部作品也是这一文学类型的经典之作和源头:色诺芬的《居鲁士的教育》。③ 现代史学家们从未带着哪怕一丝谨慎和专注来学习这部值得谨慎和专注学习的作品,而且,要探明它的意义,谨慎和专注是必需的。《居鲁士的教育》可以说是致力于探讨与僭主相对的完美王者,而《君主论》则以故意忽视王与僭主的区别为特征。马基雅维利只强调性地提到一部论述僭政的更早作品:色诺芬的《希耶罗》。④ 对《希耶罗》的分析会使人得出结论:这部对话的教诲达到了任何苏格拉底门徒的教诲能够接近于《君主论》的最大程度。对照《希耶罗》传达的教诲与《君主论》的教诲,我们能够最清楚地把握到,苏格拉底式政治科学与马基雅维利式政治科学最细微同时也确实是决定性的差异。[25]如果所有前现代的政治科学确实建立于苏格拉底奠定的根基,而所有特定的现代政治科学确实建立于马基雅维利奠定的根基,我们就还可以说,《希耶罗》标志着前现代政治科学与现代政治科学之间最紧密的连接点。⑤

---

③ 对《居鲁士的教育》最重要的一次提及见于《君主论》,就在这次提及几行之后,马基雅维利表达了自己与整个传统决裂的意图(第14章,靠近结尾)。《论李维》至少四次明确提到《居鲁士的教育》。如果我没有弄错,在《君主论》和《论李维》中,马基雅维利提到色诺芬的次数比他提到柏拉图、亚里士多德和西塞罗的次数加起来还多。

④ 《论李维》II 2。

⑤ 古典政治科学以人的完善或人应当如何生活作为方向标,并在对最好的政治秩序的描绘中达至顶峰。这样一种秩序旨在成为一种无需人性奇迹般的或非奇迹般的改变就有可能实现的秩序,但是,它的实现并不被认为很有可能,因为它被认为取决于机运。马基雅维利从两方面攻击这一观点:一方面他要求一个人应该以人实际如何生活而不是人应当如何生活作为方向标,一方面他提出机运能够或应当被控制。正是这一攻击为所有特定的现代政治思想奠定了基础。关心一种能确保"理想"实现的东西,这导致了政治生活标准的降低,也导致了"历史哲学"的出现:即便马基雅维利的现代对手也无从恢复古人关于"理想"与"现实"之关系的清醒观点。

至于我处理我的主题的方式,我一直注意到研究过去的思想可有两种相反的方式。当今许多学者从历史主义的假定出发,即假定所有属人的思想都是"历史的",或人的思想的根基由特定的经验奠定,而原则上这些经验并不与人的思想本身同步发生。然而,在历史主义与真正的历史理解之间有一个致命的偏差。思想史家的目标是"如其实际曾是的那样"理解过去的思想,即尽可能完全像它的作者们实际理解它的那样理解它。但历史主义者接近过去的思想是基于历史主义的假定,而这一假定与过去的思想格格不入。因此,历史主义者在完全像过去的思想理解自身一样理解了过去的思想之前,被迫努力比过去的思想理解自身更好地去理解过去的思想。无论如何,历史主义者的表述终将是一种解释与批判的成问题的混合。认识到历史主义成问题的性质,就是历史理解的开始,就是其必要条件——还可以补充说,也是其充分条件。因为,若没有对今天流行的历史主义进路与过去的非历史主义进路的截然对立产生严肃的兴趣,一个人就不可能认识过去的思想。这样一种对立反过来要求,过去的非历史主义思想必须依其自身来得到理解,而不是以它在历史主义的视域内呈现自己的方式来得到理解。

依据这一原则,我试图尽我所能地理解色诺芬的思想。我并未试图将色诺芬的思想与其所处的"历史状况"联系起来,因为这不是阅读一个智慧者的作品的自然的方式;此外,色诺芬也从未表示想要以那种方式得到理解。我假定,色诺芬作为一个出色的作家,已经尽他所能地给了我们理解他的作品所需的讯息。因此,我尽可能多地倚重他本人直接或间接所说的内容,并尽可能少地倚重外围的讯息,更不要说各种现代预设。由于不信任所有尽管琐屑但很可能损害重要问题的成规,我甚至[26]略去了现代学者们习惯用来装饰他们对某些古代作品的引用的尖括号。不消说,我从不相信,我的心灵会在一个比色诺芬的心灵更大的"观念圈"(circle of ideas)中运行。

《希耶罗》(以及《居鲁士的教育》)受到忽视,无疑部分是出于低估甚至鄙视色诺芬的理智能力的风气。直到十八世纪末,色诺芬都普遍被看作一个严格意义上的智慧者和经典作家。在十九和二十世纪，色诺芬被当成一个哲人与柏拉图相比，结果发现他不够格；又被当成一个史家与修昔底德相比，结果又发现他不够格。对于这些比较所预设的对哲学和史学的看法，我们或可与之争辩，可我们并不需要这么做。我们只需提出这一问题：色诺芬是否想被主要理解为一个哲人或一个史家。在其作品的抄件中，他常常被称作"演说家色诺芬"。可以合理地假定，色诺芬一时的声名衰退——就如李维和西塞罗一时的声名衰退一样——缘于对修辞学之意义的理解降低了：十九世纪特有的"理念主义"和特有的"现实主义"都受"技术"(Art)的现代概念引导，因此，两者都不能理解修辞学这一低等技艺至关重要的意义。尽管两种"主义"由此能为柏拉图和修昔底德各自找到一个位置，却完全不能恰切地理解色诺芬。

色诺芬的修辞不是普通的修辞；它是苏格拉底式的修辞。要想充分看清苏格拉底式修辞的特质，不能经由柏拉图和色诺芬作品中审慎散布的对这一主题的议论，而只能经由对其产物的详尽分析。苏格拉底式修辞最完美的产物就是对话。柏拉图对话的形式经常得到讨论，但没人会声称柏拉图对话的问题已经解决。通常而言，各种现代分析都被解释者们的美学偏见败坏了。然而，柏拉图将诗人逐出他的最好城邦，这应当足以阻挡任何美学式的进路。看起来，要想阐明对话的意义，应当从分析色诺芬的对话开始。色诺芬所用的笔法，比柏拉图哪怕在其最简单的作品中所用的笔法都要少得多。理解了色诺芬的技艺，我们就会认识到，在解释柏拉图的任何对话时，我们必须达到哪些最低的要求——时下的研究极少达到这些要求，以致它们几乎不为人所知。

[27]名副其实的对话以一种间接的或拐弯抹角的方式传达作者的思想。因此，武断解释的危险很可能显得势不可挡。要克服这一危险，只能给予每个细节，尤其无关主题的细节最大可能的关注，并且绝不忽略苏格拉底式修辞的功能。

苏格拉底式修辞旨在成为哲学必不可少的工具。其意图是引导潜在的哲人走向哲学——通过训练他们并使他们摆脱阻挠哲学努力的各种魅惑——也是为了阻止并不适合哲学的人接近哲学。苏格拉底式修辞极为正义。它受社会责任的精神激发。它基于这样的假定：在毫不妥协地追求真理与社会的要求之间有一种偏差，或说，并非所有真理都始终无害。社会将总是试图对思想施行僭政。苏格拉底式修辞是为了一再挫败这些努力的古典手段。这种最高类型的修辞并没有随着苏格拉底亲随弟子们的离世而消亡。许多论著都见证了这一事实，即后世的伟大思想家们以一种谨慎或节俭来对后人传达他们的思想，但这种谨慎或节俭不再受欣赏。其不再受到欣赏，大体与历史主义的出现同时，约是在十八世纪末。

当今一代人的经验教导我们，要以不同的眼光并怀着不同的期待来阅读过去的伟大政治作品。对我们的政治方位来说，这一教训或许并非没有价值。有赖"征服自然"，尤其是征服人的自然，我们如今面对着一种僭政，它威胁着要变成早先的僭政从未变成的东西——永存的和普世的僭政。面对这令人惊悚的可能——人或人的思想必须得到集体化，或由毫无怜悯的一击，或由缓慢且温和的过程——我们不得不追问我们如何能逃脱这一困境。由此，我们重新思考人的自由基本的和不引人注意的条件。

此处以历史的形式呈现这一反思，这或许并非不恰当。对思想明显和蓄意的集体化或协同化，是以一种隐蔽并常常完全不被发觉的方式做了准备，即通过散布这一教诲：所有人的思想都是集体性的。但这与任何指向这一目的*的人的努力无关，而是因为所有人的思想都是历史的。[28]除了研究历史，似乎没有更恰当的方式来回击这一教诲。

正如前面所指出的，一个人如果想要领会《希耶罗》的含义，就必须有些耐心。解释者的耐心并没有使这一解释的阅读者的耐心

---

* [译按]"这一目的"应指上一句中的"对思想明显和蓄意的集体化或协同化"。

变得多余。在解释像《希耶罗》这样的作品时，一个人不得不进行冗长枯燥、时而充满重复的思考，这些思考难以吸引人的注意，除非一个人看到它们的目的，而必要的是，这一目的应当在它合适的位置揭示自身，而不可能一开始就揭示出来。如果一个人想要确证一个微妙的暗示准确的意思，他就必须像解释一个玩笑那样无趣。倘若通过这一解释把色诺芬不引人注意的技艺变得引人注意，那就破坏了他的技艺所营造的魅力，至少暂时破坏了。我仍然认为我并没有点出所有 i 上的点。* 一个人只能希望这样的时代会重临：那时，一代人年轻时就受到恰当的训练，他们将不再需要像当前这份研究一样累赘的引言就能理解色诺芬的技艺。

---

* ［译按］dot the i's，字面意为"点出 i 上的点"，通常表示"一丝不苟"。

一 问题

[29]作者没有在任何地方说明《希耶罗》的意图。作为对诗人西蒙尼德与僭主希耶罗之间一场谈话的记述,这部作品几乎完全由直接引述的这两个人物的发言组成。作者仅限于在开头以十六个字描绘出谈话发生的场景,并用"西蒙尼德说""希耶罗回答"这样的表达将两位对话者的话关联起来或区分开来。

从内容看,这部作品的意图并没有即刻变得明了。作品由篇幅极为不均的两部分组成,其中第一部分约占整部作品的七分之五。在第一部分(第1-7章),希耶罗向西蒙尼德证明,与平民的生活相比,僭主的生活如此不幸,以致僭主最好是上吊自尽。在第二部分(第8-11章),西蒙尼德向希耶罗证明,僭主可以成为最幸福的人。第一部分似乎直接针砭流行的偏见,即认为僭主的生活比平民的生活更快乐。而第二部分似乎确立了一个观点,即一个仁慈僭主的生活在最重要的方面优于平民的生活。① 乍一看,整部作品清楚地传达了这一讯息:一个仁慈的僭主的生活是极为可欲的。但这一讯息的含义并不清楚,因为我们不知道它是对哪类人言说。如果我们假定这部作品是在对僭主们言说,其意图便是劝勉他们以一种精明的仁慈来施行自己的统治。然而,只有很少一部分读者能被假定为实际的僭主。因此,或许不得不把整部作品[30]看成是针对有了适当准备的年轻人的建议,这些年轻人正在思索应该选择什么生活方式——这里建议他们谋求僭政权力,但绝不是为了满足自己的欲望,而是为了通过最大可能的仁慈行为赢得所有人的爱和崇拜。②

---

① 《希耶罗》1.8-10;2.3-6;3.3-6;8.1-7;11.7-15。
② 《回忆苏格拉底》II 1.21;《居鲁士的教育》VIII 2.12。比较亚里士多德,《政治学》1325a 34以下,及欧里庇得斯,《腓尼基妇女》(*Phoenissae*),行524-525。

色诺芬之师苏格拉底曾被怀疑教导他的门人"成为僭主"。③ 色诺芬也让自己面对相同的怀疑。

不过,是西蒙尼德而不是色诺芬证明一个仁慈的僭主会达到幸福的顶峰,而我们不能未经深思就把作者的观点等同于其笔下某个人物的观点。希耶罗把西蒙尼德称作"智慧的",④可这一事实并不能证明任何东西,因为我们不知道色诺芬如何看待希耶罗的能力。即便我们假定西蒙尼德不过是色诺芬的传声筒,依然会有巨大的困难,因为西蒙尼德的论题含混不明。他的论题是针对一个对僭政灰心失望的僭主,一位刚刚宣称僭主最好是上吊自尽的僭主。他的论题难道不是为了安慰悲伤的僭主,而安慰的意图岂不会有损一篇言辞的诚挚度?⑤ 假如一个人处在一位僭主的掌控之中,他对这位僭主所说的任何话可能是诚挚的吗?⑥

---

③ 《回忆苏格拉底》I 2.56。
④ 《希耶罗》1.1;2.5。
⑤ 《希耶罗》8.1。比较《回忆苏格拉底》IV 2.23-24 与 IV 2.16-17。
⑥ 《希耶罗》1.14-15;7.2。比较柏拉图,《书简七》332d6-7,及伊索克拉底,《致尼科克勒斯》(*To Nicocles*) 3-4。

二　标题和形式

[31]尽管《希耶罗》中所说的一切实际都出自色诺芬笔下的人物之口,但作品的标题却完全出自色诺芬之手。① 作品标题是 Ἱέρων ἢ Τυραννικός[希耶罗或僭主]。在色诺芬的著作(Corpus Xenophonteum)中,只有这部作品的标题同时由一个特定的人名和一个指示主题的形容词构成。标题的第一部分令人想起《阿格西劳斯》(Agesilaus)的标题。《阿格西劳斯》描写一位杰出的希腊王,正如《希耶罗》描写一个杰出的希腊僭主。特定的人名也出现在《居鲁士的教育》《居鲁士的上行》和《苏格拉底的申辩》的标题中。阿格西劳斯、两个居鲁士和苏格拉底似乎是色诺芬最崇拜的人。但两个居鲁士都不是希腊人,苏格拉底则不是统治者。《阿格西劳斯》和《希耶罗》是色诺芬仅有的标题中包含主格形式的特定人名的作品,也可以说是色诺芬仅有的专门描写希腊统治者的作品。

标题的第二部分让人想起《骑兵统帅》(Hipparchicus)、《治家者》(Oeconomicus)和《狩猎者》(Cynegeticus)的标题。这三部作品旨在教授适合于贤人们的技艺:骑兵统帅的技艺,治理家产的技艺,狩猎的技艺。② 因此,我们应当期待《僭主》(Tyrannicus)的目的是教

---

① 细心考虑色诺芬作品的标题极其必要,《上行记》(Anabasis[译按]旧译《长征论》,有崔金戎译本,商务印书馆,1985)、《居鲁士的教育》以及不那么明显的《回忆苏格拉底》的标题造成的难题最清楚地表明了这一点。关于《希耶罗》的标题,另见本书第四章注50。

② 色诺芬此外只有一部作品似乎旨在教授一种技艺,即 π. ἱππικῆς[论马术];我们不能在此讨论这部作品为什么没有以Ἱππικός为题。《居鲁士的教育》的目的是理论性的,而不是实践性的,正如第一章所示。

授僭主的技能,即 σοφία(或 τέχνη) τυραννική[僭主的智慧(或技艺)];③事实上,西蒙尼德的确在其中教导希耶罗如何最好地施行僭主统治。

除了《希耶罗》,色诺芬只有一部作品带有选择性的标题:Πόροι ἤ περὶ προσόδων[岁入或论收入](Ways and Means)。这部作品的主旨在于向雅典的(民主)统治者们表明[32]如何能克服促使他们行事不正义的必要性(necessity),从而如何能变得更正义。④ 这即是说,它旨在表明,雅典的民主秩序如何能不做根本改变就得到改良。与此类似,西蒙尼德向叙拉古的僭主统治者表明,他如何能不放弃这样的僭主统治就能克服促使他行事不正义的必要性。⑤ 作为苏格拉底的学生,色诺芬似乎把民主制和僭主制都看成有缺陷的政制。⑥《论岁入》和《希耶罗》是色诺芬仅有的处理以下问题的作品:一种既有的、有缺陷的政治秩序(πολιτεία)如何能得到修正,却无需转变成一种好的政治秩序。

色诺芬本可以直截了当地说明,《希耶罗》中推举的手段(policy)是有条件的。不过,要是他真这样做,他或许就会给人一种印象,即他并不完全反对僭政。但"诸城邦",尤其是雅典,完全反对僭政。⑦ 此外,对苏格拉底的指控之一就是他教导自己的学生"成

---

③ 对比《居鲁士的教育》I 3.18 与柏拉图《忒阿格斯》124e11-125e7 及《情敌》138b15 以下。

④ 《论岁入》(De vectigalibus)1.1。对比《回忆苏格拉底》IV 4.11-12 与《会饮》4.1-2。[译按]《论岁入》旧译《雅典的收入》,有陆大年译本,商务印书馆,1961。

⑤ 《希耶罗》4.9-11;7.10,12;8.10;10.8;11.1。

⑥ 《回忆苏格拉底》I 2.9-11,III 9.10,IV 6.12(比较 IV 4);《治家者》21.12;《斯巴达政制》10.7,15.7-8;《阿格西劳斯》7.2;《希腊志》VI 4.33-35,VII 1.46(比较 V 4.1,VII 3.7-8);《居鲁士的教育》的开篇之言暗示,僭政是最不稳定的政制(见亚里士多德,《政治学》1315b10 以下)。

⑦ 《希耶罗》4.5;《希腊志》V 4.9,13,VI 4.32。对比《希耶罗》7.10 与《希腊志》VII 3.7。另见伊索克拉底,《致尼科克勒斯》24。

为僭主"。诸如这些理由解释了,色诺芬呈现自己对如何改良僭主统治(因此还有如何稳固僭主统治)的反思——不同于他对如何改良雅典政制的反思——为什么是以一场他并未以任何方式参与的对话的形式:《希耶罗》是色诺芬唯一一部作者在以自己的名义说话时从未使用第一人称的作品,《论岁入》则是色诺芬唯一一部以一个强调性的"我"开篇的作品。这些理由还解释了,在就如何改良僭主统治提出相当简短的建议之前,为什么要先发表一番宽泛得多的言论,并以最强烈的语词阐明僭政不可欲的性质。

《希耶罗》几乎完全由作者以外的人物的发言组成。色诺芬只有另外一部作品具有这一特征:《治家者》。在《治家者》中,作者也几乎完全"隐藏了自己"。⑧《治家者》是苏格拉底与另一个雅典人关于治理家政的一场对话。据苏格拉底说,治理家政的技艺与治理城邦事务的技艺并无本质区别。他把两者都称作"王者之术"(royal art)。⑨ 因此,这场旨在教授"王者之术"的对话名为《治家者》而不是《治邦者》(*Politicus*)或《王者》(*Basilicus*),只能是出于第二位的考虑。[33]有充足的证据表明,尽管《治家者》表面上只探讨治家之术,实际还是在探讨王者之术。⑩ 既然如此,那就可以把色诺芬的这两部对话的关系描述成《王者》与《僭主》的关系:两部对话处理君主统治特有的两种类型。⑪ 既然治家者是一个统治者,那么正如《希耶罗》一样,《治家者》也是一个智慧者(苏格拉底)⑫与一

---

⑧ 柏拉图,《王制》393c11。

⑨ 《回忆苏格拉底》III 4.7-12,6.14,IV 2.11。

⑩ 《治家者》1.23,4.2-19,5.13-16,6.5-10,8.4-8,9.13-15,13.4-5,14.3-10,20.6-9,21.2-12。对一部讨论王者之术的作品来说,结尾对僭主们的贬损是恰当的结论。因为柏拉图认同"苏格拉底的"观点,即政治技艺与治家论之术并无本质区别,我们也可以说,柏拉图的《治邦者》(*Politicus*)没有以《治家者》为名,只可能是出于第二位的考虑。

⑪ 《回忆苏格拉底》IV 6.12。

⑫ 《苏格拉底的申辩》34。

个统治者(潜在的治家者克利托布洛斯[Critobulus]与实际的治家者伊斯克玛库斯[Ischmachus])的对话。但是,《治家者》中的智慧者和统治者都是雅典人,而《希耶罗》中的智慧者和统治者却不是雅典人。而且,《治家者》中的智慧者和潜在的统治者都是色诺芬的朋友,色诺芬本人在他们谈话时也在场,而《希耶罗》中的智慧者和统治者早就死于色诺芬之前。我们显然不可能把"成为僭主"的教诲归于苏格拉底。但理由并不是苏格拉底身边罕有实际的或潜在的僭主。恰恰相反。对色诺芬来说,安排一场苏格拉底与卡尔米德、克里提阿斯[13]或阿尔喀比亚德之间关于一个僭主如何好好统治的谈话,这再容易不过了。可要是让苏格拉底在这样的语境中扮演这样的角色,色诺芬将会摧毁自己为苏格拉底辩护的基础。正因为这样,苏格拉底在《治家者》中的位置,在《希耶罗》中就由另一个智慧者代替。选定西蒙尼德之后,色诺芬本可以自由地呈现西蒙尼德与雅典僭主希普帕库斯(Hipparchus)的谈话,[14]但色诺芬显然希望避免"僭政"与"雅典"两个话题之间发生任何关联。

我们禁不住好奇,为什么色诺芬选择西蒙尼德作主角,而没有选择相传跟僭主们交谈过的其他智慧者。[15]《希耶罗》与《治家者》之间的对照提供了一个线索。王者之术在道德上优于僭主之术。教授王者之术或治家之术的苏格拉底对源于财富的快乐有完美的自制。[16] 教授僭主之术的西蒙尼德以贪婪闻名。[17] 苏格拉底教授

---

[13] 《回忆苏格拉底》I 2.31 以下,III 7.5-6。

[14] 柏拉图,《希普帕库斯》228b-c(对比 229b);亚里士多德,《雅典政制》18.1。

[15] 柏拉图,《书简二》,310e5 以下。

[16] 《回忆苏格拉底》I 5.4

[17] 阿里斯托芬,《和平》(Pax)行 698-699;亚里士多德,《修辞学》1391a8-11,1405b24-28。亦见柏拉图,《希普帕库斯》228c。莱辛称西蒙尼德为希腊人中的伏尔泰。

治家之术或王者之术,但他本人并不是一位治家者,因为他对增进自己的财产没有兴趣;与此相应,苏格拉底的教授主要就是向一位潜在的治家者讲述他跟一位实际的治家者曾经的谈话。[18]西蒙尼德教授僭主之术,因此至少也教授治家之术的一些基本内容,[19]而且他的教授不借助任何东西——他本人就是一位"治家者"。

[34]我们先前解释了色诺芬以对话的形式呈现"僭政的"教诲这一事实,从《治家者》与《希耶罗》的对照来看,先前的解释证明是不充分的。鉴于这一对照,我们不得不提出更全面的问题:为什么《治家者》和《希耶罗》不同于色诺芬另外两部讲授技艺的作品(《骑兵统帅》《狩猎者》),不是以论文的形式,甚至也不是以故事的形式写成,而是以对话的形式写成?我们不妨大胆地说,前两部作品的主题比后两部作品的主题级别更高,或说更哲学化。相应地,对这些主题的处理也应当更哲学化。从色诺芬的观点看,哲学化的处理就是谈话式的处理。以谈话形式传授统治术有两个特别的好处。首先,它使一个智慧者(老师)与一个统治者(学生)的直面不可避免。此外,它还迫使读者想知道智慧者传授给统治者的教诲是否有结果,因为它迫使作者对这一问题置而不答——这一问题无非是理论与实践或知识与美德的关系这一根本问题的特殊形式。

谈话式施教的第二个好处在《希耶罗》中尤为突出。尽管对不正义的僭主之不幸的证明明显基于经验,[20]但对仁慈的僭主之幸福的证明却不是基于经验,这种幸福仅仅是得到许诺——一位诗人的许诺。读者接下来想知道,经验是否提供了一个例证,可以表明一

---

[18] 《治家者》6.4,2.2,2.12以下。对比《回忆苏格拉底》IV 7.1与同书III 1.1以下。对比《上行记》VI 1.23与同书I 10.12。

[19] 《希耶罗》9.7-11,11.4,11.13-14;比较《治家者》1.15。

[20] 《希耶罗》1.2,1.10,2.6。

个僭主因为有美德而是幸福的。[21] 相应的问题也抛给了《治家者》的读者,可这一问题如果说没由《治家者》本身做出回答,那也由《居鲁士的教育》和《阿格西劳斯》做出了回答。但是,对于有美德的僭主能否真的幸福这一问题,色诺芬的著作整体都置而不答。《居鲁士的教育》和《阿格西劳斯》通过展现或至少暗示居鲁士和阿格西劳斯如何死去,使两位有美德的王者的幸福超出了任何可能的怀疑,而《希耶罗》由于其形式所限,不能够透露一丁点僭主希耶罗的结局。[22]

对于色诺芬为何以西蒙尼德与一个雅典之外的僭主的谈话来呈现"僭政的"教诲,我们希望已经做出了解释。要充分理解这一教诲,不只要求理解其内容。我们还必须考虑呈现这一教诲的形式,否则就不能认清这一教诲(在作者看来)在智慧的整体中所占的

---

[21] 注意《希耶罗》中几乎完全没有出现专有的人名。其中唯一一个专有的人名(希耶罗、西蒙尼德、宙斯、希腊人之名当然除外)是希耶罗宠爱的戴洛库斯(Daïlochus)。格罗特(George Grote)在《柏拉图和苏格拉底的其他同伴》(*Plato and the other companions of Socrates*, London, 1888, v. I, 222)中有下面这番公允的议论:"当我们读到西蒙尼德提出的建议,看到他教希耶罗如何使自己受欢迎,我们马上就意识到,两人的意愿同样良好,却同样终属徒劳。色诺芬既不能找到任何对应于这一部分的现实的希腊暴君(despot)……也不能杜撰出一个似乎有一点真实的希腊暴君。"可格罗特接下来又说:"色诺芬不得不求助于希腊之外的其他国家和其他风俗。我们可以把《居鲁士的教育》归之于这种需要。"当前,指出这一点就足够了。在色诺芬看来,居鲁士不是僭主而是王。格罗特的错误缘于把"僭主"等同于"暴君"。

[22] 西蒙尼德几乎没有影射希耶罗或一般而言的僭主们的终有一死(《希耶罗》10.4)——希耶罗作为一个僭主,想必一定生活在暗杀的长久恐惧中。尤其比较《希耶罗》11.7末尾与《阿格西劳斯》9.7末尾。另比较《希耶罗》7.2、7.7以下和8.3以下(荣耀人们的方式)与《希腊志》VI 1.6(以葬礼的隆重来荣耀人)。对比《希耶罗》11.7、15以及柏拉图,《王制》465d2-e2。

位置。[35]由于这一教诲赖以呈现的形式,可以将这一教诲描述为一位真正的智慧者不会关心以自己的名义呈现的那种哲学教诲。此外,通过揭示智慧者屈尊以自己的名义(即以西蒙尼德的名义)呈现"僭政的"教诲的做法,作者向我们表明,应当如何将这一教诲呈现给它最终的对象——僭主。

三 场景

A 人物及其意图

[36]诗人西蒙尼德曾到僭主希耶罗那里去。两人都得闲的时候,西蒙尼德说……

关于这场对话所发生的情境,色诺芬仅仅直奔主题地明确说了这些。"西蒙尼德到希耶罗那里去":希耶罗并没到西蒙尼德那里去。僭主们不喜欢到外邦周游,[①]而且,正如西蒙尼德似乎曾对希耶罗的妻子说过的那样,智慧者总是在富人的门前消磨时间而不是相反。[②] 西蒙尼德"曾"到希耶罗那里去——他仅仅是拜访希耶罗;那些到僭主面前展示某种智慧的或美的或好的东西的人,一旦得到奖赏就更愿意离开。[③] "两人都得闲的时候",谈话开始了。我们还可以补充说,是在他们独处之时。西蒙尼德到的时候,谈话并未即刻开始。从谈话的过程看,在谈话之前,希耶罗对西蒙尼德的品性已有明确的意见,而西蒙尼德也对希耶罗有一些观察。在两人都得闲之前,两人彼此所忙碌的并非不可能是彼此相关的事。不管怎样,在谈话开始的那一刻,两人彼此并不完全陌生。彼此之间的认识或意见,或许甚至解释了他们为什么进行一场闲暇的谈话,也解释了他们在谈话中从一开始的表现。

---

① 《希耶罗》1.12,2.8。比较柏拉图,《王制》579b3-c3。
② 亚里士多德,《修辞学》1391a8-11。
③ 《希耶罗》1.13,6.13,11.10。

西蒙尼德引启了谈话。他有何目的？他从这一问题开始：希耶罗是否愿意向自己解释他很可能比诗人更了解的事情。[37]西蒙尼德向一个并不统治自己的僭主提出了一个礼貌的问题，这一问题恰好处在两种提问方式的中间：一种是苏格拉底尤其常用的非正式请求，"告诉我"，或礼貌的请求，"我非常想知道"，另一种是苏格拉底向统治自己的僭主们（"立法者们"克里提阿斯和卡西科勒斯[Charicles]）提出的恭敬的问题："是否允许探讨……？"④借由这一问题，西蒙尼德显示自己是一个智慧者，他始终渴望学习，希望利用这个机会从希耶罗那里学些东西。他由此赋予希耶罗更高的地位：一个在某一方面比他更智慧的人，比他更大的权威。希耶罗完全清楚西蒙尼德有多智慧，他丝毫不认为自己会比一个像西蒙尼德那样智慧的人更了解什么东西。西蒙尼德向他解释说，他希耶罗生为平民，现在却是僭主，所以，根据他对两种境遇的经验，他很可能比西蒙尼德更了解僭主的生活与平民的生活在人的快乐和痛苦方面有什么差别。⑤ 这一话题是完美的选择。在一位智慧者与一位曾是平民而且并不智慧的僭主的讨论中，比较僭主的生活与平民的生活是唯一全面的或"智慧的"话题，智慧者由此能有些可信地表现得不如僭主。而且，西蒙尼德暗示，与美德-恶德相区别的快乐-痛苦是应当指引这场比较的视角，而这一视角似乎是与王者们相区别的僭主们特有的。⑥ 西蒙尼德引启谈话，似乎意在向希耶罗学习某种东西，或从一个熟悉他所提出的主题的权威人士那里获得一手的信息。

---

④ 《回忆苏格拉底》I 2.33；《治家者》7.2；《居鲁士的教育》I 4.13, III 1.14, VIII 4.9。

⑤ 《希耶罗》1.1-2。

⑥ 亚里士多德，《政治学》1311a 4-5。比较柏拉图《高尔吉亚》中卡利克勒斯（Callicles）的命题。

不过,在希耶罗看来,西蒙尼德用来说明自己的问题的理由只是一个可能的理由。这个理由没有考虑明断或智慧对于正确评价经验的决定性作用。⑦ 此外,一个智慧者可能有过或没有过的特殊经验(比如只有一个现实中的僭主才会有的那些经验)对于完全回答某些问题意义重大,但西蒙尼德的问题本身却并非如此。毋宁说,它属于真正的智慧者(而且只有真正的智慧者才)必定拥有完整答案的那类问题。西蒙尼德的问题关乎僭主的生活与平民的生活在快乐与痛苦方面的差异,在文脉中,这一问题等同于两种生活方式孰更可欲的问题。因为,对于谈话作为主题来思考的这一选择(preference),"快乐-痛苦"是唯一最终的标准。西蒙尼德随后就把最初的问题变得更明确,[38]他断言,与平民的生活相比,僭主的生活了解更多各种各样的快乐,了解较少各种各样的痛苦,换言之,僭主的生活比平民的生

---

⑦ 注意《希耶罗》1.1-2反复出现的εἰκός[可能]。这一标示的含义在谈话进程中得到了揭示。如果希耶罗要比西蒙尼德更了解两种生活方式在快乐和痛苦方面有何差别,那他一定得拥有对两种生活的实际知识;亦即是说,希耶罗必须不能忘记平民生活特有的快乐和痛苦;可希耶罗却暗示,自己并不完全记得这些快乐和痛苦(1.3)。此外,关于所讨论的这一差别的知识是通过盘算或推理获得的(1.11,3),而必要的盘算预设了一种知识,即关于不同种类的快乐和痛苦有着不同的价值或不同程度的重要性的知识;可希耶罗不得不从西蒙尼德那里学到,有几类快乐远不如其他快乐重要(2.1,7.3-4)。此外,如果希耶罗要比西蒙尼德更好地了解所讨论的差别,他一定得至少拥有像西蒙尼德那样强的计算能力或推理能力;可西蒙尼德表明,希耶罗宣称的对这一差别的知识(他是在西蒙尼德的帮助下才获得这种他本未获得的知识的)是基于对一个相当重要的因素的致命忽视(8.1-7)。因此,只有补充一些重要的限定,以下论题才是正确的:经验过两种生活方式的人比只经验过其中一种生活方式的人更好地知道两种生活方式的差别;就这一论题本身而言,它是一个修辞式推论(enthymeme)的结果,仅仅看似有理。

活更为可欲。⑧ 希耶罗甚至说,西蒙尼德的断言出自一个素有智慧之名者的口中令人惊讶:一个智慧者无须亲身经验过僭主的生活,就应当能够判断僭主生活的幸福或悲惨。⑨ 僭主的生活是否比平民的生活更为可欲或更可欲到什么程度,尤其从快乐的视角看,僭主的生活是否比平民的生活更为可欲或更可欲到什么程度,这一问题对一个已经获得智慧的人来说不再是问题。⑩ 如果西蒙尼德是一个智慧者,那他围绕这一主题与希耶罗展开探讨必定有别的动机,而不是因为渴望学习。

希耶罗表达了这样的观点:西蒙尼德是一个智慧者,一个比他自己智慧得多的人。在某种程度上,对话的情节证实了这一断言,因为它表明西蒙尼德能够教导希耶罗作为僭主的统治之术。尽管西蒙尼德表现得比希耶罗智慧,但绝不能肯定色诺芬认为他的确智慧。只有通过比较西蒙尼德与色诺芬肯定认为是智慧的苏格拉底,才能最终确定色诺芬如何看待西蒙尼德的智慧。不过,基于《希耶罗》与《治家者》的对照以及这一考虑——如果西蒙尼德是智慧的,他就有谈话的技巧,也就是说,他能够对任何对话者做他想做的事情,⑪或能够将任何谈话引向他渴望的目的——先得出一个临时的结论是可能的。西蒙尼德与希耶罗的谈话最终就改良僭主统治提

---

⑧ 《希耶罗》1.8,14,16。西蒙尼德说僭主们受到所有人的羡慕或嫉妒(1.9),他还暗示平民当然不会有相同的待遇。西蒙尼德在 2.1-2 和 7.1-4 对特定种类的快乐的论述多少更为矜持,要理解这一论述,必须一开始就依据他在 1.8 对所有种类的快乐的一般性陈述。希耶罗就是从西蒙尼德的一般性陈述来理解西蒙尼德在 2.1-2 的陈述的,正如我们在 2.3-5、4.6 和 6.12 所见(亦比较 8.7 与 3.3)。对西蒙尼德最初的问题的解释,思考伊索克拉底,《致尼科克勒斯》4-5。

⑨ 《希耶罗》2.3-5。我们也不应忘记这一事实:《希耶罗》的作者绝不是一个僭主。比较柏拉图,《王制》577a-b 与《高尔吉亚》470d5-e11。

⑩ 《回忆苏格拉底》I 3.2,IV 8.6,5.9-10。比较《上行记》VI 1.17-21。

⑪ 《回忆苏格拉底》IV 6.1,6.7,III 3.11,I 2.14。

出了一个智慧者理应向一个他好心相待的僭主提出的建议。因此，我们应当假定，智慧的西蒙尼德引启这场意欲对希耶罗有一些益处的谈话，可能是为了反过来受益或施益于僭主的臣民。在与希耶罗相处期间，西蒙尼德已经观察到这个统治者的一些事情——关于他的胃口，关于他的情爱；[12]西蒙尼德还知道希耶罗正在犯一些严重的错误，比如参加奥林匹亚赛会和皮托赛会（Pythian games）。[13] 概括而言，西蒙尼德知道希耶罗不是一个完美的统治者。他决定教希耶罗作为僭主如何统治得好。更明确地说，他认为告诫希耶罗不要犯一些严重的错误是适宜的。但是，且不说日常的礼貌，没有人想当面谴责或反驳一个僭主。[14] 因此，西蒙尼德通过最不具冒犯性的手段[39]把僭主引导到一种情绪，在这种情绪中，僭主会乐于竖耳倾听诗人的建议，甚至乐于主动要求诗人的建议。西蒙尼德同时或说借同样的行为让希耶罗相信，他有能力给一个僭主明智的建议。

在能够教希耶罗作为僭主如何统治之前，西蒙尼德必须让他意识到，或提醒他想到那些困扰着他而他又无法克服的困难，他的统治的缺陷，甚至还有他整个生活的缺陷。对大多数人来说，通过他人意识到自己的缺陷意味着受到检察官的打击。西蒙尼德必须打击僭主；他必须把希耶罗拉低到一种低微的状态；或者，依据西蒙尼德显然达到的目的来描述他的意图，那就是：他必须让僭主感到沮丧。此外，他如果想以希耶罗对自己缺陷的认识作为起点来开始他

---

[12] 《希耶罗》1.21,31。

[13] 比较《希耶罗》11.5-6,《阿格西劳斯》9.6-7 与品达《奥林匹亚凯歌》I 与《皮托凯歌》I-III。

[14] 《希耶罗》1.14。苏格拉底遵循着同样的行为规则。对比苏格拉底与"立法者"克里提阿斯和卡西科勒斯（Charicles）谈话时的行事方式与他在"某个地方"（亦即不是当着僭主们的面）对三十僭主的公开谴责——这一谴责只能"转述"给克里提阿斯和卡西科勒斯（《回忆苏格拉底》I 2.32-38；注意 ἀπαγγελθέντος [据说] 的反复出现）。在柏拉图的《普罗塔戈拉》（345e-346b8）中，苏格拉底认为西蒙尼德夸赞僭主是出于被迫。

的教导,就必须诱使希耶罗明确承认与自己生活相关的所有不快乐的事实。为了避免不必要的冒犯,西蒙尼德所能做的,起码是谈论一个更宽泛、更少冒犯性的主题,而不是谈论希耶罗的生活。一开始,我们应当假定,在与希耶罗开始一场关于僭主的生活与平民的生活孰更可欲的谈话时,西蒙尼德是出于这一意图:通过比较僭主的生活(因此还有希耶罗自己的生活)与平民的生活,使僭主感到沮丧。

要以最少冒犯性的方式实现当前这一目的,西蒙尼德得创造一个情境,让僭主本人而不是他来说明自己生活的缺陷,或普遍意义上的僭主生活的缺陷;而且,他还得让僭主自发地甚至高高兴兴地来做这一通常令人不快的事。西蒙尼德赖以实现这一结果的手腕,在于送给希耶罗一个机会,让他在证明自己的低微的同时能维护自己的卓越。西蒙尼德引启谈话,是通过把自己明确展示为一个得向希耶罗学习或在某方面不如希耶罗智慧的人,或说是通过担任学生的角色。随后,西蒙尼德本人宣扬不智慧者、大多数人或俗众典型的关于僭政的鄙陋(crude)意见,认为僭主的生活比平民的生活更可欲。[15] 西蒙尼德由此隐秘地并因而更有效地把自己展示为一个绝对不如希耶罗智慧的人。他以此引诱希耶罗担任老师的角色。[16] 西蒙尼德成功地诱使希耶罗驳斥俗众的意见,并由此诱使他证明僭主的生活因而还有他自己的生活极为不幸福。希耶罗[40]通过赢得论证维护了自己的优越,但他的论证就其内容来说是完全令他沮丧的:通过证明自己极为不幸福,希耶罗证明自己比智慧的西蒙尼德更智慧。可他的胜利也是他的失败。通过利用僭主对卓越(superiority)的兴趣或说对胜利的渴望,西蒙尼德促使僭主自发并几近愉快地承认自己生活的所有缺陷,从而促成这样一种情境:提供建议不是一个蹩脚的教师的事,而是一个和善的诗人(humane poet)的事。此外,在希耶罗意识到自己已经步入西蒙尼德如此巧妙、如

---

[15] 《希耶罗》1.9-10,1.16-17,2.3-5。

[16] 《希耶罗》1.10,8.1。

此迷人地为他设计的陷阱时,他会比以往任何时候更信服西蒙尼德的智慧。

西蒙尼德在开始教导希耶罗之前,换言之,在《希耶罗》篇幅最大的那一部分中(第1-7章),他在希耶罗面前表现得不如他实际所是的那样智慧。在《希耶罗》的第一部分,西蒙尼德隐藏了自己的智慧。他不是单纯转述俗众对僭政的意见,也不是问希耶罗怎么看这种意见从而仅仅把这一意见交由希耶罗驳斥;西蒙尼德实际接受了这一意见。希耶罗理所当然会产生这样的印象,即认为西蒙尼德对于僭政生活的性质无知或受到了蒙蔽。⑰ 问题由此而来:为什么西蒙尼德的手段并没有使他的目的落空?为什么希耶罗还能认真对待他?为什么希耶罗并不认为他是个蠢人,一个追随俗众意见的蠢人?只要这一难题没有得到令人满意的解释,谈话所发生的情境就依然完全模糊不清。

如果俗众仅仅意味着只是愚蠢或不智慧,这一难题就无法解决。俗众对僭政的意见可以概括如下:僭政对城邦是坏的,但对僭主是好的,因为僭主的生活是最享受、最可欲的生活方式。⑱ 这一意见基于俗众心灵的基本假定:身体方面的快乐、财富或权力比美德更重要。俗众的意见不仅受到智慧者的质疑,而且尤其受到贤人们(gentlemen)的质疑。根据完美贤人的意见,僭政不仅对城邦是坏的,而且尤其对僭主本人是坏的。⑲ 通过接受俗众的观点,西蒙尼德隐秘地拒绝了贤人的观点。西蒙尼德可能并非贤人吗?他可能缺少贤人的节制(moderation)或自制吗?他可能是个危险人物

---

⑰ 《希耶罗》2.3-5。

⑱ 虽然所有人都认为僭主让人羡慕,虽然大多数人都被僭主外在的光辉所骗,但大多数人并不希望被僭主统治,而是希望被正义者统治。比较《希耶罗》2.3-5与同书5.1和4.5。比较柏拉图,《王制》344b5-c1。

⑲ 比较《治家者》结尾与同书6.12以下。亦见《回忆苏格拉底》II 6.22以下。

吗？这一怀疑是否产生，显然取决于希耶罗对"智慧者"与"贤人"的关系作何看法。但是，如果这一怀疑产生了，理论性并有些游戏性的讨论就会转变成一场冲突。

[41]西蒙尼德的做法内含反讽因素，如果这一因素只是激起了想要赢得一场辩论这样有些古怪的欲望，而没有在僭主的灵魂中激起更深层的情感，就会妨碍实现他的严肃目的。希耶罗理解以及回应西蒙尼德的问题和断言的方式，注定由他对西蒙尼德的品质和意图的看法决定。他认为西蒙尼德是一个智慧者。因而，他对西蒙尼德的态度就会是他对智慧者的普遍态度的一个特例。他说僭主们恐惧智慧者。我们必须据此来理解他对西蒙尼德的态度：他恐惧"而不是崇拜"西蒙尼德。[20] 西蒙尼德在希耶罗的城邦是一个外邦人，因此不太可能真正威胁到希耶罗的统治。[21]考虑到这一事实，我们更愿意说，某种恐惧，某种 in statu nascendi[与生俱来的]恐惧亦即不信任，消减了希耶罗对西蒙尼德的崇拜。希耶罗并不信任任何人；在与一个能力非同寻常的人打交道时，他尤其缺乏信任。因此，他不太可能完全坦诚。他很可能像西蒙尼德那样有所保留，尽管是出于有些不同的原因。[22] 两人的谈话很可能发生在一种有限的直率的氛围中。

僭主对智慧者的恐惧是一种特殊的恐惧。在《希耶罗》位置最居中的段落中，希耶罗解释了这一至关重要的事实。[23] 希耶罗恐惧勇敢者，因为他们会为了自由而冒险。他恐惧正义者，因为多数人或许渴望受他们统治。至于智慧者，他恐惧"他们或许会谋划什么"。因此，希耶罗恐惧勇敢者和智慧者，是因为他们的美德或有美德的行为会导致自由的恢复或至少是非僭政统治的恢复。希耶罗毫不含糊

---

[20] 《希耶罗》5.1，1.1。
[21] 《希耶罗》6.5。亚里士多德，《政治学》1314a10–13。
[22] 《希耶罗》4.2。见前注14。
[23] 《希耶罗》5.1–2。

地解释了这些,而且仅仅解释了这些。他没有明确说他从智慧者那里感到了哪种恐惧:他是恐惧智慧者或许会为了自由或公正的统治而谋划什么,还是恐惧他们或许会为了其他目的而谋划什么?[24] 希耶罗明确的陈述没有回答关键的问题:为什么僭主恐惧智慧者?

对于希耶罗的沉默,最谨慎的解释是认为他并不知道智慧者想要什么。希耶罗曾是平民,一个普通公民、一个僭主的臣民,他知道并理解勇敢者和正义者的目标,就如勇敢者和正义者知道并理解他们自己的目标一样。但他从不是一个智慧者,他从自己的经验无法知道智慧。他认识到,智慧是一种美德、一种力量,因此是一种对僭主权力的限制,进而也是一种对僭主统治的威胁。他还认识到,智慧是某种不同于[42]勇敢和正义的东西。但他并没有清楚地把握到智慧独特的和实在的品质:智慧比勇敢和正义更不可捉摸。或许下面这样说并不过分:对僭主而言,有别于勇敢和正义的智慧是某种非同寻常的东西。不管怎样,僭主对智慧者的恐惧是一种不确定的恐惧,在有些情况下(比如希耶罗对西蒙尼德的恐惧),几乎只是一种模糊而强烈的不安。

对智慧者的这种态度不仅是僭主们的特征。我们一定得始终设想,色诺芬的头脑中浮现着苏格拉底的命运。苏格拉底的命运证实了这一观点:智慧者容易招致那些没那么智慧或完全不智慧的人的嫉妒,而且智慧者容易遭受来自"多数人"的各种模糊的怀疑。色诺芬本人暗示,苏格拉底在君主制下会有他在民主制下的相同经历:智慧者容易受到君主们的嫉妒或怀疑,正如他们容易受到普通公民的嫉妒或怀疑。[25] 因缺少对智慧的理解而产生的对智慧者的不信任,是俗众的特征,也是僭主们和非僭主们相同的特征。希耶

---

[24] 在4.10,亦即几乎紧贴在这一关键的段落之前,希耶罗提到"谋划邪恶和卑劣之事"。另比较1.22-23。

[25] 《回忆苏格拉底》I 2.31,IV 2.33;《会饮》6.6;《苏格拉底的申辩》20-21;《居鲁士的教育》III 1.39。比较柏拉图,《苏格拉底的申辩》23d4-7,28a6-b1,以及《书简七》344c1-3。

罗对智慧者的态度与俗众对智慧者的态度至少有某些相似。

苏格拉底的命运表明,那些不理解智慧的性质的人容易把智慧者误当作智术师。在某种意义上,智慧者和智术师都是拥有智慧的人。但是,智术师为了卑下的目的尤其为了钱出卖智慧,智慧者却将智慧用于最高贵或最道德的目的。[26] 智慧者是一个贤人,而智术师却是卑屈的。误把智慧者当作智术师之所以可能,是因为"贤德"(gentlemanliness)的含混性。按通常的说法,"贤人"指一个正义和勇敢的人、一个好公民,所以他并不一定是一个智慧者。伊斯克玛库斯——色诺芬让这个至为可敬的人与苏格拉底交锋——被所有人(男人和女人、外邦人和公民)称作贤人。就此词的苏格拉底式含义而言,贤人等同于智慧者。[27] 俗众看不到智慧的本质,或智慧由以区别于普通的"贤德"之处,这或许会致使他们相信,智慧与他们唯一所知的"贤德"相对立,他们或许会怀疑智慧者的"贤德"。他们至多只能看到,智慧是谋取获得最有价值因此也最难获得的所有物(possession)的能力。但是,由于相信僭主的生活是最享受因此也最可欲的所有物,他们会倾向于把智慧等同于成为僭主或保持僭主之位的能力。[43]那些成功获得僭主权力并且哪怕非常短暂地维持了这一权力的人,被崇拜为智慧的和幸运的人。使一个人成为僭主并保持僭主之位的特殊能力普遍被等同于智慧。另一方面,如果一个智慧者明显避免谋求僭主权力,他依然会被怀疑教导他的朋友们"成为僭主"。[28] 基于俗众对智慧的看法,以下结论就看似有理了:一个智慧者会有志于僭政,或者,如果他已经是僭主,他会试

---

[26] 《回忆苏格拉底》I 6.12–13。

[27] 比较《治家者》6.12以下,11.1以下与《回忆苏格拉底》I 1.16,IV 6.7。比较柏拉图,《王制》489e3–490a3。"贤人"的两种含义的区分对应于柏拉图对公共美德或政治美德与真正的美德的区分。

[28] 《居鲁士的教育》I 1.1;《回忆苏格拉底》I 2.56,6.11–12。比较《回忆苏格拉底》IV 2.33与《会饮》3.4。见柏拉图,《书简七》333b3以下,334a1–3和《高尔吉亚》468e6–9,469c3(对比492d 2–3);另及《王制》493a6以下。

图维持自己的地位。

现在让我们回到希耶罗对于人的各类卓越的说法。勇敢者会为自由而冒险;正义者会被多数人渴望成为统治者。勇敢者之为勇敢者不会被要求成为统治者,正义者之为正义者不会反叛。正如勇敢者之为勇敢者清楚地有别于正义者之为正义者,智慧者之为智慧者也同样清楚地有别于勇敢者和正义者。智慧者会为自由冒险吗?与忒拉绪布洛斯(Thrasybulus)有别的苏格拉底冒过这样的险吗?尽管苏格拉底在"某个地方"谴责过克里提阿及其同伙的行为,尽管苏格拉底拒绝服从他们不正义的命令,但他没有着手推翻他们。[29] 多数人会渴望智慧者成为统治者吗? 多数人有没有渴望苏格拉底成为统治者呢? 我们无权假定,希耶罗对智慧和正义的看法等同于色诺芬的看法。上下文暗示,在希耶罗看来,智慧者之为智慧者有着不同于勇敢者和正义者的目的,或者说,如果勇敢和正义的结合是"贤德"的本质,智慧者就肯定不是一个贤人。上下文暗示,智慧者的目标不同于僭政的宿敌们的目标,后者关心的是恢复自由和"拥有好的法律"。[30] 西蒙尼德根本没有反驳这一暗示,他在自己的教诲中避免"自由"和"法"这样的字眼。只有一种合理的可能:僭主恐惧智慧者,因为他会试图推翻僭主——不是为了恢复非僭政的统治,而是为了自己成为僭主——或因为他会劝告他的一个学生或朋友通过推翻现实的僭主而自己成为僭主。希耶罗最中心的阐述并未排除而是暗示了俗众的智慧观;[31]它并没有排除而是暗

---

[29] 《回忆苏格拉底》I 2.31 以下,IV 4.3;《会饮》4.13。比较柏拉图,《苏格拉底的申辩》20e8-21a3,32c4-d8 以及《高尔吉亚》480e6 以下;另及《普罗塔戈拉》329e2-330a2。参见前注 14。

[30] 《希腊志》IV 4.6,比较《会饮》3.4。

[31] 希耶罗断言僭主是不正义的,但他并没有说僭主是愚蠢的。他断言僭主身边是些不正义、不节制和卑屈的人,但他并没有说僭主身边是些蠢人。思考《希耶罗》5.1 提到的各项美德与 5.2 提到的各项恶德的缺乏对应。而且,通过证明自己比智慧的西蒙尼德更智慧,希耶罗证明僭主或许确实是智慧的。

示了智慧者是潜在的僭主这一观点。㉜

希耶罗多少意识到这一事实:智慧者并不依据外在的表象来评判幸福或不幸,因为他们知道,幸福和不幸都居于人的灵魂之中。[44]因此,让他有些惊讶的是,西蒙尼德实际竟然把幸福等同于财富和权力,并最终等同于僭主的生活。但他并没有说,身为智慧者的西蒙尼德不可能是这个意思,或一定是在开玩笑。相反,他极为严肃地对待西蒙尼德的主张。他并不认为,一个智慧者持有西蒙尼德所接受的观点是难以置信的或不可能的。㉝ 他并不认为这是不可能的,是因为他相信,只有一个僭主的经验才能最终完全确定僭主的生活是否比平民的生活更可欲。㉞ 他并不真正知道智慧者的目的。因此,他并不确信智慧者是一个潜在的僭主。他也不确信相反的看法。他摇摆于两种截然对立的观点之间,摇摆于俗众的智慧观与智慧者的智慧观之间。在某一既定情形下,他会采取两种相反观点中的哪一种,取决于与他交谈的智慧者个人的行为。就西蒙尼

㉜ 据色诺芬笔下的苏格拉底,统治有道要求特定的知识,拥有这知识的人由此(eo ipso)就是一个统治者(《回忆苏格拉底》III 9.10,1.4)。因此,拥有僭主之术的人由此就是一个僭主。从色诺芬的观点看,希耶罗对西蒙尼德的不信任是对苏格拉底的真理的反讽性反映。之所以是反讽性的,是因为以下原因:从色诺芬的观点看,教导王者之术或僭主之术的智慧者并不是一个普通意义上的潜在的统治者,因为,知道如何统治的人并不一定想要统治。甚至希耶罗通过暗示也承认,正义者不想统治,或说他们只想做他们自己的事(对比《希耶罗》5.1 与《回忆苏格拉底》I 2.48, II 9.1)。如果智慧者必定是正义的,教导僭主之术的智慧者就不想成为一个僭主。但由于希耶罗对智慧者和正义者的区分,正是智慧与正义的必然联系受到了质疑。

㉝ 《希耶罗》2.3-5(比较其中的措辞与同书 1.9 及《居鲁士的教育》IV 2.28 的措辞)。应当强调的是,在这一重要的段落里,希耶罗并没有明确谈到智慧(他唯一一次对智慧的明确评论出现在 5.1 这一中心段落里)。而且,在靠后的一个段落中(7.9-10),希耶罗承认至福要求有外在的或可见的表征,从而无声地限定了他在 2.3-5 对幸福的说法。

㉞ 《希耶罗》2.6,1.10。

德而言,这一问题是由这一事实决定的:西蒙尼德接受了俗众的意见,这一意见认为僭主的生活比平民的生活更可欲。至少在与西蒙尼德的谈话中,希耶罗会受到以下怀疑的困扰:这个智慧者可能是一个潜在的僭主,或是希耶罗可能的对手的一个潜在的谋士。㉟

希耶罗对西蒙尼德的恐惧或不信任源于他对智慧者的态度,而且,不管他们谈论的话题是什么,这种恐惧或不信任都将存在。但如果有什么话题能够加深希耶罗对西蒙尼德的怀疑,那就是这位智慧者实际提出的话题——这一话题关涉让僭主恐惧智慧者的那个目标。此外,西蒙尼德明确说,所有人都以崇拜和嫉妒相混合的态度看待僭主,或者说所有人都羡慕僭主;希耶罗充分理解了这一陈述的意义,他说西蒙尼德本人也羡慕僭主,从而将这一陈述用在西蒙尼德身上。㊱ 希耶罗并不拥有对智慧之性质的真正理解,只有这

㉟ 希耶罗最开始说西蒙尼德是一个智慧的男人($ἀνήρ$);但正像西蒙尼德在 7.3-4 解释的那样,[真正的]男人($ἄνδρες$)不同于[普通]人($ἄνθρωποι$),他们受野心摆布,因而易于觊觎僭主权力(1.1 末尾的$ἀνδρός$对应于 1.2 末尾的$ἀνθρώποις$,亦参 7.9 开头)。谈话开始不久,希耶罗说西蒙尼德"现在还是一个平民"(1.3),从而暗示他很可能成为一个僭主。与此相应,希耶罗只说过一次"你们[平民]",而西蒙尼德却相当频繁地说到"你们[僭主]":希耶罗不太愿意把西蒙尼德仅仅看作一个平民(见 6.10。2.5 处的"你们"指有别于大众的有名望的智慧的男人们。西蒙尼德在下段落里说到"你们这些僭主":1.14,16,24,26,2.2,7.2,4,8.7)。"真正的男人"和"普通人"的区分,另见《上行记》I 7.4,《居鲁士的教育》IV 2.25,V 5.33;柏拉图,《王制》550a1,《普罗塔戈拉》316c5-317b5。

㊱ 《希耶罗》1.9,6.12。西蒙尼德和希耶罗先后用到$ζηλόω$一词,此词不是指"嫉妒",而是表示"羡慕"(jealousy),即与"嫉妒"(envy)相对的高贵的一方(参亚里士多德,《修辞学》II 11)。僭主是广受嫉妒的(就此词的严格意义而言),如希耶罗在 7.1 的评论,以及西蒙尼德在对话结尾强调性的允诺:假如一个僭主施惠于自己的臣民,他就会幸福且不受嫉妒。另见 11.6,那里暗示像希耶罗这样的僭主是受嫉妒的(参考前注 13)。在《希耶罗》1.9,西蒙尼德避免说到"嫉妒",因为这个词可能暗示所有人都对僭主怀有敌意,从而完全破坏他的陈述的效果。希耶罗在 6.12 的陈述不仅针对 1.9,也针对 2.2,

一理解能使他避免对西蒙尼德关于僭主生活与平民生活孰更可欲的问题心生疑窦。由于缺少这样的理解,希耶罗并不能确定,这一问题或许并不是出于非常实际的目的,即从僭主那里探听一些一手的信息,从而搞清楚某种状况。这个诗人羡慕这种状况,或者有志于为自己或为他人达到这种状况。

由于西蒙尼德看上去相信僭主的生活比平民的生活更可欲,希耶罗对他的恐惧或不信任便将得到强化和明确。西蒙尼德貌似坦率地承认个人的偏好,在希耶罗看来,[45]这给自己提供了一个机会来打消自己的不安。希耶罗整个的回答将服务于非常实际的目的,即劝阻西蒙尼德以崇拜和嫉妒相混合的态度看待僭主。

通过利用希耶罗的这一意图,㊲西蒙尼德迫使他用尽可能强烈的语言谴责僭政,并由此最终迫使他宣布自己的崩溃,同时把谈话的领导权转交给西蒙尼德。西蒙尼德意图让希耶罗变得沮丧,希耶罗则意图劝阻西蒙尼德崇拜或妒忌僭主,两人的意图合而产生了西蒙尼德起初想要的结果,亦即一种让希耶罗别无选择、只能听取西蒙尼德建议的境况。

为了激起希耶罗激烈的反应,西蒙尼德不得不夸大僭政的好处。在阅读他的所有陈述时,我们注意到,他确实在一些段落中承认(多少是迫于希耶罗的论证)僭政有其缺憾,可我们也发现,他在

等于是对西蒙尼德在前面段落所说的内容的修正。他暗示,羡慕僭主财富和权力的不是所有人,而只是像西蒙尼德这样的人。至于西蒙尼德(在1.9)对羡慕僭主的"所有人"与渴求成为僭主的"多数人"的区分,必须这样来理解:多数人会认为一件东西是令人艳羡的所有物,但并不真的渴求它,因为他们相信自己没有能力得到。比较亚里士多德,《政治学》1311a29-31,1313a17-23。

㊲ 西蒙尼德利用僭主的恐惧作为改造僭主的一个手段,遵循了色诺芬的一个教育原则。见《骑兵统帅》1.8,《回忆苏格拉底》III 5.5-6,《居鲁士的教育》III 1.23-24。

更多段落中自发并强烈地申述僭政的好处。西蒙尼德关于僭政的陈述会让希耶罗理所当然地以为,西蒙尼德嫉妒僭主。不过,西蒙尼德对此类僭政的赞美(有别于他在《希耶罗》第二部分对仁慈的僭政的赞美)的反讽性质,几乎逃脱不了任何读者的注意。比如,当他断言僭主们不断听到最令人愉快的那类声音——赞美之声,从而从声音中获得比平民更大的快乐时,他并非不知道,僭主的随从们对僭主的赞美事实上并非真心实意的赞美。㊳ 另一方面,希耶罗一心想要夸大僭政的坏处。这一点需要做些讨论,因为《希耶罗》中对僭政的明确控诉完全出自希耶罗之口,因此,对作为一个整体的《希耶罗》的趋向的理解,决定性地取决于正确领会希耶罗关于这一主题的说法。

  一定不可以想当然地认为,希耶罗只是表达了色诺芬对僭政深思熟虑的判断——希耶罗并不是色诺芬。此外,有一些特定的证据能够表明,依色诺芬的观点,希耶罗对僭政的控诉有些夸大。希耶罗断言,"所有城邦都大肆荣耀弑杀僭主者";而色诺芬告诉我们,那些谋杀亚森(Jason)并活下来的人在他们所到的"大多数希腊城邦"受到荣耀。㊴ 希耶罗断言,僭主们"深知他们所有的臣民都是自己的敌人";而色诺芬告诉我们,[46]僭主欧甫戎(Euphron)的臣民认为他是他们的施惠者并极为敬畏他。㊵ 希耶罗把僭主描绘成被剥夺了同性关系的一切快乐;而色诺芬则描绘了僭主阿斯图亚格(Astyages)如何安稳自在地充分享受着那些快乐。㊶ 可是,希耶罗本应该比色诺芬会允许的那样更多地指责僭政;他还本应该依据他

㊳ 比较《希耶罗》1.14 与 1.16。注意西蒙尼德在表示同意希耶罗的回答时的强调(1.16 开头)。亦比较 2.2 与 11.2-5。
㊴ 比较《希耶罗》4.5 与《希腊志》VI 4.32,VII 3.4-6。
㊵ 比较《希耶罗》6.14 与《希腊志》VII 3.12。
㊶ 比较《希耶罗》6.1-3 与《居鲁士的教育》I 3.10,18。

苦痛的经验一五一十地说出自己对这一主题的想法。如今,不论一位读者多么留意希耶罗的言辞,他都没有可能知道希耶罗的面部表情、姿势以及声音的起伏变化。因此,读者并未处在辨明希耶罗的话孰真孰假的最好位置。对于出自同伴之口的各种说法分别有多少可信度,西蒙尼德却洞若观火,他清楚,同伴尽管同等平静地提出了这些说法,但未必同等程度地确信这些说法——这部对话把西蒙尼德的洞察交由读者玩味,此即一部以一个智慧者为角色的对话的诸多便利之一。粗读《希耶罗》时,我们肯定会感到,希耶罗尤为烦心于僭主的缺少友谊、信任、爱邦之情和真正的荣誉,还有被暗杀的潜在危险。不过,色诺芬笔下的西蒙尼德——要恰切地解释色诺芬笔下希耶罗的言辞,他是我们唯一的权威——绝没有这样的印象,即希耶罗最大的悲哀是由于缺少上述高贵之物造成的,或是由于希耶罗以如此有教益的方式描述的那些让人永远感到无限恐惧的痛苦造成的。西蒙尼德毫不怀疑,希耶罗谴责僭政最主要是出于这一事实:僭主被剥夺了源于同性爱的最甜蜜的快乐,即西蒙尼德本人宣称不太重要的快乐。㊷ 因此,希耶罗对僭政的控诉并没带给西蒙尼德深刻的印象。因此,不论希耶罗的控诉多么打动人或多么有说服力,在阅读时都必须保有许多合理的怀疑。

在证明平民从胜利中获得比僭主更大的快乐时,希耶罗比较了公民对外敌的胜利与僭主对其臣民的胜利:公民们认为他们的胜利是高贵的,他们为之自豪并夸耀,而僭主不能为自己的胜利自豪,也

㊷ 比较《希耶罗》8.6 与 2.1。西蒙尼德的这一说法并未受到希耶罗反驳;希耶罗在 1.27(Νῦν δή) 与 1.29 所说的内容预示着并因此在某种程度上确认了这一说法。希耶罗在 7.5 表示,他和西蒙尼德在性的问题上达到了一致。

不能夸耀,或认为它高贵。㊸ 希耶罗不仅没有提到某个派别在一场内战中的胜利,最重要的是,他没有提到公民们在其僭主的统治或带领之下赢得的对外敌的胜利——他忘记了他在库迈(Cumae)之战中的胜利。他没有[47]考虑这一显见的可能性:假如一个僭主对一场战争的结果负主要责任,胜利或许会让他比普通公民更加满足。因为,正是僭主审慎的谋略和高效的领导才带来这个完满的结局,而普通公民只可能在有关战争的谋划中发挥些微作用。希耶罗没有考虑,虽然僭主缺少许多次要的快乐,这一巨大的快乐或许可以完全予以弥补。

对僭政的控诉构成了《希耶罗》的第一部分,也是至今最大的一部分,我们可以说这一控诉有双重含义。据其表面的含义,这一控诉等同于对僭政可能的控诉中最强烈的控诉:作为这一主题上的可能的权威中最大的权威,一个僭主从经验谈起,他表明僭政是坏的,哪怕从僭主的视角看,哪怕从僭主的快乐这一视角看。㊹ 这层含义显而易见;要把握这层含义,我们仅需要阅读主要由希耶罗的这类言辞构成的《希耶罗》第一部分。要想看出《希耶罗》第一部分不太显见的含义,则应当考虑对话的场景,即多疑的僭主在 pro domo[为了自己的利益]言说这一事实,并朝相同的方向再进一步,考虑色诺芬的史书(《希腊志》)记录的那些事实。这些思考将使我们

㊸ 《希耶罗》2.12-18。

㊹ 通过表明这一点,希耶罗阐明了我们可以称之为贤人眼中的僭主的形象。色诺芬让希耶罗来详细陈述贤人对僭政的看法(这在他笔下只有一次),由此高度赞扬了希耶罗的教育。比较前文页[31]所论《希耶罗》与《阿格西劳斯》的关系。希耶罗对僭政的控诉与对僭政的真实描述的关系,可以比之于雅典人有关庇西斯特拉托斯(Pisistratus)家族的故事与修昔底德的"准确"记述的关系。我们也可以将这种关系比之于《阿格西劳斯》与《希腊志》相应的章节的关系。

看到一项对僭政有更多保留的控诉,或一份对僭政更如实的描述,或对于僭政的智慧看法。这意味着,要把握色诺芬对僭政的看法(有别于希耶罗关于僭政的说法),我们得从更可信的"行动"或"情节"或"事实"㊺——尤其是那一最重要的"事实",即《希耶罗》的对话场景——来考虑希耶罗的"言辞"。两层含义因此对应于两类阅读,并最终对应于两类人。正是鉴于人之类型的这一差别以及与此相应的言说类型的差别,苏格拉底喜欢引用《伊利亚特》中描写奥德修斯在与出众之士和普通人交谈时使用不同语言的诗行,㊻而且苏格拉底将诵诗人对荷马的表层理解与把握到诗人之"暗示"(insinuations)的理解区分开来。㊼ 表层的理解并不完全是错的,因为它把握到了显见的那层含义,显见的含义与深层的含义一样都是作者意图传达的。倘若用一句话来描述色诺芬在《希耶罗》第一部分运用的技艺,[48]我们可以说,通过选择一个对话场景,并使得对僭政可能的控诉中最强烈的控诉在这一场景中变得必要,色诺芬暗示

㊺ 《回忆苏格拉底》IV 4.10;《阿格西劳斯》1.6。至于《希腊志》的目的,比较 IV 8.1,V 1.4 与 II 3.56,以及《会饮》1.1,《居鲁士的教育》VIII 7.24。

㊻ 《回忆苏格拉底》I 2.58-61。色诺芬否认了一种控诉,即说苏格拉底以一种特别可憎的方式解释上述诗行,但他并没有否认苏格拉底常常引用这些诗行的事实。同书 IV 6.13-15 指出了苏格拉底为何喜欢这些诗句,或说他如何解释它们:苏格拉底运用两类辩证法,一类导向真理,另一类从不离开普遍接受的意见,因而只导向(政治的)一致。有关这一段的解释,比较《会饮》4.59-60 与 4.56-58。

㊼ 《会饮》3.6。比较柏拉图,《王制》378d6-8 和 a1-6。[译按]施特劳斯所用的 insinuations 应当是对译色诺芬《会饮》3.6 的 ὑπόνοια。ὑπόνοια 意为"事情根底的真义,深层的含义,暗含的意思"。

了这一控诉有限的有效性。[48]

---

[48] 总结我们的论证,我们可以说,如果假定希耶罗说的是真话,甚或假定希耶罗仅仅是完全坦诚的,整个《希耶罗》就将变得不可理解。不论接受哪一个假定,我们都将不得不同意 Ernst Richter 的下述批评(《色诺芬研究》["Xenophon-Studien"],载《古典语文学年鉴》[*Fleckeisen's Jahrbücher für classiche Philologie*],19,增刊,1893,页 149):

> 对于这样一个对自己如此坦率,并抱有如此值得称许的信念的人,人们几乎不能相信他会做出如此暴行,而人们通常认为这种暴行和僭主制不可分离。但是,当他确实屠杀了如此多的人,每一天都犯下如此多的罪行时,对他来说最好的结果就是被送上绞架——他一定也知道这一点——而西蒙尼德在第二部分里的劝诫来得的确太晚。……西蒙尼德给出这些建议,它们更适用于居鲁士或阿格西劳斯这类君主,而并不适用于一个僭主,如同希耶罗所描述的,他已经不再知道如何保护自己不受他的死敌侵犯。

为了不重复我们在正文中说过的内容,我们只需要指出:希耶罗先控诉僭主的不义(7.7-13),尔后又说到僭主们惩罚不义者(8.9),这一突转是不可理解的,除非他的陈述事实上有些夸大。如果我们假定希耶罗夸大其辞,我们就得追问他为什么夸大其辞。至此,希耶罗本人作出了以下断言:僭主们不信任任何人;他们恐惧智慧者;西蒙尼德是一个真正的男人;西蒙尼德艳羡或妒忌僭主的权力。希耶罗的这些断言为我们提供了解开对话之谜的唯一真正的线索。上述断言中有一些无疑有夸大其辞之嫌,正如希耶罗的几乎所有其他断言一样。但正是这一事实暗示,这些断言包含着一种真实的成分,或说,如果不轻信,它们就是真实的。

B 对话的情节

如果希耶罗仅仅受对西蒙尼德的不信任驱使,或说,如果西蒙尼德没能成功地赢得僭主一定的信任,那就不可能形成真正的交流。谈话一开始,西蒙尼德为了打消希耶罗的疑虑,宣称愿意向希耶罗请教,即愿意相信希耶罗将要对僭主的生活与平民的生活孰更可欲的问题所说的话。对话第一节(第一章)的特征便在于西蒙尼德的两种意图的互动:他既想打消希耶罗的疑虑,又想让希耶罗变得沮丧。一旦希耶罗一心想要让谈话继续下去,这种互动也就停止了。从那一刻起,西蒙尼德就仅限于激动希耶罗发表他对僭政的彻底控诉。

西蒙尼德不可避免地提到了希耶罗成为僭主前的过去。希耶罗可能有些不快,但同时又渴望深入了解西蒙尼德的意图和偏好,于是,他要西蒙尼德提醒他想起平民们的快乐和痛苦,从而强调自己认为那段过去已经很遥远——他假装已经忘记了那些苦乐。① 在这一语境中,希耶罗提到一个事实,即西蒙尼德"现在还是个平民"。西蒙尼德似乎暂时接受了挑战。不管怎样,西蒙尼德一开始将自己与平民区分开("我觉得我已经观察到平民们享受……");但他随即丢掉了这个让人反感的区分,将自己毫无保留地混同于平民("我们似乎享受……")。② 遵照希耶罗的请求,西蒙尼德列举了各种令人快乐和痛苦的东西。他的列举在某种意义上是完整的,涵盖了身体方面的苦乐、灵魂方面的苦乐、身体与灵魂共有的苦乐。

---

① 《希耶罗》1.3。至于希耶罗统治的时期,见亚里士多德,《政治学》1315b35 以下,另见 Diodorus Siculus, XI 38。希耶罗后来表明(《希耶罗》6.1-2),他无需西蒙尼德的提醒也能非常清楚地记起平民的一些快乐。

② 《希耶罗》1.4-5。1.4 处"我们都知道"中的"我们"当然是指平民和僭主一起。比较 1.29 与 10.4。

此外,他的列举也极为奇怪。论到身体方面的苦乐,他做了不必要的细述,可对于所提到的其他类型的苦乐,他却没有提供任何细节。可以合理地设想,这番择选至少部分是 ad hominem[针对其人],或说旨在准备一场具有特定的实际目的的讨论。西蒙尼德列举了七组对平民而言时乐时苦的东西,[49]列举了一种对平民而言始终为乐的东西:让平民始终感到快乐的东西是睡眠——而僭主因为受各种恐惧纠缠,必须努力避免睡眠。③ 这一例子似乎表明,西蒙尼德这番列举的目的是提醒僭主想起那些他本该丧失的快乐,并因此促使他亲自看清僭主生活的悲惨。正因如此,我们或许一开始会猜测,这一列举强调了身体方面的快乐,④即并非实际的或潜在的僭主们专享的那些快乐。然而,如果西蒙尼德主要的意图是提醒希耶罗想起他实际或本该丧失的那些快乐,他就不会在紧接着的讨论中(在第一章中)丢下"睡眠"这一话题。此外,西蒙尼德最初的列举没使希耶罗有一丝低落。因此,更可取的说法是,西蒙尼德在最初的列举中强调身体方面的快乐,主要是出于打消希耶罗疑虑的意图。通过强调这些快乐,西蒙尼德给人这样的印象:他本人主要对这些快乐有兴趣。而主要对身体方面的快乐有兴趣的人不太可能觊觎任何统治地位。⑤

---

③ 《希耶罗》1.4-6。一开始,也就是在西蒙尼德激起希耶罗的敌意之前,希耶罗并没有发现僭主与平民在睡眠方面的差别(1.7)。后来,在一个完全不同的谈话场景中,希耶罗谈到"平民享有而僭主已被剥夺的快乐";在那一语境中,希耶罗在阐发贤人眼中的僭主形象时(必须假定西蒙尼德从一开始就熟悉这一形象),以最强烈的字眼谈到了僭主与平民在享受睡眠方面的差别(6.3,6.7-10)。

④ 在 15 类让人快乐或痛苦的事物中,有 12 类毫无疑问是身体性的。余下的 3 类是:(1)好的东西,(2)坏的东西,(3)睡眠。对于好的和坏的东西,西蒙尼德说,它们带给我们快乐或痛苦有时是只通过灵魂,有时是通过灵魂和肉体一起。至于睡眠,他没说我们享受睡眠是通过什么器官或功能。

⑤ 比较《希耶罗》2.1,7.3 与《回忆苏格拉底》II 1。

希耶罗对西蒙尼德的列举感到满意。他示意西蒙尼德,这一列举穷尽了平民们以及僭主们所经验的快乐和痛苦的类型。西蒙尼德敲响了第一个明显的不和谐音,他断言:不论哪种快乐,僭主的生活都比平民的生活多得多;不论哪种痛苦,僭主的生活都比平民的生活少得多。希耶罗接下来的回答还是很克制。他并没有断定,僭主的生活不如这类平民的生活;他仅仅说,僭主的生活不如那些秉持中道(of moderate means)的平民的生活。⑥ 言外之意,他承认僭主们的状况好过穷人们的状况。但是,衡量贫富的标准不是数字,而是看用度或需要。⑦ 至少从这一视角看,西蒙尼德或许是穷人,并因此有理由羡慕僭主。不管怎样,他现在显得自己是以一种崇拜和嫉妒相混合的态度看待僭主,而且他或许就属于渴望成为僭主的"很多被视为最有能力的男人"。对话愈益紧张起来。希耶罗以一句起誓增强了自己的答复的力道——他的答复比他此前的任何说法都更有力,他还表达了这一意图:教导西蒙尼德关于僭主的生活与平民的生活孰更可欲的真相。⑧ 他像一个老师那样言说,开始了一场关于各种身体方面的快乐的讨论,并大体遵循着西蒙尼德在最初的列举中采取的次序。⑨ 希耶罗现在试图证明,[50]僭主的生活不仅不如一种特定的平民的生活,而且不如一般的平民的生活。⑩

---

⑥ 《希耶罗》1.19。比较伊索克拉底,《致尼科克勒斯》4。

⑦ 比较《希耶罗》4.8-9 与《回忆苏格拉底》IV 2.37-38。

⑧ 《希耶罗》1.7-10。希耶罗在 1.10 的起誓是这篇对话中出现的第一次起誓。希耶罗用了强调形式的 *μά τὸν Δία*[凭宙斯起誓]。[译按]一般情况下省略冠词,故此处有强调的意味。

⑨ 《希耶罗》1.10 便明确参照了西蒙尼德列举的次序。

⑩ 这一证明是基于 *λογισμός*[算计/推理],即基于对经验或观察所提供的信息的比较。比较《希耶罗》1.11(*λογιζόμενος εὑρίσκω*[通过推理我发现])与 1.10 提到的 *ἐμπειρία*[经验]。比较《回忆苏格拉底》IV 3.11 与《希腊志》VII 4.2。

对身体性快乐的讨论(1.10-38)间接揭示了两位对话者的偏好。⑪ 据希耶罗,僭政的欠缺(inferiority)最清楚地表现在性的快乐上,尤其是同性爱的快乐。⑫《希耶罗》中唯一一个专有名称(除了西蒙尼德、希耶罗、宙斯和希腊人之外),亦即唯一一次具体提到希耶罗的生活,以及希耶罗第二次(也是他最后一次)强调性的起誓,都出现在讨论同性爱的段落中。⑬ 西蒙尼德谈得特别多的,则是听的快乐,即听人赞美的快乐,尤其还有食物方面的快乐。在对身体性快乐的讨论中,西蒙尼德最有力的断言是关于食物的。⑭ 他的五次"宙斯在上"有两次出现在讨论食物的段落。⑮ 在《希耶罗》中,只有那一段落的谈话像是一场生动活泼的讨论,而且实际上像是一场苏格拉底式辩驳(Socratic elenchus)(希耶罗扮演了苏格拉底的角色),希耶罗被迫逐一反驳西蒙尼德的断言,否认僭主们从食物中获得了比平民更多的快乐。⑯ 只有在阅读关于食物的讨论时,我们才会感到,希耶罗不得不克服来自西蒙尼德的认真抵抗,他四次诉诸西蒙尼德的经验、洞察或知识来驳斥西蒙尼德的断言。希耶罗非常清楚这一事况,正如如下事实所示:在西蒙尼德已经放弃这个主题之后,他却再次回到这一主题,以便让西蒙尼德确凿无疑地认定僭

---

⑪ 这一大段由五部分构成:(1)"视觉"(希耶罗说了163个词,西蒙尼德沉默);(2)"声音"(希耶罗36个词,西蒙尼德68个词);(3)"食物"(希耶罗230个词,西蒙尼德76个词);(4)"气味"(希耶罗沉默,西蒙尼德32个词);(5)"性"(希耶罗411个词,西蒙尼德42个词)。希耶罗说得最多的是"性";西蒙尼德说得最多的是"食物"。

⑫ 参见本书"场景"章A节注42,B节注11和19。有关性爱与僭政之间的联系,参看柏拉图,《王制》573e6-7,574e2,575a1-2。

⑬ 《希耶罗》1.31-33。

⑭ 比较《希耶罗》1.16与1.14,24,26中的类比。

⑮ 西蒙尼德的第一次起誓($μά\ τόν\ Δία$)出现在讨论声音亦即赞美的段落里(1.16)。

⑯ Rudolf Hirzel,《对话》(Der Dialog, Leipzig, 1895), I,页171,注意到"语言较少生动性,长篇大论是主导倾向":更引人注目的是对"食物"的讨论的特征。

主的生活在口腹之乐上有欠缺——直到西蒙尼德承认僭主们在这些快乐上远不如平民,他方才罢休。⑰ 对此我们可以解释说,西蒙尼德想要打消希耶罗的疑虑,所以把自己展现为一个主要对食物或一般而言的"好日子"(good living)感兴趣的人,或说装模作样地夸大自己对"好日子"的实际喜好。⑱

在对身体性快乐的讨论的结尾,我们似乎走到了整场谈话的终点。西蒙尼德最初列举了八组让人快乐或痛苦的东西:(1)视觉,(2)声音,(3)气味,(4)食物和饮料,(5)性,(6)整个身体所感受的对象,(7)好的和坏的东西,(8)睡觉。讨论完前四组东西(视觉、声音、食物和饮料、气味),西蒙尼德说,性的快乐似乎是刺激僭主渴望僭主统治的唯一动因。⑲ 言外之意,[51]他把余下还未讨论的四组

---

⑰ 西蒙尼德是在《希耶罗》1.26通过暗示承认这一点的。

⑱ Marchant先生(色诺芬,《小品集》[*Scripta Minora*],Leob's Classical Library,XV-XVI)说:"对话没有试图刻画人物的性格特征……对于一个喜欢过好日子(good living)的人来说,诗人在1.22处的评论异常的不相称。"在Marchant指出的段落里,西蒙尼德声称,"刺激的、辛辣的、酸涩的,诸如此类的饭菜""对人们来说是非常不自然",西蒙尼德丝毫没有批评"甜的,诸如此类的饭菜"。柏拉图(《蒂迈欧》,65c-66c)、亚里士多德(《尼各马可伦理学》,1153a5-6;比较《论灵魂》,422b10-14),似乎还有Alcmaeon(参见亚里士多德,《形而上学》,986a22-34)都认为苦、酸之类的东西"有违自然"。此外,西蒙尼德说刺激、辛辣之类的饭菜对"人们"来说是不自然的;但是,我们得从"人们"(human beings)与"真男人"(real men)的对立来理解"人们"(参见"场景"章,A节注35)。不管怎样,居鲁士在一次对"真男人"的演说中(《居鲁士的教育》VI 2.31),向士兵推荐了西蒙尼德所指责的食物(也可比较《会饮》4.9)。最重要的是,Marchant说《希耶罗》是"一篇幼稚的小品,也不是不吸引人",他有些幼稚地忽略了这样一个事实:西蒙尼德的言辞主要不是为了刻画西蒙尼德的性格特征,而主要是为了影响希耶罗。这些言辞以一种比Marchant唯一考虑到的方式更为微妙的方式刻画了诗人的性格特征。西蒙尼德表明或不表明自己的好恶,是视乎他的教化意图的需要,这一事实把他刻画成了智慧者。

⑲ 《希耶罗》1.26。西蒙尼德只明确说过"性"会是渴求僭主权力的唯一动机。参见前注12。

东西中的三组(整个身体所感受的对象、好的和坏的东西、睡眠)看为无关紧要的。由此,他把僭主生活与平民生活孰更可欲的整个问题缩小为这一问题:是僭主们还是平民享受着更高程度的性的快乐?通过这么做,他完全打消了希耶罗的疑虑,希耶罗实际停止了抵抗。因为希耶罗再确信不过的是,僭主们正是在性的快乐上最明显地不如平民。希耶罗如此确信他的论题正确无误,如此确信他支撑这一论题的论证具有决定性,以致他后来会说自己已经向西蒙尼德"证明"僭主的性快乐真正的性质。[20] 在对性的讨论的结尾,亦即在对身体性快乐的讨论的结尾,希耶罗已经向西蒙尼德证明了最后一点。西蒙尼德一度承认,如果希耶罗的整个论题要牢靠地确立起来,那就只需要再证明这一点。在表层论证的层面,讨论已经走到了终点。讨论也本该到此结束,倘若西蒙尼德的意图不过只是查明希耶罗最大的焦虑是什么,或提醒希耶罗想起那些他最缺少的快乐,或给他一个机会来畅言他最烦心的事。所有这些目的在对性的讨论的结尾已经实现,希耶罗最为纠结的是僭主缺少同性爱最甜蜜的快乐。[21] 此后的讨论转向完全不同的主题。另一方面,如果西蒙尼德的意图是利用僭主对智慧者的恐惧来挫败希耶罗,谈话显然就有必要继续下去。

看起来,第一回合以希耶罗的全胜告终。希耶罗没说太多贬斥僭政、因而也贬斥自己的话就证明了自己的论题。现在斗争又急切地开始了。在前面的谈话中,虽说西蒙尼德流露出对僭主们的羡慕,但由于他强调身体方面的快乐,这种羡慕即便没有完全收回,也已经变弱了。西蒙尼德现在宣称——与之前讨论的内容,尤其与他关于性的快乐的独特意义所说的话形成鲜明的对照——前面的整个讨论并不重要,因为只讨论了他认为微不足道的东西。那些被视

---

[20] 《希耶罗》7.5-6。
[21] 《希耶罗》8.6。

为(真)男人($ἄνδρες$)的人中[22]有许多恰恰鄙视身体性快乐,他们追求更伟大的东西,亦即权力和财富;正是在财富和权力上,僭主的生活明显优于平民的生活。在前面的谈话中,[52]西蒙尼德暗地里把自己混同于俗众;现在他暗地里将自己与俗众区分开来。但是,他暗地里声称自己所属的那类非俗众并非"贤人",而是"真男人"。[23]在阐发僭主的生活比平民的生活带来更大的财富和权力这一论题时,西蒙尼德列举了权力和财富的各种因素,从而补充了他最初列举的快乐和痛苦之物(在最初的列举中,"好的和坏的东西"几乎消失于一堆身体性快乐的对象之中)。他这么做似乎是在暗示,权力和财富毫无疑问是"好的",而且事实上也是唯一要紧的东西。[24] 由于西蒙尼德知道希耶罗把他看作一个真男人,由于他明确宣称自己认为身体性

---

[22] 注意《希耶罗》2.1 比之前更为强调"(真)男人"。在第一节相对应的段落中(1.9),西蒙尼德曾说到"最有能力的(真)男人"。比较希耶罗两处回答的重点的相应变化(见下注)。

[23] 比较《希耶罗》1.16-17 和 2.1:西蒙尼德在 2.1 宣称,身体性快乐在他看来很不重要,他还观察到,有许多被视为真男人的人并不太看重这些快乐。希耶罗在 2.3-5 的概述,比他在第一节中相对应的陈述(1.10)语气要强烈得多,这番概述等于秘而不宣地否决了西蒙尼德的宣称——希耶罗表明,西蒙尼德在 2.1-2 表达的远不是非俗众的观点,其实就是俗众的观点。

[24] 《希耶罗》2.1-2。西蒙尼德没有明确说出"财富和权力"。"财富和权力"是由希耶罗在 1.27 提到的(比较亚里士多德,《政治学》1311a8-12)。依照西蒙尼德最初的列举(1.4-6),我们会期望第二节(第 2-6 章)将讨论第一节始终没有讨论的三种快乐:整个身体感受的对象,好的和坏的东西,睡觉。可实际上,第二节只明确讨论了好的和坏的东西、睡觉,而且对睡觉的讨论还少得多。有关好的和坏的东西,见下列段落:2.6-7,3.1,3,5;4.1;5.2,4(亦比较 2.2 与《上行记》III 1.19-20)。至于睡觉,见 6.3-9。有关整个身体感受的对象,比较 1.5,2.2 与《回忆苏格拉底》III 8.8-9,10.13。睡觉是西蒙尼德最初列举的最后一项,但在第二节开头的回顾性总结中并没被提到,在第三节开头的类比中才被提到(比较 2.1 与 7.3);色诺芬以这种方式暗示,对最初列举提到的主题的讨论在第二节结尾已经完成,第三节要处理一个全新的主题。

快乐不怎么重要,他便由此透露出㉕一种对僭政毫不含糊的趣味。在列举权力和财富的各种要素时,他故意提到一些东西并不提另一些东西,由此他更明确也更巧妙地揭示了自己的趣味。㉖

从这时起,谈话以一种奇妙的方式改变了自身的特征。对身体性快乐的讨论相当短,但西蒙尼德的话还比较多(1058 个词中他说了约 218 个),而对好的或坏的东西的讨论长得多,他却几乎完全沉默了(约 2000 个词中他只说了 28 个)。此外,对身体性快乐的讨论大体遵循着西蒙尼德最初的列举所暗含的条目和次序,这很大程度上是因为西蒙尼德几乎不间断地干预了希耶罗的陈述。但现在,在讨论好的或坏的东西时,希耶罗引入了西蒙尼德几乎没有暗示过的一些话题,从而相当程度上偏离(不说完全偏离)了西蒙尼德的列举及其次序。㉗希耶罗的做法目的很明显。首

㉕ 西蒙尼德只是暗示了这一点,因为他并没有更具体地说"他们渴望更伟大的事物,渴望权力与财富"。就其本身而言,西蒙尼德赖以开启第二节的陈述,远不如他赖以开启第一节讨论的两次陈述那样意蕴深远(1.8-9,16)。但是,一个人如果想理解谈话的场景,就必须借助前面的陈述来理解后一陈述。参见本书"场景"章,A 节注 8。

㉖ 西蒙尼德特别没提到田地或农庄,它们在平民欲望的对象中占中心地位(《希耶罗》4.7),而且苏格拉底赞扬耕田是特别快乐的事情(《治家者》5.11)。亦比较《希耶罗》11.1-4 与 4.7 和《回忆苏格拉底》III 11.4。有些平民仅限于关心自己的事情而不受政治野心的摆布,西蒙尼德把他们的快乐推入幕后(见《回忆苏格拉底》I 2.48,II 9.1)。农作是一种和平的技艺(《治家者》4.12,1.17)。西蒙尼德也没提到狗(比较《希耶罗》2.2 与《阿格西劳斯》9.6)。参见《论岁人》4.8。

㉗ 对于西蒙尼德列举的次序,我们在第一节发现了一次明确的指涉(1.10),但第二节没有出现这种指涉。在第二节里,希耶罗只有一次明确提到西蒙尼德赖以开启本节的那番陈词,即 2.1-2;不过,他这样做,只是在(实际上几乎紧接着)西蒙尼德在第二节的唯一一次发言之后(6.12-13)。4.6-7 明显隐含着对 2.2 的指涉(尤其比较 4.7 的 ϑᾶττον...κατεργάζεσϑαι[更快地实现]与 2.2 的 ταχυ κατεργάζεσϑαι[快点实现])。2.7 中的 αυτίκα[例证](和平-战争)

先，对于智慧的西蒙尼德所提出的谨慎断言，㉘即僭主拥有比平民更大的权力和财富，希耶罗反驳起来是有些困难的。最重要的是，希耶罗非常急于把"财富"推入幕后，以其他好的东西取而代之，因为财富是西蒙尼德这类"真男人"以及现实中的僭主本人极为渴望的。㉙西蒙尼德没提到而希耶罗引入的话题有：和平与战争、友谊、㉚信任、父邦、好人、城邦和公民、恐惧和保护。西蒙尼德宣称僭主在权力和财富方面的优越性，从而刺激希耶罗[53]发表了一通对僭政的深痛控诉，他的控诉在范围上超过了第一节说到的一切：僭主远离了和平以及战争让人快乐的方面，远离了友谊、信任、父邦、好人的陪伴这样的善；他受最亲近的亲友们憎恨，并成为他们阴谋反对的对象；他不能够享受自己父邦的伟大；他生活在对丧命的永久恐惧之中；他被迫对神们和人们犯下重罪；杀害他的那些人不会受到惩罚，反而会得到极大的荣耀。西蒙尼德成功激起了希耶罗的紧张感，其程度远远超过了讨论身体性快乐时他的紧张程度。这一

指涉 2.2 提到的最后一项（敌人—朋友）。这些指涉仅仅凸显出，希耶罗的言辞偏离了西蒙尼德的列举。色诺芬强调了西蒙尼德的沉默，他反复提到西蒙尼德一直在倾听希耶罗的发言，亦即西蒙尼德未曾说话（见 6.9，7.1，11）。文中没有提到希耶罗倾听西蒙尼德的陈述。

㉘ 见前注 25。

㉙ 关于西蒙尼德，见上文页[33]。希耶罗关心财富，正如这一事实所示：在列举荣誉的标志时，他明确提到了接受礼物，从而偏离了西蒙尼德（比较 7.7-9 与 7.2）。为了顺应希耶罗的欲望，西蒙尼德稍后向他许诺的许多东西中就有礼物（11.12）。参见亚里士多德，《政治学》1311a8 以下，以及本节注 74。另考虑西蒙尼德在最后的许诺中对"所有物"（possession）的强调用法。爱利益有别于爱荣誉（比较《希耶罗》7.1-4 与《治家者》14.9-10），而西蒙尼德对爱利益的沉默值得注意。从《希耶罗》9.11 和 11.12-13 看，使僭主获得荣誉的手段同样也能使他富有。

㉚ 希耶罗在第三章中讨论的友谊不同于西蒙尼德在 2.2 提到的"帮助朋友"。希耶罗在 6.12-13 讨论了后一主题。

点尤其表现在僭主谈论第一节已经提到的那些主题的段落中。[31] 这种紧张感的增加,不仅仅是由于诗人引启第二回合的那番宣称,更重要的是由于他在倾听希耶罗的长篇演说时含糊不明的沉默。他是被希耶罗对僭政的控诉镇住了?他是在怀疑希耶罗的诚实?或者他只是对希耶罗的话有些厌烦,因为他主要关心的是"食物",是身体方面的快乐,他之前的发言只是因为对讨论身体方面的快乐饶有兴趣?希耶罗不可能知道究竟怎么回事。

西蒙尼德沉默的含义,部分由其直接后果揭示出来。这一沉默导致的后果是,希耶罗引入的话题是西蒙尼德在前两节对话中几乎没怎么提过、遑论讨论过的话题。这一沉默由此凸显了前两节中希耶罗引入的话题与西蒙尼德引入的话题的对比。西蒙尼德引入了身体方面的快乐以及财富和权力;希耶罗则引入了更高的东西。西蒙尼德得设法让希耶罗相信自己有能力给予僭主们合理的建议,因此,他必须尽一切办法避免希耶罗把自己看成一个诗人,他让自己限于谈论更平庸的东西。[32] 希耶罗试图劝阻西蒙尼德羡慕僭主们或觊觎僭政,因此,他不得不诉诸西蒙尼德更高贵的追求来贬抑他

---

[31] 比较 2.8 与 1.11-12;3.7-9 与 1.38;3.8,4.1-2 与 1.27-29;4.2 与 1.17-25。所引的第一章的这些段落并没有提到"杀害僭主",第二章及以下与之相对应的段落则不然。第二节强调了僭主的道德败坏或不义(5.1-2,4.11),而第一节仅提到"不义"(1.12),第一节只提到僭主们所遭受的"不义"。至于 1.36,见下文注 41。

[32] Marchant(前揭,XVI)评论说,色诺芬"在任何地方都没有力图去表现这位宫廷诗人;倘若他有这个意思,他必定会让西蒙尼德在 1.14 引入赞美君主的颂诗作为主题"。难以评判 Marchant 所提议的对《希耶罗》的这一改进,因为 Marchant 并没有告诉我们,对君主颂诗的评论多大程度上会比色诺芬的西蒙尼德实际所说的内容更有益于实现西蒙尼德的目的。此外,比较《希耶罗》9.4 与 9.2。我们在麦考莱论腓特列大帝(Fredrick the Great)的文章中读到如下说法:"再没有比这更异想天开的设想了:一个时代中最文雅的人与最实际的人之间进行一次会谈,一种奇怪的癖好促使他们交换了角色。伟大的诗人只会谈论条约和保证,而伟大的国王只会谈论隐喻和韵律。"

对低等之物的渴求。借由对话场景的这一要素,色诺芬反讽性地传达的教诲似乎是这样的:僭主们的老师不得不看上去是一个老于世故(hardboiled)的人;如果他让自己的学生怀疑他不会被更高贵的思考打动,那没有任何害处。

诗人只有一次打破了沉默。打破沉默的情境应当引起注意。希耶罗给过西蒙尼德不止一次机会来说点什么,特别是通过直呼其名。[33] [54]他对友谊的讨论尤其是如此。在彼处,我们几乎能看到希耶罗催促西蒙尼德至少做出某种可见的回应。[34] 但他使西蒙尼德开口的全部努力都失败了,之后他转向了他的平民们特有的那些快乐:喝酒、唱歌、睡觉——成为僭主后,他再不能享受这些快乐,因为他永远被恐惧纠缠着,而恐惧破坏了所有快乐。[35] 西蒙尼德依然沉默。希耶罗作了最后一次尝试,这一次较为成功。希耶罗回想起西蒙尼德在讨论食物时话最多,于是用"食物和睡觉"取代了"豪饮和睡觉"。[36] 他说到诗人可能经历过的战场上的恐惧,并断定僭主们只能像大敌当前的士兵们那样吃不好、睡不好,或者还不如大敌当前的士兵们。西蒙尼德回应说,依据他的军旅经验,"险中求生"与好胃口和熟睡是可能结合在一起的。[37] 通过这句话,他暗地里比

---

[33] 《希耶罗》3.6,4.6,5.1。

[34] 注意第3章中第二人称单数的频繁使用,以及这样一个上升的过程:从3.1的καταθέασαι[请你思考]到3.6的εἰ βούλει εἰδέναι ἐπίσκεψάι[如果你想知道,那就请思考],最终到3.8的εἰ τοίνυν ἐθέλεις κατανοεῖν[那么,如果你愿意仔细地观察]。

[35] 《希耶罗》6.1-6。

[36] 比较《希耶罗》6.7与6.3。

[37] 《希耶罗》6.7-9。西蒙尼德的评论的重要性,由希耶罗的答复的以下三个特征可见一斑。第一,他的答复以第二节唯一的起誓开始。第二,他的答复是《希耶罗》中提到法的三个段落(3.9,4.4,6.10)之一,但只有它清楚地表明僭主统治是没有法的统治,也就是说,在色诺芬唯一一部专论僭政的著作中,只有这个段落或多或少地揭示了僭政的本质特征。第三,他的答复是《希耶罗》中希耶罗谈论"你们(平民)"的唯一段落(见"场景"章A节注35)。再比较"场景"章B节注27。

他在第二节开头的陈词更强烈地否定了他此前强调身体性快乐的安抚意味。㊳

我们现在必须回过头来,再一次看看整幅画面。整体来看,第二节由希耶罗对僭政疾风暴雨般的控诉构成,西蒙尼德则沉默地听着希耶罗的控诉。这一沉默的含义最终由第三节(第 7 章)的内容揭示出来。第三节是《希耶罗》最短的一节,它包含着或直接准备着情节的突转(peripeteia)。希耶罗宣称僭主最好是上吊自尽,从而把这一节推向高潮。希耶罗做出这一宣称,也就把谈话的主导权拱手交给了西蒙尼德,西蒙尼德在第四节也即最后一节(第 8-11 章)中一直主导着谈话。㊴ 我们认为,这一关键事件——希耶罗的崩溃,或说主导权从希耶罗转到西蒙尼德——是由西蒙尼德在第二节中保持的沉默有意识地和决定性地准备好的。

第三节也是以西蒙尼德的一个奇招开始。㊵ 他向希耶罗承认,僭政确如后者所论的那样充满折磨和危险;不过,他说,承受这些折磨和危险是合理的,因为它们会带来源于荣誉的快乐,人没有什么

㊳ 还可以如此描述西蒙尼德在第二节的唯一发言的特征:在讨论友谊时他保持沉默,但在提及战争的语境中他却开口说话;说到战争时,他的话比说到友谊时多。见前注 26。

㊴ 这一情况可由下面的数字说明:在第一节中(1.10-38),总共 1058 个词中西蒙尼德说了大概 218 个词;在第二节中(2.3-6.16),2000 个词中他大概只说了 28 个词;在第三节中(第 7 章),522 个词中他说了 220 个词;在第四节中(第 8-11 章),大概 1600 个词中他说了 1475 个词。K. Linke 在《色诺芬笔下的希耶罗和法勒戎的德米特里奥斯》("Xenophons Hiero and Demetrios von Phaleron",载 Philologus,卷 58,1899,页 226)一文中,正确地把希耶罗"态度的转变"(Sinnesänderung)描述为"对话的突转"(die Peripetie des Dialogs)。

㊵ 比较前注 24。最初的列举明确处理了"人"的快乐(见"场景"章 A 节注 35),但是,荣誉作为第三节的主题,是"真男人"而非"人"的目标。我们无权假定第三节的主题是灵魂的快乐或痛苦,第二节的主题是身体与灵魂共有的快乐或痛苦。首先,在最初的列举中,灵魂的快乐或痛苦先于身体与灵魂共有的快乐或痛苦;此外,第二节开头的列举(2.2)提到的ἐπινοεῖν[谋划]

快乐比这种快乐更接近神圣了,僭主们得到的荣誉比其他任何人都多。与此相对照的是,在第二节的开头,西蒙尼德只说到"那些被认为是真男人的人中的许多人"所渴望的东西,而且仅仅暗示他们渴望的是权力和财富。现在他公开宣称,对荣誉的渴望是[55]真男人有别于普通"人"的特征。㊶被认为是真男人的西蒙尼德渴望获得僭主的权力,这一点看起来没有任何疑问了。

　　希耶罗随后的答复揭示出,他比先前任何时候都更警惕。他先

毫无疑问是灵魂单方面的活动;最后,荣誉与赞美的联系,连同西蒙尼德举出的例子,清楚地表明,与荣誉相联系的快乐不会是灵魂单方面的快乐(比较7.2-3与1.14)。当西蒙尼德说,人没有什么快乐比有关荣誉的快乐更接近于神圣时,他并没暗示这种快乐是灵魂单方面的快乐,因为,撇开其他因素不谈,西蒙尼德或色诺芬是否把神看作一种无形体的存在,这还是一个值得讨论的问题。至于色诺芬对这个问题的看法,可参《回忆苏格拉底》I 4.17和上下文(关于这段话的解释,思考西塞罗,《论神性》[De natura deorum]I 12.30-31,III 10.26-27)以及同书IV 3.13-14。比较《狩猎者》12.19以下。

　㊶　比较《希耶罗》7.1-4与2.1-2。见"场景"章A节注8,B节注22。在"因为许多人,在那些被认为是真男人的人中"这一表达中(2.1),"因为许多人"后面插入了"他说",由此强调了"许多人",其目的就在于引使我们注意开启第二节的论题依然受限定的性质。([译按]《希耶罗》2.1原文为 $πολλοὺς\ γάρ,\ ἔφη,\ τῶν\ δοκούντων\ ἀνδρῶν\ εἶναι.$)色诺芬不止一次用这种简单的手法来引导读者的注意力。1.5中"我们看来"后面的"他说"使我们注意到这一事实:西蒙尼德在谈论平民的时候,第一次使用了第一人称。1.7-8中两个累赘的"他说"强调了在第一个"他说"之前的"他回答",由此表明西蒙尼德先前对快乐的列举具有向希耶罗提问的性质,或说西蒙尼德在试验希耶罗。1.31中的第二个"他说"使我们注意到前面的 $σύ$[你],也就是这一事实:希耶罗有关僭主们的一般性断言此刻被西蒙尼德特别用在希耶罗身上。1.36中的"他说"使我们注意到,僭主希耶罗讨厌强盗式的行为。7.1中累赘的"他说"使我们注意到,下面对荣誉的赞扬基于 $εἰκότα$[可能]。7.13中的"他说"强调了前面的 $ἴσθι$[你知道],亦即这一事实:希耶罗在这个语境里没有采用通常使用的 $εὖ\ ἴσθι$[你清楚地知道],因为他此刻正以最强烈的语词描述僭政有多么坏。

前提到过僭主处在遭受暗杀的永久危险中,也提到过僭主们不正义的行径。但他先前从未在同一句话中提到过这两个事实。他更没有明确建立两个事实之间的关联。直到现在,在试图证明僭主并没有从展示给他的荣誉中获得任何快乐时,他才宣称僭主每日每夜过得像一个因其不义而被所有人诅咒不得好死的人。[42] 我们或许一开始会认为,希耶罗对僭政的控诉之所以变得这样激烈,是由于西蒙尼德如此出人意料地引入的主题;或许希耶罗最感痛心的就是僭主丧失了真正的荣誉这一事实。但若是如此,西蒙尼德此后说希耶罗贬低僭政主要是因为它无法满足僭主同性爱的欲望,他为什么不予反驳?他为什么不自己提出"荣誉"的主题,反而要等西蒙尼德提出来?西蒙尼德最初对各种快乐的列举有误导,他为什么不予以纠正?同样重要的是,为什么先前对类似主题——赞美[43]——的讨论没有对他的情绪产生任何值得注意的影响?西蒙尼德关于荣誉的陈述之所以会有显著和十分决定性的效果,与其说是由于他的陈述固有的意涵,不如说是由于它在对话中的意涵。

在其关于荣誉的陈述的开头,西蒙尼德影射了希耶罗对萦绕僭主生活的种种折磨和危险的描述。但希耶罗不仅仅描述了那些折磨和危险,他还描述了僭主被迫陷入的道德沦丧:僭主被迫"通过谋划邪恶和卑鄙之事"来求生;他被迫犯下抢掠庙宇和他人财产的罪行;他不能是一个真正热爱城邦的人;他渴望奴役他的公民同胞;似乎只是因为考虑到必须要有活着的能跑腿的臣民,僭主才没有杀光或囚禁所有臣民。在希耶罗完成了他的长篇大论后,西蒙尼德宣称,尽管僭主希耶罗说的这一切属实,僭政仍然极为可欲,因为僭政能带来至高的荣誉。对于希耶罗指出的那些折磨和危险,西蒙尼德暂停下来稍作影射;对于希耶罗痛责的道德缺陷,他却完全忽略之。这即是说,[56]尽管僭主的生活以不道德或不义为特征,诗人对此

---

[42] 《希耶罗》7.5–10。

[43] 比较《希耶罗》7.3 与 1.14–15。

却丝毫不以为意;显然,僭主生活不可避免的不道德并不会阻止西蒙尼德为了荣誉而追求僭政。无怪乎希耶罗之后不久就崩溃了:击垮他的不是西蒙尼德关于荣誉本身的陈述,而是诗人在这一特殊的语境中提出了这一陈述。正因为这一陈述是在这一语境中提出的,而且仅仅因为它是在这一语境中提出的,它才会使希耶罗认识到,一个具有像西蒙尼德那样非凡"智慧"的人会尽多少力量来"谋划什么",尤其是"谋划邪恶和卑鄙之事"。正是通过这样沉默地,亦即极狡猾地显示出道德上的毫无顾忌,诗人击垮了希耶罗,并使他相信自己有能力给予一个僭主合理的建议。⑭

通过让西蒙尼德沉默地倾听希耶罗的长篇大论,并通过西蒙尼德对这番言论的回应,色诺芬传达了下面的教诲:即便是一个完全正义的人,若他想要给一位僭主以建议,他也不得不在他的学生面前扮成一个肆无忌惮的人。曾经效法《希耶罗》的最伟大的人是马基雅维利。如果足够专注地研究马基雅维利的著作,将会得出这一结论:《君主论》中最令人震惊的语句浸淫着马基雅维利对色诺芬主要的育人术(pedagogic lesson)的透彻理解。对此我并不会惊讶。但是,即便马基雅维利理解了色诺芬的教诲,他也肯定没有以色诺芬的精神来应用这一教诲。因为,在色诺芬看来,僭主们的老师不得不扮作完全肆无忌惮的人,但不是通过断言他并不惧怕地狱或魔鬼,也不是通过表达不道德的原则,而是通过完全不理会道德原则。他不得不显露自己所谓的或真正的超道德的自由,但不是通过言辞,而是通过沉默。因为,通过"行为上"漠视道德,而不是"言辞上"攻击道德,他就同时显露了自己对政治事物的理解。色诺芬或其笔下的西蒙尼德比马基雅维利更"深谋远虑"(politic),他拒绝将

---

⑭ 在第三节,西蒙尼德彻底放弃了俗众的意见,投向真男人的意见而非贤人的意见。真男人的目的有别于贤人的目的,这是缘于如下事实:前者所追求的荣誉并不必然以一种正义的生活为前提。比较《希耶罗》7.3与《治家者》14.9。

"明智"[moderation]（审慎[prudence]）与"智慧"（洞见）分离开来。

西蒙尼德以上述方式回应希耶罗的长篇大论，这就迫使希耶罗用比之前还要强烈的语言控诉僭政。希耶罗现在宣称，僭主活得就像一个因其不义而被所有人诅咒不得好死的人一样，不似那造福于自己的同胞并因此享有真正的荣誉的人。得出这一点后，西蒙尼德可以以最自然的方式回复说，既然这样，僭主就应当尽可能仁慈地统治。他可以马上开始教导[57]希耶罗如何施行好的僭主统治。但他显然感到，他还需要进一步的信息来判断希耶罗，或说希耶罗在愿意倾听教诲之前还需要进一步的打击。因此他问希耶罗，如果僭政对僭主确实是如此大的不幸，为什么他和其他任何僭主都不曾主动放弃自己的权位。希耶罗回答说，僭主不能够逊位，因为他曾抢掠、囚禁、杀戮自己的臣民而不能做出弥补；（成为僭主不会使他获益，再次成为平民同样也不会使他获益；）如果僭主上吊自尽（结束生命）对什么人有益，那也是对他自己最有益。㊺ 在这句回答中，西蒙尼德进行教导的准备阶段结束了。西蒙尼德的最后一击等于是委婉地建议僭主返归平民生活。这一建议是一个理智的人必然会从希耶罗对僭主生活与平民生活的比较得出的结论。希耶罗通过显露类似于某种基本的正义感的东西来抵制这一建议：他不能返归平民生活，因为他不能够弥补他已经犯下的诸多不义之举。这一辩护显然有些伪善。如果僭政如他断言的那样，他就宁愿在他已犯下的无数罪行上堆加新罪，而不是停止犯罪并承受他之前的罪行的后果。他不逊位的真实动机看来就是害怕惩罚。但他逃走不就可以逃脱惩罚吗？这的确就是希耶罗控诉僭政的最后之言的关键含义，似乎从未有一个僭主在被逐出自己的城邦之后，平静地在流放中度过余生。尽管希耶罗本人在此前的一个场合说过，㊻僭主到外

㊺ 《希耶罗》7.11–13。我把希耶罗并未表达的观点放入括号中。至于西蒙尼德的问题，比较《上行记》VII 7.28。

㊻ 《希耶罗》1.12。至于僭主对惩罚的恐惧，见同书5.2。

邦周游时很可能会轻易受到废黜,但他拒绝考虑逃离自己城邦的可能性。他由此表明自己不能够做一个异邦人。[47] 希耶罗不得不绝对依系于自己的城邦,漫游四方的诗人在教导他如何做一个好统治者时,便默默地诉诸他的这种公民精神。

希耶罗最终被逼到了死角。就他现在落入的状况来说,他不得不以一个真诚或不真诚的断言来束缚自己,或说不得不像一个沮丧的人那样言说。在第四节即最后一节,他有两段非常简短的发言,其中运用了完全不同的语言。尽管他在《希耶罗》第一部分对僭政的控诉把僭主展现为不义者的伙伴,并最终把僭主描绘成不义的化身,[58]但在对话的最后一部分,也就是几分钟过后,他却把自己描绘成一个惩罚不义者的人,[48]即正义的捍卫者。语言或态度上的这种疾转令人很惊讶。我们已经看到,希耶罗控诉的激烈程度在逐节增加,这是因为,尽管希耶罗指明了僭政的缺陷,但始终没能阻止西蒙尼德赞美僭政。希耶罗在第三节比之前更加猛烈地攻击僭政,而西蒙尼德在第四节却继续赞美僭政。[49] 因此我们会期待,希耶罗会继续增加他控诉僭政的激烈程度。可他采取了相反的做法。发生了什么? 为什么西蒙尼德在第四节,尤其第四节一开始(8.1-7)对僭政的赞美没能激起希耶罗的激烈反应? 我们提出如下解答:西蒙尼德在第四节对僭政的赞美——不同于他在前面几节对僭政的赞美——并不被希耶罗视为表达了诗人对僭主们的羡慕。更准确地说,西蒙尼德对希耶罗关于僭主最好是上吊自尽的说法的直接反应,或西蒙尼德对自己新获得的主导权的运用,使希耶罗相信,这个诗人并不关心"谋划什么"见不得人的事。西蒙尼德赖以瓦解希耶罗的不信任的行动,就是这部对话情节上的突转(peripeteia)。

---

[47] 关于外邦人,见《希耶罗》1.28,5.3,6.5。
[48] 比较《希耶罗》8.9 与 7.7,5.2。
[49] 西蒙尼德继续断言僭主生活优于平民生活;比较《希耶罗》8.1-7 与 1.8 以下,2.1-2,7.1 以下。

希耶罗被逼入的困境并不是没有有利之处。希耶罗此前一直处于守势,因为他不知道西蒙尼德会谋划什么。由于他的失败,由于他宣告崩溃,他就在一定程度上成功阻止了西蒙尼德的进攻——他迫使西蒙尼德亮出了底牌。希耶罗把自己展现为一个这样的人:知道两种生活方式——僭主生活与平民生活——对他都没利,但不知道上吊自尽对他是不是有利("如果对什么人有利的话……")。(50)西蒙尼德原本可以顺理成章地接着讨论希耶罗含蓄地提出的问题:自杀是不是可取的行为,尤其是,是否还有比上吊更可取或更舒服的死亡形式。(51) 换言之,可以想象到,诗人原本可以试图说服僭主自杀,或以最舒服的方式自杀。为了阐明这一点,不妨夸张些说,智慧者只是通过与沉默审慎地搭配起来的言辞就战胜了僭主,这一胜利如此彻底,以致智慧者无需动一个手指头,[59]只靠言辞、只靠说服就能杀死僭主。但西蒙尼德没有这样做。虽然他拥有说服的能力,能够对任何谈话者做他想做的任何事,但他更喜欢利用一个活人的服从,而不是杀死一个活人。(52) 西蒙尼德先使希耶罗充分认识到,一个智慧者具有随心所欲地谋划任何事情的能力,之后又让他明白,智慧者不会运用这种能力。西蒙尼德避免像一个想要谋害僭主或剥夺僭主权力的人那样行事,这是导致希耶罗改变态度的决定性理由。

但是,光沉默还不够,西蒙尼德还得说点什么。他意图向希耶罗提建议,而向一个沮丧的人提建议是不可能的,这两点决定了他要说什么。在这方面,希耶罗对个人状况的抱怨是否真诚虽然可

---

(50) 《希耶罗》7.12-13。

(51) 在比较《希耶罗》7.13与《苏格拉底的申辩》7和32时,我们禁不住想问,为什么希耶罗会盯住像上吊这样一种不愉悦的死法,难道他跟那些从未想过怎么死最容易的人一样?还是说,他由此揭示出自己从未认真考虑过自杀?亦比较《上行记》II 6.29。

(52) 《回忆苏格拉底》I 2.10-11,14。

疑,但无关紧要,因为西蒙尼德并不处在可以质疑这种真诚的位置。因此,他不得不在建议希耶罗的同时或之前安慰希耶罗。据此,他对僭政术的教导就以如下形式呈现出来:僭政是最可欲的("安慰"),只要你愿意这样那样做("建议")。西蒙尼德教诲中的安慰因素——对(仁慈的)僭政的赞美——是由谈话的处境所致,不能假定它是色诺芬关于僭政的教诲不可缺的一部分,直到它被证明是如此。而另一方面,可以从一开始就假定,西蒙尼德的建议等同于色诺芬对如何改良僭主统治(一种根本上有缺陷的政治秩序)的建议。

西蒙尼德也并非不可能通过表明希耶罗对僭政的陈述夸大其辞,亦即通过逐点讨论希耶罗对僭政的控诉,来反驳希耶罗。但是,这样细致的讨论只会得出一个结论:僭政并不像希耶罗所断定的那样糟糕。这一乏味的结果并不足以使希耶罗恢复勇气,或抵消希耶罗关于僭政的最终定论的压倒性效果。或者,暂时撇开对话的场景不谈,严格检审希耶罗的论证会彻底破坏《希耶罗》第一部分对僭政的控诉的教化效果。因此,色诺芬不得不让他的西蒙尼德承担起这样的任务:画一幅僭政的图画,而且希耶罗画得有多么暗淡,西蒙尼德就至少得画得有多么光明。西蒙尼德言辞中 modus potentialis[含蓄表达]的大量使用,以及《希耶罗》乃至色诺芬的全部作品中对希腊各地确实存在的幸福的僭主的沉默,[60]都确定了一点:在色诺芬看来,《希耶罗》第二部分中西蒙尼德对僭政的赞美甚至比第一部分中希耶罗对僭政的控诉更具修辞性。

希耶罗曾试图表明,从快乐的视角看,僭主生活不如平民生活。在当下的情境中,西蒙尼德不能直接从快乐之物诉诸高贵之物,因为希耶罗刚刚以最郑重的方式宣称,僭主事实上是一个犯下了无数罪行的人。西蒙尼德因此被迫表明(他在第一部分几乎断言过这一点),从快乐的视角看,僭主生活优于平民生活。既然被迫接受了僭主的目的,他就必须表明希耶罗运用了错误的手段。换言之,他不能把希耶罗对僭政的灰心失望追溯到一个错误的意图,而必须追溯通过反省希耶罗对诗人关于荣誉所论的回应,西蒙尼德发现了他现今归于希耶罗的具体错误。希耶罗此前曾将僭主们享有的荣誉跟他们的性快乐相比。那些并不回报以爱的人,或那些受到逼迫的人,他们提供的服务不是关爱(favor),同样,那些心怀恐惧的人提供的服务也不是荣誉([译按]参见《希耶罗》7.5-6)。性带来的快乐与荣誉带来的快乐之间的 tertium comparationis[可比之处],在于两者都必须由被爱($\varphi\iota\lambda\acute{\iota}\alpha$)而不是被恐惧推动的人来提供。现在看来,希耶罗最烦恼的是自己丧失了性方面真正的快乐。但是,倘若西蒙尼德强调这一事实,从而断定希耶罗更关心性而非荣誉,因此可能不是"真男人",或许便会冒犯希耶罗。西蒙尼德巧妙地避开这一尴尬,转入某个更宽泛的话题,即"荣誉"和"性"之间的共同点。[54] 因为,不论希耶罗主要关心的是性还是荣誉,他在两种情况下都需要爱($\varphi\iota\lambda\acute{\iota}\alpha$)。而且,在两种情况下,他的苦恼都是由于他的这一信念:做一个僭主与被爱彼此不相容。[55] 西蒙尼德于是就从对希耶罗"病灶"的如下诊断开始:希耶罗对僭政灰心失望,是因为他渴望被人们爱,却相信是僭主统治阻止他被人们所爱。[56] 西蒙尼德并没有仅限于反驳这一信念。他断定,僭主们比平民更有可能受到爱戴。因为,无论怎么批评僭政,僭主总归是一个统治者,因此是一个同胞中地位甚高的人,而"我们"自然而然会崇拜社会地位高的人。最重要的是,统治地位带来的威望,给一般而言的统治者因此也包括僭主们所行的任何善举[61]增添了一种买不来的魅力。[57]

---

[53] "你对僭政感到沮丧,因为你相信……"(《希耶罗》8.1)。

[54] 亦比较《希耶罗》8.1 以下从"僭政"到较一般的"统治"的转换。有关"僭政"与"统治"的联系,见《回忆苏格拉底》IV 6.12;柏拉图,《王制》338d7-11;亚里士多德,《政治学》1276a2-4。

[55] 《希耶罗》7.5-6,9;比较同书 1.37-38 与 3.8-9。

[56] 《希耶罗》8.1。

[57] 《希耶罗》8.1-7。比较前注 54。

正是通过这一断言,西蒙尼德隐秘地提出了他对希耶罗疾病的"疗治",对这种疗治的发现,就像对疾病本身的发现一样,是通过反省希耶罗对"荣誉"与"性"的比较得出的。希耶罗之前承认,为了受到关爱,被人回报以爱,一个人当然必须首先去爱,僭主的不幸就在于他爱但并不被人回报以爱这一事实。(58) 西蒙尼德暗地里将希耶罗之前仅就性爱所承认的观点应用于一般意义上的爱:想要被人爱,则必须首先去爱;想要被自己的臣民爱以便得到他们真正的荣耀,则必须首先爱他们;要得到关爱,则必须首先表示关爱。西蒙尼德并没有费这么多口舌来阐述这一教诲,但他通过比较一个僭主的善举与一个平民的善举各自的效果,隐秘地传达了这一教诲。由此,他几乎不知不觉地将重点从主要被渴望的快乐感受转移到高贵的或值得赞扬的行为上来,这些行为或直接或间接地会带来那些快乐的感受。他暗地里建议僭主不要考虑自己的快乐,而要考虑他人的快乐;不要考虑自己被人侍候和收到礼物,而要考虑服务他人和赠予礼物。(59) 这即是说,西蒙尼德暗地里给予僭主的建议,就是苏格拉底明确给予其同伴的建议,亦即美德女神本身明确给予赫拉克勒斯(Heracles)的建议。(60)

西蒙尼德导向美德的建议并没有破坏他此前漠视道德原则造成的效果,因为,他的建议的美德特征充分受到给出这一建议的语境限定。苏格拉底和美德女神向那些正派人,甚至向潜在的美德模范,公开宣扬他们的建议。与此相对,西蒙尼德则以最含蓄的语言向一个僭主,一个刚刚承认犯有无数罪行的人,提出了大体上相同的建

(58) 比较《希耶罗》1. 36-38。

(59) 在这一语境中(8. 3),出现了对 1. 10 以下所讨论的话题的暗指:ἰδών[看](暗指景象),ἐπαινεσάντων[赞扬](暗指声音),θύσας[献祭](暗指食物)。这样做的目的在于指出,西蒙尼德此时是从相反的立场讨论第一部分的主题。

(60) 《回忆苏格拉底》II 1. 27-28, 3. 10-14, 6. 10-16。比较《上行记》I 9. 20 以下。

议。确实,西蒙尼德的语言在对话临近结束时变得远不如原来那么克制。但同样确实的是,在整场谈话中,西蒙尼德始终把一个僭主的善举造成的令人快乐的效果呈现为与僭主获取权力的方式完全无关,也与僭主此前的任何恶行完全无关。在西蒙尼德对美德的建议中,他声称的或真正的无所顾忌的自由得到保留并发挥着作用。[61]

希耶罗"立即"做出了回答。只有在这里,两个对话者中的一位才"立即"说了什么。[62] 促使僭主"立即"做出回答的,是西蒙尼德对希耶罗关于僭主最好上吊自尽的话的回应。[62]"立即"表明不带有两人所有其他发言典型的迟缓或谨慎。希耶罗抛掉自己习惯性的矜持,真诚而不夸张地陈述了僭主所面对的困难。他不再否认僭主比平民更有力量去做会博取人们爱戴的事情;他只是否认僭主因此会比平民更有可能被爱,因为僭主也被迫去做许多会招致仇恨的事情。比如说,僭主不得不抽税、惩罚不义者;而且,最重要的是,他们需要雇佣兵。[63] 西蒙尼德并没说,一个人不应该插手所有这些事情。[64] 但他相信,照管这些事情的方式有些会招致仇恨,也有些会取悦于人。一个统治者应当亲自做取悦于人的事(比如颁发奖赏),而交给别人去做引起憎恨的事(比如施加惩罚)。这一建议以及西蒙尼德给予希耶罗的所有其他建议的隐含之意,当然是希耶罗

---

[61] 如果西蒙尼德不这样做,他就会表现得像个正义者,希耶罗也就会害怕他。尽管希耶罗对正义者的恐惧是确定的,他对智慧者的恐惧却是未决的(见前文,页[41]-[45]);在某个特定的情形中,或许可以证明这种恐惧毫无理由。这就是《希耶罗》中实际发生的:西蒙尼德使希耶罗相信,智慧者可以是僭主的朋友。对比西蒙尼德对僭主希耶罗的"责难"与先知拿单(Nathan)对耶和华所膏的大卫王的谴责(《撒母耳记下》12),我们不禁震惊。

[62] 《希耶罗》8.8。9.1 中的 πάλιν(εἶπεν)[反过来(他说)]同样独一无二,它使我们注意到 8.8 中的 εὐϑύς[立即]。

[63] 《希耶罗》8.8-10。比较同书 6.12-13。

[64] 《希耶罗》9.1。注意,对一个有关僭主统治不愉快方面的陈述,西蒙尼德以否定形式表达了赞同。

需要这样的建议，或说他实际正在做的与西蒙尼德建议他做的恰恰相反，这就是说，他目前是一个极不完美的统治者。西蒙尼德很快就不再明确提及与僭政（如果不是与统治本身）密不可分的引起仇恨的事，同时赞扬颁发奖赏巨大的用处——僭政引起仇恨的那些方面实际并没有被消除，但被清出了视线之外。(65) 由此，西蒙尼德在自己的言辞中预先模仿了他希望自己的学生希耶罗采取的行为，或说，他通过自己的行为给希耶罗树立了一个僭主应有的行为的榜样。西蒙尼德赞美有益的僭政，因而就不仅是为了安慰希耶罗（希耶罗肯定远不像他的发言诱使轻信的读者相信的那样需要安慰），而首先是为了教导希耶罗，即教导他僭主应当以什么形象出现在自己的臣民面前。这绝不是对有美德的僭主的幼稚信念的幼稚表达，而毋宁是审慎地呈现的关于政治审慎的教诲。(66) 西蒙尼德在这一语境中甚至回避"僭主"一词。(67) 另一方面，他现在比之前经常得多地使用"高贵"以及"好""有用"等词，却少得多地说到"快乐"。不过，鉴于从快乐之物直接诉诸高贵之物的困难，西蒙尼德暂且比"高贵"或"美"更多地强调了"好"（及其"功利主义"的意涵）。(68) 此外，他表明谋求荣誉与做一个僭主的臣民完全相容，由此彻底抹去了他

---

(65) 西蒙尼德的发言包括两个部分。在相当简短的第一部分(9.1-4)，他阐述了一般性的原则。在更宽泛的第二部分(9.5-11)，他对僭主如何运用这一原则给出了一些具体的建议。第二部分不再提到惩罚之类的事情。其后几章也几乎没有暗示僭政或一般而言的统治不愉快的方面。10.8 或许最富魅力地表达了诗人对这些令人烦忧的事情的高贵沉默。在那里，西蒙尼德避而不提僭主的雇佣兵——这些仁慈的天使——实际有可能惩罚作恶者。他仅仅提到他们应该如何对待无辜者、有意作恶者和受害者。参见前注。亦参柏拉图《法义》711b4-c2 中雅典异乡人的陈述及之后克里尼阿斯的陈述。

(66) 至于绝对统治者所用的蛊惑性诡计，见《居鲁士的教育》VIII 1.40-42，2.26，3.1。这些不那么克制的评论是一个史家或一个观察家的评论，而非一个劝谏者的评论。比较亚里士多德，《政治学》1314a40：僭主应当扮成王者。

(67) 《希耶罗》唯有第 9、10 章回避了"僭主"及其派生词。

(68) 尤其比较《希耶罗》9.10 与 11.10。

此前关于荣誉的论述中令人反感的意涵。他还表明,[63]通过奖赏来给予臣民荣誉是笔划算的买卖。(69) 最重要的是,当他提出应当就某些军事方面的成就给予公民奖赏时,他强烈地(不过是通过暗示)反对解除公民的武装。(70)

直到这些"步数"都走完之后,希耶罗与西蒙尼德之间在僭政的主题上才达成某种一致。直到此时,希耶罗才不仅准备听取西蒙尼德的建议,而且准备就僭主统治的恰当行为向西蒙尼德提出一个问题,也是他唯一的问题。他对这一问题的表述表明,他学到了一些东西,他不再说"僭主",而改说"统治者"。这一问题的主旨是由以下事实确立起来的:首先,希耶罗在前面的陈述中把雇佣兵描绘成压在公民头上的重担,而西蒙尼德还没就雇佣兵说过一句话;(71)其次,西蒙尼德的话或许暗含着由公民替代雇佣兵的建议。与此相应,希耶罗的问题由两部分组成。首先,他请教西蒙尼德,他如何才能避免因为雇佣这些士兵而激起仇恨。其次,他问西蒙尼德的意思是不是说,一个受人们爱戴的统治者不再需要任何保镖。(72) 西蒙尼德郑重地回答说,保镖还是必要的:(73)僭主统治的改良不应走向极端,甚而摧毁僭主统治的支柱。因此,对于希耶罗唯一的问题,西蒙尼德的回答等于是强烈地建议僭主不要逊位——他此前曾试探性地建议僭主逊位。此外,希耶罗提出是否一个保镖都不需要的问题,或许是因为他渴望节约所需的巨大开支。鉴于这一可能性,西蒙尼德的陈述暗含了这一回答:这样的开销确实是不可避免的,但是,恰当地使用雇佣兵会使臣民高高兴兴地支付这笔开销。(74) 不

---

(69) 《希耶罗》9.7,11。

(70) 《希耶罗》9.6。比较亚里士多德,《政治学》1315a31-40。

(71) 《希耶罗》8.10。

(72) 《希耶罗》10.1。

(73) 《希耶罗》10.2。比较亚里士多德,《政治学》1314a33 以下。

(74) 比较《希耶罗》4.9,11 与 4.3("无偿地"),10.8。

过,西蒙尼德还额外补充了一条希耶罗并没询问的建议,他说,尽管充分使用奖赏和恰当使用雇佣兵会极大地有助于解决僭主的财政问题,但僭主不应当迟疑于是否该把自己的钱用于公共利益。⑦⑤ 不但如此,如果僭主将钱用在公共事务而不是自己的事上,那对他自己的利益更有利。在这一语境中,西蒙尼德给出了更具体的建议——给出这一建议或许是西蒙尼德开启一场与希耶罗的谈话的唯一目的——即一个僭主不应在马车竞赛之类的事情上与平民竞争,而应努力让数量最多的竞赛者来自他的城邦。⑦⑥ 僭主应当[64]与其他城邦的领袖竞争,以便在最高贵和最壮美的竞赛中赢得胜利,也就是在使自己的城邦尽可能幸福的竞赛中赢得胜利。西蒙尼德向希耶罗许诺,只要赢得这一竞赛,他就会赢得所有臣民的爱、众多城邦的尊重、所有人的崇拜和许多其他好处;只要在善举上超过他的朋友们,他就会拥有人间最高贵和最受祝福的所有物:他将幸福且不遭人嫉妒。⑦⑦ 对话就结束于这一前景。面对诗人几乎无限度的应许,僭主的任何回答都会是一个扫兴的结尾,更糟糕的是,它还会妨碍读者合情合理地享受那礼貌的沉默——在这种礼貌的沉默中,一个罪行累累、战功赫赫的希腊僭主才能倾听美德的一阕赛壬之歌。⑦⑧

---

⑦⑤ 比较《希耶罗》11.1 与 9.7,10.8。
⑦⑥ 《希耶罗》11.1-6。参见上文页[38]。这诱使我们认为,《希耶罗》代表了色诺芬对西蒙尼德与品达之间的竞赛的解释。
⑦⑦ 《希耶罗》11.7-15。比较柏拉图,《王制》465d2-e2。
⑦⑧ 然而,K. Lincke(前揭,页 244)觉得,"读者必须自己设想有所转变的希耶罗事实上已经被说服了,尽管如此……如果人们清楚地看到了这种赞同,还是会更好一些"。在柏拉图笔下,与希耶罗在《希耶罗》结尾的沉默相对应的,是卡利克勒斯在《高尔吉亚》结尾的沉默,以及忒拉绪马科斯(Thrasymachus)在《王制》卷二至卷十中的沉默。

C　特殊语词的使用

可以说,"色诺芬给暴君们的劝告的要旨是,一个暴君应当努力像一个好国王那样统治"。① 因此更加惹眼的是,色诺芬始终回避"王"一词。在一部旨在教授僭主技艺的著作中,色诺芬回避"王"一词,由此遵守了这一策略:假如能够假定对方正苦于缺少某些东西,便不应当提到这些东西让对方难堪——至于一个僭主,则必须假定他正苦于自己的地位缺少合法的资格。色诺芬的做法应该就是马基雅维利与之表面相反但根本一致的笔法的原型。马基雅维利在《君主论》中回避"僭主"(tiranno)一词,《论李维》及其他地方中被称作"僭主"的人在《君主论》中被称作"君主"(principi)。② 我们也注意到《希耶罗》中 demos[民众]与 politeia[政制]③两词的阙如。

具体就西蒙尼德来说,他从未用过"法"一词。他只有一次提到"正义",而且清楚地是在说生意上的正义,即那种仅要求臣民而不是统治者遵守的正义。④ 他从未说到真理、谎言或欺骗。尽管西蒙尼德和希耶罗都没提到"笑",但西蒙尼德说到一次 καταγελᾶν[嘲笑]。这并非无关紧要,因为在《希耶罗》里唯一的那类评论中,色诺芬提到,西蒙尼德"笑着"做出了一个陈述——关于希耶罗的情事;

---

① Marchant,前揭,页 XVI。
② 例如,Nabis 在《君主论》第九章中被称为 principe,在《论李维》I 40 中被称为 tiranno;Pandolfo Petruzzi 在《君主论》第二十、二十二章中被称为 principe,在《论李维》III 6 中被称为 tiranno。亦比较《希耶罗》第二部分中从"僭主"向"统治者"的转变。
③ 比较《希腊志》VI 3.8,结尾。
④ 《希耶罗》9.6。

希耶罗始终是严肃的。⑤ 西蒙尼德从未提到"勇敢"（$ἀνδρεία$），⑥但提到一次希耶罗从未提到的"节制"（$σωφροσύνη$）。另一方面，[65]希耶罗用了$μέτριος$[合度的]、$κόσμιος$[体面的]、$ἀκρατής$[不能自制的]等词，而西蒙尼德从未用过。⑦

还应该考虑特殊语词在对话两大部分——对僭政的控诉，以及关于改良僭主统治的建议——之间的分布。第二部分回避了以下这些词：法、自由的（自由）、自然、勇敢、不幸。另一方面，只有第二部分提到了节制（moderation）。"僭主"（及其派生词）在第一部分出现的次数（83次）远远多于在第二部分出现的次数（7次）；另一方面，"统治"（及其派生词）在短得多的第二部分出现的次数（12次）远远多于在长得多的第一部分出现的次数（4次）。西蒙尼德想要诱使希耶罗从"统治"而不是"僭政"来考虑自己的地位，因为，对任何人来说，用惹人反感的语词来思考自己的行为都是不好的。西蒙尼德取得的成功可由这一事实表明：希耶罗在他最后的评论中说的是"统治者"，而不再说"僭主"。⑧ 表示快乐和痛苦的语词在第一部分出现的次数（93次）远远多于在第二部分出现的次数（6次）。另一方面，"高贵"（"美"）和"低贱"（"丑"）在第二部分出现的次数（15次）远远多于在第一部分出现的次数（9次）。原因显而易见：西蒙尼德想要教育希耶罗以美而不是快乐作为人生的坐标。$Χάρις$[恩宠]（及其派生词）在第二部分出现的次数（9次）远远多于在第一部分出现的次数（4次）。$Ἀνάγκη$[必须]（及其派生词）在第二部分出现的次数（9次）比在第一部分出现的次数（16次）少得多。

---

⑤ 《希耶罗》11.6,1.31。比较《苏格拉底的申辩》28，苏格拉底"笑着"做出的一个评论。

⑥ 比较苏格拉底的德性表中勇敢（或男子气概）的缺席：《回忆苏格拉底》IV 8.11（参 IV 4.1 以下），《苏格拉底的申辩》14,16。比较《会饮》9.1 与《希耶罗》7.3。但另考虑本书"标题与形式"章注22。

⑦ 比较《希耶罗》9.8 与 1.8,1.19,5.1-2。

⑧ 《希耶罗》10.1。

四　关于僭政的教诲

[66]由于僭政本质上是一种有缺陷的政治秩序,关于僭政的教诲就必然由两部分组成。第一部分得显明僭政具体的缺点("病理"),第二部分得表明这些缺点如何能够得到缓和("疗治")。《希耶罗》的两部分就反映了"僭政的"教诲本身的两部分。色诺芬选择以对话的形式呈现这一教诲,为此他不得不选择一个特殊的对话场景。不论他的理由多么合理,甚至多么有说服力,它们无疑带来了这样的结果:他没有以单纯的、科学的形式,以论说文的形式,给予我们他的"僭政的"教诲。为了把握色诺芬的教诲,读者不得不对希耶罗和西蒙尼德的话做加法和减法。这一加法和减法并不是由读者任意而为,它受作者的各种指示指引,前面几章已经讨论过其中一些指示。不过,一种含混性仍然存在,这种含混性最终不是源于《希耶罗》许多段落暗含的未解决的谜题,而是源于如下事实:在内容与形式之间,在一种普遍的教诲与一桩偶然事件(即两个人之间的一场谈话)之间,不可能存在一种完全澄明、确定的关联。

考虑到"僭政的"教诲作为一种政治教诲首要的实践品性,作为学生的对话者必然应该是一个僭主。同样必然的是,他应当是一个[67]实际的僭主,而不是潜在的僭主。如果学生只是一个潜在的僭主,老师就不得不向他表明如何成为一个僭主,这么一来就不得不教授他不义,而面对一个实际的僭主,老师的任务就好受多了,即他只需向他指出一条通向较少不义的道路。据说有位僭主(科林斯的佩利安德[Periander of Corinth])创立了大多数用以保全僭政的一般手段,①有鉴于此,我们或许认为,教授僭政术的老师自然应当是一个伟大的僭主;但保全僭政与修正僭政是两码事。色诺芬显然

---

①　亚里士多德,《政治学》1313a33-38。

感到,只有一个智慧者能够教授他心目中的僭政术,即作为一个僭主如何统治得好的技艺;色诺芬也感到,僭主不会是智慧的。这导致了如下结果:教授治家术的苏格拉底是从一个治家者那里学到这一技艺的,而教授僭政术的智慧者不可能从一个僭主那里学到这一技艺。换言之,教授僭政术的智慧者不得不亲自教授这一技艺,不依赖任何帮助,或说他不得不亲自发现这一技艺。② 智慧者或许会向他的学生传授整个"僭政的"教诲,亦即对僭政的控诉与对僭政的修正;但色诺芬显然认为,由一位僭主来控诉僭政给普通读者的印象会更深刻。③ 最后,僭主或许会通过向智慧者抱怨一个僭主悲惨的命运来开始谈话,以便引出智慧者的建议。不过,这就假定了僭主有一个他信任的智慧的朋友,而且他认为自己需要建议。④ 总而言之,我们越多考虑色诺芬选择的对话场景之外的其他可能,就越信服他的选择是合理的。

但是,无论这一选择多么合理甚至必要,它都导致一个结果:色诺芬对僭政的控诉是出自一个不智者之口,他贬损僭政是出于私利;而色诺芬对僭政的赞美则是出自一个智慧者之口,他力挺僭政并非出于明显的私利。此外,由于对僭政的控诉先于对僭政的赞美,这一控诉的提出便缺少充分的证据——因为希耶罗没有考虑西蒙尼德在《希耶罗》后一部分阐述的事实或可能性——而对僭政的赞美似乎是 en pleine connaissance de cause[知根知底地]提出来的。这即是说,至少表面看来,色诺芬不由自主地赋予了对僭政的赞美更大的分量,使之比对僭政的控诉更重要。问题是,这只

---

② 这一解释与页[32]-[33]提出的解释并不矛盾,因为,一个不在乎发现或教授僭政术的智慧者与一个在乎发现或教授僭政术的智慧者的差别依然重要,而且要得到解释。

③ 《希耶罗》1.9-10,2.3,2.5。

④ 比较《希耶罗》5.2 与《居鲁士的教育》VII 2.10 中的情形,亦比较《居鲁士的教育》VII 5.47。

是我们之前概述的那些因素不可避免的结果,还是[色诺芬]直接有意为之?

[68]我们或许会一时认为,所考虑的这种含混性的成因,仅仅是由于色诺芬决定无论如何都要在一部对话中处理僭主统治如何改良的问题,如果他仅限于控诉僭政,任何含混性就会得到避免。不过,如果对比色诺芬与柏拉图各自对僭政的对话性讨论,将会表明这一说法尚未切中问题的根本。柏拉图避免教授僭政术,他把自己对僭政的控诉交给苏格拉底。由于这一选择,柏拉图不得不付出的代价是,他不得不把自己对僭政的赞美交给并不智慧的人(珀洛斯[Polos]、卡利克勒斯[Callicles]、忒拉叙玛霍斯[Thrasymachus]),这些人因而公开赞美僭政的极度不义。为了避免后一麻烦,色诺芬不得不付出的代价是,让一位智慧者承担起赞美僭政的任务。以一场对话有效地讨论僭政,要想没有任何麻烦是不可能的。因为,除色诺芬和柏拉图的选择之外,只有另外两种可能性:先由智慧者赞美僭政,后由不智慧者控诉僭政;先由智慧者控诉僭政,后由不智慧者赞美僭政;考虑到应由智慧者做最后的发言,这些可能便被排除了。

更恰当的说法是,色诺芬对僭政的赞美的意义充分受到限制,即不仅受到对话场景限制,也尤其受到如下事实的限制:他笔下赞美僭政的智慧者充分表明了僭政本质上的缺陷。西蒙尼德描述了最好状态下的僭政,但他让人认为,即便最好状态下的僭政也有严重的缺陷。这一暗含的对僭政的批评比希耶罗的激烈控诉更有说服力,因为希耶罗的控诉是出于自私的目的,而且仅仅适用于最坏状态下的僭政。要看清西蒙尼德对最好状态下的僭政的批评的轮廓,我们只需要从色诺芬或苏格拉底对僭政的定义出发,考虑他提出的对僭政的修正导致的结果。色诺芬或苏格拉底把僭政定义为王政的反面:王政是对自愿的臣民的统治,它依据的是城邦的法律;僭政是对不自愿的臣民的统治,它不是依据法律,而是依据统治者的意愿。⑤ 这一定义涵盖了僭政的普通形式,但并未涵盖最好状态下的僭政。最好状态下的僭政,即按照西蒙尼德的提议修正后的僭政,不再是对不自愿的臣民的统治。它一定是对自愿的臣民的统治。⑥ 但它依然是"不依据法律"的统治,也就是说,它是绝对统治。西蒙尼德赞美最好状态下的僭政,却一直避免使用[69]"法"一词。⑦ 僭政本质上是无法的统治,更准确地说,是无法的君主统治。

在考虑这样一种僭政的缺陷之前,我们可以暂且看一下它积极的性质。对于僭主本人,西蒙尼德毫不含糊地断定,他可以无比幸福。此外,西蒙尼德毫不怀疑僭主可以有美德,而且事实上拥有卓越的美德。对僭政的修正不在于别的,而在于将不义的或邪恶的僭主转变为有美德的僭主,即将多多少少不幸的僭主转变为幸福的僭主。⑧ 至于僭主的臣民或城邦,西蒙尼德表明,它们可以非常幸福。僭主和其臣民或许可以因为彼此为善而团结起来。有美德的僭主

---

⑤ 《回忆苏格拉底》IV 6.12。比较《居鲁士的教育》I 3.18 与 1.1;《希腊志》VII 1.46;《阿格西劳斯》1.4;《雅典的岁入》3.11;亚里士多德《政治学》1295a15-18。

⑥ 《希耶罗》11.12。比较《希腊志》V 1.3-4。

⑦ 比较页[64]-[65]与"场景"章 B 节注37。在《希耶罗》7.2,西蒙尼德说,僭主的所有臣民执行僭主的每一个命令。他还补充说,所有人都从座位上起立对僭主表示恭敬,就此比较《斯巴达政制》15.6 所言:没有督察官(ephor)会限制僭主的权力。卢梭认为(《社会契约论》III 10),《希耶罗》确证了他的论题:希腊人并不把僭主理解为一个坏君主(尤其像亚里士多德那样),而是理解为一个篡夺王室权威的人,无关乎其统治性质。根据《希耶罗》,僭主必然是"无法的",这不仅仅因为他获取地位的方式,更重要的是因为他统治的方式:他遵循自己的意愿——他的意愿可能好也可能坏,而不是遵循任何法律。色诺芬的"僭主"等同于卢梭的"专制君主"(despot)(《社会契约论》III 10 结尾)。比较孟德斯鸠,《论法的精神》XI 9 和 XIV 13 注。

⑧ 《希耶罗》11.8, 15。比较同书 8.9 与 7.10-12, 7 与 11.1。亦比较 1.11-14 与《回忆苏格拉底》中类似的内容(II 1.31)。僭主可能是公正的,关于这一事实,比较柏拉图,《斐德若》248e3-5。

对待臣民不像对待小孩子,而像对待同志或同伴。⑨ 僭主并没有剥夺他们的荣誉。⑩ 他们并没有被解除武装——僭主鼓励他们的勇武精神。⑪ 从城邦的角度来看,僭政脱离不开的雇佣兵也并非不当有——雇佣兵使城邦能够强有力地发动战争。⑫ 西蒙尼德还建议,僭主应当多多运用奖赏、应当推动农业和商业发展(或许还要使农业比商业更发达),这似乎只不过是在赞成色诺芬心目中与一个秩序井然的邦国相匹配的政治。他由此给人造成这样的印象:在色诺芬看来,僭主统治可以达到最高的政治标准。⑬

初看上去,西蒙尼德对仁慈的僭政的赞美似乎没有限度,而且充满修辞上的含糊,但进一步细察,可以发现他措辞极为谨慎,而且保持着非常明确的限定。正如西蒙尼德在其赞美中回避"法"一词,他也回避了"自由"一词。他示意我们,法的缺失导致的实际后果就是自由的缺失——没有法,也就没有自由。西蒙尼德所有的具体提议都遵照着这一暗含的定理,或借由这一定理展现出它们的政治意义。比如,在劝告僭主把公民看成同伴或同志时,西蒙尼德并不是说,僭主应当把公民看成与他平等的人,或看成自由人。这是因为,自由人可以是同伴,奴隶也可以是同伴。此外,西蒙尼德建议僭主把公民看成同伴、把朋友看成自己的孩子:⑭如果说僭主的朋友们在各方面都从属于僭主的话,公民们就在更深远的意义上也从属于僭主。这一建议还表明,西蒙尼德并没有离谱到在他的赞美中

---

⑨ 《希耶罗》11.5,7,14-15。

⑩ 《希耶罗》8.3 及 9.2-10。

⑪ 《希耶罗》9.6 及 11.3,12。比较《希腊志》II 3.41;亦比较亚里士多德《政治学》1315a32-40 与马基雅维利《君主论》第二十章。

⑫ 《希耶罗》10.6。比较《希腊志》IV 4.14。

⑬ 关于奖赏,尤其比较《希耶罗》9.11 与《骑兵统帅》1.26。Ernst Richter(前揭,页 107)竟然说,"(《希耶罗》第二部分的)要求正是苏格拉底的要求。"

⑭ 《希耶罗》11.14;比较同书 6.3 与 3.8。

把仁慈的僭政称作"父亲般的"(paternal)统治。⑮ 的确,[70]仁慈的僭主并未解除其臣民的武装;但至少在和平时期,僭主的臣民并不能像自由邦的公民们那样保护自己免受奴隶和恶人伤害;他们是受僭主的卫兵保护。⑯ 他们实际上仰赖僭主及其雇佣兵的怜悯,他们只能期望或祈祷僭主变得仁慈或一直仁慈。即便是最好状态下的僭政,依然具有僭政真正的性质,西蒙尼德的"马基雅维利式"建议——僭主应当亲自做取悦于人的事(比如颁发奖赏),并将惩罚性的行为交托于他人——清楚地说明了这一性质。⑰ 几乎没有必要再说,僭主避免公开施行惩罚并不说明他的统治有一种特殊的温和——非僭政的统治者们也施行惩罚,但却无需任何遮掩,⑱因为他们的权威来自法律,他们的权威是稳固的。与此相似,极其充分地运用奖赏——尤其是用来发展农业,似乎也是服务于"僭政的"目的,即让臣民忙于自己的私事而不是公务。⑲ 同时,它还弥补了一项缺失:由于僭主统治下财产权的不稳定,个人财富的增长缺少自然的刺激。最好的僭主会把自己的父邦看做自己的财产。这或许比他搜刮父邦以增加个人的私产更可取;不过,这当然暗示,最好的僭主将把自己的父邦看成自己的财产,他自然而然会依据他个人

---

⑮ 比较《居鲁士的教育》VIII 1.1 与 8.1。

⑯ 比较《希耶罗》10.4 与 4.3。

⑰ 《希耶罗》9.1 以下。比较马基雅维利,《君主论》第十九章与第二十一章近结尾处,以及亚里士多德,《政治学》1315a4-8。亦见孟德斯鸠,《论法的精神》XII 23-24。《希耶罗》9.5-6 提到将城邦分割为几个部分(比较马基雅维利,《君主论》第二十一章近结尾处),就此可比亚里士多德,《政治学》1305a30-34,及休谟,《完美共和国的观念》(Idea of a perfect commonwealth)(接近结尾处)。

⑱ 《回忆苏格拉底》III 4.8,《治家者》4.7-8,9.14-15,12.19;《斯巴达政制》4.6 及 8.4;《居鲁士的教育》V 1.13;《上行记》V 8.18 及 II 6.19-20。但比较《居鲁士的教育》VIII 1.18。

⑲ 比较《希耶罗》9.7-8 与《斯巴达政制》7.1-2。比较亚里士多德,《政治学》1305a18-22,1313b18-28 以及孟德斯鸠,《论法的精神》XVI 9。

的判断来管理这笔财产。因此,僭主的臣民没有任何与僭主相对抗的财产权。臣民们会以礼物或自愿捐献的形式付出僭主认为必需的代价。⑳ 虽说僭主颁发奖赏或荣誉给一些公民,但不能说僭主荣耀公民们,他或许能够且愿意富庶其民。他不能把"荣誉上的平等"授予他们,因为这种平等与僭主统治不相容,而且应当假定他们始终缺乏这种平等。㉑

不过,最好状态下的僭政的这些缺陷并不一定是决定性的。西蒙尼德以及色诺芬如何评价最好状态下的僭政的价值,取决于他们如何看待自由的重要性。至于西蒙尼德,他似乎认为没有什么比荣誉或赞美更高。他说,给予赞美的人越自由,赞美就越令人快乐。㉒ 这导致的结果是,即便是再完美的僭政,也无法满足对荣誉或赞美的渴求。僭主享受不到最高的荣誉,因为他的臣民缺少自由;另一方面,僭主的臣民出于前面提到的理由也享受不到充分的荣誉。[71]至于色诺芬本人,我们不得不从以下事实开始:自由被认为是民主制的目的,民主制尤其区别于贵族制,贵族制的目的据说是美德。㉓ 色诺芬并不是一个民主派。色诺芬的观点反映在希耶罗含蓄的断言中:智慧者并不关心自由。㉔ 要明确色诺芬对于西蒙尼德所描述的最好状态下的僭政的态度,我们得考虑最好状态下的僭政与美德而不是与自由的关联。从色诺芬的视角看,惟当美德若无自由便不可能时,对自由的要求才是绝对正当的。

《希耶罗》中"美德"(virtue)一词共五见。在这五例中,只有两

---

⑳ 《希耶罗》11. 12-14。比较《居鲁士的教育》VIII 2. 15,19;1. 17 以下。

㉑ 比较《希耶罗》8. 10,11. 13 与《治家者》14. 9。

㉒ 《希耶罗》1. 16。

㉓ 柏拉图,《王制》562b9-c3,《欧蒂德谟》292b4-c1;亚里士多德,《尼各马可伦理学》1131a26-29 及 1161a6-9,《政治学》1294a10-13,《修辞学》1365b29 以下。

㉔ 比较页[43]。

例是用于人。㉕ 只有一例是用于僭主。此词从未用于僭主的臣民。西蒙尼德劝告僭主应当为"自己城邦的幸福"骄傲,而不是为"自己战车的马匹的美德"骄傲。他没有提到城邦的美德,没有以之作为僭主统治可能的目标。可以稳妥地说,西蒙尼德并不假定一个受僭主统治的城邦"把践行贤德作为公众关心的事"。㉖ 但是,正如苏格拉底的生活所证明的,在并不"把践行贤德作为公众关心的事"的城邦中,也有有美德的人。因此,在僭主统治下美德是否可能,又在什么程度上可能,乃一个悬而未决的问题。仁慈的僭主颁发奖赏,是为了"战场上的英勇",为了"契约关系中的正义"。㉗ 他并不关心培育单纯的英勇和单纯的正义。这确认了希耶罗的断言:勇敢者和正义者是僭主不愿接受的臣民。㉘ 只有一种受到限定或降解的勇敢和正义适宜于僭主的臣民们。因为,单纯的英勇与自由或对自由的爱紧密相联,㉙而单纯的正义就是服从法律。适宜于僭主的臣民们的正义是最不政治的正义,或说是一种最远离公共精神的正

㉕ 《希耶罗》7.9 及 11.8。比较 2.2(马),6.15(马)及 11.5(战车)。《治家者》(11.3-6)以马为例来间接描述政治美德:一匹马不拥有财富,也能拥有美德;一个人不拥有财富,是否能拥有美德则是一个未决的问题。对于这个问题,《居鲁士的教育》(I 2.15)给出了政治的解答。它表明贵族制是那些拥有独立收入的、富有教养的人的统治。比较页[70]有关僭主统治下财产权缺乏保障的论述。

㉖ 《斯巴达政制》10.4(比较亚里士多德,《尼各马可伦理学》1180a24 以下);《居鲁士的教育》I 2.2 以下。[译按]原文中施特劳斯援引的 practice gentlemanliness as a matter of public concern 是对《斯巴达政制》10.4 中 μόνη δημοσίᾳ ἐπιτηδεύουσα τὴν καλοκἀγαθίαν 的翻译:吕库尔戈斯强迫所有斯巴达人在公共生活中践行所有美德,因此,就像每个私人在美德上竞争优异一样,斯巴达在美德上也超越了所有城邦,因为"只有它把践行贤德作为一项公共职责"。

㉗ 《希耶罗》9.6。

㉘ 《希耶罗》5.1-2。

㉙ 比较《希耶罗》9.6 与 5.3-4,《上行记》IV 3.4 与《希腊志》VI 1.12。比较《希耶罗》9.6 与《居鲁士的教育》中类似的内容(I 2.12)。某种降解后的勇敢似乎就是阉奴们(eunuchs)的特征;见《居鲁士的教育》VII 5.61 以下。

义——私人性的契约关系中遵循的正义。㉚

但是,一个有美德的人——西蒙尼德口中仁慈的僭主看上去也是一个有美德的人——如何能对妨碍其臣民抵达美德之顶峰的必然性(necessity)感到满意呢?让我们重新思索上一段所提到的那些事实吧!西蒙尼德只将一种受到限定的英勇(prowess)归诸僭主的臣民,却没有将勇敢(courage)归诸他们,对于这一事实,我们应当记起,色诺芬两次列举苏格拉底的美德,均未提到勇敢。㉛ 西蒙尼德没有将单纯的正义归诸僭主的臣民,对此我们应当记起,[72]可以将正义理解为节制的一部分,而根据西蒙尼德明确的表述,僭主的臣民可以变得非常节制。㉜ 西蒙尼德没有将美德本身归诸僭主的臣民,对此我们应当记起,美德并不必然是一个类名(generic term),而可能是表示一种尤其有别于正义的特殊的美德。㉝ 不管怎样,西蒙尼德似乎明确交代了他对僭主统治下美德的可能性的看法。他明确地说,"贤人们"可以生活在仁慈的僭主的统治下,而且可以活得幸福。㉞ 西蒙尼德仅仅将受到限定的勇敢和正义归诸僭主的臣民,为了不曲解这一点,我们应当将之与色诺芬的做法比较。在其《斯巴达政制》中,色诺芬没有将任何意义上的正义归诸斯巴达人自己。我们至多能够说,在僭主统治下可能的美德有一种特别的色彩,不同于

㉚ 这种正义就是一个非政治的社会——比如柏拉图笔下最初的城邦或猪的城邦——可能存在的正义(《王制》371e12-372a4)。比较《治家者》14.3-4 与亚里士多德,《尼各马可伦理学》1130b6,30 以下。

㉛ 《回忆苏格拉底》IV 8.11,《苏格拉底的申辩》14,16。

㉜ 比较《希耶罗》9.8 与《回忆苏格拉底》IV 3.1 及《希腊志》VII 3.6。比较柏拉图,《高尔吉亚》507a7-c3。

㉝ 《上行记》VII 7.41。

㉞ 《希耶罗》10.3。比较孟德斯鸠,《论法的精神》III 9:"正如共和国需要美德、君主国需要荣誉,专制政府则需要恐怖:对专制政府来说,美德并非必要的,而荣誉则是危险的。"因此,美德对于"专制"(despotism)并非危险的(强调为笔者所加)。

共和美德(republican virtue)具有的色彩。可以暂且认为,在与卓越僭主的臣民相适宜的美德中,因恐惧而产生的节制占据的地位,也就是勇敢在共和美德中占据的地位。㉟ 但是,我们无权假定,与一个好僭主的臣民相适宜的美德一定不如共和美德高尚。色诺芬敬仰小居鲁士,但他还是毫不犹豫地称小居鲁士为一个"奴隶",㊱这极为醒目地表明,他有多么不相信美德离了自由便不可能。

如果说贤人在仁慈僭主的统治下能够幸福地生活,那么,依照西蒙尼德的提议而修正后的僭政或许能够达到色诺芬的最高政治标准。为了即刻验明这一点,我们只需以色诺芬或苏格拉底的好统治者的定义所提出的标准来衡量西蒙尼德所说的卓越的僭主。好统治者的美德在于使他统治的人们幸福。好统治者的这一目的可以通过法律实现——在色诺芬看来,吕库尔戈斯的城邦以最非同寻常的方式做到了这一点——或者通过没有法律的统治,即通过僭政实现。西蒙尼德所描述的仁慈的僭主会使自己的城邦幸福。㊲ 对于通过法律实现的幸福,色诺芬能够举出一个现实的例子(斯巴达),而至于通过僭政实现的幸福,他所提供的证据只是一个诗人的许诺,这一反差当然极有深意。换言之——这一点极其重要——在色诺芬看来,相比于通过绝对统治,好统治者的目的更可能通过法律实现。不过,这并没有排除他可能承认:[73]原则上来说,法的统治对于好政府并非不可或缺。

色诺芬并没有费这么多口舌来承认这一点。他让西蒙尼德描述了最好状态下的僭政,并让西蒙尼德宣布僭主可以使自己的城邦幸福。考虑到西蒙尼德阐述自己对僭政的看法的情境,这一反驳便成立:他说这些是为了安抚一个有些不安的僭主,或说,至少是 ad hominem[针对其人],因此不应当将之看作直接表达了色诺芬自己

㉟　比较《希耶罗》10.3 与《居鲁士的教育》III 1.16 以后和 VIII 4.14,以及《上行记》VII 7.30。

㊱　《上行记》I 9.29。

㊲　比较《希耶罗》11.5,8 与《回忆苏格拉底》III 2 与《斯巴达政制》1.2。

的观点。因此我们不得不考虑,依据色诺芬或苏格拉底的政治哲学,能否为"僭政能够达到最高的政治标准"这一论题进行辩护。

首先,不管多么好的僭政,倘若色诺芬对其有任何好感的话,那必定看起来极其吊诡。最好状态下的僭政依然是没有法的统治,根据苏格拉底的定义,正义等同于合法或服从法律。[38] 因此,任何形式的僭政似乎都与正义的要求不相容。可另一方面,僭政会在道德上变得可能——如果"正义"与"合法"的等同并非绝对正确,或者,如果"遵照法律的一切行为(仅仅)在某种意义上($\pi\omega\varsigma$)是正义的"。[39] 决定什么合法的法律是公民们一致同意的行为规范。[40] "公民们"可以是"多数人"或"少数人";"少数人"可以是富人或有美德的人。这即是说,法律——因此还有什么是合法之事——取决于给出它们的共同体的政治秩序。难道色诺芬或其笔下的苏格拉底会认为,就正义而言,取决于一个有缺陷的政治秩序的法律,与取决于一个好政治秩序的法律,其间的差异完全无关紧要?难道他们会认为,由一个君主而非"公民们"所拟的规则不可能是法律?[41] 此外,所制定的法律合理还是不合理、好还是坏,难道对正义无关紧要吗?最后,立法者(多数人、少数人、君主)制定的法律是强加于共同体的其他成员,还是由共同体的其他成员自愿遵守,难道对正义无关紧要吗?诸如此类的问题并未由色诺芬或其笔下的苏格拉底提出,而只是由色诺芬笔下年轻而鲁莽的阿尔喀比亚德提出的,不过,后者提出那些问题的时候恰是苏格拉底的学生。在色诺芬笔下,只有阿尔喀比亚德而非苏格拉底提出了苏格拉底式的问题:什么是法?[42] 不过,

---

[38] 《回忆苏格拉底》IV 4.12 以下。比较同书 IV 6.5-6 与《居鲁士的教育》I 3.17。

[39] 亚里士多德,《尼各马可伦理学》1129b12。

[40] 《回忆苏格拉底》IV 4.13。

[41] 《治家者》14.6-7。

[42] 《回忆苏格拉底》I 2.39-47 及 I 1.16。

以下事实暗示,苏格拉底怀疑正义与合法之间无条件的等同:他一方面认为"立法者"克里提阿斯及其同伙的一项规定是一条"法律",[74]并说自己准备服从;但另一方面,他实际并没有服从这项规定,因为它"违背法律"。㊸ 将"正义"与"合法"等同起来,将使正义的法律与不正义的法律之间显然必要的区分不复可能,但除此之外,正义还有一些因素必定超越了合法的维度。比如,忘恩负义虽然并非不合法,却不正义。㊹ 买卖中的正义——亚里士多德所谓的交换正义(commutative justice)——在僭主统治下是可能的,这正说明它并不一定依靠法律。因此,色诺芬不得不提出另一个对正义的定义,一个更恰当的定义。依据这一定义,正义的人并不伤害任何人,反倒帮助每个与他交往的人。换言之,正义只不过意味着施惠(beneficent)。㊺ 如果正义本质上是超法律的,没有法律的统治就很有可能是正义的——仁慈的绝对统治是正义的。如果一个人知道如何统治、是一个天生的统治者,他的绝对统治实际上就优于法的统治,因为好的统治者是"一部眼明的法律"(a seeing law),㊻而法律并不会"看",或说合法的正义是瞎的。一个好统治者必定仁慈,法

㊸ 《回忆苏格拉底》I 2.31 以下;IV 4.3。
㊹ 《阿格西劳斯》4.2。比较《居鲁士的教育》I 2.7。
㊺ 比较《回忆苏格拉底》IV 8.11 与同书 I 2.7 及《苏格拉底的申辩》26。亦见《阿格西劳斯》11.8。比较柏拉图,《克里同》49b10 以下(参见 Burnet 此处的注释),《王制》335d11-13,486b10-12,《克利托普丰》410a7-b3;亚里士多德,《政治学》1255a17-18,《修辞学》1367b5-6。
㊻ 《居鲁士的教育》VIII 1.22。在《希耶罗》9.9-10 中,西蒙尼德主张向那些发现了某种对城邦有用处的东西的人授予荣誉。这一建议意味着需要接受众多且经常的变化,与此具有关联的是,僭主统治的性质是不受法律限制的统治。亚里士多德在讨论希波达姆斯(Hippodamus)曾提出的相同建议时,指斥这一建议将危及政治的稳定,而且他非常自然地紧接着阐述了这一原则:"法的统治"要求尽可能不经常地改变法律(《政治学》1268a6-8,b22 以下)。古人所理解的法的统治,只能存在于一个"保守的"社会之中。而另一方面,对各种革新的迅速引进显然与仁慈的僭政是相容的。

律却并不一定仁慈。不用说那些实际上坏的和有害的法律了,即便那些好的法律,也因为不能"看"而有种种缺陷。僭政便是绝对的君主统治。因此,一个卓越僭主的统治优于法的统治,或比后者更正义。色诺芬认识到了法律的问题,他理解了法律的本质,他提出并回答了苏格拉底式的问题"什么是法?"——如此种种使他能够承认并迫使他承认,僭政或许能达到最高的政治标准。因此,色诺芬在《希耶罗》中赋予赞美僭政比控诉僭政更大的比重,就不仅仅是他决定以对话形式呈现关于僭政的教诲而造成的偶然性结果。

不过,西蒙尼德远远不只是赞美仁慈的僭政。他以最强烈的语词赞美一个僭主有望施行的仁慈统治,而这个僭主此前犯有众多罪行。他秘而不宣地承认,尽管僭主最初获得权力的方式是不正义的,僭主在改头换面之前的统治方式是不正义的,但这些并不会损害最好状态下的僭政值得赞美的品格。倘若色诺芬是一个法治主义者(legitimist)或宪政主义者(constitutionalist)的话,他便不会完全同意他笔下的西蒙尼德对僭政的说法。色诺芬笔下的苏格拉底清楚地表明,只有一种充分的统治资格:使一个人成为王或统治者的,只是知识,而不是力量、欺骗或选举,或者还可以加上继承。如果的确是这样,那么"宪政的"(constitutional)统治,亦即尤其源于选举的统治,[75]本质上并不比源于力量或欺骗的僭主统治更正当。僭主统治以及"宪政的"统治在多大程度上会是正当的,视乎僭主或"宪政的"统治者在多大程度上会倾听那些"善思"因而"善言"的人的建议。不管怎样,僭主通过力量和欺骗上台之后,或说在犯下众多罪行之后,他如果能倾听有理智的人的建议,他的统治本质上就比那些拒绝倾听这类建议的、选举产生的官员的统治更正当,也就是说,比选举产生的官员本身的统治更正当。色诺芬笔下的苏格拉底毫不热衷于"立宪主义"的事业,他甚至把劝谏僭主的理智之人称作僭主的"同盟"。这即是说,苏格拉底以几乎与西蒙尼德相同的

方式来看待智慧者与僭主的关系。㊼

　　色诺芬似乎相信,仁慈的僭政,或一位听从智慧者劝谏的僭主的统治,原则上比法的统治更可取,或比选举产生的官员们的统治更可取。但他似乎又认为,最好状态下的僭政几乎不可能实现。一个事实至为清楚地表明了这一点:不仅是《希耶罗》,甚至是作为一个整体的色诺芬的著作,均没有提到现实中的仁慈和幸福的僭主。在《居鲁士的教育》中,色诺芬的确不意间提到一位看上去幸福的僭主。㊽ 可他并没有说,这个僭主是仁慈的或有美德的。最重要的是,所提到的这个君主不是希腊人。在希腊人中间,实现最好状态下的僭政的机会似乎尤其渺茫。㊾ 色诺芬为什么如此怀疑最好状态下的僭政的前景?他的著作中对最好状态下的僭政有两次主题性讨论,这两次讨论共同的特征表明了个中因由。在《希耶罗》以及《回忆苏格拉底》中,僭主被展现为一个需要他人指导才能成为好统治者的统治者。甚至最好的僭主也是不完美的统治者、无能的统治者。㊿ 作为一个僭主,即被人称作僭主而不是王,意味着没有

　　㊼ 《希耶罗》11. 10-11。《回忆苏格拉底》III 9. 10-13。比较亚里士多德,《政治学》1313a9-10。将色诺芬的观点同柏克(Burke)这样坚定的宪政主义者的观点进行比较不无益处。柏克说:"……政府之所以背离它们真实的目的与目标,可能与其说是由于僭取了某些不合法的权力,不如说是由于不明智或不正当地使用了那些最为合法的权力,因为有僭政和篡权这样的情形存在。"见其《关于提议通过一个议案以废除并更改某些有关宗教观点的法令的演说》(Speech on a motion for leave to bring in a bill to repeal and alter certain acts respecting religious opinions)。

　　㊽ 《居鲁士的教育》I 3. 18。

　　㊾ 比较《上行记》III 2. 13。顺便说,该文本中提到的事实解释了《希腊志》——色诺芬鲜明的希腊作品——处理僭主制的方式。

　　㊿ 《回忆苏格拉底》III 9. 12-13。比较柏拉图,《法义》710c5-d1。现在我们能比刚开始时(本书页[31-32])更清楚地阐明可从《希耶罗》的标题得出的结论。这个标题表达了以下看法:希耶罗是一个地位显赫的人(参见"场景"章 A 节注 44),但他的显赫是可疑的;他需要一位教授僭政术的老师,

能力把僭政转变为王政,或说把普遍被认为有缺陷的头衔转变为普遍被认为正当的头衔。(51)僭主统治由此便缺少不容置疑的权威,这导致僭主统治本质上比非僭主的统治更多压迫,也因此更不稳定。因此,没有僭主会解除卫兵,因为卫兵对他比对城邦忠诚,而且使他能够不顾城邦的意愿维持自己的权力。(52)诸如这些理由解释了,为什么色诺芬或其笔下的苏格拉底[76]出于一切实际的目的——至少就希腊人来说——更倾向于法的统治而不是僭政,为什么他们出于一切实际的目的将正义与合法等同起来。

"僭政的"教诲——这一教诲阐发了这样的观点:我们可以提出论据支持仁慈的僭政,甚至是最初通过力量或欺骗建立的仁慈的僭政——因而具有一种纯粹理论性的意义。它只不过是对法和合法性问题最强有力的表述而已。苏格拉底被指控教导学生成为"僭主",这无疑是因为流行的误解,即把一个理论性的论题误当作切实可行的建议。不过,理论性的论题本身必定会使其持有者不再无条件地忠于雅典民主,因为,比如说,它使他们不再相信民主制就是最好的政治秩序。它使他们不再是民主制下的"好公民"(在此词的确切意义上说)。(53)苏格拉底被指控引导年轻人蔑视雅典所建立的

这一事实揭示出其显赫的可疑品质。这不仅仅是由于他特有的缺点,也是由于僭政之为僭政的性质。僭主本质上需要一位老师,而王者(例如阿格西劳斯和居鲁士)并不需要。我们无需强调这一事实的反面:对于智慧者来说,有点用处的是僭主而不是王者(思考《居鲁士的教育》中居鲁士与苏格拉底的亚美尼亚化身[Armenian]之间的关系)。如果社会结构有序不紊,如果政制依照普遍接受的合法性标准来看也是合法的,那么,哲学的必要性,甚至可能还有哲学的合法性,就不如在相反的情形中那么显而易见了。比较前注 46 和"两种生活方式"章注 60。

(51) 这样一种转变的例证,比较《居鲁士的教育》I 3.18 与同书 I 2.1。

(52) 《希耶罗》10.1-8。比较亚里士多德,《政治学》1311a7-8,1314a34 以下。

(53) 亚里士多德,《政治学》1276b29-36,1278b1-5,1293b3-7。

政治秩序，对此，色诺芬甚至没有试图为苏格拉底辩护。(54) 不消说，在任何不受僭主统治的城邦中，亦即在几乎每个城邦中，所讨论的这一理论性论题或许都会使其持有者变得处境尴尬。苏格拉底和色诺芬接受了“僭政的”教诲，这或许能够解释他们为什么受到其同胞公民的怀疑，因此很大程度上也能解释为什么苏格拉底被判死刑、色诺芬被处流放。

接受关于僭政的理论性论题是一回事，公开阐发这一论题又是另一回事。只要是形诸文字的解释，就或多或少是公开的解释。《希耶罗》并没有阐发“僭政的”教诲。但是，它使得读者能够甚至迫使读者将这一教诲与色诺芬以自己的名义言说或呈现苏格拉底观点的那些著作分别开来。只要依据《希耶罗》所提出的问题来阅读，色诺芬其他著作中的相关段落就会显示出它们完整的意义。不过，《希耶罗》揭示出（虽然仅仅是间接地），在什么条件下可以阐发“僭政的教诲”。如果城邦本质上是由法律凝聚和统治的共同体，对于作为公民的公民来说，“僭政的教诲”就不能够存在。强烈控诉僭政的恰恰是僭主希耶罗，最终原因正在于他根本上还是一个公民。(55) 与此相应，色诺芬把他所曾写下的唯一一篇对僭政的明确赞颂交给了一个“异邦人”，一个并不负有公民责任的人，此外，这个“异邦人”对僭政的赞美不是公开的，而是在与一个僭主极其私人的对话中说出来的，[77]而且他的目的为他提供了一个近乎完美的理由。智慧者应当只是一个异邦人，但苏格拉底认为这还不好；(56) 苏格拉底是一位公民-哲人。因此，在任何情形下，都不宜让苏格拉底来赞美僭政。色诺芬与柏拉图在这方面并无根本差别。柏拉图将他对“法的统治”成问题的品质的讨论交给一个异邦人——柏拉图

---

(54) 《回忆苏格拉底》I 2.9-11。

(55) 参见本书页[56]-[57]。

(56) 《回忆苏格拉底》II 1.13-15。

笔下的苏格拉底对这一严肃的(且不说可畏的)主题保持沉默,正如色诺芬笔下的苏格拉底一样。[57] 西蒙尼德在色诺芬的著作中发挥的作用,类似于爱利亚(Elea)的异邦人在柏拉图的著作中发挥的作用。

---

[57] 亦比较柏拉图《法义》中雅典异邦人对好僭主的有条件的赞扬(709d10 以下,735d)。在 709d10 以下,雅典异邦人强调性地借"立法者"之口提议选用一位僭主,从而撇掉了自己的责任。

五　两种生活方式

[78]《希耶罗》所描写的谈话的首要主题,并非僭主统治的改良,而是僭主生活与平民生活在人的快乐与痛苦方面的差别。在语境中,涉及这一差别的问题等同于另一问题:僭主的生活比平民的生活更值得选择,还是恰恰相反？鉴于"统治者"最终取代了"僭主",而统治者的生活就是严格意义上的政治生活,①所以,《希耶罗》所讨论的问题就涉及统治者的生活或政治生活与平民的生活两者孰更可欲的问题。但是,不论对话中讨论的问题可以怎样表述,这一问题都只是至为根本的苏格拉底问题——人应当如何生活,或说什么生活方式最值得选择——的一种特殊形式而已。②

在《希耶罗》中,对僭主生活与平民生活之差别的讨论,发生在一位僭主与一个平民之间的谈话中。这意味着,相同的主题以两种不同的方式呈现出来。两个人物明确和直指主题的陈述,是对这一主题极其明显的呈现。不过,不能假定这两个人物中有谁如实陈述了色诺芬对这一主题的看法。此外,也不能假定这两个人物完全陈述了他们自己对这一主题的看法:希耶罗忌惮西蒙尼德,西蒙尼德则心怀教化的意图。色诺芬通过对话的情节,通过两个人物默不作声的行为以及无意间或偶然间显示的信息,或说通过他所设想的僭主希耶罗与平民西蒙尼德之间实际的对比,尽管没么明显却更为直接地呈现了他自己的观点。鉴于希耶罗表明自己是一个最彻底意义上的平民,[79]西蒙尼德则证明自己是一个最彻底意义上的异

---

① 《回忆苏格拉底》II.8,IV 6.14。
② 比较《希耶罗》1.2,7 与《居鲁士的教育》II 3.11 及 VIII 3.35-48;《回忆苏格拉底》II 1 及 I 2.15-16;亦比较柏拉图,《高尔吉亚》500c-d。

邦人,可以说,对话呈现了公民与异邦人的对比。不管怎样,西蒙尼德绝不是一个"平民",③他也不是平民生活的一个普通代表。不管他可以对自己的生活方式有多么沉默,他还是通过自己的存在或行为表明他是一个智慧者。如果我们考虑谈话的场景,可以看到这场对话不只是试图对比僭主的生活或统治者的生活与平民的生活,而是试图对比僭主的生活或统治者的生活与智慧者的生活。④ 或者,更具体地说,对话试图对比一位有教养的僭主与一位智慧者。这位智慧者屈尊与僭主们交谈,而这位僭主崇拜或说想要崇拜智慧者。⑤ 说到底,对话的目的在于对比这两种生活方式:政治的生活与献身智慧的生活。⑥

有人或许会反驳说,在色诺芬看来,智慧者与统治者之间并没有什么反差。严格意义上的统治者知道如何统治,他拥有最高贵的那类知识,他能够教导最好的东西,而这样的知识等同于智慧。⑦即便这一反驳不会受到任何质疑,依然存在着两类智慧者或统治者的差别。一类智慧者或统治者渴望统治或的确在统治,另一类智慧

---

③ 思考《希耶罗》4.6 中 $i\delta\iota\omega\tau\eta\varsigma$[平民]的双重含义。比较亚里士多德,《政治学》1266a31-32。尽管希耶罗经常不加区分地使用"僭主们"和"我们",西蒙尼德经常不加区分地使用"僭主们"和"你们",但希耶罗仅有一次不加区分地使用了"平民们"和"你们"。在《希耶罗》1.5,6 和 6.9 中,西蒙尼德明确地说到"我们(平民们)"。西蒙尼德对第一人称复数的其他用法,见以下段落:1.4,6,16;8.2,5;9.4;10.4;11.2。比较"场景"章 A 节注 35 及"场景"章 B 节注 2 和注 41。

④ Rudolf Hirzel,《对话》,前揭,页 170 注 3:"最后,从所有这些(仍在流传的、关于智慧者与统治者之间对话的)叙述中,都能看到同一关于对立的主题。这种对立存在于尘世的强权和智慧者之间,并在他们全部的人生观和看问题的方法中显现出来。"(楷体为笔者强调)

⑤ 《希耶罗》5.1。见页[34]和"场景"章 A 节注 44。

⑥ 柏拉图,《高尔吉亚》500c-d;亚里士多德,《政治学》1324a24 以下。

⑦ 比较《希耶罗》9.2 与《回忆苏格拉底》III 9.5,10-11。比较"场景"章 A 节注 32。

者或统治者(比如苏格拉底和诗人西蒙尼德)并不想统治而且并不参与统治,而是过着一种私密和闲暇的生活。⑧

最鲜明地展现了《希耶罗》特有的含混性的莫过于这一事实:作品中讨论的首要问题并未得到最终和明确的回答。要发现暗含其中的最终回答,我们必须从明确的、可能还是暂时性的回答出发。不论是在讨论明确的或暂时性的回答时,还是在讨论暗含的或最终的回答时,我们都必须区分两个人物的回答,因为我们无权假定希耶罗和西蒙尼德是一致的。

希耶罗明确的回答大意是说,平民的生活绝对优于僭主的生活。⑨ 但他不能够否认西蒙尼德的观点,即僭主比平民更有力量去做那些能够赢得爱戴的事情,而且他自发地把"被爱"赞得比其他一切都高。他的确驳斥说,僭主也比平民更有可能招致仇恨。但是,西蒙尼德暗中区分了好的或审慎的僭主与坏的或愚蠢的僭主,从而成功压制了这一反驳。希耶罗在其最后的发言中承认,一个统治者或僭主可以赢得臣民的爱戴。⑩ 如果一个人接受希耶罗的假定,承认爱(亦即被爱)是最珍贵之物,他就会因西蒙尼德的论证[80]而得出结论说,仁慈的僭主的生活在最重要的方面优于平民的生活。由于这一结论出自希耶罗的假定,而且最终并未受到希耶罗辩驳,我们或许会认为这就是希耶罗最终的回答。

由于希耶罗不如西蒙尼德智慧或说有能力,他的回答就远不如诗人的回答那么重要。西蒙尼德最初断言,僭主的生活在各个方面都高于平民的生活。很快,他就被迫或说得以能够承认,僭主的生活并非在各个方面都高于平民的生活。但他似乎坚持认为,僭主的生活在最重要的方面高于平民的生活——他对荣誉的赞美高过对

---

⑧ 《回忆苏格拉底》I 2.16,39,47-48;6.15;II 9.1;III 11.16。

⑨ 《希耶罗》7.13。

⑩ 比较《希耶罗》8.1-10 与同书 3.3-5,11.8-12。

其他东西的赞美,而且他断言僭主比其他人更受尊荣。⑪ 鉴于他接下来区分了好僭主与坏僭主,我们可以将他最终的论题陈述如下:仁慈的僭主的生活在最重要的方面高于平民的生活。西蒙尼德和希耶罗从不同的前提出发,却似乎得到了相同的结论。

不过,进一步细察,西蒙尼德对僭主生活的赞美就显得含糊了。为了把握他的观点,我们必须首先区分他的话的确切意思与希耶罗认为他所说的意思。⑫ 其次,我们必须区分西蒙尼德分别在《希耶罗》第一部分与第二部分说的内容。他在第一部分隐藏了自己的智慧,他在第二部分发言的比重比在第一部分发言的比重多得多,而且他不再像是一个有些不自信的学生,而像是一个自信满满的老师。我们必须特别强调这一事实:西蒙尼德对僭主生活的优越性最有力的陈述出现在第一节,而他在第一节比在其后所有节都更深地隐藏了自己的智慧。⑬

西蒙尼德一开始说,僭主们所经验的各种快乐都比平民多,所经验的各种痛苦都比平民少。随后他承认,在一些微不足道的方面——如果不是在所有微不足道的方面——平民的生活优于僭主的生活。由此造成的问题是:他完全收回还是仅仅缓和了他一开始做出的普泛陈述?——他是否相信僭主的生活在最重要的方面高于平民的生活?他从未明确回答这一问题。在就那些比身体性快乐更重要的事物比较僭主生活与平民生活时,他所用的语言比他在最初的普泛断言中所用的语言矜持得多。尤其在说到荣誉时,在列举了人们尊荣僭主的众多方式后,他说,"因为这些正是臣民为僭主

---

⑪ 《希耶罗》7.4。比较同书 1.8-9 与 1.14,16,21-22,24,26 及 2.1-2。

⑫ 比较《希耶罗》2.1-2 与其后的段落(2.3-5,4.6,6.12),可以非常清楚地表明,西蒙尼德明确的陈述与希耶罗对它们的解释有区别。

⑬ 见页[39]以下,页[51]以下,及"场景"章 B 节注 39 和注 44。在第二部分(即第四节)中,西蒙尼德的发言是他在第一部分中发言的三倍多,他使用"在我看来"或"我相信"之类的表达远不如第一部分频繁,但他三次用到他在第一部分中从未用过的ἐγώ φημί[我宣称]。

们所做的,[81]也是臣民对他们当时碰巧尊荣的其他任何人所做的"。借此他似乎是说,最卓越的荣誉并非僭主们专有。另一方面,他几乎紧接着说,"你们(即僭主们)比(所有)其他人更受尊荣"。对于《希耶罗》冷静的读者(不同于相当不安的对话者希耶罗)来说,西蒙尼德在对话第一部分所说的内容很可能会显得含混或不确定。⑭ 在第二部分,西蒙尼德从未明确说僭主的生活在最大的快乐上高于平民的生活。他只是断言,僭主的生活在爱的方面高于平民的生活。但是,他从未在对话中的任何地方说到,爱或友谊是最令人快乐之物。⑮

为了更准确地表述这一难题,我们从一个至关紧要的事实重新开始:西蒙尼德对荣誉的赞美高过对其他东西的赞美。他在第一部分的发言达到高潮时断言,"真男人"($ἀνήρ$)与其他类型的生物(当然包括普通人)标志性的差别在于对荣誉的欲望,这一欲望是"真男人"的特征,他也暗示,最出众的荣誉即便不是僭主们专有的,也是统治者们专有的。的确,他在相同的语境中宣称,没有任何属人的快乐显得高于荣誉带来的快乐,他由此似乎承认,其他属人的快乐或许抵得上荣誉带来的快乐。⑯ 另一方面,他从未明确排除一个可能性,即快乐不是唯一的或最终的评判标准。我们已经注意到,对话第二部分的重点悄然从快乐之物转移到了好和高贵之物。⑰ 这一变化在西蒙尼德最后的发言中(11.7-15)达到了高潮。在这

---

⑭ 《希耶罗》7.2,4。7.4 中 $διαφερόντως$ 一词的含混性("超乎其他人之上"或"不同于其他人")并非偶然。比较 7.4 中的 $διαφερόντως$ 与 2.2 中的 $πολὺ διαφέρετε$[你们强得多],1.29 中的 $πολὺ διαφερόντως$[极其不同地]和 1.8 中的 $πολλαπλάσια$[许多倍]。比较前文"场景"章 A 节注 8 和 B 节注 25、注 40。

⑮ 《希耶罗》8.1-7。比较"场景"章 B 节注 38。

⑯ 《希耶罗》7.3-4。

⑰ 见页[62],[65]。有关"荣誉"和"高贵"的关联,见《居鲁士的教育》VII 1.13;《回忆苏格拉底》III 1.1,3.13,5.28;《治家者》21.6;《斯巴达政制》4.3-4;《骑兵统帅》2.2。

段发言的开头,西蒙尼德清楚地表明,人间最高贵、最壮美的竞赛,因此还有这场竞赛中的胜利,是统治者们专有的。这场竞赛中的胜利就是使自己所领导的城邦非常幸福。由此他使人期待,除了统治者没有人能达到幸福的顶峰。有什么能抵得上最高贵、最壮美的竞赛中的胜利吗？这一问题在结尾得到了回答。西蒙尼德说,希耶罗一旦成为自己城邦的施惠者,就会拥有人所能获得的最高贵和最蒙福的所有物。他将幸福却不受嫉妒。西蒙尼德并没有说,人所能获得的最高贵和最蒙福的所有物是人间最高贵和最壮美的竞赛中的胜利。他甚至没有说,除非使自己统治的城邦无比幸福,否则一个人不可能幸福却不受嫉妒。[82]在当时的情境中,他有最强有力的理由尽可能郑重地、明确地赞美仁慈的统治者。他避免将"使自己的城邦无比幸福"明确地等同于"最高贵和最蒙福的所有物",由此他似乎暗示,政治生活之外或超政治生活的至乐(bliss)是可能的。结尾句的措辞似乎暗示了这一点。辛勤劳作的农夫和工匠安于己命,享受着生活中简单的快乐,他们至少像富有、强大的统治者们(不管有多么仁慈)一样有可能幸福却不受嫉妒。[18] 普通人如此,其他类型的人亦如此,尤其是在对话场景中显得最重要的那类人：那些来到僭主面前展示他们拥有的智慧的或美的或好的东西的人,那些分享宫廷生活的安逸并且受到王室慷慨赏赐的人。[19] 最伟大的统治者只有在付出了最非凡的努力之后才能达到的最高目标,似乎是每个平民能够轻松达到的。

这一解释面临着非常强有力的反驳。我们不应当强调以下事实：西蒙尼德最后所说的"幸福"("你将幸福却不受人嫉妒")很可

---

[18] 《回忆苏格拉底》II 7.7-14 与 III 9.14-15。《居鲁士的教育》VIII 3.40 以下。

[19] 《希耶罗》11.10,1.13,6.13。比较《居鲁士的教育》VII 2.26-29。

能指"有权和有钱",㉠僭主们在权力和财富方面高于平民,甚至希耶罗也不能否认这一点。因为,西蒙尼德或许是把幸福理解为持久的喜悦或满足。㉑ 我们只需要说,正是由于"幸福"本质上的含混性,西蒙尼德最后之言的意旨就决定性地取决于这句话的第二部分,即"不受人嫉妒"的说法。这一说法之于澄清这一关键问题的意味会清晰起来,如果我们回想起下列事实:《希耶罗》的意图不只是比较统治者与一般而言的平民,还要比较统治者与智慧者;智慧的至高(the)代表是苏格拉底;苏格拉底受到其同胞的嫉妒,并深受其害。连苏格拉底的"幸福"也伴随着嫉妒,㉒如果仁慈的统治者能够"幸福"却不受嫉妒,那么,政治的生活,亦即统治者或僭主的生活,似乎就毫无疑问地高于智慧者的生活。由此看来,西蒙尼德对僭政的赞美虽然有着反讽性的夸大和教化意图,但从根本上是严肃的。真正的幸福——这似乎是色诺芬的想法——只有以卓越或优秀(excellence or superiority)为基础才可能,而卓越最终只有两种——统治者的卓越与智慧者的卓越。所有优秀的人都会因为自己的卓越而容易受到嫉妒。[83]但是,统治者不同于智慧者,他可以成为所有臣民的仆人,以此来为自己的优秀做出补赎。勤勉和仁

㉠ 唯在《希耶罗》11.15 中,西蒙尼德才将"幸福"和"蒙福"(blessed)用于个人,但他并没有解释这些词的意思。他在两个段落中说到城邦的幸福,而且是把幸福理解为权力、财富和声望(11.5,7。比较《斯巴达政制》1.1-2)。据此,我们可以设想他把"最高贵和最蒙福的所有物"理解为拥有权力、财富和声望却不受人嫉妒。至少可以说,11.13-15 并未推翻这一设想。亦比较《居鲁士的教育》VIII 7.6-7;《回忆苏格拉底》IV 2.34-35;《治家者》4.23-5.1;《希腊志》IV 1.36。

㉑ 是希耶罗在某个特定的时机暗示了"幸福"的这一含义(2.3-5)。比较"场景"章 A 节注 33。

㉒ 《回忆苏格拉底》IV 8.11,I 6.14。比较页[42]及"场景"章 A 节注 25。

慈的统治者能够平息嫉妒,而避世的智慧者不能。㉓

我们必须对这一点有所保留。不消说,西蒙尼德试图借以教育希耶罗的那番前景并不可能实现。色诺芬相当清楚,如果有任何形式的优秀不会使其拥有者遭受嫉妒,那么政治权力并不属于此类优秀,不管是多仁慈的政治权力。或者,稍微换一种说法:即便想要他人善待自己就的确必须首先善待他人,一个人的善举也未必会得到感激。㉔ 一个优秀的人即使没有隐藏住自己的优秀也不会受人嫉妒,这一想法显然是个妄想。对一个因为有美德而幸福的僭主的虚幻形象而言,这一想法构成了一个恰当的高潮。它的恰切正在于这一点:它使整个虚幻的形象可以理解为一个智慧者一时的幻想,而不单是为了一个不智慧的学生的利益而虚构的高贵的谎言。作为智慧者,他极为幸福却容易遭人嫉妒。如果他能够摆脱嫉妒,他的至乐(bliss)似乎就完整了。如果的确只有经验能够充分揭示出僭主生活的性质——《希耶罗》明晰的论证大多基于这一假定——智慧者就不可能完全确定仁慈的僭主是否会免遭嫉妒。智慧者或许沉浸于这样的希望:通过成为一个仁慈的僭主,即通过实际运用源于智慧的僭政术或王政术(如果它并不等同于智慧),他就会摆脱嫉妒,同时保持他的优秀。西蒙尼德高潮性的断言——希耶罗通过遵行他的建议会变得幸福却不受嫉妒——暗示出,我们之所以能够暂时想象一位智慧者会想要成为统治者或嫉妒统治成功的人,只有一个理由。这一断言由此揭示出希耶罗对智慧者的恐惧之下潜藏的真相:这一恐惧表明是基于误解了智慧者一时兴起的某种极微弱的愿望(velleity)。它同时揭示出希耶罗本人一直在关注什么,他自

㉓ 有关嫉妒的危险,见《希耶罗》11.6 和 7.10。至于统治者的工作和辛劳,见 11.15(ταῦτα πάντα[所有这些])和 7.1-2。比较《回忆苏格拉底》II 1.10。

㉔ 《论岁人》4.5;《斯巴达政制》15.8;《会饮》3.9 和 4.2-3;《上行记》V 7.10。亦比较《居鲁士的教育》I 6.24 和页[62]。

己因为其他人嫉妒他的幸福而备受折磨,这一事实自然而然导致他误解了智慧者。它最终揭示出,为什么西蒙尼德不可能嫉妒希耶罗。因为西蒙尼德最后之言的反讽尤其在于:假如完美的统治者可以摆脱嫉妒——尽管这不可能(per impossible)——那么正是他的摆脱嫉妒会使他遭受嫉妒;一旦他不再受多数人嫉妒,他就会开始受智慧者嫉妒。[84]他会因为不受嫉妒而受到嫉妒。只要希耶罗接受西蒙尼德的建议,西蒙尼德就会变得对他危险起来。对于西蒙尼德最后之言的全部含义而言,希耶罗最后的沉默是一个合适的回答。

不管怎样,智慧者不会嫉妒他人,他们受到嫉妒这一事实也不会有损他们的幸福或至乐(bliss)。㉕ 即便他们会承认统治者的生活在某一特定的方面优于智慧者的生活,他们也会怀疑,为了这一优越而不得不付出的代价是否值得。统治者不可能摆脱嫉妒,除非他过一种永远劳碌、操心和烦恼的生活。㉖ 统治者特定的职责是"行"或"行好",他不得不为他的所有臣民服务。而苏格拉底特定的职责是"说"或讨论,但除了与那些他想要与之交谈的人,他并不会参与讨论。惟独智慧者是自由的。㉗

总而言之,西蒙尼德的最后之言并未暗示政治生活优于平民生活的观点。西蒙尼德为了描述不受嫉妒损害的幸福的性质所精心选择的表述确证了这一结论。他称之为"人间最高贵也最蒙福的所

㉕ 《回忆苏格拉底》III 9.8;《狩猎者》1.17。比较苏格拉底在《回忆苏格拉底》(IV 2.33)和《苏格拉底的申辩》(26)中的陈述与色诺芬自己在《狩猎者》(1.11)中的陈述。

㉖ 参见前注23。比较《回忆苏格拉底》III 11.16;《治家者》7.1和11.9;《会饮》4.44。

㉗ 《回忆苏格拉底》I 2.6,5.6,6.5,II 6.28-29,IV 1.2;《会饮》8.41。比较《回忆苏格拉底》IV 2.2与《居鲁士的教育》I 6.46。思考这样一个事实:《希耶罗》第二部分的特色在于,不仅 $\chi\acute{\alpha}\rho\iota\varsigma$[感激]频繁出现,$\acute{\alpha}\nu\acute{\alpha}\gamma\kappa\eta$[必然]也频繁出现(见上文页[65])。

有物"。他并没有称之为最大的好。人最高贵和最蒙福的所有物是值得选择的,但其他东西也同等值得选择或更值得选择。甚至可以怀疑,它是否就是最值得选择的"所有物"(possession)。欧蒂德谟(Euthydemus)回答苏格拉底的问题时说,对真男人和对城邦而言,自由是极其高贵、极其壮美的所有物。老居鲁士在一次对波斯贵族的讲话中说,最高贵和最"政治"的所有物在于从赞美中获取最大的快乐。色诺芬本人对塞乌忒斯(Seuthes)说,对一个真男人,尤其对一个统治者而言,没什么所有物比美德、正义和文雅更高贵或更辉煌。安提斯忒尼(Antisthenes)称闲暇是最精致或奢侈的所有物。[28] 另一方面,苏格拉底说,一位好朋友是最好的或最能够产出一切(all-productive)的所有物;他还说,对一位自由人而言,没什么所有物比农作更令人快乐。[29] 色诺芬笔下的西蒙尼德认同色诺芬笔下的苏格拉底,实际也认同色诺芬本人,因为他未将"不受嫉妒损害的幸福"描述为对人们而言最令人快乐的所有物,或描述为对真男人而言最高贵的所有物,或直接描述为最好的所有物。[30] 我们在此无需讨论色诺芬如何看待"所有物"与"好"的具体关联。可以确凿地假定,色诺芬使用"所有物"一词通常是指它不太严格的含义,根据这一含义,一个所有物仅仅在某种条件下才是好的,也就是说,惟当所有者知道如何使用它或使用得当时才是好的。[31] [85] 倘若如此,甚至最好的所有物也不等同于最大的好。尽管人们普遍倾向于将最好的所有物等同于最大的好,但苏格拉底清楚区分了两者。

---

[28] 《回忆苏格拉底》IV 5.2;《居鲁士的教育》I 5.12;《上行记》VII 7.41-42;《会饮》4.44。

[29] 《回忆苏格拉底》II 4.5,7;《治家者》5.11。参见"场景"章 B 节注 26。

[30] 关于西蒙尼德的最后之言与苏格拉底和色诺芬所表达的观点的一致,比较《希耶罗》11.5 与《回忆苏格拉底》III 9.14,《希耶罗》11.7 与《阿格西劳斯》9.7。

[31] 比较《治家者》1.7 以下与《居鲁士的教育》I 3.17。比较伊索克拉底,《致德莫尼库斯》(*To Demonicus*)28。

在苏格拉底看来,最大的好是智慧,而教育是对人们而言最大的好,[32]最好的所有物是一位好朋友。教育不可能就是最大的好,因为神们并不需要教育。教育——最卓越的教育,亦即朝向智慧的教育——是对人们而言最大的好,即对人之为人而言最大的好,男人并没有因为接近神性而超越人性:惟独神(God)是完全智慧的。[33]智慧者或哲人分有了最高的好,他会是蒙福的,尽管他并不拥有"人间最高贵也最蒙福的所有物"。

《希耶罗》对智慧的地位保持沉默。尽管它很明确地说到许多种快乐,但对于智慧者特有的那些快乐,比如像"友好的讨论"这样的快乐,它却保持沉默。[34] 它对智慧者的生活方式保持沉默。这一沉默无法由如下事实来解释:对话的主题不是比较统治者的生活与智慧者的生活,而是比较统治者的生活与一般而言的平民生活。因为,作为与《希耶罗》相照应的对话,《治家者》的主题是治家者或说家产的管理,但在它中心的章节里,包含着治家者(一位统治者)的生活与苏格拉底的生活方式至为鲜明的对比。《希耶罗》对智慧的性质所言不多,因为对话的目的或西蒙尼德的目的要求保持"智慧"通常的含混性。不过,如果考虑到苏格拉底或色诺芬对僭政的看法与西蒙尼德有多么一致,我们或许就倾向于将色诺芬未在任何地方反驳过的苏格拉底的观点归之于色诺芬笔下的西蒙尼德。这

---

[32] 《回忆苏格拉底》IV 5.6 及《苏格拉底的申辩》21。比较《回忆苏格拉底》II 2.3, 4.2, I 2.7。至于《回忆苏格拉底》IV 2.33 中贬低智慧的言论,我们必须考虑这一章的开头所指出的这一整章特定的目的。不是苏格拉底,而是伊斯克玛库斯把统治心甘情愿的臣民称为一种几近于神圣的善(《治家者》21.11-12)。

[33] 《回忆苏格拉底》I 4, 6.10, IV 2.1, 6.7。有关教育与智慧的区分,亦见柏拉图,《法义》653a5-c4, 659c9 以下;亚里士多德,《政治学》1282a3-8。亦比较《回忆苏格拉底》II 1.27,此处将赫拉克勒斯的 $παιδεία$ [教育] 展现为先于他在美德与恶德之间做出的审慎选择。

[34] 比较《希耶罗》3.2(和 6.1-3)与《会饮》中相应的内容(8.18)。

一观点认为,智慧是最高的好。毋庸置疑,西蒙尼德在其赞美统治者生活的最后之言中所说的话完全契合苏格拉底的观点。

在《希耶罗》中,色诺芬通过他交托给西蒙尼德的附带性议论,也通过对话的情节,表明了他对智慧的看法。西蒙尼德提到,有两种"关切"(taking care)事物的方式会带来感激:一种是教导最好的东西(或教导什么东西是最好的);另一种是赞美和尊荣以最美的方式实现最好的东西的人。西蒙尼德将这一泛泛之说专门套用在统治者身上时,根本没有提到教导;他悄悄地限定了统治者的会带来感激的关切事物的方式,即限定在赞美和尊荣上,更具体地说是[86]限定在提供和分发奖赏上。统治者特定的职责看起来严格从属于智慧者特定的职责。在可以想象的最好状况下,统治者就是通过授予荣誉、弃绝惩罚来践行智慧者的教诲或指令的人。㉟ 智慧者

㉟ 《希耶罗》9.1—11。西蒙尼德并没有解释最好的东西是什么。从9.4来看,在色诺芬笔下的西蒙尼德看来,歌队教师所教授的东西并不属于最好的东西。歌队教师给予的教导并不能令学生们满意,而对最好的东西的教导一定会使学生们满意。依照西蒙尼德,我们应当不去讨论9.6中提及的主题(军纪、马术、生意往来中的公正等等)是否满足最好的东西所要求的最低标准,即对它们的教导是否能使学生们感到满意。即便很好地施行这些东西的人被赐以奖赏,也并不证明它们属于最好的东西(参见9.4和《居鲁士的教育》III 3.53)。西蒙尼德教授的东西是否属于最好的东西,取决于他给予僭主的教导是否使后者满意。这个问题的答案就如同希耶罗在对话结尾的沉默一样含混不明。色诺芬在《希耶罗》中极其频繁地使用了 $εὖ\ εἰδέναι$[知道得好]与 $εὖ\ ποιεῖν$[做得好](尤其注意6.13和11.15中两词的"交汇")。他由此把我们的注意力吸引到知与行之关系的问题上来。他在开篇处将 $βέλτιον\ εἰδέναι$[知道得更好]和 $μᾶλλον\ εἰδέναι$[知道得更多]当成同义词(1.1—2;注意 $εἰδέναι$[知道]一词的密集出现),由此表明了他对这一问题的回答。知识在本质上是好的,行动却非如此(参柏拉图,《高尔吉亚》467e以下):认识到更大的程度就是知道得更好,而做到更大的程度并不必然"做"得更好。$κακῶς\ ποιεῖν$[做得坏]和 $εὖ\ ποιεῖν$[做得好]同样多的都是 $ποιεῖν$[做],而 $κακῶς\ εἰδέναι$[知道得差]实际上等同于一无所知(见《居鲁士的教育》III 3.9和II 3.13)。

是统治者们的统治者。同样地,统治者仅需鼓励对"某种好"的发现或探寻;他并不需要亲身参与这些智识活动。㊱ 值得提到的是,《希耶罗》有两章避免使用"僭主"一词,其中就有西蒙尼德隐约暗示了他对智慧与统治之关系的看法的那个段落。西蒙尼德通过这番议论所描述的不只是僭主,而是一般而言的统治者。㊲

智慧者之于统治者的优越性通过对话的情节彰显出来。在谈话之前,希耶罗选择了僭主的生活或说统治者的生活,在谈话本身之中,他再次选择了这一生活——他拒绝了西蒙尼德隐含的回归平民生活的建议。希耶罗最终不如西蒙尼德智慧,因为西蒙尼德拒绝政治生活而选择了智慧者的平民生活。㊳ 在谈话的开头,西蒙尼德提出,不是他而是希耶罗更了解两种生活方式,或说更了解两种生活方式的区别。只要我们把两种生活方式理解为僭主的生活与一般而言的平民生活,这一说法就并不缺少某种可信度。但如果从场景来考虑这一说法,亦即将这一说法用于统治者的生活与智慧者的

㊱ 《希耶罗》9.9-10。伊索克拉底在《致尼科莱斯》17中陈述了相反的观点。

㊲ 西蒙尼德所暗示的智慧者与统治者之间的区别使我们想起,苏格拉底将自己从事的事业与政治行动本身区分开来,尽管苏格拉底的事业在于使人能够从事政治行动(《回忆苏格拉底》I 6.15)。在苏格拉底看来,严格说来,统治者应当具有的特定理解并不等同于智慧。(比较《回忆苏格拉底》IV 6.7中对智慧的确切定义——亦见 IV 6.1和 I 1.16——与 III 9.10-13中对统治的确切定义,且 III 9.10-13有意回避"智慧"一词。)与此相一致,色诺芬不愿谈到两位居鲁士中任何一位的智慧,而且称阿格西劳斯"智慧"时,他显然是在宽泛甚至是在庸俗的意义上使用此词的(《阿格西劳斯》6.4-8和11.9)。在《居鲁士的教育》中,他通过居鲁士与居鲁士的父亲(他说话的风格使人联想起苏格拉底)和提格兰(Tigranes)(他的老师是一位与苏格拉底有着类似命运的智者)两人的对话暗示了统治者与智慧者的关系。参见上文页[33]和[66]。参见上文"关于僭政的教诲"章注50。

㊳ 参见上文页[40]-[41]。比较柏拉图,《王制》620c3-d2。

生活的差别,它就证明完全是反讽。因为,希耶罗最终对智慧者的生活及其目标是无知的,而西蒙尼德不仅了解他自己的生活方式,也了解政治生活,正如他教授统治术的能力所表明的。惟有西蒙尼德而不是希耶罗有能力在两种生活方式之间做出选择。[39] 最开始,西蒙尼德屈服于希耶罗的领导权,他甚至允许希耶罗击败自己。但是,希耶罗在他得胜之时意识到,他根本没有真正击败西蒙尼德,他只不过为自己的倒台做好了准备。统治者盲目又狂躁地奔向他永远无法达到的目标,智慧者则悠闲地坐守着这个目标。最后,西蒙尼德牢牢树立起自己的领导权,智慧者击败了统治者。这一至为明显的情节因素是《希耶罗》特有的。在色诺芬的大多数对话中,没有出现领导权的转换,苏格拉底自始至终是领导者。在色诺芬卓越的苏格拉底对话中,亦即在《治家者》中,的确出现了领导权的转换,但它是从智慧者(苏格拉底)转换到[87]统治者(治家者伊斯克玛库斯)。在《治家者》中智慧者屈从于统治者,而在《希耶罗》中统治者屈从于智慧者。是《希耶罗》而非《治家者》通过其情节揭示了统治与智慧真正的关系。此外,《希耶罗》是色诺芬的作品里面最强有力地吸引我们关注这一关系的。《希耶罗》这么做可以说是出于许多理由。首先,因为它首要的主题是平民生活与某一类统治者的生活的区别。其次,因为它的确比色诺芬的其他任何作品都更明确地比较了一位智慧者与一位统治者。最后,《希耶罗》极明显的实践性目的(僭政的改良)几乎不可能实现,从而排除了如下可能性:作品明显的实践性目的符合它最终的目的。在此我们再次注意到色诺芬与柏拉图之间深刻的一致。哲人与政治人具体的关系(亦即他们的根本差异)不是《王制》和《高尔吉亚》——身为公民哲人的苏格拉底在其中担任主角——的主题性预设,而是《治邦者》——一个异乡人在其中占据中心地位——的主题性预设。

---

[39] 参见上文页[22]-[23]。比较柏拉图,《王制》581e6–582e9。

可以从上文推断,西蒙尼德对荣誉的着重赞美不可能意味着他喜好荣誉甚过所有其他东西。毕竟,他对荣誉的陈述处于他在对话中几乎完全隐藏了自己智慧的那一部分。此外,他在开头和结尾所用的语句充分限定了这一陈述的意义。[40] 我们甚至一开始就会认为,西蒙尼德对荣誉的赞美完全可以由他的教化意图得到解释。他的意图在于向极其不关心美德的希耶罗指出一条通往有美德的统治的道路——但不是通过诉诸美德或高贵之物,而是通过诉诸快乐之物;源于荣誉的快乐似乎是源于美德的快乐的自然替代品。然而,西蒙尼德在他的教导中主要不是诉诸希耶罗对荣誉的欲望,而是诉诸他对爱的欲望。这在情理之中,因为希耶罗业已自动将他最高的赞美给予了爱,而没有给予荣誉。我们或许可以将此理解为,通过赞美荣誉,西蒙尼德揭示了他自己的喜好而不是其学生的喜好。[41] 西蒙尼德而不是希耶罗喜好源于荣誉的快乐,甚于他明确提到的其他快乐。我们甚至可以说,在所有的自然欲望中,即在人身上不靠任何教育或教导就"生长"出来的欲望中,[42]西蒙尼德认为对荣誉的欲望是最高的,因为它是对任何卓越——不论是统治者的卓

---

[40] "荣誉看起来是某种非凡之物","没有哪种属人的快乐看起来比关于荣誉的欢乐更接近神圣了"(《希耶罗》7.1,4)。亦见 7.2 中的 ὡς ἔοικε[看起来]和 7.4 中的 εἰκότως δοκεῖτε[你们看上去很可能]。比较前文"场景"章 B 节注 41。

[41] 既然智慧者的喜好是智慧的,我们便可以说,西蒙尼德对荣誉的阐述比他先前的发言在更高的层次上揭示了他的智慧。因此,这段阐述对希耶罗的影响最终是因为这样一个事实:通过这段阐述,他在对话中第一次面对西蒙尼德的智慧。毫无疑问,希耶罗至少在一开始是依照他自己对智慧的看法——一种庸常的看法——来解释西蒙尼德的智慧的。比较前注 12。

[42] ἐμφύεται[生长]......ἐμφύη[生长](《希耶罗》7.3)。比较《居鲁士的教育》I 2.1–2 和《治家者》13.9。

越还是智慧者的卓越——的欲望的根基。㊸

[88] 西耶罗关心荣誉,但并不关心爱。希耶罗不得不向他证明僭主们在爱的方面不如平民,而且爱还是极大的善,平民们尤其被他们的孩子、父母、兄弟、妻子和同伴所爱。在讨论爱时,希耶罗感到完全不能像他在讨论吃的快乐甚至还有性的快乐时那样诉诸诗人的经验或已有的知识。他催促西蒙尼德立即或以后获得关于爱的知识的基础内容,尽管他根本不确定西蒙尼德是否想要获得它们。㊹

正如对荣誉的欲望是西蒙尼德的特征,对爱的欲望是希耶罗的特征。㊺

㊸ 在《希耶罗》8.5-6(区别于7.1-4),西蒙尼德并未暗示统治者比平民更受尊荣。他并没有说,只有统治者而非平民受到诸神的尊荣(比较《苏格拉底的申辩》14-18)。他说,同一个人作为统治者时比他作为平民时更受尊荣。他并没有排除这种可能性:这个人在所有情况下都不如另一个从未当过统治者的人更受尊荣。在8.5最后的部分,他用更宽泛的"更尊贵的人"取代了"统治者"(比较《苏格拉底的申辩》21)。如果对比2.1和7.3,8.6的意义就显得更为有限了。爱荣誉似乎是那些与僭主交谈的智慧者们的特征。柏拉图笔下的苏格拉底谈到西蒙尼德时说,后者渴望在智慧方面的荣誉(《普罗塔戈拉》343b7-c3)。

㊹ 《希耶罗》3.1,6,8。比较同书1.19,21-23,29和4.8。参见"场景"章B节注34。

㊺ 比较《希耶罗》3.1-9与8.1和11.8(强调性的"你")。亦见10.1中希耶罗最后的话。希耶罗在7.9-10中对荣誉的赞美显然不是自发的,而是由西蒙尼德在7.1-4中对荣誉的赞美引发出来的。希耶罗对荣誉的赞美与西蒙尼德的区别在于,只有前者认为爱是荣誉必不可少的一种成分。此外,应注意到希耶罗区分了快乐与抱负(ambition)的满足(1.27)。色诺芬对希耶罗的刻画并不违背僭主渴望荣誉这样一个明显的事实(比较4.6以及对希耶罗关心被人爱的强调与亚里士多德在《尼各马可伦理学》1159a12以下的分析)。但是,色诺芬含蓄地断言,僭主或统治者对荣誉的欲望与他们对被人们爱的欲望是不可分的。希耶罗强调"爱",而西蒙尼德强调"荣誉",对这一事实最显而易见的解释当然会是:希耶罗强调僭主缺乏的东西,而西蒙尼德强调僭主享有的东西。也就是说,僭主通常遭人恨(参见亚里士多德,《政治学》1312b19-20),但却拥有荣誉。这一解释正确但并不充分,因为它没有说明西蒙尼德何以真诚地关注荣誉或赞美而真诚地漠视被人们爱。

就希耶罗代表统治者、西蒙尼德代表智慧者而言,《希耶罗》所阐释的爱与荣誉的差别揭示出色诺芬如何看待统治者与智慧者的差别。色诺芬主要萦绕于心的还不尽是一般而言的爱与荣誉的差别。希耶罗渴望被"人们"(human beings)爱,即不仅仅被真男人们爱,而是被每个人(不论其品质如何)爱;西蒙尼德关心的是崇拜或赞美,但不是被每个人而是被"那些最为自由的人们"崇拜或赞美。㊻ 色诺芬或说西蒙尼德归之于希耶罗或说统治者的这个欲望,与柏拉图笔下的苏格拉底归之于卡利克勒斯的对民众的爱欲在根本上是相同的。㊼ 只是因为统治者渴望被"人们"爱,所以他才能够成为他所有臣民的自愿的仆人和施惠者(benefactor),因此也才能够成为一个好统治者。另一方面,智慧者则没有这样的欲望;他满足于一小部分人的崇拜、赞美和认可。㊽ 那么,统治者与智慧者特有的差别似乎体现在他们强烈关心的对象上,而非体现在他们的激情本身的性质上。㊾ 但绝非偶然的是,西蒙尼德主要关心的是被有能力的少数人赞美,而不是被他们爱,希耶罗主要关心的是被一大群人爱,而不是被他们崇拜。或许因此可以假定,智慧者与统治者特有的差别某种程度上体现在爱(love)与崇拜(admiration)的差别上。

西蒙尼德在赞美仁慈的统治者时指明了这一差别的意义。仁

㊻ 比较《希耶罗》7.1-4 与 1.16 及前注所引的段落。不同于赞美和崇拜的荣誉的形式带有爱的某些特征,而不带有赞美和崇拜的特征。西蒙尼德之所以在关键段落中(《希耶罗》7.1-4)论及一般意义上的荣誉,是为了顺应希耶罗对爱的关注。亦考虑第九章中对荣誉而非赞美的强调。

㊼ 柏拉图《高尔吉亚》481d4-5,513c7-8。亦参《王制》中对僭主的刻画(参见"场景"章 B 节注 12)。至于希耶罗和西蒙尼德在"人们"(human beings)的身份问题上的分歧,比较柏拉图《法义》(804b5-c1)中政治家和哲人在相同问题上的分歧。

㊽ 这也解释了两种对待嫉妒的不同态度。参见上文页[84]。

㊾ 参见柏拉图,《高尔吉亚》481d4-5。

慈的统治者会被臣民爱,他会成为人们强烈欲求的对象,他会获得许多城邦深深的敬重,同时他会受到所有人的赞美,[89]会在所有人眼中变得可敬。每个在场的人,但不是每个不在场的人,都会是他的盟友,正如不是每个人都担心他遭遇什么不幸,也不是每个人都渴望服侍他。正是由于他使自己的城邦幸福起来,所以他会对抗并伤害城邦的敌人——不可能期望敌人会爱他并赞美他的胜利。但是,甚至敌人也不得不承认他是个伟大的人。他们会崇拜他,并赞美他的美德。(50) 仁慈的统治者会受到所有人的赞美和崇拜,却不会被所有人爱:爱的范围比崇拜或赞美的范围有限。每个人都爱某种程度上是他自己的东西,即他私人的所有物;崇拜或赞美与卓越的东西(the excellent)有关,不论这种卓越是否属于自己。爱有别于崇拜,它要求亲近(proximity)。爱的范围不仅在空间上有限,在时间上同样也有限——色诺芬笔下的西蒙尼德小心地避免暗示这一点。一个人在死后或许还会受到许多代人的崇拜,但一旦那些极为了解他的人死去,他就不再被爱了。(51) 对"不灭的声名"(inextinguishable fame)(52)的欲望不同于对爱的欲望,它使一个人能够从此时此地的束缚中挣脱出来。仁慈的统治者受到所有人的赞美和崇拜,却主要被自己的臣民所爱。爱的界限通常与政治共同体的边界一致,而对人之卓越的崇拜从无任何边界。(53) 仁慈的统治者因为他

---

(50) 《希耶罗》11.8-15。比较《阿格西劳斯》6.5 和 11.15。

(51) 《希耶罗》7.9。比较柏拉图,《王制》330c3-6,《法义》873c2-4;亚里士多德,《政治学》1262b22-24。另参上文页[34]及"标题和形式"章注 22。参考《彼得前书》(*1 Peter*)1.8 和红衣主教纽曼(Cardinal Newman)的评注:"圣彼得使这句话几乎成了对基督徒的描绘:他爱他没有见过的人。"

(52) 西蒙尼德辑语 99, Bergk。[译按]指德国语文学家 Theodor Bergk(1812—1881)所编订的《古希腊抒情诗》(*Poetae Lyrici Graeci*)收录的西蒙尼德的残诗。

(53) 在《希耶罗》11.15,《回忆苏格拉底》I 3.3 和《居鲁士的教育》II 2.15 中,都以φίλοι[爱人]表示与异邦人或敌人相对的公民同胞。

的恩惠或服务而被他惠及或服务的人们所爱,(54)与此同时,他甚至受到他曾给予最大伤害的人们崇拜,而且一定会被许多他根本没有服务过或惠及过的人们所爱。崇拜似乎不如爱那么唯利主义。那些崇拜同时爱仁慈的统治者的人不一定会区分他们的施惠者与卓越之人;但是,那些崇拜却不爱他的人——比如敌邦——超脱了把施惠者误当作卓越之人的庸常错误。(55) 卓越之人比施惠者高多少,崇拜就比爱高多少。稍微换个说法:爱并没有它自身之外的相关的评判标准,但崇拜有这样的评判标准。如果崇拜并不以被崇拜者向崇拜者提供的服务为前提,这就使人想知道,它是否以被崇拜者的任何服务或可能提供的任何服务为前提。对于这一问题,希耶罗明确做出了肯定性回答,西蒙尼德则默而不宣地做出了否定性回答。(56) 希耶罗对于统治者的说法是正确的:统治者不会获得所有人的崇拜,除非通过向他的臣民提供服务。西蒙尼德对于智慧者的说法是正确的:[90]智慧者受到崇拜,不是因为他向其他人提供了任何服务,而只是因为他之所是。智慧者作为一个卓越之人受崇拜,并不需要成为谁的施惠者。(57) 更准确地说,统治者特定的职责是施惠(beneficent);他本质上是一个施惠者(benefactor);智慧者特定的职能是理解;他只是偶尔充当施惠者。智慧者达到了人可能达到的最高程度的自足;他获得的崇拜本质上是对他的完善(perfection)的

---

(54) 《希耶罗》8.1-7。从《治家者》20.29可以非常清楚地看出,这并非色诺芬有关爱的定论。

(55) 比较《希耶罗》7.9,11.14-15与《希腊志》VII 3.12(《居鲁士的教育》III 3.4)及《回忆苏格拉底》IV 8.7。亚里士多德《政治学》1286b11-12显然采纳了这一流行的观点(比较1310b33以下)。比较柏拉图,《高尔吉亚》513e5以下,520e7-11。

(56) 比较《希耶罗》7.9与7.1-4。

(57) 显著意义上的卓越之人是赫西俄德、厄皮卡莫斯(Epicharmus)和普罗狄科(Prodicus)(《回忆苏格拉底》II 1.20-21)。亦比较《回忆苏格拉底》I 4.2-3和6.14。

回报，而不是对任何服务的奖赏。⑱ 对赞美和崇拜的欲望不同于，也脱离了对爱的欲望，它是一个人对自身的完善的欲望成为主导性欲望的自然根基。⑲ 色诺芬巧妙地指明了这一点，他把西蒙尼德呈现为主要对吃的快乐感兴趣，而希耶罗看上去主要对性的快乐感兴趣，因为，与享受性不同，享受食物时一个人不需要其他人。⑳

　　智慧者特定的职责并不紧紧依赖于某一个政治共同体，智慧者可以作为一个异邦人来生活。统治者特定的职责在于使他所领导的那个政治共同体变得幸福。城邦本质上是其他城邦潜在的敌人。

----

　　⑱　《回忆苏格拉底》I 2.3 和 6.10。西蒙尼德说没有什么属人的快乐显得比与荣誉相关的快乐更接近于神圣了(《希耶罗》7.4)，这句话意思很含混。具体而言，它可能指诸神因为拥有荣誉而获得快乐(尽管诸神极有可能并不享有对话中讨论的其他快乐)这一信念，也可能指最高的抱负与神样的自足之间的联系。比较下文"快乐与美德"章注 6。

　　⑲　至于这种自私与智慧之间的联系，比较柏拉图《高尔吉亚》458a2-7 和《王制》对正义的定义。黑格尔放弃他早年的"爱的辩证法"，转向"寻求承认的欲望的辩证法"，似乎是出于在某一方面与我们的文本所暗示的内容相类似的某些考虑。见 A. Kojève，《黑格尔导读》(*Introduction à l'étude de Hegel*)，巴黎(Gallimard)，1947，页 187，510-512，以及氏著《黑格尔、马克思与基督教》("Hegel, Marx et le Christianisme")，《批评》(*Critique*)，1946，页 350-352。

　　⑳　在《希耶罗》1.24 中，西蒙尼德说到一种为其他人享有而非为自己享有的快乐，并对之表示不屑(参见"场景"章 B 节注 11)。另考虑"食物"的含混性(《回忆苏格拉底》III 5.10；柏拉图，《普罗塔戈拉》313c5-7)。至于友谊("爱")与性的联系，参见《希耶罗》1.33, 36-38 和 7.6。文本中提出的解释很容易与这一事实协调一致，即希耶罗对性快乐的关注(如果照字面理解的话)似乎会把他刻画成一个不完美的统治者，而不是一个一般意义上的统治者。色诺芬笔下最完美的统治者是老居鲁士，他被刻画成几乎完全不关注此种快乐。完美的统治者是如此，智慧者更是如此：居鲁士不敢看美丽的潘提娅(Panthea)，苏格拉底则毫不犹豫地拜访美丽的忒奥多芮(Theodore)(比较《居鲁士的教育》V 1.7 以下与《回忆苏格拉底》III 11.1；《回忆苏格拉底》I 2.1 和 3.8-15；《治家者》12.13-14；《阿格西劳斯》5.4-5)。用亚里士多德的

因此,要界定统治者的职能,不可能不考虑战争、敌人和盟友。城邦及其统治者需要盟友,而智慧者并不需要。㉑与特定的职责相对应的是特定的自然倾向。天生的统治者与天生要成为智慧者的人不同,他必须有强烈的好战倾向。希耶罗提到,有意见认为和平是极大的好而战争是极大的恶。但他并没有完全接受这一意见,因为他极其敏锐地感到,战争会带来极大的快乐。他列举了平民在战争中享受到的那些极大快乐,并将杀戮敌人带来的快乐放在中心位置。他有些遗憾地说到,僭主不能拥有这一极大的快乐,至少不能公开表现这一快乐并夸耀这种行为。西蒙尼德没有流露出对战争或杀戮的任何嗜好。他对战争的正面说法至多是,希耶罗过分夸大了战斗之前人们心中充斥的恐惧对胃口和睡眠的不利影响。㉒他没有把

话来说,居鲁士是节欲的(continent),而苏格拉底是节制的或中庸的(temperate or moderate)。换句话说,居鲁士的节制是与没有能力或不愿意看或欣赏美丽之物联系在一起的(参见《居鲁士的教育》V 1.8 和 VIII 1.42),而苏格拉底的节制则是他有能力并愿意看和欣赏美丽之物的基础。再回到希耶罗,他表露出对视觉快乐的强烈兴趣(《希耶罗》1.11-13;比较 11.10)。他所关注的与其说是一般意义上的性快乐,不如说是同性爱的快乐。这一点在某种程度上将他与苏格拉底联系起来:爱男人似乎比爱女人代表一种更高的渴望。(《会饮》8.2,29;《居鲁士的教育》II 2.28;柏拉图,《会饮》208d 以下。参见孟德斯鸠,《论法的精神》VII 9 的注释:"普鲁塔克说,至于真正的爱情,女人是没有份的。他说的就像是他自己的时代。请参阅色诺芬以《希耶罗》为题的对话。")希耶罗被展现为一位能够同智慧者交谈并能够赞赏他们的统治者(比较前文"场景"章 A 节注 44)。希耶罗的教育解释了他为什么不是一个完美统治者吗?只有充分理解居鲁士的教育,我们才能够回答这个问题。参见前文"关于僭政的教诲"章注 50。

㉑ 《希耶罗》11.7,11-15;《回忆苏格拉底》I 2.11。

㉒ 《希耶罗》6.9。希耶罗能够很好地判断一个人是否好战,但他丝毫没有觉得西蒙尼德好战。他说"如果你也经历过战争"(6.7),与此相对照的是,对于餐桌上的快乐,他却说"我深知你也有这样的经验"(1.19)。另参 1.29,23。思考西蒙尼德对"男子气概"的沉默(上文页[66]),并参见上文"场景"章 B 节注 18、注 38,C 节注 6。

最高贵和最壮美的竞赛的目标描绘成此类战争胜利，而是描绘成自己城邦的幸福。(63) 希耶罗关于和平与战争的陈述，(64)其目的无疑在于引我们关注僭政与战争尤为紧密的联系。(65) 但是，如果将这一段落与色诺芬就王者居鲁士的倾向所言进行比较，[91]可以表明色诺芬把残忍的个性看作普遍而言的伟大统治者必不可少的东西。(66) 僭主与非僭政的统治者之间的差别最终不是简单的对立，而毋宁是这样：统治者品格中的某些因素在僭主身上比在非僭政的统治者身上发展得更强固，或说更不容易隐藏。统治者渴求被朋友们爱，但这一欲望并不一定就超越了他因伤害敌人获得的快乐。暂不说希耶罗在其性关系中最享受的是与爱人的争吵这一事实，比起所有其他快乐，他也显然更偏爱“从不情愿的敌人那里夺取”。(67) 据他所说，僭主被迫释放奴隶，同时又渴望奴役自由人。(68) 如果他能够放纵自己的欲望，每个人都会是他的奴隶。西蒙尼德仅限于说，僭主们最能够伤害敌人和帮助朋友。在重述这一说法时，希耶罗更突出地强调了“伤害敌人”而不是“帮助朋友”。在讨论这一说法时，他暗示西蒙

---

(63) 《希耶罗》11.7。《阿格西劳斯》中的相似表达（9.7）省略了限定语“人间”（among human beings）。

(64) 《希耶罗》2.7–18（注意2.7中的条件从句）。这段话的重点显然是战争。这段话包含两个部分：在第一部分（2.7–11），希耶罗表明，如果和平是好的而战争是坏的，那么僭主就不如平民，其中“和平”出现了3次，“战争”（及其派生词）出现了7次；在第二部分（2.12–28），希耶罗表明，就战争——更明确地说，是针对被迫臣服的人们亦即针对反叛的臣民的战争——带来的快乐而言，僭主不如平民，其中“和平”根本没有出现，而“战争”（及其派生词）出现了7次。

(65) 柏拉图，《王制》566e6–567a9；亚里士多德，《政治学》1313b28–30，1305a18–22。

(66) 《居鲁士的教育》I 4.24，VII 1.13；《回忆苏格拉底》III 1.6。比较柏拉图，《王制》375c1–2，537a6–7与亚里士多德，《政治学》1327b38–1328a11。

(67) 《希耶罗》1.34–35。有关爱神（Eros）与战神（Ares）的关系，参见西蒙尼德残篇43（Bergk）和亚里士多德，《政治学》1269b24–32。

(68) 《希耶罗》6.5；比较6.14。

尼德本人有兴趣帮助朋友,却没有兴趣伤害敌人。他随便就可以看到西蒙尼德帮助朋友;他看不到西蒙尼德也伤害敌人。⑩ 由于智慧者并不像统治者那样以及那么需要人们,他对人们的态度就是自由的,而不是热烈的(passionate),因此不容易转变为恶意或憎恨。换言之,惟独智慧者能够做到最高意义上的正义。当希耶罗区分智慧者与正义者时,他暗示正义者是好统治者。据此,我们必须要假定他把正义理解为政治的正义,即体现在助友害敌中的正义。当苏格拉底假定智慧者是正义的时候,他是把正义理解为超政治的正义,即不允许伤害任何人的正义。最高形式的正义只属于那些达到了人可能达到的最高程度的自足的人。⑩

---

⑩ 《希耶罗》2.2;6.12-14。比较 6.13 和 6.14 对第二人称单数的不同用法。

⑩ 《希耶罗》5.1;《苏格拉底的申辩》16;《回忆苏格拉底》I 6.10。苏格拉底教授治家术,但并不教授战争术(比较《回忆苏格拉底》III 1,IV 7.1 和《治家者》)。比较柏拉图,《王制》366c7-d1 以及"关于僭政的教诲"章注 45 所指出的段落。

六　快乐与美德

[92]《希耶罗》几乎引向了这样的看法:僭政可以是完全正义的。它从僭政是极其不义的意见开始。僭主应该会拒绝正义和高贵之物或说拒绝美德,并追求快乐之物;或者说,由于美德是属人的善,僭主应该会拒绝善而追求快乐之物。这一意见所基于的大前提是,善与快乐之物彼此截然不同,只有通过考虑善而不是通过考虑快乐之物,才能做出正确的选择。①

僭政是极其不义的这一论题构成了希耶罗控诉僭政的高潮。这一控诉有所夸大。希耶罗径直复制了贤人心中僭主的形象,尽管他并不完全相信这一形象。② 但是,既然他能够将这一形象用于一个自私的目的,这一事实就证明他的论题并不完全错误。色诺芬花了些心思来表明,希耶罗虽然不像他宣称僭主所是的那样不义,但他还是明显不关心美德。希耶罗并没有想到把美德当作最大的善或最值得选择的所有物之一。他最多把有美德的人看成是有用的,即把其他人的美德看成是有用的。但是,他甚至没把其他人的美德看成令人喜悦的对象——他并不在,也从未在有美德的人中间寻求他的同伴。是西蒙尼德而不是他指出身体性快乐无关紧要。③ 只是在被西蒙尼德逼入一角之后,他才赞美人们的施益者的美德,因

---

① 比较《回忆苏格拉底》IV 8.11。
② 见上文页[45]-[48]及"场景"章 A 节注44。
③ 比较《希耶罗》8.6 与 2.1,7.3。将《希耶罗》5.1-2 与 3.1-9 和 6.1-3 比较,另与《回忆苏格拉底》II 4 和 I 6.14 比较。比较《希耶罗》1.11-14 与《回忆苏格拉底》II 1.31:希耶罗并没有把一个人自身有美德的行为作为最令人快乐的景象加以提及。比较《希耶罗》3.2 与《会饮》8.18:在友谊带来的快乐中,希耶罗并没有提到朋友们共同享受他们的高贵行为。他用 ἐπιθυμεῖν[渴望]取代了西蒙尼德的 ἐπινοεῖν[谋划](《希耶罗》2.2 和4.7)。

为他看到一个事实：这种美德可以带来最高的荣誉和不受损害的幸福。④

[93]在试图教育这样一个人时，西蒙尼德别无选择，只得诉诸他对快乐的欲望。为了劝告希耶罗作为一个有美德的僭主来统治，西蒙尼德不得不向他表明，除非僭主变得尽可能有美德，否则便无法获得快乐，尤其是希耶罗主要关注的那类快乐，即源于被爱的快乐。西蒙尼德向希耶罗指出的与其说是一条通向美德的道路，不如说是一条通向快乐的道路。严格说来，他并没有劝告希耶罗变得有美德。他劝告希耶罗，要亲自做取悦于人的事（gratifying），并把激起仇恨的事委托给其他人；要颁发奖赏以鼓励臣民中间的某些美德和追求；要维持他的卫兵队伍，但要用于臣民的利益；笼统而言，要尽可能施益于他的公民同胞。所以，施益于公民同胞的人未必是一个卓越的人或有美德的人。西蒙尼德并没劝告希耶罗践行能够将有美德的人与单纯的施益者区分开来的任何事情。

对比《希耶罗》与伊索克拉底（Isocrates）关于僭政术的作品（《致尼科克勒斯》[*To Nicocles*]），可以非常清楚地看到，《希耶罗》中的道德劝诫何其少。西蒙尼德只说到一次僭主的美德，他在谈论僭主时从未提到任何特定的美德（节制、勇敢、正义、智慧，等等）。与此相对，伊索克拉底不厌其烦地劝诫尼科克勒斯培育自己的心灵，践行美德、智慧、虔敬、真诚、温和、自控、节制、文雅和尊贵；他劝告尼科克勒斯热爱和平，宁可高贵地死也不要苟且地生，劝他关心正义的立法和判决；他把一个好的谋士称作最有用和最"僭政的"所有物。⑤

如果说西蒙尼德进谏了一丁点儿美德，那他也是将美德作为手段而不是作为目的来进谏的。他将正义和高贵的行为作为获得快

---

④ 《希耶罗》7.9–10。

⑤ 亚里士多德对于改良僭主政府的建议（在《政治学》第5卷）在精神上更接近色诺芬而不是伊索克拉底；不过，这些建议某种程度上比《希耶罗》中提出的建议更具道德意味。

乐的手段进谏给了僭主。为了这么做,西蒙尼德或说色诺芬不得不据有一种关于美德的快乐主义辩护。此外,为了给他自己的教诲做好准备,西蒙尼德从快乐的视角开启了一场对僭主生活是否优于平民生活的讨论。在讨论这一主题时,希耶罗和西蒙尼德被迫从快乐的视角来审查一系列有价值的东西。写下《希耶罗》的人原本只可能是一个拥有对人的生活广泛的快乐主义解释(comprehensive hedonistic interpretation)的人。

这一快乐主义的解释的基本内容被交由西蒙尼德表达出来。西蒙尼德在他的一首诗中曾说:"[94]有死者什么样的生活,或什么样的僭政,是没有快乐但可欲的呢?若无快乐,即便神们永存的生命也不会惹人嫉妒。"⑥要说清西蒙尼德如何看待快乐与美德之间的关系有些困难,但可以断定,他不可能认为撤除快乐的有美德的生活是可欲的。从他献给斯科帕斯(Scopas)的诗可以看出,他认为美德根本上取决于一个人的命运。没有人能确保自己不会落入令他被迫苟且行事的境地。⑦ 他建议人要始终抱着游戏的态度,不要对任何东西完全严肃。游戏是令人快乐的,美德或贤德是无比卓越的严肃的东西。⑧ 如果智术师指的是用智慧来牟利并运用欺骗术的人,那么西蒙尼德就是一个智术师。⑨《希耶罗》呈现他的方式

---

⑥ 残篇71(Bergk)。当色诺芬笔下的西蒙尼德说,没有什么属人的快乐显得比与荣誉相关的享受更接近神圣,他可能在暗示"神圣"是纯粹的快乐。比较上文"两种生活方式"章注58。

⑦ 比较《希耶罗》4.10与残篇5,38,39和42(Bergk)。比较柏拉图,《普罗塔戈拉》346b5-8。西蒙尼德把高贵(nobility)界定为家传的财富,而根据亚里士多德的观点,高贵的本质与其说在于财富,不如说在于美德(《政治学》1255a32以下,1283a33-38,1301b3-4)。

⑧ J. M. Edmonds编,《古希腊抒情诗》(*Lyra Graeca*),卷二,增订版,页258。比较上文页[64]。参见《希腊志》II 3.19和《苏格拉底的申辩》30。

⑨ 《希腊抒情诗》,前揭,页250,256,260。比较柏拉图,《普罗塔戈拉》316d3-7,338e6以下,340e9以下;亦见《王制》331e1-4及其上下文(西蒙尼德并没有说,正义的本质在于说出真相)。

并没有背离我们对历史上的西蒙尼德的了解。色诺芬笔下的西蒙尼德是一位"治家者";对于什么是最可欲之物,他拒绝贤人的看法,赞同"真男人"的看法;他原本能够随心所欲地"谋划什么",同时也摆脱了公民的责任。⑩ 尽管他谈到最高贵和最壮美的竞赛以及最高贵和最蒙福的所有物,但他并没有谈到最高贵和最壮美或说最辉煌的所有物("美德、正义和文雅")。他没把自己最高的赞美留给美德,而是留给了不受嫉妒损害的幸福,并尤其留给了荣誉。⑪《希耶罗》第一部分对属人事物的快乐主义思考,以及第二部分所体现的僭政教诲惊人的不道德性,完全符合西蒙尼德的品格。

色诺芬笔下的西蒙尼德不仅仅明确倾向于快乐主义,他其至还可以提出哲学上的理由来支撑他关于快乐的重要性的观点。在他关于各种快乐和痛苦的最初陈述中,他所说的内容表明他对这一主题有着明确的理论性兴趣。他将所有快乐分成三类:身体方面的快乐,灵魂方面的快乐,身体和灵魂共有的快乐。他进一步将身体方面的快乐分成与某一具体器官(眼、耳、鼻、性器官)相关的快乐以及与整个身体相关的快乐。他没有对灵魂方面的快乐进一步细分,这或许不仅仅是因为他想要强调身体方面的快乐,以便让自己显得沉迷于这些快乐;或许还不得不将此同样归于理论性的原因:其一,并不存在像身体的各个部分一样的灵魂的各个部分;其二,与人特有的那些快乐相比,人和野兽共有的快乐更为基本,因此从一种理论的角度来说也更为重要。⑫ [95] 西蒙尼德表明,所有快乐和痛苦都预设了某种知识,一种区分或判断

---

⑩ 比较上文页[33],[40],[51]以下,[53],[55]以下,[76]以下。

⑪ 比较上文页[87]以下。

⑫ 这也能解释为什么西蒙尼德稍后强调了与食物相关的快乐,食物是所有动物的基本需求(《回忆苏格拉底》II 1.1)。在《希耶罗》7.3中,亦即在西蒙尼德比之前较少地隐藏了自己的智慧的地方,他并没有像在2.1中那样称身体方面的快乐"微不足道"。

的行为,一种对感觉或思维的知觉。⑬ 他将每种快乐和痛苦所预设的知识,与关于我们的快乐或痛苦的知识或知觉区分开来。他并不认为指明下面这一点不重要:尽管我们可以感受到自己的快乐和痛苦,但我们只能观察到其他人的快乐和痛苦。他有可能暗示了快乐和知觉在 $δι' οὗ$[通过某物]与 $ᾧ$[(由于)某物]之间的区分。⑭ 在说到源于睡眠的快乐时,他没有限于指出睡眠毫无疑问是令人快乐的;他另外还提出了理论性的问题,即我们怎样、因何以及何时享受睡眠。由于他感到自己无法回答这一问题,他便解释了这一问题为何如此难以回答。

如果我们把快乐主义理解为把快乐之物等同于善,色诺芬笔下的西蒙尼德就不是一个快乐主义者。他在提到快乐之物之前就提到了善:他一开始就说到了"更好的"知识,他当然不是借此指"更令人快乐的"知识。⑮ 在列举各种快乐时,他便表明自己认为快乐之物与善彼此截然不同。好的和坏的东西有时令人快乐,有时令人痛苦。他没有明确地说,他如何看待快乐之物与善之间具体的关联。⑯ 为了搞清他对这一主题的看法,我们必须适当注意他在着重说到"(普通)人"与"(真)男人"时所承认的非快乐主义的偏好原则。首先,就"人"而言,他似乎区分了符合人的自然的快乐与违背人的自然的快乐⑰——更可取的或好的快乐是那些符合人的自然

---

⑬ 比较《回忆苏格拉底》I 4.5 和 IV 3.11。

⑭ 比较柏拉图,《泰阿泰德》184c5—7 及 185e6—7。

⑮ 《希耶罗》1.1。比较 2.5 中的 $κάλλιον θεᾶσθαι$[更美地看]与 8.5 中的 $ἥδιον θεᾶσθαι$[更快乐地看]。

⑯ 《希耶罗》1.5。西蒙尼德后面(9.10)的一段话可能促使我们相信他把善等同于有用,而且这可能被认为是暗示好的东西所用于的目的就是快乐。这种解释没有考虑我们在文本中所讨论的事实。因此,必须假定西蒙尼德区分了两类善:一类善之所以善是因为对它物有用,另一类善本身就是善的且不等同于快乐。

⑰ 《希耶罗》1.22。

的快乐。因此,西蒙尼德的非快乐主义的偏好原则就是"符合人的自然"。普通人所享受的快乐会像真男人那样多,不过,真男人会被认为比普通人更高。[18] 因此,通过将西蒙尼德的非快乐主义的偏好原则等同于"符合真男人的自然",我们可以更准确地界定这一原则。鉴于西蒙尼德对其他东西的赞美都不如对荣誉的赞美,而荣誉最令与普通人不同的真男人快乐,我们可以说,西蒙尼德在《希耶罗》中所指向的最终和完全的偏好原则是符合真男人的自然的快乐。最受他赞美的的确是快乐之物,但单单快乐并不能充分地界定快乐之物。快乐之物在某个层面是令人快乐的,但这个层面不是受快乐决定,[96]而是受诸存在(beings)的等级决定。[19] 因此,说西蒙尼德是一个快乐主义者,仅仅是就他并不认为对快乐的考虑与正确的选择毫不相干而言:一个人必须要瞄准正确的目标,或说必须就正确的目标做出判断,这一目标必须是某种本质上令人快乐的东西。这一观点似乎为历史上的西蒙尼德所持有,正如上文所引他关于快乐的诗句所表明的。我们可以将相同的观点归于色诺芬笔下的希耶罗:希耶罗承认好与快乐之物的区分,并把他给予最高赞美的友谊描绘成既非常好又非常令人快乐。[20]

西蒙尼德和希耶罗在考察一系列有价值的东西时遵循着这一有所限定的快乐主义。他们的考察导向了希耶罗所提出的结论:友谊的价值高于城邦或父邦或爱国心。[21] 友谊,亦即被自己所熟知的

---

[18] 《希耶罗》1.9,2.1,7.3。
[19] 见《希耶罗》7.4对神性的提及。
[20] 《希耶罗》1.27,3.3,6.16。
[21] "父邦-友谊"的问题决定了第二部分(第3-6章)中大部分内容的安排,由此可见这一问题之于理解《希耶罗》的重要性。第3-6章的安排如下:I (a)友谊(3.1-9),(b)信任(4.1-2),(c)父邦(4.3-5);II(a)所有物(4.6-11),(b)好人或美德(5.1-2),(c)父邦(5.3-4);III(a)平民的快乐(6.1-3),(b)恐惧、保护、法律(6.4-11),(c)帮助朋友并伤害敌人(6.12-15)。

一小群人(最亲近的亲属和同伴)爱和关心,不仅是"极大的好",它也是"极为令人快乐的"。它是极大的好,是因为它本质上就令人快乐。信任,即对他人的信任,是"大的好"。它并非极大的好,因为与其说它本质上令人快乐,不如说它是本质上令人快乐的关系的必要条件(conditio sine qua non)。一个受信任的人还算不上朋友。一个仆人或一个保镖一定是值得信任的,但没有理由说他们应该是主人的朋友。尽管信任并非本质上令人快乐,但它与快乐有着相当紧密的联系。在讨论信任时,希耶罗三次提及快乐。另一方面,在紧接着讨论"父邦"的段落中,他根本没提及快乐。[22]"父邦"不仅并非本质上令人快乐,甚至与快乐也没有紧密的联系。"父邦有着很高的价值",因为公民们无偿地保护彼此免遭横死,从而使得每个公民都生活得安全。父邦是因为安全的生活而"有着很高的价值"。安全意味着摆脱恐惧,而恐惧是所有快乐的破坏者,所以安全是每种快乐的必要条件,不管是多么微不足道的快乐。但是,安全地生活与快乐地生活显然是两码事。更准确地说,父邦并不像信任那样是源于友谊的巨大快乐的特定条件,像西蒙尼德这样的"异邦人"

"父邦"与"信任"之间的区别并不像这两者中的任意一个与"友谊"之间的区别那么分明。父邦和信任就保护或摆脱恐惧而言都是好的,而友谊本质上是令人快乐的。出于《希耶罗》3.6,《回忆苏格拉底》II 4.3-7 和《治家者》1.14 给出的理由,"友谊"可以替换为"所有物";出于《希耶罗》6.1-3 给出的理由,"友谊"可以替换为"平民的快乐"。"信任"可以替换为"美德"(参看柏拉图,《法义》630b2-c6)和"保护"("值得信赖"是卫兵特定的美德,见《希耶罗》6.11)。"父邦"可以替换为"帮助朋友和伤害敌人",因为帮助朋友即帮助公民同胞,伤害敌人即伤害城邦的敌人,这正是爱国主义的本质(参看《会饮》8.38)。支配着第3-6章的安排的这一区分同样支配着第8-11章的安排:(a)友谊(第8-9章,见10.1),(b)保护(卫兵)(第10章),(c)父邦或城邦(第11章;见11.1)。

[22] 将《希耶罗》3.3 与 4.1 比较,另与 4.3-5 比较。比较 4.2 和 6.11。

也可以享受友谊。㉓ 友谊和信任对人们来说是好的,但城邦主要对(尽管不是只对)公民和统治者来说是好的,城邦对异邦人来说肯定没么好,对奴隶来说就更没么好了。㉔ 父邦或城邦对公民来说是好的,因为它使公民摆脱了恐惧。[97]这并不意味着它消除了恐惧,毋宁说它是用一种恐惧(对法律和施行法律的权威的恐惧)取代了另一种恐惧(对敌人、恶人和奴隶的恐惧)。㉕ 与友谊和信任不同,城邦不可能没有强迫。强迫、约束或必然($\mathring{\alpha}\nu\mathring{\alpha}\gamma\kappa\eta$)本质上是令人不快的。㉖ 友谊(即被爱)是令人快乐的,而爱国是必然的。㉗ 希耶罗赞美友谊既是令人快乐的也是好的,但友谊的好不是道德上的好或高贵。希耶罗赞美拥有朋友的人,却不管这些朋友在道德上是不是好的。㉘ 就友谊即被爱而言,把友谊放在父邦之先就等于将

㉓ 《希耶罗》4.3-4。比较 6.6,10。5.3-4 可以说重复了对父邦的陈述,其中希耶罗说必须爱国,因为如果没有城邦,一个人不可能得以保存或过得幸福。比较 5.3 中的 οὐκ ἄνευ[如果没有]与 4.1 中的(οὐκ) ἄνευ[如果没有]。从 5.3-4 来看,父邦的权力和名望通常来说是令人快乐的。在谈到友谊的时候,希耶罗并没有提及朋友的权力和名望;他并未暗示,只有富有权力和名望的朋友才是令人快乐的(比较《阿格西劳斯》11.3)。不是父邦而是权力和名望令人快乐,而一个城邦的权力和名望令人快乐是因为它们有益于一个人自身的权力和名望。比较《希耶罗》11.13。在谈到他作为平民时享受的快乐时,希耶罗提到了友谊,他并没有提到城邦或父邦(6.1-3)。

㉔ 《希耶罗》4.3-4 和 5.3。

㉕ 比较《希耶罗》4.3,10.4 与 6.10。

㉖ 《希耶罗》9.2-4(参考 1.37,5.2-3,8.9)。希耶罗强调了家庭内部的关系(在其对友谊的阐述中:3.7-9),而色诺芬在描述苏格拉底的性格时(《回忆苏格拉底》II 2-10)做出了相反的强调:血缘关系是"必需的"(《回忆苏格拉底》II 1.14)。《居鲁士的教育》IV 2.11;《上行记》VII 7.29;《回忆苏格拉底》II 1.18。比较亚里士多德,《修辞学》1370a8-17 和恩培多克勒,残篇 116(Diels,《前苏格拉底哲人残篇》[Vorsokratiker],第一版)。见"两种生活方式"章注 27。

㉗ 比较《希耶罗》5.3,4.9 与 3.1-9。

㉘ 注意在第 3-6 章的安排中,友谊和美德出现在不同的栏目里(见前注 21)。比较希耶罗对朋友的赞美与苏格拉底对好朋友的赞美(《回忆苏格拉底》II 4,6)。

自己放在他人之先：在讨论友谊时，希耶罗避而不谈他在讨论信任和父邦时明确提到的互惠关系（mutuality）。这等于将个人的快乐放在对他人的责任之先。

是希耶罗暗示了"友谊是比父邦更大的好"这一论题，而他强烈的动机在于断定平民的生活优于统治者的生活，即优于最卓越的政治生活。但是，这一论题不只是便于达成希耶罗目的的武器。西蒙尼德出于其教化意图原本可以把父邦放在友谊之先，但他悄然接受了希耶罗的论题：他建议僭主把父邦看成自己的财产，把同胞公民看成自己的同志，把朋友看成自己的孩子，把儿子看成自己的生命或灵魂。㉙ 西蒙尼德比希耶罗更没资格把人所依系的对象中最高的位置赋予父邦。他不仅"通过言辞"，也"通过行动"接受了希耶罗的论题：他作为一个异邦人生活；他选择作为一个异邦人生活。与希耶罗相反，他从未赞美过父邦或城邦。当他激励希耶罗考虑共同的善以及城邦的幸福时，他强调这一建议是提给一个僭主或统治者的。是希耶罗而不是西蒙尼德关心被一大群"人"爱，而为了达成这一目标，希耶罗不得不是一个爱城邦的人。西蒙尼德最为渴求的是受到少数有能力的裁判者的赞美——一小伙朋友就能让他感到满足。㉚ 几乎没必要重复说，他对荣誉自发的赞美专门关注受到尊荣或赞美的人的利益，却避而不谈施予其他人的利益或对其他人的职责。

公民之为公民不会认为，像友谊这样的非政治的好比城邦更有价值。㉛ 剩下需要考虑的是，公民哲人是否会接受这样的看法。[98]苏格拉底和希耶罗一样，认为"父邦有着很高的价值"，因为它们向公民提供安全，或说保护公民免受伤害。㉜ 色诺芬似乎通过

㉙ 《希耶罗》11.14。

㉚ 《希耶罗》11.1,5-6。参见上文页[87]以下。

㉛ 比较《希腊志》I 7.21。

㉜ 比较《希耶罗》4.3和《回忆苏格拉底》II 3.2和1.13-15。

《回忆苏格拉底》的谋篇表明,苏格拉底比看重城邦更看重自我。㉝这符合色诺芬对卓越之人与施益于公民同胞之人的区分。色诺芬本人跟随雅典的宿敌居鲁士去远征居鲁士的兄弟,因为他的一位外邦老朋友普罗克赛努(Proxenus)许诺,如果他能来,普罗克赛努就会使他成为居鲁士的朋友。普罗克赛努是高尔吉亚的学生,而高尔吉亚是个在任何城邦都居无定所的人,㉞普罗克赛努明确地说,他本人认为对他而言居鲁士比他自己的父邦更有价值。色诺芬并没有花很多笔墨说,他或许也认为居鲁士的友谊比他自己的父邦更可欲;但他肯定没有对普罗克赛努的话感到震惊,他肯定表现得如同他能够共享普罗克赛努的情感。苏格拉底对于色诺芬想成为居鲁士的朋友有些疑虑,便劝告他就此行向阿波罗询问。但是,色诺芬非常急切地要加入居鲁士的队伍或离开他的父邦,于是他决定立即接受普罗克赛努的邀请。即便在居鲁士的远征彻底失败之后,色诺芬也没有急于回到自己的父邦,尽管当时他还未受到流放。如果不是同伴们的激烈反对,恐怕他会"在某块蛮夷之地"建立一个城邦。不是色诺芬而是他的敌人们感到,一个人不应该把任何东西看得比希腊还高。㉟ 此后,色诺芬毫不迟疑地跟随阿格西劳斯征讨雅典及其盟友,这场征讨最终在科罗内亚(Coronea)之役中达到高潮。㊱

㉝ 《回忆苏格拉底》中只有非常简短的第一部分(I 1-2)处理了"苏格拉底和城邦",而此书大部分内容处理的是"苏格拉底的性格";见两段结束语:I 2.62-64 和 IV 8.11。至于《回忆苏格拉底》的谋篇,见 Emma Edelstein,《色诺芬和柏拉图笔下的苏格拉底》(*Xenophontisches und Platonisches Bild des Sokrates*),Berlin,1935,页 78-137。

㉞ 伊索克拉底,*Antidosis*,155-156.

㉟ 《上行记》III 1.4-9,V 6.15-37。比较同书 V 3.7 和 VII 7.57。普罗克赛努的情感类似于阿里斯多芬《财神》(*Plutus*)行 1151 中赫耳墨斯(Hermes)所表达的情感(Ubi bene ibi patria[哪里好,哪里就是故乡])。(比较《希耶罗》5.1,6.4 与《财神》行 1,89。)比较西塞罗,《图斯库卢姆谈话录》(*Tusc. disput.*)V 37.106 以下。

㊱ 《上行记》V 3.6 和《希腊志》IV 3.15(参考 IV 2.17)。

为免我们被盲目的义愤左右,[37]我们应当借助于色诺芬一般的政治教诲以及《希耶罗》中的特殊教诲,来理解我们或可称作色诺芬对父邦或城邦[38]在理论和实践上的贬低。如果智慧或美德是最高的好,父邦或城邦就不可能是最高的好。如果美德是最高的好,能够赢得一个好人的不二忠诚的就不是这样的父邦,而只是有美德的共同体或最好的政治秩序。如果好人不得不在一个败坏的父邦与一个秩序井然的外邦之间做出选择,他或许有理由选择外邦而不选择自己的父邦。正因为他是个好人,他才不会在一个坏政制中做一个好公民。[39] 就像一个人选马是要找最好的马,不是找那些生在本国的马;智慧的将军[99]在他的队伍里不仅会吸收公民同胞,也会吸收每一个可望拥有美德的可用之才。[40] 依照这一准则的精神,色诺芬将他最宏阔的著作用来理想化地描写"蛮人"居鲁士的功业。

为什么这样的城邦不能够要求人最终的依系?原因在色诺芬"僭政的"教诲中有暗示。我们已经说过,根据这一教诲,仁慈的僭政在理论上优于法的统治和合法的政府,但在实践上却输于后两

---

[37] B. G. Niebuhr,《论色诺芬的〈《希腊志》〉》("Ueber Xenophons Hellenika"),《历史与哲学短论集》(*Kleine historische und philosophische Schriften*),I, Bonn,1828,页 467:"确实,没有哪个国家曾经驱逐过比这个色诺芬更堕落的儿子了。柏拉图也不是个好公民,他不配做个雅典人,他曾经做出不可理喻的行动,在圣者、修昔底德和德莫斯忒尼面前,他看上去简直就像个罪人,但与这个老笨蛋([译按]指色诺芬)是何其不同!"

[38] 《希耶罗》4. 3-5 和 5. 3。

[39] 见上文页[75]以下。

[40] 《居鲁士的教育》II 2. 24-26。Dakyns 如此评价这段文字:"色诺芬开明的观点:美德并不局限于城邦公民,我们拥有全世界的精华。世界主义的希腊精神(Cosmopolitan Hellenism)。"思考《阿格西劳斯》7. 4,7 中的条件从句。比较《骑兵统帅》9. 6 和《雅典的岁入》2. 1-5。[译按]Henry Graham Dakyns (1838—1911),曾将色诺芬全部作品译为英文(*The Works of Xenophon*, London and New York: Macmillan and Co. 1890—1897)。

者。这样说似乎将厌理者(misologist)的观点归给了色诺芬,这一观点认为,一个政治的教诲或许"在道德上和政治上是错误的……正如其在形而上学上正确的程度"。但是,必须认定苏格拉底的学生相信,但凡实践上错误的东西,都不可能在理论上正确。㊶ 因此,如果色诺芬并不严肃地认为仁慈的僭政优于法的统治和合法的政府,为什么他还要暗示这一观点?我们应当回答说,"僭政的"教诲所着眼的目的不是解决最佳政治秩序的问题,而是揭示政治事物的性质。支持法的统治和合法的政府的论题在实践上因此也在理论上是正确的,为了表明这一论题至为关键的隐含之意,支持仁慈的僭政的"理论性"论题就是绝对必要的。这一"理论性"论题极其鲜明地表达了法和合法性的问题或说两者成问题的品质:合法的正义是一种不完美的、或多或少盲目的正义,合法的政府并不一定是"好政府",而且几乎肯定不会是由智慧者执掌的政府。从最高的视角看,亦即从智慧的视角看,法和合法性是成问题的。鉴于城邦是由法凝聚亦即构成的共同体,城邦不可能竟然去追求某些个人才能达到的最高的道德水平和智识水平。因此,最好的城邦在道德上和智识上处于比最好的个人更低的层面。㊷ 这样的城邦存在于比这样的个人更低的层面。如此理解的"个人主义"(individualism)位于色诺芬的"世界主义"(cosmopolitanism)的根底。

㊶ 一方面参见柏克的《反思法国大革命》(*Reflections on the Revolution in France*),Everyman's Library ed.,页59;另一方面参见帕斯卡尔(Pascal)的《致外省人书》(*Provinciales*)第13封和康德的《论俗语:这在理论上可能是正确的,但在实践上是行不通的》(*Über den Gemeinspruch: Das mag in der Theorie richtig sein, taugt aber nicht für die Praxis*)。

㊷ 因此,苏格拉底说城邦和国家是"人类所拥有的最智慧的东西"(《回忆苏格拉底》I 4.16),这并不意味着政治社会的集体智慧优于智慧的个人拥有的智慧。要把握这一说法的正面意义,只能通过细致解读它出现于其中的那场谈话。

《希耶罗》的论证特征在于强调快乐,这导向对美德的某种贬低,因为对话中没有任何地方暗示,西蒙尼德认为美德本质上是令人快乐的。好僭主的仁慈或美德为他赢得最高贵和最蒙福的所有物——它本身并非这一所有物。西蒙尼德以对荣誉的赞美取代了对美德的赞美。正如从上下文来看,这并不意味着只有美德能导向荣誉。[100]不过,即便只有美德能导向荣誉,西蒙尼德对荣誉的赞美也暗示,不是美德,而是美德换来的奖赏或结果,本质上令人快乐。㊸

　　色诺芬记录或说编造了苏格拉底与阿里斯提普斯(Aristippus)的一场谈话,在这场谈话中,色诺芬或许显得揭示了他或他笔下的苏格拉底对于快乐主义(不管如何理解)的态度。这一谈话主要涉及爱快乐与拒绝统治者的生活之间毫不含糊的关联。爱快乐的阿

㊸　西蒙尼德特别强调的特殊美德惟有节制和正义。节制可能产生于恐惧——所有快乐的破坏者(《希耶罗》10.2-3 和 6.6;参看"关于僭政的教诲"章注 35),而且它伴随着闲暇的缺乏(9.8)。至于正义,西蒙尼德一次谈到一种特殊的正义,即商业关系中的正义,两次谈到"行不义"(9.6 和 10.8)。"正义"一词在色诺芬的著作中指众多相类似的现象,从最狭隘的墨守法规到纯粹和普遍的善行。正义可以等同于节制,可以是节制的一个分支,也可以是一种与节制相分离的德性。可以肯定的是,西蒙尼德不是将正义理解为"合法",而且也没有理由假定他将正义等同于善行。他表面上所持的正义观比希耶罗要狭窄得多。(至于希耶罗的正义观,犹见 5.1-2 和 4.11。)他用"那些行不义的人"代替了希耶罗的"不义之人"(至于解释,参考亚里士多德,《尼各马可伦理学》1134a27 以下)。希耶罗通过混用 $ἀδικεῖν$[行不义]和 $ὑβρίζειν$[放肆]把正义和节制等同起来,而西蒙尼德把这两种美德区分开来:他把 $ἀδικεῖν$[行不义]和 $κακουργεῖν$[作恶]等同起来,并区分了 $κακουργεῖν$[作恶]和 $ὑβρίζειν$[放肆](见 8.9, 9.8, 10.8, 2-4;参看亚里士多德,《修辞学》1389b7-8 和 1390a17-18;柏拉图,《普罗塔戈拉》326a4-5)。看起来,西蒙尼德把正义理解为避免伤害他人(参看《阿格西劳斯》11.8 和《回忆苏格拉底》IV 4.11;思考《会饮》4.15),并因此考虑到了施益于"人们"(human beings)(区别于"真男人"或"卓越之人")的行为所固有的问题。显而易见,如此理解的正义——区别于其动机和后果——本质上并不是令人快乐的。

里斯提普斯竟然明确表示，他宁要异邦人的生活，也不要任何意义上的政治生活。为了结束这一谈话，苏格拉底复述了普罗狄科（Prodicus）关于赫拉克勒斯的一篇作品的概要，其中几乎将追求快乐等同于恶德。㊹ 惟当阿里斯提普斯的观点被认为暗含着对美德的极度贬低，苏格拉底的做法才算合适。并非不可能的是，历史上的阿里斯提普斯某种程度上是色诺芬笔下的西蒙尼德的原型。不用说他的快乐主义教诲，他还是苏格拉底弟子中第一个收费教学的人，而且他能够很好地适应地点、时间和人群的变化，以至于他特别讨叙拉古僭主狄奥尼修斯（Dionysius）喜欢。㊺

即便如此，苏格拉底与阿里斯提普斯的这场谈话并没怎么告诉我们色诺芬对于快乐主义的态度。毕竟，苏格拉底与阿里斯提普斯几乎只讨论了身体方面的快乐，他们几乎没有提到源于荣誉或赞美的快乐。此外，不可草率地排除一种可能性：色诺芬对这场谈话的叙述在某种程度上是反讽性的。苏格拉底明确运用智术师普罗狄科辞藻华丽的文章作为道德教育的工具，但他的运用过于充分，从而暗示了这一可能性。㊻ 我们不要忘记一个事实：色诺芬的苏格拉底作品中记录了苏格拉底与色诺芬的唯一一场谈话，其中色诺芬把自己呈现为一个爱某些感官快乐的人，而且他受到苏格拉底的批评，比批评阿里斯提普斯时更严厉。当然，这并不奇怪，因为色诺芬比阿里斯提普斯更明确地赞美了对感官快乐的追求。㊼ 因此，为了指出那些可能不那么含混的事实，色诺芬和他笔下的西蒙尼德一样不主张美德是最蒙福的所有物。他表明，美德取决于外在的善，美德自身远远不是目的，而应当服务于对快乐、财富和荣誉的

㊹ 《回忆苏格拉底》II 1. 23, 26, 29。
㊺ 第欧根尼·拉尔修，《名哲言行录》II 65-66。
㊻ 比较《回忆苏格拉底》II 1. 34 与同书 I 6. 13，《会饮》1. 5, 4. 62 和《狩猎者》13。
㊼ 《回忆苏格拉底》I 3. 8-13。

获取。[48]

初看之下,将同样的观点归于苏格拉底也并不完全算错。一位杰出的史学家就将这一观点不仅归于[101]色诺芬笔下的苏格拉底,也归于柏拉图笔下的苏格拉底:

> 一方面,他的理智和他伟大的实践智慧使他意识到,应当有一个高于舒适(l'agréable)或当下的快乐之上的行动原则;另一方面,当他竭力确定这一原则自身时,他并没能够将舒适与有益(l'utile)区分开来,而且有益自身与舒适并没有本质区别。

但我们不能仅仅停留于此。我们必须承认,苏格拉底的教诲,其特征在于一个基本的矛盾:

> 苏格拉底提倡为了各种美德能够为我们带来的物质利益而践行各种美德;但他从不享受这些利益。[49]

苏格拉底如此强调行动与言辞之间不可或缺的和谐,难道他竟完全没有"通过言辞"来解释他"通过行动"所揭示的内容?为了解决这一矛盾,我们只需要忆起色诺芬笔下的苏格拉底悄然地,以及柏拉图笔下的苏格拉底明确地对两种美德或贤德做出的区分:一类是普通的或政治的美德,其目的是财富和荣誉;一类是真正的美德,等同于自足的智慧。[50] 苏格拉底有时会让人觉得,他不在意真正的

---

[48] 比较《希耶罗》11. 15 与《上行记》VII 7. 41。见《上行记》II 1. 12(参考西蒙尼德残篇 5,Bergk)和《居鲁士的教育》I 5. 8-10;亦见《阿格西劳斯》10. 3。

[49] V. Brochard,《古代哲学与现代哲学研究》(Études de philosophie ancienne et de philosophie moderne),Paris(Vrin),1926,页 43。

[50] 参见上文"场景"章 A 节注 27 和"关于僭政的教诲"章注 25。

美德,或说他把普通的美德误当作真正的美德,这一事实是因为,苏格拉底习惯于尽可能"借由人们所接受的意见"㉛引导他的讨论。因此,苏格拉底对于快乐主义的态度的问题,就归结为智慧或最高的好本质上是否令人快乐的问题。如果我们可以信任色诺芬,那么,苏格拉底已经在他最后的谈话中透露了他的回答:带来最高的快乐的,与其说是智慧或真正的美德本身,不如说是一个人意识到自己在智慧或美德上的进步的意识。㉜ 由此,苏格拉底最终没有对好与快乐之物的根本差异留下任何疑问。没人能够完全智慧,所以,对人来说最高的好不是智慧,而是朝向智慧的进步。智慧不能够与自识(self-knowledge)分离,因此,朝向智慧的进步会伴随着对这一进步的意识。而且这一意识必然是令人快乐的。这一整体——进步以及对进步的意识——对人来说既是最好的也是最令人快乐的东西。在此意义上,最高的好本质上是令人快乐的。最值得选择的东西一定本质上是令人快乐的,关于这一论题,历史上的西蒙尼德、色诺芬笔下的西蒙尼德、色诺芬笔下的苏格拉底,还有柏拉图笔下的苏格拉底㉝之间并无不同。但这也并非全部。对于最高的快乐的对象,色诺芬笔下的西蒙尼德与他的苏格拉底甚至也有着重要的一致。因为,[102]对一个人在智慧或美德上的进步的快乐意识会是别的吗,除了是一个人对自己合理的和应得的满足,甚至还有对自己的崇拜?㉞苏格拉底与西蒙尼德的差别似乎在于,苏格拉底压根儿就不关心被其他人崇拜或赞美,而西蒙尼德只关心这一点。为了将这一差别降至合适的比例,我们应当记得,西蒙尼德

㉛ 《回忆苏格拉底》IV 6.15。

㉜ 《回忆苏格拉底》IV 8.6-8(参考 I 6.9 和 IV 5.9-10)。《苏格拉底的申辩》5-6 和 32。

㉝ 参见柏拉图,《王制》357b4-358a3。

㉞ 《苏格拉底的申辩》5。比较《回忆苏格拉底》II 1.19。有关 sibi ipsi placere[自满],尤见斯宾诺莎,《伦理学》III, aff. deff. 25。至于苏格拉底和西蒙尼德的差别,亦见上文页[94]。

关于赞美或荣誉的陈述旨在服务于一项教化的职能。色诺芬关于快乐与美德的关系有何看法，《希耶罗》并没有提供给我们最充分的表述。但是，《希耶罗》以最极端的形式提出了有关这一关系的问题：如果是为了最高的快乐，美德的要求是否能被对快乐的欲求彻底取代，或归结为对快乐的欲求。《希耶罗》正是色诺芬唯一具有这一价值甚至是功能的作品。

七　虔敬与法

[103]在建议雅典的民主统治者如何克服迫使他们行不义的境况之后,色诺芬提醒他们注意他的建议的局限以及所有属人建议的局限,因为他又给予他们另外的建议:向多多纳(Dodona)和德尔斐的神们求问,看他所提出的改革现在和将来是否对城邦有益。然而,诸神赞同他的提议还不够。他又给予雅典人最高的建议:如果诸神赞同他的提议,他们就要进一步询问诸神,他们应当向诸神中的哪位献祭才能成功。对于有益的政治行动而言,神的赞同和神的帮助似乎不可或缺。考虑到这些话出现在色诺芬作品中的位置,它们必定会让《希耶罗》的解释者特别感兴趣,因为它们出现在《论岁入》的结尾。① 此外,它们的内容不可能令色诺芬的任何读者感到惊讶,在色诺芬以自己的或苏格拉底的名义言说的所有作品中,或多或少都有力地表达了虔敬的情感。

《希耶罗》是色诺芬唯一从未以第一人称言说的作品,其最令人惊讶的特征之一,便是它对虔敬的彻底沉默。西蒙尼德从未提到虔敬。对于可否向任何神求问他关于改良僭主统治的建议是否有益,他未置一词。他也未提醒希耶罗想到需要神的帮助。他并未以任何方式劝告希耶罗敬拜诸神。② 希耶罗也对虔敬保持沉默。尤

---

① 《论岁入》6.2-3。参考上文页[31]以下。
② 西蒙尼德建议希耶罗花钱用庙宇等物来装点城邦(《希耶罗》11.1-2)时,并没有劝告希耶罗践行虔敬,他只是建议希耶罗要以一种切合统治者的方式花钱。亚里士多德的伦理学不谈虔敬,但在"慷慨"这个标题下提到了用于敬神的花费(《尼各马可伦理学》1122b19-23。比较《政治学》1321a35)。另参考 J. F. Gronovius 对于 Grotius 的《论战争法与和平法》(*De jure belli ac pacis*)的注释,"引言"(Prolegg.)45:"如果亚里士多德没有把虔敬(religionem)放在道德德性之中,我们必须原谅他。……因为,敬神(cultus deorum)

其是,在列举各种美德时,他几乎被迫要提到虔敬,但他并没有这么做。

[104]这一沉默似乎可由作品的主题得到充分解释。僭主以及任何绝对统治者可以说是篡夺了本应只属于诸神的荣誉。③不过,《希耶罗》讨论的与其说是僭主们通常如何生活,不如说是如何能最好地保存僭政——更准确地说,是改良僭政。如果我们可以相信亚里士多德,那么相比于保存和改良其他任何政治秩序,虔敬对于保存和改良僭主政府更必要得多。我们或许倾向于将相同的观点归于色诺芬,因为他表明,居鲁士的政制变得越绝对,也就相应地变得越虔敬。④但居鲁士并非严格意义上的僭主。根据色诺芬的看法,僭政在任何情况下都是没有法律的统治,根据他笔下的苏格拉底的看法,虔敬是关于涉及诸神的法律的知识:⑤没有法律的地方,也就不可能有虔敬。不过,将虔敬等同于关于涉及诸神的法律的知识并非色诺芬对于这一主题的定论。在其对苏格拉底最终的刻画中,色诺芬说,苏格拉底如此虔敬,以至于他未经诸神的同意便不会做任何事情。色诺芬在描写苏格拉底如何使他的同伴们变得虔敬时表明,苏格拉底让同伴们思考宇宙及宇宙各部分的有目的性,从而引导他们承认神意。⑥因此,正如色诺芬承认有超法律的正义一样——尽管他的苏格拉底将正义等同于合法——他似乎也承认有一种虔敬产生于对自然的静观,与法律没有必然的关系。他的苏格

被他如同所有前人一样放在了教堂外面,放在了高尚(magnificentia)之下。"(原文为拉丁文)

③ 《阿格西劳斯》1.34 和《上行记》III 2.13。比较柏拉图,《王制》573c3-6。

④ 《政治学》1314b39 以下。亚里士多德在《政治学》第五卷中讨论其他政制的保存时并没说这样的话。《居鲁士的教育》VIII 1.23。比较伊索克拉底,《致尼科克勒斯》20 和马基雅维利,《君主论》第十八章。

⑤ 《回忆苏格拉底》IV 6.2-4。

⑥ 《回忆苏格拉底》IV 8.11, I 4, IV 3。

拉底所提出的定义实际上否定了这种虔敬的可能性。我们应当总结说，《希耶罗》对于虔敬的沉默不能由作品的主题得到充分解释。要找到一个充分的解释，我们必须考虑对话的场景，即考虑这一事实：《希耶罗》是一位有教养的僭主与一位并非公民哲人的智慧者之间的对话。

《希耶罗》对虔敬保持沉默，但它对诸神却并不沉默。但是，对虔敬的沉默反映在《希耶罗》对于诸神所说或未说的内容中。在结束他对友谊的陈述时，希耶罗所用的一个表达令人想起《治家者》中伊斯克玛库斯在相似语境中所用的表达。希耶罗说到，有些人出于自然而天生就爱，同时也被法律强迫去爱。希耶罗说到了自然与法的联合，而伊斯克玛库斯谈到了神（或诸神）与法的联合。⑦ 希耶罗用"自然"取代了"神"或"诸神"。色诺芬笔下的西蒙尼德从未纠正希耶罗。色诺芬笔下的西蒙尼德似乎就是传说中的那个西蒙尼德——据说他一再[105]推延并最终放弃回答希耶罗向他提出的问题：什么是神？⑧ 希耶罗和西蒙尼德的确都提到"诸神"，但是，他们关于"自然"所说的内容与他们关于"诸神"所说的内容并没有明显的联系。⑨ 有可能的是，他们所说的"诸神"是指机运，而不是指"自然"或自然秩序的起源。⑩

---

⑦ 《希耶罗》3.9。比较《治家者》7.16, 29-30（参考7.22-28）。

⑧ 西塞罗，《论神性》I 22.60。

⑨ $Φύσις$[自然]和$φύειν$[出于自然、生长]（或其派生词）见于《希耶罗》1.22, 31, 33, 3.9, 7.3, 9.8。$\vartheta εοί$[诸神]见于3.5, 4.2, 8.5。$τὸ \vartheta εῖον$[神性]见于7.4。比较4.5、4.11对$ἱερά$[神圣]的评论与《希腊志》VI 4.30。

⑩ 比较《上行记》V 2.24-25 和柏拉图，《法义》709b7-8。考虑到"自然"与"真理"的联系（《治家者》10.2 和《回忆苏格拉底》II 1.22），自然与法律的区别可能暗示说，法律必然包含着非真实的成分。在《希耶罗》3.3中，希耶罗说："甚至诸城邦也没有忽视这一点：友谊对人们是极大的好，而且令人们极其快乐。不管怎样，许多城邦都有法律规定（$νομίζουσι$），惟独杀死通奸者可免受惩罚，这显然是出于这一理由，因为这些城邦认为他们（通奸者）

在上引的对照性段落中,伊斯克玛库斯和希耶罗以不同方式描述了诸神或自然与法的联合,从中可以看出两者陈述之间的差别的实际意义。伊斯克玛库斯说,由诸神所建立的某种秩序同时受到法律的赞美。希耶罗说,人们的某种行动或情感是受自然的推动,同时也是受法律的强迫。伊斯克玛库斯把自然秩序追溯到诸神,他把法律特定的工作说成是赞美;希耶罗并没把自然秩序追溯到诸神,他把法律特定的工作说成是强迫。因而,一个人如何理解和评价人制定的法,取决于一个人如何理解并非人制定而仅仅得到法律肯定的秩序。如果将自然秩序追溯到诸神,法律的强迫性就退入了背景。与此相反,如果一个人没有超越自然秩序本身,这样的法律就不太可能显得是快乐的直接源泉。如果宇宙有着神圣的起源,法律也就呈现出更高的尊严。将"赞美"和"诸神"连接起来的观念是贤德。不同于强迫的赞美足以指导贤人们,而且诸神喜欢贤德。[11]正如我们所看到的,希耶罗和西蒙尼德两人的贤德并非完全不可怀疑。另一方面,伊斯克玛库斯将自然秩序追溯到诸神,并在上引段落中将法的工作描述为赞美,他本人就是卓越无比的贤人。至于公民哲人苏格拉底的态度,则只能通过全面和细致地分析色诺芬的苏格拉底作品才能弄清。

破坏了妻子对于其丈夫的友谊。"杀死通奸者可以不受惩罚这条法律是基于这样一种信念:通奸者对妻子的不忠负有责任,妻子并无责任。问题是,这一信念是否总是合理的。色诺芬暗示了这种困难,因为他让希耶罗在紧接着的句子中触及了妻子可能的罪责:"因为当妻子被强奸后,丈夫们也不会因此就轻看了她们,只要她们的爱未被亵渎。"似乎男人对女人端庄的信任被认为有助于导向这样一种端庄。比较孟德斯鸠,《论法的精神》VI 17:"因为人类是邪恶的,所以法律不得不假定人类比实际的状况要好。……因此,在婚姻中孕育的每个孩子都被认为是合法的;法律信任母亲,似乎她们就是羞耻本身。"亦参看卢梭,《爱弥尔》V(Garnier 编,卷二,页 147-148)。与此类似,人若把自己的儿子看作($\nu o\mu i \zeta \omega\nu$)自己的生命或灵魂(《希耶罗》11.14)——虽然事实上自己的儿子并不是自己的生命或灵魂,就会被引导着比他不这样看时更多地行善。

[11] 《上行记》II 6.19-20(参考亚里士多德,《尼各马可伦理学》1179b4 以下);《会饮》4.19。

施特劳斯与科耶夫的争论

僭政与智慧[*]

科耶夫

[135]在我看来,在施特劳斯讨论色诺芬的这部书中,重要的不仅是色诺芬。不管施特劳斯怎么看,此书之所以的确重要,并非因为它旨在向我们揭示柏拉图的一位同时代人和同胞真实的、被误解的思想,而是因为它提出并讨论的问题。

按施特劳斯的解释,色诺芬的这篇对话使一位幻想破灭的僭主

---

[*] [编按]科耶夫此文最先以"哲人的政治行动"(L'atction politique des philosophes)为题发表于《批评》(*Critique*, 1950, 6:46-55, 138-155)。扩充后的版本此后以"僭政与智慧"为题发表,并删去了原版开头的段落:

> 这本书充满才气和热情,但伪装成冷静客观的学术著作,施特劳斯在书中解释了色诺芬的一部对话:一位僭主与一位智慧者讨论了施行僭政的利弊。施特劳斯向我们表明,对一部著作的解释如何不同于简单的注疏或分析。经由他的解释,我们觉得色诺芬不再是我们所知的有些沉闷和乏味的作者,而是一位天才而精巧的作者,一位原创而深邃的思想家。此外,通过解释这部被人遗忘的对话,施特劳斯揭露了我们依旧面临的道德和政治问题。
>
> 施特劳斯进入对话的迷宫,探寻色诺芬教诲的真实含义。他认为色诺芬有意向俗众隐藏了自己的教诲。因此,施特劳斯不得不借助于侦探的方法:通过细致地解释显见的事实,最终找到罪犯……
>
> 说实在的,否认这一发现,最终是巨大的诱惑。的确,这部书不可能像侦探小说那样,结束于脱去面具的"罪犯的"忏悔。让读者评断吧……
>
> 不过,施特劳斯的解释是否不可反驳,这倒还是次要,因为施特劳斯此书的重要性远远超出色诺芬真实的、也许不为人知的思想。它的重要性源于它提出并讨论的问题的重要性。

直面一位智慧者:僭主声称对他身为僭主的现状不满,远道而来的智慧者则建议僭主如何统治他的国家,以便僭主由施行僭政获得满足。色诺芬让这两个人物言说,并在字里行间告诉我们如何思索他们说的话。施特劳斯充分阐述了色诺芬的思想,并在字里行间告诉我们如何思索色诺芬的思想。更准确地说,施特劳斯在书中不是把自己呈现为一位拥有知识的智慧者,[136]而是呈现为一位寻求知识的哲人,他由此告诉我们的不是如何思索所有这些,而仅仅是,当谈论僭政或一般而言的统治与智慧或哲学之间的关系时要思索什么。换言之,他仅止于提出问题,但他提出问题是着眼于解决问题。

我下面要谈的就是施特劳斯在书中明确或不明确提出的某些问题。

我们首先谈谈僭政的问题。

我们注意到,希耶罗并没就如何施行僭政求问西蒙尼德的建议。西蒙尼德自动给予他建议。不过,事实是希耶罗倾听了这一建议(的确是在他闲暇之时)。听了之后,他什么也没说。这一沉默向我们表明,他没有什么要回应的。我们或许因此总结说,他认为——正如我们自己依据色诺芬和施特劳斯的看法所认为的——西蒙尼德的建议充满智慧。但是,由于他并没有这么说,也由于他没说自己会遵照这一建议,我们假定他不会做任何这类事。这很可能就是西蒙尼德自己的意见,因为依据色诺芬,他甚至没有问希耶罗是否想要实行他刚刚给出的建议。

面对这一状况,我们自然而然地倾向于感到震惊。当然,我们理解为什么希耶罗愿意专心倾听西蒙尼德的建议,因为,像他本人承认的那样,他不能靠自己以一种令人满意的方式施行僭政,即便只是让他自己满意。但是,如果我们"处在他的位置",一旦我们意识到我们的无能,我们会自动求问建议。我们甚至会在"很早之前"就这么做,不是等到闲暇之时,而是"抛下一切"。最重要的是,[137]一旦我们认识到我们得到的建议多么好,我们就会大声地予以赞美,并尽我们所能实行。并且,我们会再次"抛下一切"这么做。

但在听从这一自然的冲动之先,我们相信我们应该反思。让我们首先问自己,倘若"处在希耶罗的位置",我们是否真的能够"抛下一切"实行我们高贵的意图。希耶罗本人并不这么认为,因为他对西蒙尼德说(第 7 章结尾):"这正是僭政最悲惨的地方:因为摆脱僭政并不可能。"他或许是对的。因为僭主总有些"当前的事",不完成就不可能放下。这种事情的性质很可能是这样:为了实行智慧者的建议,或更准确地说,为了确立智慧者所建议的理想状态,必须采取某些手段,而关注这种事情与这些手段并不相容。亦有可能的是,结束"当前的事"需要比僭主一生还长的时间。倘若有些事需要几世纪的努力才能完全结束呢?

希耶罗引使西蒙尼德注意这一事实:为了获得权力,僭主必然要采取"不受欢迎的"手段(让我们姑且这么说;实际上,希耶罗认为这些手段是"罪恶的")。西蒙尼德未予否认,但他断定,僭主要维持自己的权力,可以不借助暴力,只要采取适当手段实现"受欢迎"即可。但是,西蒙尼德并未言及如何废除"不受欢迎的"手段,同时又不会立即危及僭主的生命或权力(因此也危及僭主在智慧者的干预下准备引入的改革),甚至还有国家当前的存在。他也没说明如何能够建立非暴力的"受欢迎的"政制却不用废除那些手段。

西蒙尼德显然应该向希耶罗说明这些,如果他真的想要希耶罗遵照他的建议。西蒙尼德没有这么做,由此他看上去表现得不那么像一个智慧者,而像一个典型的"知识分子":从一个在话语的宇宙中构建起来的"理想"出发批评他生活于其中的现实世界,且这一"理想"被赋予"永恒的"价值,而这主要是因为它现在不存在,过去也从未存在。事实上,西蒙尼德就把他的"理想"呈现为"乌托邦"的形式。因为,同一个理想可以呈现为"乌托邦"的形式,也可以呈现为"行动的"(革命的)观念,两者的不同恰恰在于:[138]乌托邦不会向我们指出,此时此地如何着手改变既有的现实状况,以便使之在将来符合所提出的理想。

因此,施特劳斯或许是对的。他告诉我们,西蒙尼德自认为是个智慧者,实际只是一个诗人。面对一个诗意的想象、一个梦、一个乌托邦,希耶罗的反应不像是一个"僭主",而就像是一个政治家,且是一个"自由的"政治家。为了不鼓励他的批评者,他不想公开宣称他认识到了西蒙尼德向他描绘的理想的"理论"价值。他不想这么做,不仅因为他知道他不能实现这一理想(在当前状况下),更重要的是因为,没有人告诉他,走向这一理想所应该迈出的第一步。因此,就像一个好的自由主义者,他始终保持沉默:他不做什么,不决定什么,任由西蒙尼德平和地言说并离去。

根据施特劳斯,色诺芬完全清楚西蒙尼德给出的那类建议必然是乌托邦性的。色诺芬很可能认为,他让西蒙尼德描绘的"开明的""受欢迎的"僭政是不可实现的理想,他的对话的目的就是使我们相信:甚至在试图建立任何形式的僭政之前,最好就拒绝任何形式的僭政。由此看来,施特劳斯和色诺芬拒绝"僭政的"统治的观念。但这完全是另外一个问题,而且是一个极端困难的问题。反对僭政的建议与一个智慧者为了一种"理想的"僭政可能给予一个僭主的建议不再有任何关系。

为了估量这一新建议的意义和真实意旨,我们必须知道,在某些特定情况下,拒绝"僭政"是否不等于完全拒绝统治,是否不会引起国家的毁灭,或放弃一个特殊的国家或全人类的任何真实的进步前景(至少在一个既定的历史时刻)。但在讨论这一问题之先,我们要看看希耶罗、西蒙尼德、色诺芬和施特劳斯的断言是否真的正确:西蒙尼德描画的"理想的"僭政是否仅仅是一个乌托邦?

西蒙尼德在对话的最后三章描绘了"理想的"僭政,当我们读这三章时,我们发现,色诺芬或许认为是乌托邦的东西现在已经成了近乎平常的现实。这三章所说的内容如下。首先,僭主应该分配各种"奖赏",尤其荣誉性的奖赏,[139]以便在他的国家的农业、工业和商业领域建立"斯塔汉诺夫式的"（Stakhanovite）竞争（第9章）。① 其次，僭主不再蓄养雇佣兵作卫队，而应该组建一支国家警察队伍（"永远需要"），并组建一支常备军作为战时动员的核心军事力量（第10章）。此外，僭主不应解除其臣民的武装，而应引入强制性的兵役，必要时可以采取全民动员。最后，他应该把"个人"财产的一部分用于公共福利，建造公共建筑而不是宫殿。泛言之，僭主只要让臣民更幸福，只要把"父邦看成他自己的财产，把公民们看成他自己的同伴"，就会获得臣民的"爱戴"（第11章）。

色诺芬把所有这些看成乌托邦情有可原。的确，他所知道的僭政只是那些为了一个已确立的社会阶层的利益，或为了个人的或家族的野心，或者因为模模糊糊地想要比其他任何人都做得好（尽管其他任何人也想这样）而施行的僭政。他未曾看到服务于真正革命性的政治、社会或经济观念（亦即服务于与既有一切完全不同的目标）的"僭政"，而且这种"僭政"具有一个国家的、种族的、帝国的或人文主义的基础。但我们奇怪地发现，我们的同时代人施特劳斯显然也采取了这种看待事物的方式。个人而言，我不接受施特劳斯在这个问题上的立场，因为我认为西蒙尼德-色诺芬的乌托邦已经被现代"僭政"（比如萨拉查［Salazar］②）实现了。色诺芬时代的乌托邦能够在后世实现，可能正是因为完成我所说的"当前的事"所需的时间已经过去；而且，或许必须在"当前的事"结束后，才能够采取为了实现西蒙尼德宣扬的理想所需要的手段。但这是否意味着，这些现代"僭政"由色诺芬的对话得到了（哲学上的）证成？我们是否要得出结论说，现代"僭主"无需借助智慧者或哲人们的建议就

---

① ［译按］斯塔汉诺夫是一位经常超额完成工作量的矿工，苏联于1935年开始了一场以斯塔汉诺夫命名的生产运动，旨在提高生产力，促进国民经济发展。

② ［译按］萨拉查（全名为 António de Oliveira Salazar），1932—1968年担任葡萄牙总理，施行了长达36年的专制统治。

能实现僭政的"哲学"理想?还是我们必须承认,现代"僭主"能够这么做,仅仅因为一位西蒙尼德曾经建议过一位希耶罗?

我下面试图回答第二个问题。至于第一个问题,要回答它,我们必须进入问题的核心。

在对话的最高潮(第7章),西蒙尼德向希耶罗解释说,他关于僭政的抱怨不值一提,因为男人的至高目标和最终动机是荣誉,而在荣誉方面,僭主比其他任何人都强。

[140]让我们简要地看看这项论证。带着清醒的自我意识,西蒙尼德采取了"异教的"甚或"贵族的"生存态度,黑格尔后来称之为"主人"的态度(对立于"奴隶"的态度,亦即"犹太人-基督徒"甚或"布尔乔亚"的态度)。西蒙尼德以一种极其极端的方式阐述这一观点。的确,他说"荣誉是某种非凡之物,为了追求荣誉,人们历经各种艰辛,忍受各种危险",其意思并不就是说,人们的努力和辛劳只是为了荣誉的缘故。他走得更远,声称"真男人与其他动物的区别就在于对荣誉的追求"。但像任何始终如一的"异教徒""贵族"或"主人"那样,西蒙尼德并不认为,对荣誉的追求是所有具有人形的创造物的鲜明特征。对荣誉的追求必然仅仅是天生的主人的专有特征,而且它不可弥补地在"奴役的"天性中阙如,正因为这一事实,这些"奴役的"天性不是真正的人(因此应受到相应的对待)。"那些由于天性而产生对荣誉和赞美的爱的人,是已经远远超出畜群之上的人,他们被认为是真男人,而不再仅仅是[外表上的]人。"这些为荣誉而生的"真正的"人在某种程度上是"神圣的"存在,"因为没有哪种属人的快乐比关于荣誉的欢乐更接近神圣了"。

这一"贵族的"和"异教的"信仰表白无疑震惊了那些曾经(或现在)生活在犹太-基督教世界的"布尔乔亚"。在这一世界里,哲人们没说过这样的话,甚至僭主也没有,他们使用其他论证来为僭政辩护。列举所有这些论证徒劳无益,因为在我看来,其中只有一个论证真正有效。但这一个论证值得我们全神贯注地对待。我认为,如果附和西蒙尼德说只有"获得荣誉的欲望"和"来自荣誉的快乐"使一个人"忍受任何辛劳并冒一切危险",这是错误的。来自劳作本身的快乐,成功完成一项事业的欲望,自身就能够促使一个人从事痛苦而危险的劳作(正如赫拉克勒斯的古代神话已表明的)。一个人冒着生命危险努力工作,可能不为别的,只是为了体验他始终在从施行他的计划——将他的"观念"甚至"理想"转变为由他自己的努力所塑造的现实——中获得的快乐。一个小孩独自在海滩上,他堆砌沙堡,可兴许不会给任何人看;一个画家用画覆盖某座荒岛上的悬崖,尽管他始终知道自己绝不会离开荒岛。这个例子有些极端,不过,[141]一个"有责任心的""热情的"工人会追求他的劳动所需的充分条件,一个人也能够以同样的方式追求僭政。的确,一位"合法的"君主毫不费力地获得并保持权力,并不易受荣誉左右,且他仍然会避免沉溺于快乐的生活,并积极投身于国家的治理。但是,这位君主,以及原则上拒绝荣誉的一般意义上的"布尔乔亚"政治家,会从事他艰苦的政治"行业",只要他有一个"劳动者的"心态。而且他会想要证明他的僭政不是别的,只是他的"劳动"取得成功所需的必要条件。

在我看来,这种看待事物以及为僭政辩护的"布尔乔亚"方式(这种方式在某种程度上、在某些时候使生活在"犹太-基督教的"政治世界变得可能,在这一政治世界里,人们理论上被要求拒绝荣誉),必须用以补充西蒙尼德为之代言的"贵族的"理论,这种贵族理论仅仅说明了闲散的"贵族"的态度:为了胜利将会带给他的荣誉,贵族拿自己最宝贵的精力与其他人一起从事(有可能流血的)斗争。

但我们不应因为忘记或否定"贵族的"理论就将"布尔乔亚的"观点孤立起来。拿我们前面的例子来说,我们不应忘记,一旦小孩在大人或朋友们面前堆砌他的沙堡,一旦画家回到家并展示他的岩画的复制品,"获得荣誉的欲望"和产生于"荣誉"的快乐就开始起作用,并成为决定性的。一般而言,一旦人与人之间的竞争出现,情况就会变成这样。竞争实际上从未消失,而且,据西蒙尼德所言(第

9章），竞争对于农业、工业、商业的真正繁荣甚至是必不可少的。不过，若要把这一命题用于政治家，则必须有为权力的斗争和权力运用上的竞争，亦即严格意义上的"斗争"和"竞争"。当然，在理论上，政治家可能清除对手而不会想到荣誉，正像一个劳动者着迷于他的工作并无视周边的东西，几乎无意识地清除了打扰他劳动的那些对象。但事实上，一个人清除对手，是因为不想让目标被另一个人达到、工作被另一个人完成，即便这另一个人做得同样好。对那些追求"僭政"的人而言尤其是如此。只要一涉及"竞争"或"竞赛"，一个人实际就是为了荣誉而行动，而且，只是为了用"基督教的"或"布尔乔亚的"观点为自己辩护，[142]一个人才相信或宣称，自己这么做只是因为自己实际或者想象自己比其他人更"有能力"或"准备得更好"。

权当如此。希耶罗作为一位真正的"异教贵族"，毫无保留地接受了西蒙尼德的观点。不过，他拒绝认为西蒙尼德的论证是对僭政的辩护，他承认人的最高目标是荣誉，但他认为僭主从未达到这一目标。

希耶罗向西蒙尼德解释说（第7章第2段），僭主利用恐惧来统治，因此，臣民们给予他的荣誉都只是缘于他在他们身上激起的恐惧。"那些心怀恐惧的人提供的服务也并非荣誉……这些［行为］很可能被视作奴隶的行为。"一个奴隶的行为不会带给贵族的主人亦即古代僭主任何满足感。

在描述自己的状况时，希耶罗描述了黑格尔在《精神现象学》中（第四章A节）分析过的主人的悲剧。主人进入一场殊死斗争，以便他的对手承认他独有的人的尊严。但是，如果对手本身是一个主人，他也会受相同的对"承认"的欲望激发，一直战斗至他自己或别人死去。对手如果屈服（出于对死亡的恐惧），就表明自己是一个奴隶。他的"承认"因此对胜利的主人毫无价值，因为在主人看来，奴隶不是真正的人。因此，这场纯粹为了声誉进行的流血斗争的胜利者并不会因他的胜利感到"满足"。因此，他的状况本质上是悲剧性的,因为没有可能摆脱它。

说实话,色诺芬的文本不如黑格尔的文本确切。希耶罗混淆了自发给予的"性爱"与"承认"他的臣民们的"爱戴"。西蒙尼德纠正他,让他看到,僭主本身感兴趣的不是他的"爱人们",而是他那作为公民的臣民们。但西蒙尼德的确保留了"爱戴"的观念(第11章)。此外,希耶罗想要借由他的僭政和一般而言的"荣誉"变得幸福,西蒙尼德也说,如果他遵照自己的建议,由此获得他的同胞公民的"爱戴",他就会"幸福"(对话的结尾)。现在非常清楚的是,僭政或一般而言的政治行动不可能产生"爱""爱戴"或"幸福",因为这三种现象涉及与政治毫不相关的因素。一个普通政客(politician)可以成为同胞公民热烈和真诚"爱戴"的对象,正如一个伟大的政治家(statesman)或许受到普遍崇拜,却不会激起任何类型的爱,[143]最完整的政治成功与极其不幸的个人生活完全相容。因此,黑格尔精确的表述更为可取:不是指向"爱戴"或"幸福",而是指向"承认"和来自"承认"的"满足"。因为我认为,想要被(那些自己反过来也"承认"的人)"承认"具有卓越之人的实在和尊严的欲望,实际是人与人之间所有竞争的最终动机,因此也是所有政治斗争——包括导致僭政的斗争——的最终动机。由自己的行动满足了这一欲望的人仅凭这一事实就实际得到了"满足",不管他是否幸福或被爱。

那么,我们可以认为,僭主们(以及希耶罗本人)会寻求黑格尔式的至高无上的"承认"。我们也可以认为,并未获得这种承认的希耶罗实际并不"满足"(在此词的强烈意义上)。我们由此理解,为什么他要倾听智慧者的建议。这位智慧者向他指出获得"承认"的方式,从而许诺他"满足"。

无论如何,希耶罗和西蒙尼德完全清楚问题在哪里。希耶罗想要他的臣民"自愿为他让路"(第7章第2段),西蒙尼德则向他许诺,如果他遵照自己的建议,他的臣民就会成为"自愿服从的人"

(第 11 章第 12 段)。这即是说,两者都关心权威。① 因为,一个人得到对他没有恐惧(说到底是对暴死的恐惧)或爱的某个人的"承认",就是在这个人眼中享有权威地位。而在某人眼中享有权威地位,就是让他承认这一权威。一个人的权威(说到底就是他卓越的人的价值,尽管不一定是他的优越性)被另一个人承认,是在这样的情形下:那个人遵照或执行他的建议或命令,不是因为他(身体上)不能不这么做(或因为恐惧或任何其他"激情"),而是因为他自觉地认为[144]这些建议或命令值得遵照或执行,而且他这么认为不是因为他本人认识到了这些建议或命令内在的价值,而仅仅因为这一特殊的人给出了它们(或许作为一个神谕),这即是说,正是因为他承认将它们给予他的这个人的"权威"。我们或许因此认为,希耶罗像任何政治人一样,积极寻求僭政是因为他(有意识或无意识地)想要对他的同胞公民施加他独有的权威。

因此,当希耶罗说他并不"满足"时,我们或许可以相信他。他的确在自己的事业上失败了,因为他承认,他不得不借助强力,也就是说他不得不利用他的臣民(对死亡)的恐惧。不过,希耶罗说僭政并未带给他任何"满足",因为他并不享有任何权威,而且只是通过恐怖来统治,此时的他一定有所夸大(据施特劳斯说,希耶罗是有意夸大,以便使潜在的对手尤其是西蒙尼德对僭政息心)。因为,与

---

① 的确,希耶罗希望臣民"为他的公共美德给他戴上花冠",而且他认为当前他的臣民"为他的不义"谴责他(第 7 章)。但是,"不义"令他不安,仅仅是因为它阻止他"被承认";只是为了获得"承认",他才践行"美德"。换言之,"美德"和"正义"对希耶罗而言,仅仅是对臣民施加他的权威的手段,它们本身不是目的。后续的对话表明西蒙尼德的态度同样如此:僭主必须"有美德"和"正义",以便赢得臣民的"爱戴";也就是说,以便做的事情"不经强制"就会使臣民服从,并最终为了"幸福却不受嫉妒"。这一态度肯定不是"苏格拉底式的"。我们可以同意施特劳斯说,作为僭主的教导者,西蒙尼德只是为了教导的目的才采取了希耶罗的观点,尽管他自己并不认同(就他作为一个智慧者而言)。

相当常见的偏见相反,这样一种状况是完全不可能的。纯粹的恐怖只以强力——说到底是身体性的强力——为前提。只需通过身体性的强力,一个男人便能支配小孩、老人和几个女人,外加两三个大人,但他不可能以这种方式长久地凌驾于一个由身体强壮的男人组成的群体之上,不论这个群体多么小。这即是说,名副其实的"暴政"(despotism)只有在孤立的家庭中才可能,无论什么国家的首领都总是要诉诸强力之外的手段。事实上,一位政治领袖始终要诉诸自己的权威,他的权力来自他的权威。整个问题在于,这个权威被谁所承认,谁"不经强制就服从他"?的确,国家首领的权威要么是被多少有些广泛的多数公民承认,要么是被多少有些有限的少数公民承认。直到最近,这才被认为是可能的:一个人能够谈论贬义上的"僭政",除了在少数公民(由一个只有它承认的权威指引)通过强力或"恐怖"(也就是说,利用他们对死亡的恐惧)统治多数公民的情况下。当然,只有国家承认的公民才会被考虑在内。因为甚至在今天,也没有人批评以强力管治小孩、罪犯或疯子,而在过去,以强力管治女人、奴隶或者外族人并不受人批评。但是,这种看待事物的方式尽管逻辑上可能,实际并不符合人的自然反应。我们最终认识到,它不符合人的自然反应。最近的政治经验,以及当前[145]"西方"与"东方"民主派之间的争论,使我们能够提供一个对僭政更为充分的定义。

事实上,僭政(在此词的道德中立意义上)产生于这一状况:一部分公民(多数还是少数并不重要)将自己的观念和行动强加于所有其他公民,这些观念和行动由一个权威指引,这部分公民自觉承认这一权威,但并没有成功地使其他人承认它。这部分公民在把这一权威强加于其他那些人时,并不与他们"和解",并不试图与他们达到某种"妥协",也不考虑他们的观念和欲望(受他们自觉承认的另一个权威决定)。显然,这部分公民能够这么做,只是依靠"强力"或"恐怖",最终是依靠操控能强加给其他人的对暴死的恐惧。在这一状况中,或许可以说其他人是"受奴役的",因为他们实际上表现得像是不遗余力求生的奴隶。我们的某些同时代人就是为这种状况贴上了贬义的僭政的标签。

权当如此。显然,希耶罗并不完全"满足",不是因为他没有任何权威且只是通过强力统治,而是因为他的权威虽被某些人承认,但并不被他本人视作公民的所有那些人承认,那些人就是配得上承认,因而也被认为应该承认他的权威的人。我们认为,象征着古代僭主的希耶罗的这种行事方式完全符合黑格尔对"满足"(通过竞争或宽泛意义上的"政治的"行动来实现)的分析。

黑格尔说,政治人依据对"承认"的欲望行动,政治人唯有彻底满足了这一欲望方能完全"满足"。这一欲望必定是无止境的,人想要被所有那些他认为有能力,因此也配得上"承认"他的人实际"承认"。假如其他国家的公民们受一种"独立精神"鼓舞,成功抵抗了某个国家的首领,这个首领由此就必定要承认他们作为人的价值。这个首领因此会想要将他的权威扩展到他们身上。如果他们没有抵抗他,则是因为他们已经承认他的权威,只不过是以奴隶承认其主人的权威的方式。所以,归根结底,国家的首领仅当他的国家含括了整个人类时才会完全"满足"。但他还想在国家内部尽可能地扩展他的权威,其方式就是把那些只会像奴隶般服从的人降到最少。[146]为了使通过他们真正的"承认"得到"满足"变得可能,他往往要"释放"奴隶,"解放"女人,尽可能早地提前"法定成年"的年龄来降低家庭对孩子的权威,减少罪犯和各种"失衡者"的数量,并提高所有社会阶层的"文化"水平(显然取决于经济水平)直至可能达到的最高程度。

不管怎样,他想要被所有那些出于"无功利的"动机,亦即出于真正"意识形态的"或"政治"的动机抵抗他的人承认,因为他们的抵抗体现着他们作为人的价值。一旦这样一种抵抗出现,他就想要被他们承认;只有当他发现自己出于某种理由被迫要杀死"抵抗者"时,他才会放弃想要被他们承认(并且是遗憾地放弃)。事实上,政治人有意识地依据对"承认"(或"荣誉")的欲望行动,只有当他成为一个不仅普遍而且政治上和社会上同质(允许不可消除的生理差异)的国家的首领,这就是说,成为一个作为所有人和每个人的集体劳动的目标和结果的国家的首领,他才会完全"满足"。如果一个人承认这一国家是人类最高的政治理想的实现,或许就可以说,这个国家首领的"满足"对他的行为构成了一项充分的"辩护"(不仅主观而且客观)。从这一观点看,现代僭主尽管事实上实行了西蒙尼德的建议,并因而得到了比希耶罗所抱怨的更"令人满足的"结果,但也并不完全"满足"。他不完全满足,因为他统治的国家事实上既不普遍也不同质,所以他的权威像希耶罗的一样,不被所有那些在他看来能够承认,也应该承认他的权威的人承认。

现代僭主没有因他的国家或他自己的政治行动而完全满足,因此他就有和希耶罗一样的理由来倾听智慧者的建议。但是,为了避免僭主有同样的理由不遵照这些建议,或回应以也许远远不如希耶罗"开明的""沉默",新西蒙尼德不得不避免他的"诗人"前辈的错误。他不得不避免乌托邦。

仅描述一种与当前事态毫无实际关联、田园诗般的状态,即便是生动感人的描述,也不太会打动一个僭主或一般而言的政治家,[147]就像与当前的关切和事务毫无直接联系的"乌托邦式"建议一样。这种"建议"更加不会吸引现代僭主,他兴许受到了西蒙尼德之外的某个智慧者的教导,或许已经非常清楚"劝导者"准备向他揭示的理想,并且已经有意识地为实现这一理想努力。试图将这一"理想"与这位僭主为实现它而采取的具体手段对立起来徒劳无益,正如尝试并执行一项明确或暗自拒绝它所基于的"理想"的具体政策(僭政的或非僭政的)那样徒劳无益。

另一方面,既然僭主寻求"荣誉",并因而只能够通过他的权威在一个普遍同质国家中获得承认而得到完全"满足",那么,如果智慧者准备给予"现实的"和"具体的"建议,向有意识地接受"普遍承认"的理想的僭主说明,如何可以从当前事态出发到达这一理想,并且比通过这位僭主自己的手段到达得更好更快,僭主就完全可能公开接受并遵从这一建议。不管怎样,僭主的拒绝将会是完全"不理性的"或"无道理的",而且提不出任何原则问题。

留待解决的原则问题在于:智慧者作为智慧者,除了谈论一个政治"理想",是否能够做任何事?他是否想要离开"乌托邦"和"一般"甚或"抽象观念"的领域,借由给予僭主"现实的"建议来面对具体的现实?

为了回答这一双重的问题,我们必须仔细分辨名副其实的智慧者与哲人,因为两者的情况绝不相同。为了简化起见,我将只谈论后者。无论如何,色诺芬和施特劳斯似乎都不承认名副其实的智慧者的存在。

依据定义,哲人并不拥有智慧(亦即充分的自我意识,或说实际是全知);但是,(一个黑格尔主义者必须要指明:在一个特定的时代)哲人在走向智慧的路上比任何非哲人或"未入门者"(包括僭主)都走得更远。同样依据定义,哲人被认为"把生命献给"了对智慧的追寻。

以这一双重定义作为我们的出发点,我们必须问自己:"哲人能够统治人或参与对人的统治吗?[148]他想要这么做吗?特别是,借由给予僭主具体的政治建议,他能够并且想要这么做吗?"

让我们首先问我们自己,哲人是否能够这么做?或更准确地说,作为哲人,在涉及统治的问题上,他是否享有对"未入门者"(僭主就是一个未入门者)的任何优势?

我认为,人们通常给出的否定回答基于一种误解——对什么是哲学、什么是哲人的彻底误解。

为了当前的目的,我只需要回顾哲人与"未入门者"形成对比的三个特征。首先,哲人更擅长辩证法的技艺或一般而言的讨论。他比"未入门的"对话者更清楚地看到后者的论证的缺陷,他更清楚如何制作他自己的大部分论证、如何驳斥其他人的反驳。其次,辩证法的技艺使哲人能比"未入门者"在更大的程度上摆脱偏见。他因此对实在更为开放,也更少依赖人们在一个特定的历史时刻想象实在所是的方式。最后,由于他对实在更为开放,他就比"未入门者"更接近具体,"未入门者"局限于抽象之物,却没有意识到它们抽象甚至不真实的性质。①

这三个特征,就是哲人在统治问题上原则上享有的对于"未入门者"的巨大优势。

施特劳斯指出,希耶罗认识到西蒙尼德在辩证法上的优越性,但不信任他,把他看成一个潜在的可怕对手。我认为希耶罗是对的。的确,在一个已经建立的国家中,政府的行为在根源上是纯粹推理性的(discursive),谁是话语或"辩证法"的主人,谁就同样能够成为政府的主人。如果西蒙尼德能够在他们的演说竞赛中击败希耶罗,[149]如果他能够随心所欲地"操控"希耶罗,他在政治领域中就没有理由不会击败并操控希耶罗,尤其没有理由不会取代希耶罗成为政府的首领——如果他渴望这么做的话。

如果哲人要通过他的"辩证法"获取权力,假设其他方面一样,那么他将会比任何"未入门者"更好地行使权力。他能这样做,不仅因为他更高超的辩证术。他的统治会更好,是因为偏见相对较少,而且他的思想相对更为具体。

当然,如果只是要维持事物的既有状态,不用进行"结构性改造"或一场"革命",那么,无意识地依赖普遍接受的偏见就没有什么特别的不利。这就是说,在这种状况下,一个人能够拒绝让哲人

---

① 如果不思考"具体"(concrete)和"抽象"(abstract)两词的特定含义,就会觉得这一断言悖谬。当一个人"忽略"或抽离"具体"亦即真实所暗含的某些特征时,他就达到了"抽象"。因此,举例而言,在谈论一棵树时,一个人抽离出一切不是树的东西(土壤、空气、地球、太阳系等等),他就是在谈论一种现实中不存在的抽象(因为,有了土壤、空气、阳光等等,树才能存在)。因此,所有特殊的科学都是以不同的程度来处理抽象之物。与此类似,一种专有的"民族的"政治必然是抽象的(就像一种从宗教或艺术抽离出来的"纯粹的"政治那样)。孤立的"特殊"必然是抽象的。正是在寻求具体中,哲人上升到"未入门者"声称要嘲笑的"普遍观念"。

们掌握或接近权力,却不会受到很多伤害。但是,当"结构性改造"或"革命性行动"客观上可能并因而必要时,哲人就尤其适合发动或推举它们,因为哲人与"未入门的"统治者不同,他知道需要改造或反对的只是"偏见",也就是某种不真实,因此也相对缺乏抵抗力的东西。

最后,在"革命的"以及在"保守的"时期,统治者最好永远不要忽视具体的现实。这一现实必定极其复杂和难以理解。正因如此,为了理解现实以便主宰现实,行动的人被迫(因为他在时间中思考和行动)通过抽象来简化现实。他将某些部分或方面从其他东西中"抽象"出来,仅考虑它们"自身",由此切割和孤立它们。但是,没有理由假定哲人做不到这些。哲人们通常被指责说对"普遍观念"有一种偏爱,但除非这些普遍观念阻止哲人看到特殊的抽象——"未入门者"错误地称之为"具体情形"——哲人才应受这一指责。不过,这一指责如果成立的话,它也仅仅关乎某人偶然的过失,而不关乎哲人特有的性格。作为哲人,他处理抽象处理得和"未入门者"一样好,甚至更好。但是,由于他意识到自己事实上进行了一种抽象,他就能够比"未入门者"更好地处理"特殊情形";"未入门者"相信所涉及的是一种具体的现实,而它实际上孤立于其他东西,能够被单独处理。[150]哲人因此将看到"未入门者"所忽略的这一特殊问题的义涵:他将在时空中看得更远。

出于所有这些原因(还可以提出更多原因),与一种广泛持有的意见相反,我与希耶罗、色诺芬和施特劳斯一样认为,哲人完全能够掌握权力,完全能够统治或参与统治,比如通过给予僭主政治建议。

整个问题因此在于,哲人是否想要这么做。一个人只需要提出这一问题(要记住哲人的定义),就能看清这是个极其复杂,甚至不可解决的问题。

这一问题的复杂和困难缘于一个平庸无奇的事实:人需要时间思考和行动,而人可支配的时间实际非常有限。

人本质上是时间性的和有限的，正是这一双重事实迫使人在他各种生存的可能性中做出选择（这一双重事实也解释了自由的存在，因为它附带地也导向自由在本体论上的可能性）。尤其是，正是由于他自己的时间性和有限性，哲人被迫在追寻智慧与政治行动——即便只是劝谏僭主这样的政治行动——之间进行选择。初看起来，根据对哲人的定义，哲人将把"他所有的时间"献给对智慧的追寻，那是他至高的价值和目标。哲人因此不仅要拒斥"庸俗的快乐"，还要拒斥所有行动，包括直接或间接的统治行动。不管怎样，这就是"伊壁鸠鲁式"哲人们所持的态度。正是这种"伊壁鸠鲁式"态度启发了哲学生活的流行印象。根据这一印象，哲人生活在"世外"：他退回自身，与其他人相隔绝，对公共生活毫无兴趣；他将所有时间都用于追寻"真理"，亦即纯粹的"理论"或"沉思"，与任何种类的"行动"都没有必然联系。当然，一个僭主能够打扰这位哲人。但这样一位哲人绝不会打扰僭主，因为他没有一丝参与僭主事务的欲望，哪怕只是给予僭主建议。这位哲人向僭主所要求的一切，他对僭主唯一的"建议"，就是不要关注哲人的生活——这种生活完全致力于追寻一种纯粹理论性的"真理"或一种严格与世隔绝的生活的"理想"。

在历史上，可以观察到这一"伊壁鸠鲁式"态度的两种主要变体。异教的或贵族的伊壁鸠鲁派，[151]多少有些富有，或反正不用为生计工作（并且通常会找到一位迈克纳斯[Maecenas]①支持他），他将自己隔绝在一个"花园"中，他想要政府把这个"花园"看成一座不可侵犯的城堡，而且可以设想他绝不会从城堡"突围"。基督教的或布尔乔亚的伊壁鸠鲁派，是多少有些贫穷的知识分子，必须做点事（写作、教书等等）来维持生计，他负担不起贵族的伊壁鸠鲁派

---

① [译按]迈克纳斯（Maecenas），古罗马奥古斯都时代的政治家，也是维吉尔、贺拉斯等诗人的庇护者。

"灿烂的隔绝"的奢侈。他由此以培尔(Pierre Bayle)①极其恰切地描绘的"文字共和国"(Republic of Letters)取代了私密的"花园"。"文字共和国"中的气氛不像在"花园"中那么宁静,因为在这里,"为了生存的斗争"和"经济竞争"主宰一切。不过,在以下意义上,这一事业本质上依旧是"和平的":"布尔乔亚的共和主义者"就像"贵族的城堡主人"一样,准备放弃任何对公共事务的积极干预,以换取政府或僭主的"宽容"。政府或僭主会"让他平静地待着",并允许他不受妨碍地从事他思想家、演说家或作家的行当,他的思想、言论(讲演)和写作被认为将始终是纯粹"理论性的";他也被认为不会做任何将直接或间接导致一种行动尤其任何种类的政治行动的事。

当然,让哲人信守不干预国家事务的(一般是真诚的)承诺实际并不可能,也正因为如此,统治者尤其所有"僭主"始终对这些伊壁鸠鲁式的"共和国"或"花园"心存怀疑。但这不是我们当前的兴趣所在。我们关心的是哲人的态度,而伊壁鸠鲁式的态度初看起来显得不可反驳,甚至对哲学的定义就隐含了这种态度。

但这只是初步印象。因为,除非一个人假定,关于对智慧或真理的追寻,有某种完全不自明,并且从黑格尔的概念看甚至根本上被搞错的东西,伊壁鸠鲁式的态度实际才可能源于这一对哲学的定义。的确,为了卫护哲人的绝对隔绝,一个人不得不承认:存在本质上自身是不变的、永远与自身同一,存在在一种从一开始就完美的理智中并通过这种理智永久地彻底揭示出来;对于存在的无时间性整体,这一充分的揭示就是真理。人(哲人)能够在任何时刻参与这一真理,不论是作为源于真理本身的一种行动("神圣启示")的结果,[152] 还是通过他自己个人的进行理解的努力(柏拉图式的

---

① [译按]培尔(Pierre Bayle,1647—1706),法国哲学家、作家,主张宗教宽容,哲学上持怀疑主义立场。著有《历史批评辞典》(*Dictionnaire Historique et Critique*)、《文字共和国新闻》(*Nouvelles de la République des Lettres*)等。

"理智直觉"),这一努力的唯一条件就是做出这一努力者的内在"天分",而无关乎他在空间(国家)或时间(历史)中碰巧所处的位置。如确乎如此,那么,哲人能够也必须隔绝于变化的、喧嚣的世界(那不过是纯粹的"表象"),生活在一个安静的"花园"中,如果不得不然,就生活在"文字共和国"中,那里虽然有知识分子的争吵,但至少没有外面的政治斗争那么"动荡不安"。这一隔绝的安宁,这种对同胞或任何"社会"的彻底缺少兴趣,为那个把一生献给对真理的追求、作一个绝对自我主义的哲人的人,提供了达到真理的最好前景。①

但是,如果一个人不接受真理(和存在)的这一有神论概念,如果一个人接受黑格尔的极端无神论,承认存在本身本质上是时间性的(存在=生成)并创造自身,因为它在历史过程中被推论性地(discursively)揭示出来(或作为历史被揭示出来:被揭示的存在=真理=人=历史),如果一个人不想陷入怀疑的相对主义——它将毁灭真理的观念,因此也将毁灭对真理的追寻和哲学——那么,他便不得不逃离"花园"绝对的孤独和隔绝,也逃离"文字共和国"的狭隘社会(相对的孤独和隔绝),而且要像苏格拉底那样,经常造访"城邦的公民"而不是"树和蝉"(见《斐德若》[*Phaedrus*])。如果存在在历史过程中创造它自身("生成"),那么,一个人就不能通过与历史相隔绝来揭示存在(通过话语把它转变为人以智慧的形式"拥有"的真理)。相反,为了揭示存在,哲人必须"参与"历史,而且我们不清楚为何他不应——比如通过劝谏僭主——积极参与历史,因为作为哲人,他比任何"未入门者"更能够统治。唯一会阻止他的理由是缺少时间。由此我们触及了哲学生活的根本问题,而伊壁鸠鲁派们误认为他们已经解决这一问题了。

---

① 施特劳斯和色诺芬一致,似乎也承认哲学生活这种极端的自我主义。他的确说"智慧者达到了人可能达到的最高程度的自足"。智慧者因此对其他人完全"没有兴趣"。

我稍后会回到哲学生活的这一黑格尔式问题。此刻我们必须更细致地审视伊壁鸠鲁式的态度,因为这一态度容易招致批评,甚至于容忍[153]关于存在和真理的有神论概念。的确,它涉及并预设了一个极成问题的真理的概念(尽管为前黑格尔哲学普遍接受),在这一概念看来,"主观确定性"(Gewissheit)无时无刻都与"客观真理"(Wahrheit)相一致:一旦一个人主观上"肯定并且确定"自己拥有真理(比如,有一个"清楚和分明的观念"),就可以假定他实际拥有真理(或一种真理)。

换言之,孤立的哲人必然不得不承认,真理的必要和充分的标准在于对"证据"的感觉。"证据"可能由对真实和存在的"理智直觉"所推动,或伴随着"清楚和分明的观念"甚至"公理",或直接服从于神圣启示。从柏拉图经笛卡尔至胡塞尔的所有"理性主义"哲人们都接受这一"证据"的标准。不幸的是,这一标准自身根本不"明确",我认为仅仅以下事实就已使它失效:世上永远有被启蒙者(illuminati)①和"假先知",对于他们的"直觉"的真理性,或对于他们以某种形式接受的"启示"的真伪,他们从未有丝毫怀疑。简言之,一个"孤立的"思想者的主观"证据"作为真理的标准因为以下简单的事实已然失效:有种疯狂是从主观上"明确"的前提做出的正确推理,因而会是"系统的"或"逻辑的"。

施特劳斯似乎追随色诺芬(和一般的古代传统),通过一个事实,即哲人比他所鄙视的"未入门者"对某种特别的东西知道得更多,来卫护(说明)孤立的哲人的漠然("自我主义")和骄傲。但是,相信自己是玻璃做的,或将自己等同于天父或拿破仑的疯子,也相信自己知道其他人不知道的某种东西。我们之所以能把这样的人的知识称作疯狂,仅仅因为只有他一个人把这一(主观上"明确的")知识当成一个真理,也因为甚至其他疯子也拒绝相信这一知

---

① [译按]illuminati 是拉丁语动词 illumino[照亮、使明亮]的完成时被动态分词复数,意为"被照亮者"。

识。所以,也仅仅是因为看到我们的观念被其他人(或至少被另外一个人)共享,或被他们接受为值得讨论(即便只是因为这些观念被认为是错的),我们就能确定自己不是在疯狂之域(但不确定我们是在真理之域)。因此,严格与世隔绝地生活在他的"花园"的伊壁鸠鲁式哲人,绝不能知道他获得了智慧还是陷入了疯狂,作为一个哲人,他因此将不得不逃离"花园"以及"花园"的隔绝。[154]事实上,伊壁鸠鲁派有着苏格拉底的渊源,他并不生活在一种绝对的孤立中,他在他的"花园"中接待哲学朋友们,跟他们讨论问题。从这一观点看,贵族的"花园"与布尔乔亚知识分子的"文字共和国"就没有本质区别,区别仅仅在于"拣选者"(elect)的数目。在"花园"和"文字共和国"中,一个人都是从早"讨论"到晚,从而充分避免了陷入疯狂的危险。尽管由于品味以及职业的缘故,"有文化的公民们"绝不会同意彼此,可一旦涉及要把他们中的一员送往疯人院,他们就始终意见一致。一个人或许因此确信:可能不管表象如何,一个人在"花园"或"文字共和国"中只会遇到那些或许偶尔有些古怪,但本质上理智健全的人(时而有模仿性的疯狂,但只是为了显得"原创")。

但是,一个人在"花园"中绝不是孤身一人,这一事实并非它与"文字共和国"唯一的共有特征。另一个共有特征在于"多数人"被排除在外这一事实。当然,一个"文字共和国"一般会比伊壁鸠鲁式"花园"中的人多。不过,两者的住民都是相对少数的"精英",并有退回自身并排斥"未入门者"的鲜明趋向。

在此,施特劳斯似乎再次追随(信守古代传统的)色诺芬,并为这种行为辩护。他说,智慧者"满足于得到一小部分人的认可"。智慧者只寻求那些"有价值者"的认可,而这些人的人数只会非常少。哲人因此要借助于秘传的(更可取的是口头的)教导,秘传的教导允许他选择"最好的人",排除那些"能力有限的人",因他们不能理解隐藏的暗示和微妙的隐含之意。

我必须说,在这一点上我再次不同意施特劳斯和他想要追随的古代传统,在我看来,这一古代传统基于一种贵族的偏见(或许是一个征服者的特征)。因为我相信,"知识精英"的观念和实践涉及一个很严重的危险,而哲人不惜一切代价想要避免这一危险。

各种"花园""学园""学堂"①和"文字共和国"的居民所面临的危险,皆源于所谓的"宗派主义"(sectarianism)。"宗派"(sect)是一个社会,它必定要排斥本质上非社会的疯狂。[155]但它根本不排斥偏见,相反却倾向于使偏见永存,从而培育偏见。只有接受了"宗派"自认为能为之骄傲的那些偏见的人,才会被接纳进"宗派",这种情况很容易发生。依照定义,哲学不同于智慧,哲学必然涉及并非唯一真理的"主观确定性",换言之即"偏见"。哲人的职责在于尽可能快、尽可能彻底地远离这些偏见。任何采纳了一种教条的封闭社会,任何依据一种教条性学说选出来的"精英",都倾向于巩固这一教条所带来的偏见。因此,躲避偏见的哲人不得不试图生活在广阔世界中(在"市场"或"街上",像苏格拉底那样),而不是生活在任何一种"宗派"中,不论是"共和国的"还是"贵族的"。②

"宗派主义"无论如何假设都是危险的,不过,如果哲人和黑格尔一样承认实在(至少属人的实在)不是一次性地永远给出,而是在时间进程中(至少在历史时间的进程中)创造自身,他就会严格

---

① [译按]"学园"是 academies,柏拉图讲学之地;"学堂"是 lyceums,亚里士多德讲学之地。

② 正如格诺(Queneau)在《现代》(Temps Modernes)中提醒我们的,哲人本质上是一个"街头无赖"(voyou)。[编按]voyou 亦即流氓。参见《哲人与街头无赖》,载《现代》,1951,63 期,页 1193-1205。科耶夫的引证涉及一个双关语:voyou 的词根是 voie[街道],所以"生活在'街上'的哲人"就是一个街头无赖。[译按]此处所引证的是法国小说家、诗人 Raymond Queneau 1951 年发表在《现代》杂志上的文章《哲人与街头无赖》。格诺青年时期曾求学于巴黎索邦大学及高等研究实践学院,其间修习科耶夫关于黑格尔的课程,深受其影响。

拒绝这种生活。因为,如果情况是这样,"宗派"的成员们就与世界的其他部分相隔绝,并没有真正参与处于历史进化中的公共生活,他们迟早会"被事件甩在后面"。的确,即便在某个时间是"真"的东西,此后也可能变成"假",变成"偏见",而只有"宗派"没有注意到发生了什么。

不过,哲学"精英"的问题只有在"承认"这一一般性问题的语境中才能得到充分处理,因为"承认"的问题对哲人有影响。的确,施特劳斯本人就是以这样的视角提出了问题。而我现在要谈的就关乎问题的这一方面。

在施特劳斯看来,僭主希耶罗与哲人西蒙尼德的本质区别在于:希耶罗想要"被人们爱",而西蒙尼德"满足于一小部分人的崇拜、赞美和认可"。① 为了赢得臣民的爱,希耶罗必须做他们的施惠者;西蒙尼德让自己受人崇拜,却不做任何事来赢得这一崇拜。换言之,西蒙尼德受到崇拜仅仅是因为他自己的完善,而希耶罗想要因为他的施惠而被爱,[156]即便他自己不完善。故而对受人崇拜的欲望(对立于对爱的欲望)是"一个人对自身的完善的欲望成为主导性欲望的自然根基",②而对爱的需要不会迫使一个人走向自我完善,因此不是一种"哲学的"欲望。

关于哲人与僭主之区别的这一概念(它的确不是施特劳斯的观点,施特劳斯认为也不是色诺芬的观点),在我看来并不令人满意。

如果(与歌德和黑格尔一样)承认人被爱只是因为他之所是,无关乎他做了什么(母亲不管儿子有何过错都会爱儿子),而"崇拜"或"承认"是一个人所"崇拜"或"承认"的人的行为的一个作用,那就可以清楚看到,僭主以及一般而言的政治家寻求承认而不寻求爱:爱蓬勃生长于家庭中,年轻人离开家庭,投身公共生活,所寻求的不是爱,而是同胞公民的承认。如果西蒙尼德真正想要一种肯定

---

① [译按]参见本书页[88]。
② [译按]参见本书页[90]。

的(甚至绝对的)价值被归诸他(完善的)存在而不是他的行为,那就不得不说他(而不是希耶罗)在寻求爱。但事实并非如此。西蒙尼德想要因为他的完善而不是纯粹因为他的存在(不论那是什么)受到崇拜。爱的特征在于这一事实:它无理由地把一种肯定的价值归诸被爱者,或说归诸被爱者的存在。所以,西蒙尼德寻求的,的确是对他的完善的承认,而不是对他的存在的爱。他想要因为自己的完善而被承认,因此他欲望自己的完善。欲望通过行动实现(否定性行动,因为目的在于否定既有的不完善,完善仅仅被欲望而尚未达到)。因此,正是通过他的(自我完善的)行动,西蒙尼德事实上被承认而且想要被承认,正如希耶罗通过他自己的行动被承认而且想要被承认。

并非真实的是,僭主和一般意义上的政治家按照定义满足于一种"无理由的"崇拜或承认,就像哲人一样,他们想要"配得上"这种崇拜和承认,因此他们要真正是或变成他们在其他人面前表现的那样。因此,寻求承认的僭主也会做出自我完善的努力,即便只是为了安全的缘故,因为假冒者或伪善者总是冒着迟早会被"揭穿"的危险。

从这一视角看,政治家和哲人之间原则上就没有任何区别:两者都寻求承认,两者的行动都是为了配得上这一承认(事实上,欺骗在两种情形下都有)。

[157] 剩下的问题在于搞清楚政治家是否寻求被"多数人"承认,而哲人只寻求被"拣选的"少数人承认。

首先,政治家的情形看上去未必如此。那些依赖于多数人意见的"民主"领袖们的确大多是这样。但"僭主们"并不总是寻求"受欢迎"(比如提比略[Tiberius]),他们常常不得不满足于一小圈"政治朋友"的赞同。此外,并没有理由说,"多数人"的欢呼与有能力的评判者的赞同不会相容,也没有理由说,政治家会更喜欢这种欢呼而不是这种赞同。反过来说,哲人为什么要彻底逃避"多数人"的赞美(这无疑带给他快乐),原因根本不明。问题在于,哲人不能为了"大众的"欢呼而牺牲"拣选者"的赞同,也不能使自己的行为适应"最糟糕的人"的要求。但是,如果一个政治家(不管是否僭主)在这一问题上以不同于哲人的方式行动,他就会立即被称作"蛊惑民众者"(demagogue)。没有什么表明政治家依据定义是"蛊惑民众者"。

事实上,一个人只有得到那些他本人承认为配得上承认他的人们的承认,才会充分满足。对于哲人和政治家来说都是如此。

那么,就一个人寻求承认而言,他应该倾其所能尽可能地增加那些"配得上"承认他的人的数目。政治家常常有意或无意地承担起这一政治教化的任务("开明的专制者","施行教化的"僭主)。哲人通常也会做同样的事,他们把一部分时间用于哲学教化。不过,我们并不清楚,为什么哲人的入门者或门徒的数目必然要受限,或说因此必然比政治人的有能力的崇拜者的人数少。如果一个哲人人为地限制人数,宣称在任何情形下他都不想要很多入门者,他只会证明他不如"未入门的"政治人那样有清醒的自我意识,后者有意识地努力把有能力的评判者们对他承认无限制地扩展开。如果他先验地、毫无经验证据地坚持认为,能够进入哲学的人数少于能够明智地评判一种政治学说或一个政治行动的人数,他就是在基于一种未经证明的"意见"言说,[158]并因而受制于一种至多在某些社会条件下、在一个特定历史时刻有效的"偏见"。在两种情况下,他都因此不是一个真正的哲人。

此外,支持"精英"的偏见更加严重,因为它能促生一种完全相反的境况。原则上哲人应该只寻求那些他认为配得上"承认"他的人的崇拜或赞同。但是,如果他从不离开由悉心招收的"精英"或精挑细选的"朋友"组成的有意狭窄的圈子,他就冒着这样的危险:认为并只认为那些赞同他或崇拜他的人才"配得上"。不得不承认,在伊壁鸠鲁式的"花园"和知识分子的"宗派"中,这种特别令人不快的有限的相互承认一直盛行。

权当如此。如果一个人和西蒙尼德一样同意哲人寻求被承认（或被崇拜），如果一个人和黑格尔一样承认政治家也是这样，那他就不能不得出结论说，从这一视角看，僭主与哲人并无本质区别。很可能正因为如此，色诺芬（根据施特劳斯的意见）和施特劳斯本人并不赞同西蒙尼德。在施特劳斯看来，色诺芬对比了西蒙尼德与苏格拉底：苏格拉底对"他人的崇拜或赞美"毫无兴趣，而西蒙尼德对别的毫无兴趣。而且一个人会觉得施特劳斯同意这种"苏格拉底式"的态度：就哲人寻求承认和崇拜而言，哲人应该只考虑他对他自己的价值的承认，只考虑他对自己的崇拜。

至于我本人，我坦承我难以理解这一点，而且我不明白它如何使我们能够发现哲人（或智慧者）与僭主（或一般意义上的政治家）的本质区别。

如果一个人照字面采取色诺芬-施特劳斯的苏格拉底式态度，他就被带回到对他人如何看他毫无兴趣的孤立的哲人的境况。这并非一种自我矛盾的（"荒谬的"）态度，如果哲人准备承认：通过某种对存在直接的个人观照，或通过一种来自一个超验上帝的个人启示，他或许会达至真理。但是，如果他承认这一点，他就没有哲学上成立的理由把他的知识传达（口头或书面）给其他人（除非是为了获得他们的"承认"或崇拜，但这两者已被"哲人"的定义排除在外），因此，如果他真是一位哲人（哲人不会"无理由地"行动），他就不会这么做。[159]我们因此就会对他一无所知；我们甚至不知道他是否存在，他是哲人还是个疯子。此外，在我看来，他自己甚至都不知道这一点，因为他摆脱了一切社会控制，而社会控制是清除"病"例的唯一方式。不管怎样，他的"唯我论"态度排斥一切"讨论"，从根本上是反苏格拉底的。

"苏格拉底"当然与他人进行"讨论"，因此就让我们承认，他对别人对他言行的意见或将有的意见高度感兴趣，至少在他认为他们"有能力"的范围内来说。如果"苏格拉底"是一位真正的哲人，他在智慧（意味着知识和"美德"）上就会不断进步，而且意识到他的进步。如果他未被充满基督教式谦卑的偏见误导,以至于对自己伪善,他就多少会满足于他自己的进步,亦即满足于他自己。我们可以说(无需害怕这个词),他多少会有些自我崇拜(尤其是如果他认为自己比其他人更"高级"的话)。如果那些表达了对他的意见的人是"有能力的",他们将以他欣赏他自己的方式来欣赏他(假定他不是在欺骗自己),这就是说,他们若没有被嫉妒蒙蔽眼睛,就会崇拜他像他崇拜他自己一样。如果"苏格拉底"不是一个"基督徒",他会承认(对他自己和其他人),他人的崇拜给他带来了(某种)"满足"和(某种)"快乐"。诚然,这并不意味着,(有意识地)在智慧之路上取得进步,单单这一事实给予"苏格拉底"的"快乐"和"满足"仅仅在于,他因为能够崇拜自己和被其他人崇拜而得到的"快乐"和"满足"。每个人都知道获取知识带来的"纯粹的快乐",也知道与"履行自己的职责"的感觉相伴随的"无功利的满足"。也不能由此推论说,寻求知识并履行职责而不会被随之而来的"快乐"激发,这在原则上是不可能的。的确,仅仅为了"爱"运动而运动,并不特别寻求一场竞赛中"胜利者的冠冕"带来的"快乐",难道不可能吗?

相反,显然的是,事实上所有这些东西是绝对不可分的。"在理论上"当然可能做出精细的区分,但"在实践上"却不可能排除一个因素而保留其他因素。这即是说,在这一领域不可能有验证性的实验,因此,[160]有关这一问题的一切都不能被认识(在此词的"科学"意义上)。

我们知道,有些快乐与知识或美德毫不相干。我们也知道,人们有时会拒斥这些快乐,以便全身心地追寻真理或践行美德。但是,由于追寻真理和践行美德事实上与独立的(sui generis)"快乐"密不可分地联系着,因此就绝对无法知道,事实上促使人们这样行动的是在不同"快乐"之间进行的选择,还是在"快乐"与"职责"或"知识"之间进行的选择。这些独立的"快乐"反过来与源于自我满足或自我崇拜的特有的"快乐"密不可分地联系着。不管基督徒们怎么说，一个人不可能是智慧的和有美德的（也就是说，事实上比所有人或至少比某些人更有智慧和美德）却不会从中获得某种"满足"和某种"快乐"。① 因此就无法知道，事实上行为的"首要动机"是源于智慧（知识+美德）的"纯粹的"快乐，还是那源于智慧者的自我崇拜（不管是否受其他人对他的崇拜的影响）的有时受到谴责的"快乐"。

如果从与他人的关系来思考"苏格拉底"，同样的含混显而易见。我们已经承认，"苏格拉底"对其他人对他的意见感兴趣，只是因为这使他能够检验他对自己的意见是否成立。但除此之外一切都模糊不清。一个人可以像色诺芬-施特劳斯那样坚持认为，苏格拉底只对其他人对他的"理论性"评价感兴趣，他对其他人对他的崇拜毫无兴趣——他的"快乐"完全只源于自我崇拜（自我崇拜要么决定他的哲学活动，要么仅仅伴随着他的哲学活动）。但也完全能够说，只要一个人不是疯子，他的自我崇拜必然包含并预设了其他人对他的崇拜；如果一个"正常的"人不仅不被所有人或至少某些人评价，也不被他们"承认"，他就不可能真正对他自己"满足"。[161]甚至可以再进一步说，与被其他人崇拜所带来的快乐相比，自我崇拜所包含的快乐相对而言是无价值的。对于"承认"的现象，这些都是可能成立的心理分析，但是，由于不可能进行试验来分离"承认"的众多方面，也就不可能最终解决问题、确立任何一种分析。

认为"苏格拉底"只是为了被其他人"承认"才寻求知识和

---

① 事实上，基督徒仅仅成功地"败坏了这种快乐"，因为他们利用了呈现为"羡慕"或"嫉妒"的令人不快的情绪。当一个人"比另一个人差"时，他就对自己不满意（有时甚至鄙视自己）。一个基督徒始终面对着一个比他更好的他者，这个他者就是上帝，上帝使自己成为人以便更容易对比。一个基督徒拿自己跟这个人对比，徒劳地试图模仿这个人，这个人对他而言就是上帝，就此而言，基督徒体验的不是对上帝的"嫉妒"或"羡慕"，而只是一种纯粹的"自卑情结"，这足以使他无法承认他自己的智慧或美德并且"享受"这种承认。

践行美德,这一定是错的。因为经验表明:在一座无望离开的荒岛上,一个人可以为了对科学纯粹的爱而追求科学;没有见证者(人甚或神),一个人也可以只是因为害怕自己会瞧不起自己而践行"美德"。但没什么阻止我们断定,当"苏格拉底"与其他人交流,并公开地践行他的美德时,他这么做不仅是为了检验自己,也是为了(甚至可能主要为了)外在的"承认"。我们有什么理由声称他并不寻求这一"承认",既然他必然事实上发现这一"承认"?

的确,惟当一个人接受上帝的存在,所有这些区分才有意义,因为上帝能看清人的内心,并根据人们的意图(当然可能是无意识的)评判他们。如果一个人真的是一位无神论者,这些区分就不再有意义了,因为在这种情形下,显然只有内省能提供答案的线索。那么,只要一个人是独自知道某物,他就永远不能确定他真的知道它。如果一个坚定的无神论者用社会(国家)和历史取代上帝(即超越人的意识和意志的意识和意志),他就不得不说,但凡实际超越了社会的和历史的验证的东西,都永远要归入意见(doxa)之域。

这就是我不同意施特劳斯如下说法的原因。他说色诺芬以一种极端的方式提出了快乐与美德之关系的问题。我不同意的原因是,我不认为(从无神论的视角看)有一种问题能够被某种形式的知识(epistēmē)解决。更准确地说,问题容许有多种可能的解决,但没有一种解决是真正确定的。因为,不可能知道哲人(智慧者)寻求知识和践行美德是"为了它们自身的缘故"(或"出于职责"),还是为了他这么做时所体验到的"快乐",或者说到底,他这么行动是不是为了体验自我崇拜(不管是否受他人的崇拜影响)。[162]这一问题显然不可能"从外面"解决,因此就无从评价通过内省所达到的"主观确定性",如果这些"确定性"有冲突,也无从在它们之间做出裁断。①

讨论到目前，值得记住的是，一些哲人的"伊壁鸠鲁式"概念无论如何没有被一种全面的、条理分明的思想体系证明。一旦我们考虑"承认"的问题，就像我刚才做的那样，这一概念就变得成问题，即便只限于考虑真理标准的问题，就像我一开始做的那样，这一概念也是成问题的。

哲人把"讨论"（对话、辩证法）看成一种探究方法和真理标准，就此而言，哲人不得不"教育"他的对话者。我们已经看到，哲人没有理由对他可能的对话者的数量施加先验的限制。这即是说，哲人不得不是一位教育者（pedagogue），不得不试图无限地扩展他（直接或间接的）教育活动。但在这么做时，他总是迟早要侵犯政治家或僭主的行动领域，后者本身也是（多少有意识的）"教育者"。

通常，哲人的教育活动对僭主的教育活动的干预表现为一种多少有些尖锐的冲突。因此，"败坏青年"是对苏格拉底的主要指控。哲人-教育者因此自然会倾向于试图影响僭主（或一般而言的政府），以便使他能够创造允许施行哲学教育的条件。但事实上，国家本身是一个教育机构。由政府所实践和控制的教育是一般意义上的政府活动的一个必要的部分，[163]也是国家结构的一个功能。

---

① 对"行为"的观察也不可能解决问题。但事实依旧是，在观察哲人（因为缺少智慧者）时，我们实际得到的印象并不是他们对赞美甚或奉承无动于衷。我们甚至能说，像所有知识分子一样，他们整体上比行动的人更加虚荣。的确，我们容易理解他们为什么会这样。人们做他们所做的特定的事是为了成功或"获得成功"（而且不失败）。一项涉及行动的事业的"成功"可由它的客观"结果"来衡量（一座不垮塌的桥，一桩赚钱的生意，一场打赢的战争，一个强盛的国家等等），无关乎其他人对它的意见。一本书或一篇知识分子的论说的"成功"不是别的，而就是其他人对它的价值的承认。所以，知识分子比行动的人（包括僭主）更加依赖他人的崇拜，也比行动的人对于这种崇拜的缺失更加敏感。没有这种崇拜，他就完全没有正当的理由来崇拜自己，而行动的人能够因为他客观的（甚至孤独的）"成功"而崇拜自己。正因如此，一般来说，只谈话和写作的知识分子会比行动（在此词的强烈意义上）的人更加"虚荣"。

因此，想要影响政府以便引入或施行一种哲学教育，也就是想要影响一般而言的政府，想要决定或共同决定政府的政策。哲人不可能放弃教育。的确，他的哲学教育的"成功"是衡量哲人的"学说"是否真理的唯一"客观"标准：他拥有门徒（无论狭义还是广义的）的事实确保他不会陷入疯狂，他的门徒在私人生活和公共生活上的"成功"是他的学说的（相对）"真理"——至少在它对于既有的历史现实是充分的意义上而言——的"客观"证明。

所以，如果一个人不想停留于"证据"或"启示"（不排除疯狂的危险）的纯粹主观标准，他就不可能是哲人却不同时想要成为一位哲学教育者。如果哲人不想人为地或不适当地限制他的教育活动的范围（由此冒着服从"宗派"的偏见的危险），他必定强烈倾向于以某种方式参与整体上的政府，以便国家或许被组织和统治得使他的哲学教育既可能又有效。

很可能正是出于这一（多少被有意识地承认的）理由，大多数哲人，包括最伟大的哲人，放弃了他们"伊壁鸠鲁式"的孤立，通过个人的介入或者通过自己的写作来参与政治活动。柏拉图的叙拉古之行、斯宾诺莎与德·维特（De Witt）的合作，[①]都是我们熟知的直接介入的例子。众所周知，近乎所有哲人都发表过讨论国家和政府的著作。[②]

不过，我之前谈过的源于人的时间性和有限性的冲突在此开始起作用。一方面，哲人的至高目标是追寻智慧或真理，哲人依照定义绝对不可能完成这一目标，而这一目标应该会耗费他所有的时间。另一方面，统治一个国家，不管多么小的国家，也会耗费时间，甚至是耗费很多时间。实际上，统治一个国家也会耗费一个人所有的时间。

---

① ［译按］德·维特指荷兰政治家 Johan de Witt（1625—1672），曾资助斯宾诺莎，斯氏的《神学政治论》据说就是在支持德·维特。

② 笛卡尔的情况过于复杂，不便在此讨论。

哲人不可能把他们所有的时间献给哲学和统治两者,因此他们通常会寻求一种妥协的解决办法。他们尽管想要参与政治,[164]却不会放弃全然哲学的活动,而仅仅会同意略微限制他们投身哲学的时间。因此他们放弃了直接管理国家的想法,只把他们从搞哲学中留出的一点时间用于给予统治者日常的(口头的或书面的)建议。

不幸,这一妥协被证明不可行。的确,哲学并没有因为哲人的政治"分心"而特别受影响。但是,哲人的政治建议严格说来没有任何直接的和即时的效果。

说实话,那些只限于给出书面的、事实上充满"书卷气"的建议的哲人并不把他们的失败看成一场悲剧。因为他们大多足够清醒,并不指望当权者会读他们写的东西,甚至更不指望当权者会在日常事务中受他们指导。既然他们仅仅通过写作来行动,他们就注定短期内在政治上起不了作用。然而,那些确曾不惮麻烦以便给出政治建议的人或许会为建议不被采纳非常烦恼,或许会觉得这实际上"浪费了他们的时间"。

当然,我们不知道柏拉图在其西西里之行失败后的反应。他在失败之后再次进行努力的事实表明,在他看来,两方对这一失败都有责任,如果他换种做法,他可能会做得更好、成就更多。但一般而言,(多少是爱智慧的)知识分子的共同意见是对不听话的统治者倾泻指责和轻蔑。但我坚持认为,这么做完全是错的。

首先,对于一个对哲人的建议无动于衷的政府,有一种习惯于指责它带有"僭政"性质的倾向。可在我看来,哲人来批评僭政尤其不合适。一方面,哲人-劝谏者一定极其匆忙,他完全乐意为国家的改革出一份力,但他只想在此过程中付出尽可能少的时间。所以,如果想要迅速成功,他就不得不找僭主而不是民主领袖交谈。的确,在任何时代,想要在政治现状下行动的哲人们都被僭政吸引。无论何时,只要有一个强大的、有威力的僭主和哲人生活在同一时代,哲人就会毫不吝惜地给予他建议,即便这个僭主在异国。另一方面,我们很难想象一个哲人自己(不可能)成为政治家,[165]除非是作为某类"僭主"。他急着"完成"政治、回到更高贵的事业,因而他几乎不可能有非同一般的政治耐心。他蔑视"群众",毫不在乎他们的赞美,因此他不会想要耐心地扮演"民主的"统治者的角色,他并不关心"群众"和"好战分子"的意见和欲望。此外,他的改革方案一定很极端,背离普遍接受的观念,而如果不借助那些一直被指控为"僭政的"政治措施,他如何能迅速施行改革方案?事实上,如果自己并不参与国家事务的哲人指引他的一个门徒走上这个方向,这个门徒——比如阿尔喀比亚德(Alcibiades)——就会立即采取典型的"僭政的"方法。相反,一旦政治家公开地以一种哲学的名义行动,他就是作为一个"僭主"这么做,就像那些伟大的"僭主们"通常都有着多少是直接的、多少是自觉的和得到承认的哲学渊源。

简言之,在所有可能的政治家中,僭主无疑是最可能接受并施行哲人建议的。如果他接受了哲人的建议但不施行,他一定有充分的理由不这么做。此外,在我看来,这些理由在一个非"僭政的"统治者身上甚至会更有说服力。

我已经指出过其中的理由。一个政治家,不管他是不是僭主,他就是不可能采纳"乌托邦式的"建议,因为他只能在当下行动,他不能考虑那些与具体现状没有直接关联的观念。所以,哲人为了让政治家听取自己的意见,将不得不给予关于"当前的事"的建议。但为了给予这样的建议,他不得不每天紧密关注当前的事,因此就不得不搭上所有时间。可这正是哲人不想做的。就他作为一个哲人而言,他甚至不能这么做。因为这么做意味着放弃使他成为一个哲人的对真理的追寻,在他看来,惟赖于这一追寻,他才真正有资格成为僭主的哲学劝谏者,亦即成为一个有权比"未入门的"劝谏者享有更多不同礼遇的劝谏者,不管"未入门的"劝谏者可能多么理智和有能力。把自己所有的时间用于统治,就不再是一个哲人,因此也就会丧失可能拥有的对于僭主和"未入门的"劝谏者的任何优势。

事实上，哲人试图直接影响僭主的每一次努力必然没有效果，这也不是唯一原因。[166]比如说，让我们假定柏拉图留在叙拉古直到去世，而且他（当然是迅速地）爬升到了一个能够做决定、因而能影响政治大方向的位置。在这种情形下，可以确定柏拉图会得到僭主的倾听，并能实际指导僭主的决策。但这时会发生什么？一方面，狄奥尼修斯急于施行柏拉图提出的"极端的"改革，因此他肯定不得不持续强化他的统治的"僭政的"性质。那么，他的哲学劝谏者不久就会发现自己面临着"良心困境"：他追寻一个体现在"理想"国家中的"客观真理"，这一追寻与他那与"暴力"相抵触的"美德"概念发生了冲突，而他不愿继续使用暴力。另一方面，柏拉图能意识到（狄奥尼修斯则不能）自己知识的界限，他不久就会意识到自己已经到达了这些界限，于是他就在自己的建议上变得犹犹豫豫，因而不能及时给出建议。这些理论上的不确定性和道德冲突，以及不再有时间投身哲学的事实所激起的"良心的罪疚"，很快就会使哲人厌恶所有直接的和具体的政治行动。同时，由于哲人明白给予僭主"普遍观念"或"乌托邦式的"建议是可笑或伪善的，哲人会提交辞呈，让僭主"安静地待着"，不给予他任何建议以及任何批评，尤其是如果他知道僭主在追求他本人作为劝谏者——他自愿中止了这一角色——期间一直追求的目标。

这等于说，哲人面对僭主时的冲突不是别的，而是知识分子面临行动时的冲突，更准确地说，是面临行动的倾向甚或必然性时的冲突。黑格尔认为，这一冲突是发生在基督教或布尔乔亚世界的唯一真正的悲剧——哈姆雷特和浮士德的悲剧。这是一个悲剧性的冲突，因为它是一个无法摆脱的冲突，一个不可能解决的问题。

由于不可能政治地行动同时又不放弃哲学，哲人放弃了政治行动。但他是否有任何理由放弃？

我们不可能援引前面的讨论来为这样的选择"辩护"。依据定义，[167]哲人不应没有"充分理由"就做决定，也不应采取在一个条理分明的思想体系中"不能得到辩护"的立场。因此我们仍旧要弄清，依哲人自己的判断，他如何能为放弃政治行动（在此词的准确意义上）"辩护"。

一个人或许倾向于给出的第一项"辩护"是容易的。哲人并未解决一个问题，这一事实未必会令哲人烦恼。他不是智慧者，因此他依照定义生活在一个充满问题的世界，对他而言，这些问题一直是开放的。他要成为一个哲人，所要求的就是他意识到这些问题的存在，而且寻求解决它们。寻求解决的最好方法（至少在柏拉图主义者看来）是"辩证法"，亦即由"对话"来检验和刺激的"沉思"。换言之，最好的方法是"讨论"。所以，在我们所说的情形中，哲人可以不用给予僭主日常的政治建议，或者不用避免对掌权的政府进行任何批评，他能够仅限于"讨论"以下问题：他本人是否应该统治？他是否应该仅仅劝谏僭主？他是否应该把他所有的时间用于一种更加"高级"、更少"世俗"的理论性追求，从而避免任何政治行动，甚至避免对政府进行任何具体批评？讨论这一问题就是哲人永远在做的事情。特别是，这是色诺芬在他的对话中做的，是施特劳斯在他的书中做的，也是我本人在当前的评论文章中做的。这样一切看来都井然有序。可一个人还是禁不住有些沮丧，因为对手头问题的这一"讨论"已经持续了两千多年却还没找到某种解决。

或许一个人可以试着解决这一问题：通过超越与哲人们的讨论，并使用黑格尔为了达到"无可争辩的"解决所用的"客观的"方法。

这就是历史的验证的方法。

对黑格尔而言，"对话"的古典"辩证法"的结果，亦即在一场纯粹言辞上的"讨论"中取得的胜利，并不是衡量真理的一个充分标准。换言之，在黑格尔看来，这种推理性的"辩证法"不能得出对一个问题的最终解决（亦即一种在所有将来临的时代都保持不变的解决）。原因很简单：如果一个人仅限于谈论这一问题，他就永远不能成功地最终"排除"对立者，或者因而"排除"对立本身，因为，反驳某人并不[168]一定会使他确信。"对立"或"争论"(一方面是在人与自然之间,另一方面是在人与人之间,甚或是在一个人与他的社会和历史环境之间)只有在积极的社会生活的历史层面渐次展开时,才能被"辩证地扬弃"(亦即抛弃"假的",但保存"真的",并将之提升到一种更高的"讨论"水平),在社会生活中,一个人通过工作(针对自然)的行为或斗争(针对人)的行为来论辩。无可否认,仅当这一积极的"对话"、这一历史的辩证法完成的时候,真理才会从中出现。也就是说,仅当历史在普遍同质国家中并通过普遍同质国家到达它的最后阶段(terme final),真理才会从中出现:由于普遍同质国家意味着公民们的"满足",所以它排除了否定性行动的任何可能,因此也排除了一般而言的否定的任何可能,以及对已确立之物进行任何新的"讨论"的可能。但是,即便我们不想和《精神现象学》的作者一样假定历史实际已经在我们的时代"完成",我们也能够断言:如果对一个问题的"解决"事实上因为缺少相反的(历史的)证据而在已逝的整个时期里历史地或社会地"有效",一个人就有权利认为它在哲学上"有效",尽管哲人们依旧在对这一问题进行"讨论"。如果我们这么看,我们就可以假定,在幸运的时刻,历史本身将动手终结对一个它实际已经"解决"的问题无休无止的"哲学讨论"。

因此让我们看看,是否理解了我们历史的过去就能使我们解决智慧与僭政的关系问题,并由此决定哲人对于政府应该采取什么"合理的"亦即"哲学的"行为。

先验地看起来可能的是,历史能够解决哲人个人的沉思(包括我的)至今未能解决的问题或冲突。的确,我们已经看到,这一冲突本身及其"悲剧性"特质源于有限性,即一般而言的人和特殊而言的哲人有限的时间性。如果人是永恒的,不需要时间来行动和思考,或如果人有无限的时间来行动和思考,那么这一问题甚至不会产生(就如它对上帝不会产生一样)。历史超越了人的个体存在的有限存续期。当然,就"永恒"一词的古典意义而言,历史并不是

"永恒的",因为它仅仅是时间性的行动和思考在时间上的集合。[169]但是,如果我们和黑格尔一样承认(如果有谁像黑格尔一样愿意承认历史和历史的进步有一种意义,他也应该会在这一点上同意黑格尔),历史能够在自身之中并通过自身达到完成,"绝对知识"(=推理性的智慧或真理)来自通过一种"条理分明的话语"(Logos)"理解"或"解释"整体的历史(或说是由这种知识整合进这种知识的历史),这种"条理分明的话语"穷尽了"理性的"(亦即内在没有对立的)思想的所有可能性(假定是有限的),它在此意义上是"循环的"或"整一的";如果我们承认这一切,那么,我们就能把历史(在这种"绝对的"推理性知识中并由这种知识完成和整合的历史)等同于被理解为时间的整一性的永恒("时间"是历史的时间,亦即人的时间,亦即能够包含任何在行动或言辞上的"讨论"的时间),任何单个的人都不可能超越它,人本身更不能。简言之,如果一个名副其实的个人尚不能够解决吸引我们的问题——因为它在个人层面是不可解决的,那么,帕斯卡尔所说的"伟大的个人"(他不会一直学习,但的确学习某些东西,在此词的严格意义上说)为何没在很早之前"最终地"解决这一问题(即便没有一个个人曾注意到它)就没有先验的理由。

让我们看看,关于僭主与哲人的关系(假定至今地球上还没有过一个智慧者),历史教给了我们什么。

初看起来,历史肯定了一般的意见。不仅至今没有哲人事实上统治过一个国家,而且所有政治家,尤其他们之中的"僭主",始终轻蔑哲人的"普遍观念",并拒绝他们的政治"建议"。哲人的政治行动因而看上去一直是零,他们或许从历史中汲取的教训,似乎会鼓励他们投身于"沉思"或"纯粹的理论",而不去关心"行动的人"尤其各类"统治者"同时可能在做什么。

但更仔细地考察就会发现,从历史中汲取的教训看起来完全不同了。在西方哲学的地理版图内,或许最伟大的政治家是亚历山大大帝,他当然也是那些伟大的僭主数世纪来所模仿的对象(只有他最近才被拿破仑的一个模仿者再次模仿,拿破仑模仿凯撒,凯撒本人也是模仿者)。[170]亚历山大可能读过色诺芬的对话。他是亚里士多德的学生,亚里士多德是柏拉图的学生,而柏拉图是苏格拉底的学生。所以,亚历山大无疑间接接受了和阿尔喀比亚德一样的教诲。或者因为他比阿尔喀比亚德更有政治天分,或者只是因为他出现得"恰逢其时",亚历山大在阿尔喀比亚德失败的地方成功了。但两人都想要同样的东西,两人都试图超越古代城邦严格的、狭窄的界限。没什么阻止我们假定,这两次政治努力(只是有一个以失败告终)可以回溯到苏格拉底的哲学教诲。

诚然,这只不过是一个简单的历史假设。但是,分析有关亚历山大的事实能使这一假设看起来有道理。

与他的所有希腊前辈和同时代人的政治行动不同,亚历山大的政治行动的特征在于由帝国的观念指引。"帝国"亦即一个普遍国家,至少在此意义上而言:这一国家没有任何先验地被给定的界限(地理的、种族的或其他方面的),没有预先建立的"首都",甚至没有一个地理上和种族上混合的中心以便对其周边进行政治控制。当然,任何时代都有征服者准备无限地扩展他们征服的地域。但他们通常会寻求建立和主人与奴隶的关系一样的征服者与被征服者的关系。与此相反,亚历山大显然准备把整个马其顿和希腊都融散在他的征服所创造的新政治单位中,并且准备根据这一新的整体自由地(理性地)选择一个地点,从那里来管理这一政治单位。此外,通过要求马其顿人和希腊人与"野蛮人"通婚,他肯定是想要创造一个新的统治阶层,这个阶层将独立于所有严格的和既有的种族纽带。

那么,有什么可以解释这一事实:只有成为一个具有充分宽广的种族基础和地理基础的民族国家(而非一个城邦)的领袖,一个人才能对希腊和东方施行传统类型的单边的政治控制,可这个人构想的却是一个真正普遍的国家或一个帝国(在此词的严格意义上)

的观念,其中征服者和被征服者混合在一起?这是一个全新的政治观念,随着卡哈卡拉敕令(Edict of Caracalla)①的颁布才开始实现,但在任何地方都没有纯粹地实现,同时(只是在晚近)却遭遇了显著的衰退,而且它依旧是"讨论"的一个主题。有什么能够解释这一事实呢:一个世袭的君主[171]同意自我流放,并想要将他本国胜利的贵族与新的被征服者混合起来?他不是建立他的种族的统治,并把他的祖国的统治强加给世界上的其他地方,而是为了一切政治意图和目的选择融散种族并消除祖国本身。

我们倾向于把这一切归因于亚里士多德的教育,以及"苏格拉底-柏拉图的"哲学的普遍影响(这一哲学也是亚历山大可接触到的智术师式完全政治性教诲的基础)。一个亚里士多德的学生或许会认为,为了帝国的统一,必须创造一个生物学的基础(借由通婚)。但是,只有苏格拉底-柏拉图的门徒才会构想这种统一性,因为他以古希腊哲学所阐发的人的"观念"或"普遍观念"作为其出发点。所有人都能成为同一个国家(=帝国)的公民,因为他们有(或因为生物学的结合而获得了)同一个"本质"。归根结底,所有人共有的这一"本质"就是"逻各斯"(语言-知识),也就是今天我们所称的(古希腊)"文明"或"文化"。亚历山大所谋划的帝国不是一个民族或一个种姓(caste)的政治表达。它是一个文明的政治表达,是一个"逻各斯的"实体(a logical entity)的物质现实化,这一"逻各斯的"实体是普遍同一的,正如逻各斯本身是普遍同一的。

早在亚历山大之前,法老埃赫纳吞(Ikhnaton)很可能也产生了帝国的观念——就帝国是一个跨种族(跨民族)的政治单位而言。一座阿玛纳时期(Amarnian)②的浮雕描绘了传统的亚洲人、努比亚

---

① [译按]公元212年,罗马皇帝卡哈卡拉颁布敕令,宣布罗马帝国内的所有自由民获得罗马公民权。

② [译按]阿玛纳时期指古埃及第十八王朝的后半期,因法老埃赫纳吞将国都迁至今日的阿玛纳,故名。

人和利比亚人，他们没被埃及人捆绑，而是跟埃及人一起平等地敬拜同一个神：阿吞神（Aton）。唯在此，帝国的统一性有一种宗教的（神的）而非哲学的（人的）起源：它的根基是一个共同的神，而非人作为人（＝理性的）"本质的"的统一性。统一公民的不是他们的理性和文化（逻各斯）的统一，而是他们的神和崇拜共同体的统一。

自不幸失败的埃赫纳吞以来，拥有一个超验的（宗教的）统一性基础的帝国的观念一再兴起。经由希伯来先知们的中介，这一观念一方面被圣保罗和基督徒接受，另一方面被伊斯兰教接受（仅就最宏大的政治努力而言）。但是，经受了历史的检验而延续至今的不是穆斯林的神权统治，也不是日耳曼人的神圣帝国，甚至不是教皇的世俗权力，而是普遍的教会，[172]它完全不同于严格意义上的国家。因此，一个人或许会总结说，归根结底，唯有可以一直回溯到苏格拉底的哲学观念在世上政治地行动，并在我们的时代继续指引着那些要努力实现普遍国家或帝国的政治行动和实体。

但是，人类当今正追求（或斗争）的政治目标不仅是政治上普遍的国家，同样也是社会上同质的国家，或"无阶级的社会"。

在此，我们再次发现，政治观念的久远根源在于宗教普世主义者的一个概念，这一概念在埃赫纳吞那里已经出现，并在圣保罗那里达至顶峰。那就是认为所有信仰同一个神的人具有根本的平等。这一社会平等的超验概念，极其不同于苏格拉底-柏拉图认为拥有相同内在"本质"的所有存在具有的同一性概念。对古希腊哲人的门徒亚历山大而言，希腊人和蛮族人有相同的权利要求在帝国中得到政治公民身份，因为他们拥有相同的人（即理性的、逻辑的、推理的）的"自然"（＝本质、观念、形式等等），或说，他们通过直接地（＝"即刻地"）"混合"他们内在的品质（由生物学的结合来实现）而"在本质上"彼此等同。对圣保罗而言，希腊人与犹太人之间没有"本质的"（不可化约的）差别，因为两者都能成为基督徒，而且他们成为基督徒不是通过"混合"希腊人和犹太人的"品质"，而是通过否定它们，并借由这一否定把它们"综合"进一个同质的统一体——这一同质的统一体不是内在的或给定的，而是通过"皈依"（自由地）创造出的。由于这一基督教的"综合"的否定性质，任何不相容甚至"对立的"（＝相互排斥的）"品质"就荡然无存了。对希腊哲人亚历山大而言，主人与奴隶的任何"混合"都不可能，因为两者是"对立的"。因此，他的普遍国家虽然消除了种族，但没有消除"阶级"，因而在此意义上不可能是同质的。而另一方面，对圣保罗而言，否定异教的主人和奴隶之间的对立（这一否定是积极的[active]，因为"信仰"是一种行动，而且没有"行动"就会"死"），会产生一种"本质上"全新的基督教统一体（此外也是积极的或行动着的，甚至是"充满感情的"，而不是纯粹理性的或推理的，亦即"逻辑的"），这一统一体不仅能为国家的政治普遍性提供基础，也能为其社会同质性提供基础。

但事实上，建立在一个超验的、有神的、宗教的基础之上的普遍性和同质性并没有，也不能够产生一个严格意义上的国家。它们只是作为普遍和同质的教会的"神秘身体"的根基，并被假定[173]只有在彼岸（"天国"，设若一个人抽离掉地狱的永恒存在）才能充分实现。事实上，普遍国家是完全处于古代异教哲学和基督宗教双重影响下的政治所追求的唯一目标，尽管它至今尚未达到这一目标。

但在我们的时代，普遍和同质国家也已成为一个政治目标。在此，政治再次衍生自哲学。当然，这一哲学（作为对基督宗教的否定）又衍生自圣保罗（因为"否定"他而以他为前提）。但是，唯当现代哲学将基督宗教关于人的同质性的观念成功地世俗化（＝理性化，将之转变为条理分明的话语），这一观念方能产生现实的政治意义。

至于社会同质性，哲学与政治之间的渊源关系不如在政治普遍性上那么直接，但却是绝对确定的。就普遍性而言，我们仅仅知道，最早采取有效手段来实现它的政治家受到了一位双重远离其理论创始者的门徒的教导,①而且我们只能假定这些观念之间的渊源关系。与此相对照的是,就同质性而言,我们知道有一种观念之间的渊源关系,尽管我们没有直接的口述传统来确认它。开启朝向同质性的真正的政治运动的僭主,有意识地遵循了一个知识分子的教诲,这个知识分子精心地改造了哲人的观念,使之不再是一个"乌托邦的"理想(偶尔被错误地认为是描绘一个既存的政治现实:拿破仑的帝国),并成为一种政治理论,据之一个人或许能够给予僭主具体的建议,亦即僭主能够遵循的建议。因此,在承认僭主"伪造"(verkehrt)了哲学的观念时,我们知道他这么做只是为了"将之从抽象之域调换(verkehren)到现实之域"。

我在此只限于引用这两个历史例证,尽管我可以轻松地举出更多例证。但这两个例证完全道尽了历史伟大的诸政治主题。如果一个人承认,在这两个例子中,"僭政的"王和严格意义上的僭主所做的一切,就是将哲人的(同时由知识分子们恰当地予以准备的)教诲付诸政治实践,那他就能得出结论说,哲人的政治建议实质上得到了遵循。

的确,哲人的建议——即便它有一副政治的外表——绝不可能被直接地或"即时地"执行。因此,一个人或许会认为哲人的建议必定是不适用的,因为它[174]与它所处时代的具体政治现实缺少直接的或"即时的"关联。但是,"知识分子中介者"试图发现或建造哲人的建议与同时代现实之间的桥梁,从而始终抓牢哲人的建议,并使之面对同时代的现实。这一纯粹知识分子的劳作,即把哲学观念与政治现实更紧密地联系在一起,还得继续相当长的时间。但迟早会有某个僭主始终从源于这些"中介者"的可用的(口头的或书面的)建议中寻求指导,用于指引他每日的行动。当这样看待历史时,历史就显得是多少受哲学的演进直接指引的政治行动的连

---

① [译按]指亚历山大受到亚里士多德的教导,而亚里士多德双重远离苏格拉底,苏格拉底哲学是"普遍性"的渊源。

续序列。

从黑格尔的视角看,基于对历史的理解,僭政与智慧的关系可以描述如下。

只要人没有通过推理性的哲学反思充分意识到在一个特定历史时刻的特定政治状况,他就未与这一政治状况拉开"距离"。他不可能"采取立场",不可能有意识地和自由地决定支持还是反对它。他对于政治世界完全是"被动的",就如动物对于它生存于其中的自然世界是被动的。但是,一旦人获得了充分的哲学意识,他就能区分特定的政治现实与他"头脑中"政治现实的观念,这一观念这时只能作为一个"理想"。不过,如果人只限于哲学地理解(=解释或说明)特定政治现实,他将绝不能超越这一现实或与之相应的哲学观念。要让一种"超越"或朝向智慧(=真理)的哲学进步出现,(能够被否定的)政治现实必须被行动(斗争和劳动)实际地否定,由此,在对既存的和被哲学地理解的现实的这一积极否定中并通过这种积极否定,一个新的历史的或政治的(亦即属人的)现实首先会被创造出来,继而在一种新哲学的框架中得到理解。这一新哲学只会保存旧哲学的一部分——这一部分通过了对与旧哲学相应的历史现实的创造性政治否定的检验——并将之与它自己对新历史现实的启示综合在一起(借由一种条理分明的话语),从而改造或"升华"这一得到保存的部分。只有以这种方式前行,哲学才会向绝对知识或智慧迈进,唯当所有可能的积极的(政治的)否定已完成,哲学才可能达至绝对知识或智慧。

简言之,如果哲人们完全不给予政治家任何政治"建议",也就是说,从他们的观念不能(直接或间接)引申出任何政治教诲,[175]那就不会有历史的进步,因此就不会有严格意义上的历史。但是,如果政治家没有通过他们日常的政治行动最终实现基于哲学的"建议",那也就不会有哲学的进步(朝向智慧或真理),因此就不会有严格意义上的哲学。所谓的"哲学"著作当然可以无限地写下去,但我们绝不会有那智慧之书("经"[Bible]),它能确切地取代我们已拥有近两千年的同名之书。在涉及要积极地否定一个特定政治现实的"本质"之处，我们在历史过程中总能看到政治的僭主们产生。一个人或许因此总结说：没有哲人在先的存在，就不可想象一位改革性僭主的出现，而智慧者的来临必然以僭主（他将实现普遍同质国家）的革命性政治行动为前提。

权当如此。当我比较由色诺芬对话和施特劳斯的解释所激发的反思与历史所展现的教训时，我的印象是，哲人与僭主的关系在历史演进的过程中始终是"合理的"：一方面，哲人们"合理的"建议始终或迟或早地被僭主们实现，另一方面，哲人们与僭主们始终"依据理性"来对待彼此。

僭主不会试图施行一种乌托邦式的哲学理论，亦即一种与僭主不得不应对的政治现实毫无直接关系的哲学理论，这完全正确，因为他没有时间填充乌托邦与现实之间的理论空隙。至于哲人，他避免把自己的理论阐明到直接回应当前政治事件所提出的问题的程度，这也是正确的。如果他这么做，他就没有时间留给哲学，他将不再是哲人，因此就不再有资格给予僭主政治-哲学的建议。哲人把在理论层面融合他的哲学观念与政治现实的职责交给了一群形形色色的知识分子（他们或多或少分散在时空中），这也是正确的；知识分子承担起这一任务，而且，当他们在自己的理论上达到了当前政治事件所提出的具体问题的水平，如果有机会，他们就会给予僭主直接的建议，这么做是正确的；僭主不遵循（不听）这样的建议，直到建议达到了这一水平，这么做也是正确的。简言之，在历史现实中，他们全都合理地行动，[176]正是通过合理地行动，最终他们全都直接或间接地获得了真实的结果。

另一方面，政治家仅仅因为一种理论不能"原封不动地"施行于一种既定的政治状况就想要否认其哲学价值，这完全不合理（当然，这并不意味着，政治家在这种政治状况中没有政治上正当的理由禁止这种理论）。哲人"在原则上"谴责僭政本身，这同样不合理，因为只有在具体政治状况的语境中，一种"僭政"才能被"谴责"

或得到"辩护"。泛言之,如果哲人仅仅从自己的哲学出发,以无论何种方式批评政治家(不论他是否是僭主)所采取的具体政治手段,这也不合理,特别当政治家采取这些手段使得哲人宣扬的理想将来或许能够实现时。在两种情形下,对哲学或对政治的评价都将是不胜任的。因此,相比于必定"理性的"哲人而言,一个"未入门的"政治家或僭主说出这类评价更有情可原(但非更可辩护)。至于"居中的"知识分子,如果他们不承认哲人有权评价他们理论的哲学价值,或者不承认政治家有权选择自己认为能够在既定状况中实现的理论并丢弃其余理论(即便是"僭政地"丢弃),那也会是不合理的。

概言之,是历史本身专注于"评价"(通过"成就"或"成功")政治家或僭主们的行动,他们采取这些行动(有意识或无意识地)是作为哲人们的观念的一个功能,而知识分子们出于实践目的改造了这些观念。

重述色诺芬的《希耶罗》

施特劳斯

[177]如果一种社会科学谈到僭政不能像医学谈到癌症那么有信心,它就无法理解社会现象的真实面目。这种社会科学因而就不是科学的。今天的社会科学面对的正是这种处境。如果今天的社会科学确实是现代社会科学和现代哲学的必然结果,我们就不得不考虑恢复古典的社会科学。一旦从古人那里再次学到何为僭政,我们将有能力且不得不把许多伪装成独裁(dictatorships)的当代政制诊断为僭政。这一诊断只能是准确分析当今僭政的第一步,因为今天的僭政根本上不同于古人所分析的僭政。

但这不就等于承认古人完全不熟悉当代形式的僭政吗?难道不必须由此得出结论说,僭政的古典概念太过狭隘,因此古典的参考框架必须要彻底修正,也就是被废弃?换句话说,恢复古典社会科学的努力难道不是乌托邦式的吗?因为这一努力暗示,古典取向[178]并没有因圣经取向的胜利而废止。

这似乎是我对色诺芬《希耶罗》的研究面对的主要反驳。无论如何,这就是对我的研究仅有的一些批评的要旨,我们可以从这些批评学到些东西。这些批评的写作彼此完全独立,其作者沃格林教授和科耶夫先生可以说毫无任何共同之处。在讨论他们的论证前,我必须先重述我的主张。

古典僭政与当今僭政有着根本的差异,或者说古人甚至做梦都没有想到当今的僭政,但这一事实并不是废弃古典参考框架的好理由或充分理由。因为,这一事实如下可能性完全相容:当今的僭政有可能在古典框架中找到自己的位置,也就是说,除非放到古典框架中,否则当今的僭政就无法得到充分理解。当今僭政与古典僭政的差异,根源于哲学或科学的现代观念与古典观念的差异。与古典僭政截然相反的是,当今僭政基于有赖现代科学而得以可能的"征服自然"过程中无限制的进步,也基于哲学知识或科学知识的大众化或散播。有一种科学可能导致对自然的征服,哲学或科学有可能大众化,古人对这两种可能性了然于心(对比色诺芬《回忆苏格拉底》I. 1. 15 与恩培多克勒残篇 111;柏拉图,《泰阿泰德》180c7-d5)。但古人将其斥为"不自然",也就是会毁灭人性。古人做梦都没有想过当今的僭政,因为他们认为当今僭政的基本前提如此荒谬,于是把想象力转向了完全不同的方向。

当代杰出的政治思想史家之一沃格林似乎主张(《政治评论》[*The Review of Politics*],1949,页 241-244),①古典的僭政概念太狭隘,因为它没有包含名为凯撒主义(Caesarism)的现象。当称呼一个既定的政制为僭政时,我们暗示,"宪政的"(constitutional)政府是其切实可行的替代方案,但凯撒主义只在"共和宪政秩序最终崩溃"后才出现,因此,按僭政的古典含义,就无法把凯撒主义或"后宪政的"统治理解为僭政的一个分支。没有理由与认为真正的凯撒主义不是僭政的观点争辩,但并不能由此得出结论说,依照古典政治哲学便[179]无法理解凯撒主义,凯撒主义仍是古人所理解的绝对君主制的一个分支。如果在特定的境况下,"共和宪政秩序"已经完全崩溃,而且在可预见的未来没有任何恢复的合理前景,那就没有理由谴责建立永久的绝对统治。因此,建立永久的绝对统治从根本上不同于建立僭政。当永久的绝对统治确实必要时,所应斥责的只应是建立和施行这一统治的方式。正如沃格林强调的那样,既有僭

---

① [译按]沃格林评论中译文参见《信仰与政治哲学:施特劳斯与沃格林通信集》,谢华育、张新樟等译,华东师范大学出版社,2007,页 64-70。

主凯撒,也有王者凯撒。只需读读萨卢塔蒂(Coluccio Salutati)①针对凯撒是僭主的指控为凯撒做的辩护——这一辩护的各项要点都脱胎于古典精神——我们便能看清楚,凯撒主义与僭政的区别完全适合置于古典框架中。

不过,凯撒主义的现象是一回事,当前流行的凯撒主义概念则是另一回事。当前流行的凯撒主义概念必定与古典原则不相容。问题由此产生:是当前流行的概念还是古典的概念更近乎充分。更具体地说,这一问题关乎沃格林似乎认为必不可少的当前流行的概念——源于十九世纪的历史主义——暗含的两层含义是否正当。首先,沃格林似乎相信,"宪政的状况"与"后宪政的状况"之别要比好王或好凯撒与坏王或坏凯撒之别更根本。但是,难道好坏之别不是所有实践的或政治的区分中最根本的吗?其次,沃格林似乎相信,"后宪政的"统治本身并不逊于"宪政的"统治。但是,难道"后宪政的"统治不是借由必然性或沃格林所说的"历史必然性"才变得正当吗?必然之物不是从根本上低于高贵之物或本身值得选择的事物吗?必然性是个借口,借由必然性而变得正当的事物需要借口。按照沃格林的理解,凯撒是"报复一群堕落民众的累累恶行的复仇者"。由此,凯撒主义从根本上与一群堕落的民众、一种低等的政治生活和一种社会的衰败关联起来。凯撒主义预设了公民美德或公共精神的衰退——倘若不是灭绝——而且必然把这一条件永久化。凯撒主义属于一个堕落的社会,并因社会的堕落而繁盛。凯撒主义是正义的,而僭政是不义的。但说凯撒主义是正义的,就像说应得的惩罚是正义的一样。凯撒主义本身并不值得选择,正如应得的惩罚本身并不值得选择一样。卡图(Cato)拒绝[180]察看时代

---

① [译按]萨卢塔蒂(1331—1406),意大利文艺复兴时期的文学家、政治家,诗人彼得拉克的学生,1375年担任佛罗伦萨首Ц,1400年出版了著名论文《论僭政》(*De Tyranno*)。萨卢塔蒂虽然属共和派,但在《论僭政》中仍支持但丁最先提出的普遍专制。

的要求，因为他太过清楚地看到时代所要求的东西堕落的且愈益堕落的品性。相比于认识到凯撒主义在某些条件下是必要的并因而是合法的，认识到凯撒主义的低等（重言之，因为凯撒主义无法同应承受凯撒主义的社会分开）要远为重要。

虽然古人完全有能力公正对待凯撒主义的功过，但他们没有特别想要阐述一种凯撒主义的学说。他们主要关心的是最佳政制问题，所以更为关注"前宪政的"统治或早期王权，而不是"后宪政的"统治或晚期王权。与精致的腐化相比，粗拙的简朴是好生活的更佳土壤。但还有一个原因使古人几乎对"后宪政的"统治保持沉默。如果共同福祉要求绝对统治取代宪政统治，这一变革就是正当的，但强调这一事实意味着质疑现有宪政秩序的绝对神圣性，意味着鼓励一些危险的人通过促成一种事态把问题搞乱，在这种事态中，共同福祉会要求建立他们的绝对统治。论证凯撒主义合法性的正确学说是一种危险的学说。凯撒主义与僭政的真正区别过于细微，无法在平常政治中使用。人们最好永远不了解这一区别，最好把潜在的凯撒看作潜在的僭主。如果人们有勇气依此行事，这一理论上的错误就成为实践上的正确，不会造成什么危害。在政治上将凯撒主义等同于僭政，这不会造成什么伤害——凯撒们能够照顾好自己。

倘若古人愿意，他们本能轻松地阐述一种凯撒主义的或后期王权的学说，但他们并不想这样做。但沃格林主张，古人迫于其历史状况而探索过一种凯撒主义的学说，不过未能发现这一学说。沃格林试图援引色诺芬和柏拉图来证明自己的主张。对于柏拉图，沃格林出于篇幅的考虑只扼要提到了《治邦者》中的王者型统治者。对于色诺芬，沃格林正确地断定，不能完全把"作为完美王者之镜的《居鲁士的教育》与作为僭主之镜的《希耶罗》"对立起来，因为完美王者居鲁士与西蒙尼德描述的改进后的僭主"实际远没有他们看上去那么对立"。沃格林对此做了解释，提出"两部作品根本上面临相同的历史问题，也就是新的［即后宪政的］统治者的问题"，而且，［181］除非首先抹除王者与僭主的区别，否则无法解决这个问题。

为了证成这一解释,沃格林声称,"《居鲁士的教育》的动机恰恰是寻求一个稳定的统治,以便结束希腊城邦中民主与僭政之间令人沮丧的往复",但色诺芬就《居鲁士的教育》的意图所说或所暗示的内容并不支持这一主张。《居鲁士的教育》显见的意图是使人们理解居鲁士在解决统治人这个问题上取得的惊人成功。色诺芬把统治人的问题看作与人并存的一个问题。就像柏拉图在《治邦者》中那样,色诺芬丝毫没有提在"后宪政的状况"中建立稳定的统治这一特殊的"历史"问题。尤其是,色诺芬没有提到"希腊城邦中民主与僭政之间令人沮丧的往复"。他提到民主制、君主制和寡头制经常被颠覆,也提到所有僭政根本上的不稳定性。至于《居鲁士的教育》隐含的意图,靠近全书结尾的一句话有所提示:"居鲁士死后,他的儿子们立即陷入争吵,各城邦、各部族随即造反,一切都变得更糟了。"色诺芬若不是傻子,就不会想把居鲁士的政制树立成典范。色诺芬深知,好的社会秩序需要稳定性和连续性(比较《居鲁士的教育》的开头与《阿格西劳斯》相对应的部分,I.4)。色诺芬反把居鲁士辉煌而短暂的成功及其成功的方式作为一个例子,使人们理解政治事物的性质。这部作品描述了居鲁士的一生,却题名"居鲁士的教育",居鲁士的教育是理解居鲁士的一生和惊人成功的线索,因此也是理解色诺芬意图的线索。在此只需非常粗略的勾勒就能说明问题。色诺芬笔下的居鲁士是波斯王子,直到十二岁之前,他一直依照波斯人的法律受教育。不过,色诺芬笔下波斯人的法律和制度是斯巴达人的法律和制度的改良版。生养居鲁士的波斯施行优于斯巴达的贵族制。居鲁士的政治活动——其非凡的成功——在于,把一个稳定、健康的贵族制转变成不稳定的"东方专制统治",居鲁士一死,这种东方专制立即开始腐朽。这一转变的第一步是居鲁士对波斯贵族们发表的一次讲话,在这次讲话中,居鲁士让波斯贵族相信,他们应该摆脱先人的习俗,不再为美德本身,而是为美德的回报践行美德。我们会预料到,贵族制的毁灭开始于其原则的败坏[182](《居鲁士的教育》I.5.5-14;比较亚里士多德,《欧德谟伦理学》1248b38以下,该处称色诺芬的居鲁士灌输给众波斯贤人的美德观为斯巴达人的观点)。居鲁士的第一项举措迅速成功,这迫使读者怀疑,波斯的贵族制是否是真正的贵族制;或更确切地说,政治意义或社会意义上的贤人是不是真正的贤人。这一问题等同于柏拉图在厄尔(Er)故事中明确做出否定回答的那个问题。苏格拉底明言,即使一个人前世生活在一个秩序良好的政制中,依靠习俗而非哲学践行美德,他也会为自己的来生选择"最大的僭政",因为"人很可能根据他们前世生活的习俗做出选择"(《王制》619b6-620a3)。在政治的或社会的层面上,无法完满地解决美德或幸福的问题。不过,尽管贵族制总是处于滑向寡头制或某种更糟的政制的边缘,它仍是解决人的问题的最好可行政治方案。这里只需要提到,居鲁士的第二步行动是军队的民主化,这一过程的最终结果是一个似乎与最可容忍的僭政没有什么区别的政制。但我们绝不能忽略居鲁士的统治与僭政的根本差别,一个从未被抹除的差别。居鲁士是而且始终是合法的统治者。他一出生就是在位君主的合法继承人、古老王族的子嗣。他成为其他部族的王,是通过继承或婚姻,还通过正当的征服,因为他以罗马的方式扩大了波斯的疆域:通过保卫波斯的盟友。居鲁士与受教于西蒙尼德的希耶罗之间的差异,可比之于威廉三世(William III)与克伦威尔(Oliver Cromwell)之间的差异。粗略比较英格兰的历史与欧洲其他几个国家的历史,就足以表明,这一差异对人民的福祉并非无足轻重。色诺芬甚至没试图消除最好的僭主与王者的区别,因为他太欣赏合法性的魅力——不!是合法性的福佑。正义的等同于合法的——色诺芬通过赞同这一箴言(它必须得到合理的理解和应用)表达了这种欣赏。

沃格林可能答复说,起决定作用的不是色诺芬自觉的意图(阐明的或暗示的),而是其作品的历史意义,一部作品的历史意义由历史境况决定,而历史境况有别于作者自觉的意图。不过,将色诺芬作品的历史意义与其自觉的意图对立起来,这暗示,我们能比色诺芬本人更好地评判[183]色诺芬思考时所处的境况。但是,历史境况是依据某些原则才揭示出自身的意义,如果我们没有比色诺芬更清楚地掌握这些原则,我们就不可能更好地评判那一境况。有了我们这一代人的经历后,举证的责任似乎落到了那些断定而不是否认我们已经比古人进步的人头上。即便我们真的能比古人理解自己更好地理解古人,也只有先像古人理解自己那样理解古人,我们才能确定自己的优越性。否则,我们可能错把我们对自己所理解的古人的优越性当作我们对古人的优越性。

在沃格林看来,正是与古人截然不同的马基雅维利"在理论上创造出一个后宪政境况下的统治者概念",这一成就归功于圣经传统对马基雅维利的影响。沃格林特别提到马基雅维利有关"武装的先知"的论述(《君主论》第六章)。以下两个事实表明了沃格林的主张所面临的困难:他一方面谈到"《君主论》中'武装的先知'启示的[因而完全非古典的]方面",另一方面又说马基雅维利主张"武装的先知"的"[唯一]渊源","除了罗慕路斯、摩西和忒修斯,恰好就是色诺芬的居鲁士"。这等于承认,马基雅维利本人必定没有意识到其"武装的先知"概念中任何非古典的含义。罗慕路斯、忒修斯和色诺芬的居鲁士没有任何非古典的东西。马基雅维利的确增加了摩西;但在承认圣经对摩西的解释后,马基雅维利谈到摩西的方式与每一位古典政治哲人会采取的方式完全相同;摩西是有史以来最伟大的立法者或奠基者(fondatori;《论李维》I.9)之一。阅读沃格林有关这一主题的论述,读者得到的印象是,谈到武装的先知,马基雅维利强调的是"先知",以便与像居鲁士这样非先知的统治者区分开来。但马基雅维利强调的不是"先知",而是"武装的"。马基雅维利将武装的先知(他列举了居鲁士、罗慕路斯、忒修斯以及摩西)与萨伏那罗拉(Savonarola)这样没有武装的先知对立起来。马基雅维利以不同寻常的坦率说出他想要传达的教训:"所有武装的先知都成功了,所有没有武装的先知都毁灭了。"很难相信,马基雅维利写这句话时完全没有想到所有没有武装的先知中最著名的那位。[184]理解马基雅维利有关"没有武装的先知"的论述,当然不能不考虑他有关"没有武装的天国"以及"世界的柔弱"的说法,在马基雅维利看来,世界的柔弱归咎于基督教(《论李维》II. 2 和 III. 1)。由马基雅维利承续并做了根本修正的传统,并非像沃格林所说的那样是由约阿希姆(Joachim of Floris)①代表的传统,而是我们出于可原谅的无知依然称作阿威罗伊传统的传统。马基雅维利声称,那位没有武装的先知萨伏那罗拉正确地指出,意大利的毁灭是由于"我们的罪","但我们的罪并不是他认为的那样",即宗教之罪,而是"我描述的那些罪",即政治或军事之罪(《君主论》第十二章)。迈蒙尼德以相同的理路宣称,犹太王国的毁灭是由于"我们祖先的罪",即祖先的偶像崇拜。但偶像崇拜以一种完全自然的方式产生影响,它导致了占星术的出现,进而使得犹太人致力于占星术,而不是操练兵法和开疆扩土。但除了所有这些,沃格林丝毫未表明武装的先知与"后宪政的境况"有何关系。罗慕路斯、忒修斯和摩西当然是"前宪政的"统治者。沃格林还提到"马基雅维利在《卡斯特鲁乔传》(*Vita di Castruccio Castracani*)中对救世君主的全面描绘",他说,"若无《帖木儿传》(*Life of Timur*)作为标准化的典范,[这一描绘]几乎无法想象"。沃格林未能表明《卡斯特鲁乔传》与《帖木儿传》的关联以及《帖木儿传》与圣经传统的关联,撇开这一点不谈,《卡斯特鲁乔传》可能最令人印象深刻地表达了马基雅维利对古典"美德"(virtù)的渴望,古典"美德"与圣经正义截然不同且相互对立。卡斯特鲁乔是位理想化的雇佣兵,他一心偏爱士兵的生活,而不是祭司的生活,马基雅维利将其比作马其顿的菲利普

---

① [译按]约阿希姆(1135—1202),基督教灵知派创始人,曾著有《新旧约合参》(*Liber Concordiae Novi ac Veteris Testamenti*)、《启示录诠解》(*Expositio in Apocalipsim*)和《十弦琴诗篇》(*Psalterium Decem Cordarum*),其思想在文艺复兴后开始传播。约阿希姆把历史分为圣父时代、圣子时代和圣灵时代。沃格林认为是约阿希姆最早提出了历史的开端和终结这一问题。

(Philip)和罗马的斯基皮奥(Scipio)。

马基雅维利渴望古典"美德",但这只是他拒斥古典政治哲学的反面。他拒斥古典政治哲学是由于古典政治哲学以人性的完善为方向标。抛弃沉思的理想导致了智慧品性的彻底改变:马基雅维利的智慧与节制(moderation)没有必要的联系。马基雅维利将智慧与节制分离开来。《希耶罗》之所以如此接近《君主论》,最终原因在于,色诺芬在《希耶罗》中试验的智慧类型相对接近一种与节制分道扬镳的智慧,[185]西蒙尼德似乎对宴饮之乐有着超乎寻常的欲望。不先充分理解由马基雅维利造成的划时代变革,就不可能说这一变革多大程度上是由于圣经传统的间接影响。

草率地阅读并不能发现《希耶罗》独有的特点。如果阅读时不改变取向,即便再努力,读十遍也不会发现这一独有的特点。十八世纪的读者要比我们这个世纪的读者更容易实现这一改变,因为我们这个世纪的读者是被最近五代人粗野、情绪化的文学作品哺育长大的。我们需要一次再教育,以使我们的眼睛适应古人高贵的矜持和静穆的伟大。可以说,色诺芬把自己限定于专门培育古典写作的品性,而现代读者对这一品性完全陌生。无怪乎色诺芬今天受到鄙视或忽视。一位不知名的古代论者称色诺芬最害羞,这位论者肯定是位见识不凡的人。那些天性上更喜欢简·奥斯丁而不是陀思妥耶夫斯基的现代读者够幸运,他们尤其要比别人更容易接近色诺芬。要理解色诺芬,他们只需把对哲学的爱与自己的天性喜好结合到一起。用色诺芬的话说,"记住好的事物而不是记住坏的事物,这既高贵又公正,既虔敬又更令人快乐"。在《希耶罗》中,色诺芬试验了源自记住坏事物的快乐,一种在道德和虔敬上显然很可疑的快乐。

对一个努力通过研读色诺芬来培养品味或头脑的人来说,突然遭遇比马基雅维利更过分的坦率几乎会震惊。科耶夫就以这种坦率谈论诸如无神论和僭政这样恐怖的事情,并视它们为理所当然。至少在一处,科耶夫如此出格,乃至把僭主希耶罗都称为犯罪的某些措施说成是"不受欢迎"。科耶夫毫不犹豫地宣称今天的独裁者都是僭主,却丝毫没把这看成是对他们统治的反对。至于对合法性的尊重,科耶夫一点儿也没有。但是,只要认识到——毋宁说,是经过长期的了解——科耶夫属于极少数知道如何思考且热爱思考的人,最初的震惊就会烟消云散。科耶夫不属于多数人——这些人如今是不知羞耻的无神论者,他们比僭主们周围的"拜占庭"①马屁精还要多,[186]个中原因与他们若生活在较早的年代一定会沉溺于最粗俗的迷信(宗教迷信和法律迷信)的原因一样。一句话,科耶夫是一位哲人,而非知识分子。

由于科耶夫是哲人,他知道哲人原则上比其他人更有能力统治,因而会被希耶罗这样的僭主视为僭政统治最危险的竞争者。科耶夫从不会想到将希耶罗与西蒙尼德的关系与格奥尔格(Stefan George)②或托马斯·曼(Thomas Mann)③与希特勒的关系做比较。因为科耶夫不能忽视一个显而易见的事实(更不用说那些太过明显而无需提及的考虑),即《希耶罗》的前提要求有一位至少在设想中能够被教育的僭主。特别是,科耶夫用不着《书简七》提醒就知道,就僭主对哲人的恐惧而言,一个作为僭主臣民的哲人与一个只是拜

---

① [译按]"拜占庭"(Byzantine)作形容词表示"心思复杂的、诡计多端的"。

② [译按]格奥尔格(1868—1933),德国诗人和翻译家,主要作品有《颂歌》(1890)、《朝圣》(1891)、《阿尔加巴尔》(1892)、《心灵之年》(1897)、《第七枚戒指》(1907)、《新的帝国》(1928)。格奥尔格的诗具有唯美主义和反理性主义倾向,在德国文学史形成一个"格奥尔格派",该派的宗旨是通过创造严格的诗的美来振兴德国的文明,作家沃尔夫斯凯尔、海泽勒和文学评论家贡多尔夫、沃尔特斯都是该派成员。格奥尔格在政治上不与法西斯同流合污,1933年离开德国赴瑞士,并最终客死他乡。

③ [译按]托马斯·曼(1875—1955),德国作家,主要作品有《布登勃洛克家族——一个家族的衰落》(1901)、《魔山》(1924)、《马里奥与魔术师》(1930)、《浮士德博士》(1947)。希特勒1933年上台后,托马斯·曼谴责法西斯对德国文化的歪曲和破坏,其作品被查禁,人也被迫流亡国外。

访僭主的哲人的差异无关紧要。科耶夫的理解力不允许他满足于理论与实践的庸俗区分。科耶夫深知,对稳妥的实践(sound practice)而言,过去从没有、将来也绝不会有合理的保障(reasonable security),除非理论克服了稳妥的实践所面对的、源自某类理论误解的强大障碍。最后,科耶夫以极度的蔑视把当下流行的,即当道的或欠考虑的思想暗含的主张撇到一边,这种主张认为古人提出的问题已经解决了——这种主张只是暗含其中,因为当下流行的思想没有意识到那些问题的存在。

不过,尽管承认甚至强调古典思想对当前流行的思想的绝对优越性,科耶夫还是拒绝古人对基本问题的解决方案。科耶夫把无限制的技术进步和普遍启蒙视为真正满足人之人性(what is human in man)的根本。他否认今天的社会科学是现代哲学的必然结果。在他看来,现代哲学拒绝向黑格尔学习重大的教诲,今天的社会科学仅仅是现代哲学之必然衰败的必然产物。科耶夫把黑格尔的教诲看作苏格拉底的政治学与马基雅维利(或霍布斯)的政治学的真正综合,黑格尔的教诲因此优于其各个组成部件。实际上,科耶夫原则上把黑格尔的教诲看作最终的教诲。

科耶夫的批评首先针对古典的僭政概念。色诺芬让希耶罗以沉默来回答西蒙尼德对好僭主的描述,从而揭示出这一概念的一个重要部分。正如科耶夫所做的正确判断,希耶罗的沉默标示着他[187]并不想施行西蒙尼德的建议。科耶夫提出,至少临时提出,这是西蒙尼德的错误,西蒙尼德没有告诉希耶罗,要把坏僭政变成好僭政僭主必须采取的第一步。但如果希耶罗真的渴望变成好僭主,他就会询问西蒙尼德第一步怎么做——这不就取决于希耶罗么?科耶夫如何知道西蒙尼德并非在空等希耶罗的这个问题?或者西蒙尼德可能已经含蓄地回答了这个问题。不过,这样为西蒙尼德辩护并不充分。问题并未解决,因为——正如科耶夫再次正确观察到的——要实现西蒙尼德对好僭主的构想,面对着一个几乎无法克服的困难。西蒙尼德讨论对僭政的改进时,希耶罗提出的唯一一个问题涉及雇佣兵。希耶罗不完美的僭政依赖其雇佣兵的支持。僭政的改进要求将雇佣兵的一部分权力移交给公民。进行这样的权力转移,僭主将激起雇佣兵的敌意,而且不确保通过这一让步或任何让步就能重新得到公民的信任。僭主最终可能是两头不落好。西蒙尼德似乎忽视了这一事态,这表明他不怎么理解希耶罗的处境或说他缺乏智慧。为挽救西蒙尼德的声誉,我们似乎不得不提出,诗人本人并不相信僭政的改进是可行的,他把好僭政看作乌托邦,或者把僭政斥为一个没有希望的坏政制。但是,科耶夫继续提出,这一看法不就暗示西蒙尼德教育希耶罗的努力纯属徒劳吗?智慧的人不会做徒劳之事。

人们可能说,这一批评基于没有充分领会乌托邦的价值。严格意义上的乌托邦描述完全好的社会秩序。正因如此,乌托邦只是揭示了种种改进社会的努力中所暗含的东西。我们可以谈论最好的僭政的乌托邦,以这种方式扩展乌托邦的严格意义并无困难。正如科耶夫强调的那样,在某些条件下,废除僭政可以说毫无可能。我们所能希望的最好情况是僭政得到改进,亦即尽可能不那么非人道或非理性地施行僭政统治。一个理智的人能够想到的每项具体改革或改进(如果归结到它的原则),构成僭政的最大改进的完整图景的各部分,倘若认为最大的改进在最有利条件下才有可能,则僭政的最大改进依然与僭政的继续存在并行不悖。[188]僭政的最大改进首先要求将雇佣兵的部分权力移交给公民。这种权力移交不是绝对不可能,但只有在人无法创造或理智的人不愿创造的形势中(例如,某种同等威胁着雇佣兵和公民的极度危险,就像叙拉古被蛮族征服、叙拉古的所有居民受蛮族屠戮这样的危险),实行这种移交才是安全的。像西蒙尼德这样理智的人会认为,如果能引导僭主在一个小范围甚或一个场合中人道地或理性地行事,他就很对得起自己的同胞,因为,若没有他的建议,僭主在这个小范围或场合中会继续做不人道或非理性的事。色诺芬举了一个例子:希耶罗参加奥林匹亚或皮托(Pythian)竞技会。如果希耶罗听从西蒙尼德的劝告放弃这种做法,他在臣民间乃至世间的名声就会改善,而且他就会间接使臣民受益。色诺芬让读者运用自己的理智,把这个特定的例子替换为读者基于个人特定的经验认为更切题的其他例子。总体的教诲大意是,如果智慧者碰巧有机会影响一个僭主,他就应利用自己的影响裨益于同胞。有人可能说,这一教诲太平常了。更确切的说法应该是,这个教诲在过去很平常,但到了今天,由于已经习惯于期望太多,我们便不再严肃对待像西蒙尼德这样的小动作。并不平常的是,我们从色诺芬那里学到,智慧者如何不得不在困难重重甚至危险四伏中推进自己的事业。

科耶夫否认我们认为好僭政是个乌托邦的主张。为了支撑自己的观点,科耶夫指名道姓地提到一个例子:萨拉查(Salazar)的统治。我从未到过葡萄牙,但就我关于这个国家的听闻来看,除了拿不准萨拉查的统治是否应当称作僭政的而非"后宪政的"统治,我倾向于相信科耶夫是正确的。不过,一燕不成夏,我们绝不否认好僭政在非常有利的条件下是可能的。但科耶夫主张,萨拉查不是例外。他认为有利于好僭政的条件在今天很容易获得。他主张,当今所有的僭主都是色诺芬意义上的好僭主。他在暗指斯大林。科耶夫特别注意到,依据西蒙尼德的建议改进的僭政,特征在于斯达汉诺夫竞赛(Stakhanovistic emulation)。但是,只有在引入斯达汉诺夫竞赛的同时大量减少使用内务人民委员会(NKVD)①或"劳改"营,[188]斯大林的统治才符合西蒙尼德的标准。科耶夫会不会进而放言,斯大林能够走出"铁幕"(Iron Curtain),到他想去的任何地方旅行观光而心无恐惧(《希耶罗》11.10 和 1.12)?科耶夫会不会进而放言,生活在"铁幕"之后的所有人都是斯大林的盟友,或者说,斯大林把苏俄的所有公民及其他"人民民主政制"都看作同志(《希耶罗》11.11 和 11.14)?

---

① [译按]内务人民委员会是苏联在斯大林时代(1929—1953)的秘密警察机构,也是 20 世纪 20 年代苏联大清洗运动的主要执行机关。

无论怎样,科耶夫主张,按照色诺芬的原则无法理解当今僭政乃至古典僭政,必须通过引入一个具有圣经渊源的因素来彻底修正古典的参照框架。科耶夫论证如下。西蒙尼德认为,荣誉是僭主——泛言之,也是最高类型的人(主人)——的最高目标或唯一目标。这表明,这位诗人只看到了真理的一半。另一半真理来自圣经的奴隶道德或劳动者道德。人的行为因而包括僭主的行为会受而且经常受对一种快乐的欲望推动,这种快乐源自成功实施他们的工作、规划或理想。献身于自己的工作或一项事业、"本着良心地"(conscientious)工作,却丝毫不惦记荣誉或荣耀,这种情况确实有。但是,这一事实绝不会让我们虚伪地极力贬低对荣誉或名声的欲望对人的完善做出的重要贡献。追求名声、承认或权威,这样的欲望是所有政治斗争,尤其是一个人借以获得僭政权力的斗争的首要动机。一个有抱负的政治家或一个潜在的僭主仅仅为了自己的晋升而废黜在位的统治者或统治者们,尽管他知道自己绝不比他们更胜任这项职务,这也完全无可厚非。没有理由对这一做法吹毛求疵,因为,无论在什么情况下,无论会产生什么样的后果,追求承认的欲望必然转变成献身于要完成的工作或一项事业。主人道德与奴隶道德的综合要优于其组成部件。

西蒙尼德远没有接受主人道德,或认为荣誉是最高类型的人的最高目标。在翻译一个关键段落时(《希耶罗》7.4 的最后一句),科耶夫忽略了限定词 dokei[似乎]("似乎没有哪种属人的快乐比关于荣誉的欢乐更接近神圣了")。① 科耶夫没有注意到下一事实的含义:西蒙尼德宣称对荣誉的欲望是 andres[男人][190](科耶夫称之为主人)的主导性激情,andres[男人]与 anthropoi[普通人](科耶夫称之为奴隶)截然相对。因为,在色诺芬看来,因而也在其西蒙尼德看来,anēr[男人]绝不是最高类型的人。最高类型的人是智慧者。一位黑格尔主义者承认这一点不会有什么困难,因为智慧者不

---

① [译按]参见本书页[140]。

同于主人,他与奴隶有重要的共同之处。这当然是色诺芬的观点。色诺芬借西蒙尼德之口阐述了主人原则,诗人禁不住暗自承认各类人(human species)的统一性,尽管他的陈述对此明确予以否认。各类人的统一性被认为更容易由奴隶而非主人看到。称苏格拉底为主人则没有充分描述出苏格拉底的特点。色诺芬将苏格拉底与伊斯克玛库斯(Ischomachus)进行对比,后者是 kalos te kagathos anēr[美且好的男人]的原型。[①] 由于最适合伊斯克玛库斯所代表的那类人的工作和知识是农业,而苏格拉底不是农学家,所以也就不是美且好的男人。正如吕孔(Lycon)直白的说法,苏格拉底是一个 kalos te kagathos anthropos[美且好的人](《会饮》9.1;《治家者》6.8,12)。在这一背景下,我们可以注意到,《希耶罗》有一段文字讨论生活在僭主统治下的贤人们(10.3),西蒙尼德在那里特意略去了 andres 一词:美且好的男人在僭主统治下无法快乐地生活,无论多么好的僭主(比较《希耶罗》9.6 和 5.1-2)。色诺芬两次列举苏格拉底的美德均未提到男子气概,从而最简洁明了地表明了他的观点。从苏格拉底的军事活动中,色诺芬看到的不是苏格拉底的男子气概,而是其正义(《回忆苏格拉底》IV.4.1)。

由于色诺芬或其笔下的西蒙尼德不相信荣誉是最高的善,或由于他们不接受主人道德,因而也就没有明显的必要从奴隶道德或劳动者道德中吸取某种因素来补充他们的教诲。在古人看来,最高的善是献身于智慧或美德的生活,荣誉不过是一种令人非常愉悦但次要且可有可无的回报。科耶夫所谓源于干好自己的工作或实现自己的规划或理想的快乐,古人称之为源于有美德的或高贵的行为的快乐。古人的解释看上去更贴近事实。科耶夫提到了一个独处的孩子或独处的画家可以从完成好自己的规划得到的快乐。但我们很容易就会想到,独来独往的撬保险箱的盗贼也能从完成好自己的规划得到快乐,同时丝毫不去想他收获的外部回报(钱财或对他能

---

① [译按]kalos te kagathos 即贤人,常常对应于英语中的 gentleman。

力的赞叹)。各个行当都有技艺高超的人。至于什么样的"工作"能带来非功利性的快乐,[191]这项工作是犯罪还是清白,是纯粹闹着玩还是严肃的等等,这些当然会有差别。认真思索这一洞察后,我们会得出这样的观点:最高类型的工作,或唯一真正属人的工作,是高贵的或有美德的行为,或说高贵的或有美德的劳作。如果一个人喜欢这种看待事物的方式,他就可以说,高贵的工作是古人实现的一种综合,它介于不工作的高贵与不高贵的工作这两者的道德之间(参柏拉图,《美诺》81d3以下)。

西蒙尼德因此有理由说,对荣誉的欲望是那些追求僭政权力者的最高动机。科耶夫似乎认为,一个人追求僭政权力,可能主要是因为受最高级别的"客观"任务吸引,履行这些任务需要有僭政权力;他还认为,这一动机将彻底改变一个人对荣誉或承认的欲望。古人不认为这是可能的。有人撬保险箱是由于这么做很刺激而不是为了回报,科耶夫的僭主与这种人相似——古人会对此大为震惊。一个人不自甘堕落做卑鄙的事,他就无法变成僭主并保住僭主的地位。因此,一个自尊的人不会追求僭政权力。但科耶夫可能反对说,这仍不能证明僭主的主要动机或唯一动机是对荣誉或名声的欲望。比方说,僭主的动机可能出于一种想要施益于同胞的受误导的欲望。如果在此等问题上犯错在所难免,这一辩护还算有力。但我们很容易知道僭政是卑鄙的,我们全都从孩提时就知道,绝不能给他人树立坏的榜样,也绝不能为了卑鄙行为可能带来的好处而做卑鄙的事。潜在的或实际的僭主并不知道每一个受过良好教育的孩子都知道的事理,因为激情遮蔽了他的眼睛。什么激情?最宽厚的回答是,对荣誉或名声的欲望遮蔽了他的眼睛。

综合带来奇迹。科耶夫或黑格尔综合古典道德与圣经道德,由此带来的奇迹是:从两种对自制有非常严格要求的道德中,制造出一种松弛得令人吃惊的道德。圣经道德或古典道德都不鼓励我们单纯为了自己的晋升或荣耀而把那些能同我们一样干好指定工作的人从职位上赶下去(思索亚里士多德,《政治学》1271a10-19)。

圣经道德或古典道德都不鼓励任何政治家为了实现普遍的承认而把他们的权威扩展到所有人。科耶夫用言辞鼓励他人采取他绝不会屈尊践行的行动,这似乎并不明智。如果科耶夫不曾[192]压制自己更好的知识,他本会看到,理解黑格尔的道德教诲和政治教诲不必非要求助于一个奇迹。黑格尔延续了解放激情,因而也解放"竞争"的现代传统,并在某个方面使之更为激进。这一传统发端于马基雅维利,由像霍布斯和亚当·斯密这样的人加以完善。通过有意识地摒弃圣经和古典哲学两者严格的道德要求,现代传统得以形成,这些道德要求因太过严格而被明确拒斥。黑格尔的道德教诲或政治教诲实际是一个综合,它综合了苏格拉底与马基雅维利或霍布斯的政治学。科耶夫同所有在世的人一样清楚,黑格尔关于主人和奴隶的基本教诲基于霍布斯的自然状态学说。如果究根知底地(en pleine connaissance de cause)抛弃霍布斯的自然状态学说(确实应该抛弃),黑格尔的基本教诲将丧失科耶夫认为它显然还拥有的论据。黑格尔的教诲要比霍布斯精深得多,但同后者一样是一个建构。这两个学说都从一个不正确的假设出发来建构人类社会,这一假设即,人之为人被设想成一个缺乏对神圣约束的意识的存在,或一个只是受对承认的欲望指引的存在。

但是,在科耶夫可能称之为我们的维多利亚式或前维多利亚式无知(niaisries)①的问题上,恐怕他会有些不耐烦。科耶夫很可能会认为,前面的整个讨论毫不相干,因为它基于一个独断的假设。我们确实假定,僭政的古典概念源于对这一基本社会现象的充分分析。古人把僭政理解为最佳政制的反面,他们认为最佳政制是由最好的人统治或贵族制。但科耶夫争辩说,贵族制是在一个特定地域内、公民或成年居民中的少数对多数的统治,而且这种统治最终依赖武力或恐惧。既然如此,承认贵族制是僭政的一种形式岂不更合适?不过,科耶夫显然认为,武力或恐惧在各种政制中都必不可少,

---

① [译按]"维多利亚式"表示"死板的、假正经的、老套的"。

尽管他并不认为，所有政制都同等好或坏因而也是同等程度的僭政。如果我理解正确的话，科耶夫满足于"普遍同质国家"是完全最好的社会秩序。为避免我们纠缠于语词上的困难，我把他的观点表述如下：普遍同质国家是唯一从根本上正义的国家；古人所说的贵族制从根本上说是不义的。

[193]为了证明自己的主张，科耶夫大致采取了下面的做法。与马克思主义相反，但与斯塔汉诺夫主义一致，他假定正义的原则是"从根据每个人的能力（capacity），到根据每个人的价值（merit）"。一个国家本质上是正义的，如果根据它有生命力的原则，它里面存在"机会的平等"，即，每个人都有机会（这一机会对应于他的能力）有功于整体，并接受适宜的奖赏作为他的甜点，或获得对他而言是好的东西。因为没有好理由假定，从事值得赞赏的行为的能力与性别、美、种族、国籍、财富等等紧紧联系在一起，所以，出于性别、丑陋等等发生的歧视就不正义。对服务唯一适宜的奖赏是荣誉，因此，对杰出的服务唯一适宜的奖赏是伟大的权威。但最伟大的服务只能由智慧者提供，只有他足够明辨，能够给予每个人应得的东西或对每个人是好的东西。在一个真正正义的或非僭政的国家中，完全的控制会掌握在智慧者手中，社会等级将严格对应于价值的等级且只对应于价值的等级。这当然就是柏拉图在《王制》中的意思，《王制》代表了古典思想中最接近于一种对非僭政国家的理解的进路。尽管柏拉图的最好共同体原则上是同质的，但显然不是普遍的。一个人不得不生为公民，生为一对公民父母的孩子，才有资格居住在这个最好共同体的边界之内，更不用说有资格要求获得权威。这即是说，与他的意图相反，柏拉图并没有要求毫无限定条件的智慧者的统治——他前后不一致地要求天才般的智慧者的统治。不是为了其他原因，而只是为了人类的普遍实践所提供的原因（即他本人明确拒斥为坏原因的原因），柏拉图以一项考虑限定了"智慧者的绝对统治"的理性原则，这一考虑与对价值或可能的价值唯一要紧的或正义的考虑完全无关。只有一个不仅仅同质而

且也普遍的国家,才能完全是正义的或非僭政的。事实上,只有普遍国家才能是真正同质的或"无阶级的"。

为了以恰当的眼光看待古人的观点,让我们假设智慧者不渴望统治。不智者几乎不可能强迫智慧者统治他们。因为,如果智慧者没有绝对权力,或要以任何方式对不智者负责,他们就无法作为智慧者进行统治。不智者可能陷入的混乱不会严重到促使他们[194]把绝对统治权拱手交给智慧者,毕竟智慧者的第一项举措很可能是驱逐城邦中所有年过十岁的人(柏拉图,《王制》540d–541a)。因此,假扮成智慧者的绝对统治的,实际上是不智者的绝对统治。但如果是这种情况,普遍国家似乎就是不可能的。因为普遍国家要求就根本问题达成普遍的一致,而只有基于真正的知识或智慧才可能达成这种一致。基于意见的一致永远不会成为普遍的一致。任何要求普遍性即要求被普遍接受的信念,必然会招致一个提出相同要求的、与之对立的信念。在不智者中散播智慧者获得的真正的知识,这毫无帮助,因为通过散播或稀释,知识必然会转变成意见、偏见或仅仅是信仰。因此,人们能够期望普遍性达到的极限,是一群不智者对半个地球的绝对统治,另半个地球由另一群不智者统治。除了两个国家,其他所有独立的国家都消亡,这并不显然是一种福佑。但不智者的绝对统治显然没有其有限的统治更可欲,不智者应该依照法律统治。此外,尽管公民主体不太可能服从智慧者们一脉相承的永久的绝对统治,但在一种有利于彻底变革的形势下,他们倒很可能有一次采纳一位智慧者或国父的建议,接受他制订的法典。不过,法律必须得到应用或需要解释。因此,法律之下的全部权威应给予那些因良好的教养而能够"完成"法律(《回忆苏格拉底》IV. 6. 12)或公正解释法律的人。"宪政的"权威应交给那些公正的人(epieikeis),即贤人——最好是由耕耘自己的田产获取收入的城市宿贵。的确,一个人是否属于贤人阶层并因此有机会享有恰当的教养,这至少有几分偶然——出身的偶然。但是,如果一方面没有智慧者的绝对统治,另一方面也没有一定程度的富足——只有基于伴随着各种可怕危险的无限的技术进步,这种富足才有可能——那么,能够替代公开或隐蔽的贵族制的显然是永久的革命,也就是永久的混乱,在这场混乱中,生命将不仅穷困和短暂,而且粗野。不难指明,古典论证并不像现在普遍认为的那样容易勾销,自由民主或宪政民主[195]比当今时代可行的其他备选方案更接近古人的要求。但归根结底,古典论证的力量来自智慧者不渴望统治这一假设。

在讨论涉及智慧与统治或僭政之关系的根本问题时,科耶夫从这一洞察开始:至少到现在为止,从没有智慧的人,顶多有追求智慧的人,即哲人。哲人就是把整个生命都用来追求智慧的人,所以他没时间参加任何政治活动——哲人不可能渴望统治。哲人对政治人物唯一的要求是别管他。为了证明自己的要求正当,哲人诚恳地宣称自己的追求纯粹是理论性的,丝毫不干涉政治人物的事务。乍一看,这一简单的解决方案完全推导自哲人的定义。不过,稍作反思就会发现,这一解决方案有致命的缺陷。哲人不可能过一种完全独处的生活,因为正当的"主观确定性"(subjective certainty)无法与精神病人的"主观确定性"区分开来。真正的确定性必须是"主体之间的"(inter-subjective)。古人充分意识到单个人心灵的根本缺陷。因此,古人有关哲学生活的教诲是一种关于友谊的教诲:哲人作为哲人需要朋友。朋友要在哲人从事哲学时提供帮助,所以他们必须是有才能的人,他们必须自己也是实际的或潜在的哲人,即自然的"精英"的成员。友谊预设了一个共识的标准。哲学上的朋友必须达成共识的东西,不可能是已知的或明显的真理。因为哲学不是智慧而是追求智慧。所以,哲学上的朋友达成共识的将是意见或偏见。但必定有各式各样的意见或偏见。因此就会有各式各样的哲学上的朋友群体。哲学与智慧不同,它必然以哲学学派或宗派的形式出现。古人所理解的友谊就没有提供解决"主观确定性"的方法。友谊注定会导致一个志气相投、紧密团结的群体培育并永续共同的偏见,或说这就是友谊之所在。因此,友谊与哲学的理念并不相容。如果哲人仍想是哲人，他必须离开那个封闭的、迷人的"新入门者"(initiated)的小圈子。他必须走出来，到市场上去。与政治人物的冲突不可避免。而且，这种冲突本身就是一个政治行为，更不要说其缘由或影响。

整部哲学史都证明，[196]科耶夫所雄辩地描述的危险不可避免。科耶夫同样正确地说，抛弃宗派、转向文字共和国也不能避免这一危险。在他看来，文字共和国是宗派的现代替代物。文字共和国的确没有宗派的狭隘性，它接纳各个哲学流派的人。但正因为此，文字共和国宪法的第一条规定：禁止过分认真对待任何哲学流派，或说必须对各个哲学流派一视同仁。文字共和国奉行相对主义。或者，如果文字共和国试图避免这一陷阱，它就会改行折中主义。一条模糊的中间路线被确立为唯一真理或唯一共识，而即便是各流派中最随和的成员，在情绪最昏沉时也几乎不会容忍这条中间路线。实质性的、无法压制的冲突被当作纯粹"语义的"冲突而不予考虑。宗派之所以狭隘，因为它充满激情地关怀真正的问题；文字共和国之所以包容，因为它对真正的问题无所谓，它更偏爱共识，而非真理或追求真理。如果不得不在宗派与文字共和国之间选择，我们必须选择宗派。我们也不能放弃宗派以转向党派——更确切地说，是群众性的党派(mass party)，因为一个并非群众性的党派仍像是一个宗派。因为群众性的党派不过是拖着一条不成比例的长尾巴的宗派。如果有几百万应声虫而不是几十个人重复一个宗派的信条，宗派成员尤其较弱的兄弟(brethren)的"主观确定性"可能会增加，但这显然不会影响这些信条对"客观真理"的诉求。我们非常厌恶宗派自命不凡的沉默或窃窃私语，但我们更厌恶群众性党派的扩音喇叭那粗野刺耳的噪音。摒弃那些能够且愿意思考者与那些不能够也不愿意思考者的区别，并不能解决科耶夫提出的问题。如果必须要在宗派和党派之间选择，我们必须选择宗派。

但我们必须选择宗派吗？科耶夫的论证的重要前提是，哲学"必然暗含着'主观确定性'，它们不是'客观真理'，换句话说，它们是偏见"。但哲学的原初意义不过是关于一个人无知的知识。我们不知道的"主观确定性"碰巧与关于这一确定性的"客观真理"相一致。但是,若不知道我们不知道的东西,我们就无法知道自己不知道。帕斯卡尔曾出于反哲学的意图说到教条主义和怀疑主义的无力,[197]他之所言是对哲学唯一可能的辩护:哲学既不是教条主义的也不是怀疑主义的,更加不是"决定论的"(decisionist),而是探寻的(或原初意义上的怀疑)。这种意义上的哲学本身不是别的,而是真正意识到某些问题,即那些根本的、全面的问题。思考这些问题,不可能不变得倾向于一种解决方案,倾向于非常少的解决方案中的一种或另一种。然而,只要没有智慧而仅仅有对智慧的追求,所有解决方案的证据必然渺小于这些问题的证据。因此,当某一解决方案的"主观确定性"强过哲人对这一方案存在的问题的意识时,哲人就不再是一位哲人。这时,宗派分子就产生了。屈服于解决方案的诱惑,这一危险对哲学来说必不可少,若不经受这种危险,哲学就会降低成关于那些问题的游戏。但哲人并不必然屈服于这种危险,正如苏格拉底表现的那样,他从不属于某个宗派,也从未创建一个宗派。即便哲学上的朋友们被迫成为某个宗派的成员或创建一个宗派,他们也未必是同一宗派的成员:Amicus Plato[吾友柏拉图]。①

至此,我们似乎陷入了自相矛盾。因为,如果苏格拉底是哲学生活的卓越代表,哲人就不可能满足于一群哲学上的朋友,他不得不走到市场上去,人们都知道,苏格拉底在市场上消磨了许多或大部分时光。不过,同一位苏格拉底提出城邦与家庭没有本质区别,而门茨(Friedrich Mentz)的论文《苏格拉底既非称职的丈夫,亦非可称道的父亲》(*Socrates nec officiosus maritus nec laudandus pater familias*, Leipzig, 1716)很有道理——色诺芬甚至根本没把克珊蒂佩

---

① [译按]施特劳斯省略了引文的后半句:sed magis amica veritas[可真理是更好的朋友]。

(Xanthippe)的丈夫算作已婚男人(《会饮》结尾)。

要在这里讨论这个难题,只有放在一个有限的解经学问题的语境中才有可能。色诺芬在《希耶罗》中指出,哲学生活的动机在于对受到极少数人推崇或崇拜,并最终在于对"自我崇拜"的欲望,而政治生活的动机在于对爱的欲望,也就是被各种人爱,不管这些人品质如何。科耶夫全然反对这一观点。他的意见是,哲人与统治者或僭主的动机同样都是对满足的欲望,即对承认(荣誉)并最终是对普遍承认的欲望,两者的动机都不在于对爱的欲望。一个人被爱是因其所是,[198]而非因其所做。因此,在家庭之中,而不是在政治和哲学的公共领域之中,爱才轻松自在。色诺芬努力在"僭政的"欲望与性欲之间建立一种联系,科耶夫认为这尤其不幸。科耶夫同样反对这样的看法,即僭主受对得到他人承认的欲望指引,而哲人只关心"自我崇拜";在此意义上,自我满足的哲人与自我满足的疯子没什么区别。因此,哲人必然关心他人的赞成或崇拜,而且,一旦得到他人的赞成或崇拜,他会情不自禁地喜悦。实际上,不可能区分哲人的首要动机是对崇拜的欲望,还是对从理解获得快乐的欲望。这一区分也没有实际意义,除非我们无理由地假定,有一位全知的神要求人有颗纯净的心灵。

关于两种生活方式的动机,色诺芬在《希耶罗》中的解说确实不完整。任何头脑清醒的人怎能忽视抱负(ambition)在政治生活中的地位?一位苏格拉底的朋友又怎能忽视爱在哲学生活中的地位?且不说色诺芬的其他作品,单是西蒙尼德有关荣誉的话就充分证明,色诺芬在《希耶罗》中就两种生活方式的动机所解说的内容有意不完整。之所以不完整,是因为《希耶罗》一开始就完全忽略掉其余一切,直接从人们可以称作哲人与统治者最根本的差异出发。要理解这一差异,我们必须从哲人与统治者彼此相同乃至与所有人相同的欲望人手。所有人都渴望"满足"。但不能将满足等同于承认甚至普遍承认。古人将满足等同于幸福。哲人与政治人的差异也就在于幸福方面的差异。哲人的主导性激情是对真理的欲求,即欲求关于永恒秩序、永恒原因或有关整全的原因的知识。在寻求永恒秩序时,哲人向上仰望,他无比清楚地看到,所有属人事物和人的所有关切都无足轻重且短暂易逝——没人能从自己认为无足轻重且短暂易逝的东西中找到稳固的幸福。哲人对所有属人事物——不,是人本身——的体验,就如同抱负远大的人对庸众们低级、狭隘的目标或廉价的幸福的体验。作为目光最远大的人,哲人是唯一能[199]恰如其分地说拥有 megaloprepreia("博大心胸",通常译作 magnificence)的人(柏拉图,《王制》486a)。或按色诺芬的说法,哲人是唯一真正有抱负的人。哲人主要关注永恒的存在或"理念",因此还有人的"理念",他尽可能地不关心单个的且有死的人,因此还有他自己的"个体性"或身体,也尽可能地不关心所有单个人的总和及其"历史"进程。哲人尽可能少地知道去市场的路,更不要说市场本身,他几乎闹不清他的邻居是人还是别的动物(柏拉图,《泰阿泰德》173c8-d1,174b1-6)。政治人必须全盘拒斥这种生活方式。政治人不能容忍这种对人、对所有属人事物的极端贬低(柏拉图,《法义》804b5-c1)。如果政治人不赋予人和属人事物以绝对重要性,他就无法全心全意或毫无保留地投身于自己的工作。他必须"爱护"人们。他从根本上依系于人们。这种依系是他想统治人们的欲望或者说是其抱负的根基。但统治人们意味着为人们服务。当然,一个人依系于某些东西,而这些东西促使他为它们服务,这种依系就可以称为对它们的爱。并不是只有统治者依系于人们;所有纯粹的男人都有这个特征。政治人与平民的差别在于,在政治人那里,这种依系削弱了所有私人性的关切。政治人被爱欲吞噬,不是为了此人或彼人,或为了一少部分人,而是为了大多数人,为了民众(柏拉图,《高尔吉亚》481d1-5,513d7-8;《王制》573e6-7,574e2,575a1-2),而且原则上是为了所有人。但爱欲渴望互惠——政治人渴望得到所有臣民的爱。政治人的特征在于,在意得到所有人的爱,无论他们的品质如何。

科耶夫会毫无困难地承认,家庭人的特征是"爱",统治者的特征是"荣誉"。但是,正如我们所见,如果哲人与统治者的关系类似于统治者与家庭人的关系,那就可以毫无困难地把"爱"作为与哲人相对的统治者的特征,把"荣誉"作为哲人的特征。进一步说,在普遍国家来临以前,统治者会关切和爱护自己的臣民,而不是其他统治者的臣民,正如母亲会关切和爱护自己的孩子,而不是其他母亲的孩子。[200]关切或爱护自己的东西,就是"爱"通常的含义。与此相反,哲人关切的是绝不会变成私人财产或专有财产的东西。由此我们就不能接受科耶夫关于爱的学说。在科耶夫看来,我们爱某个人是"因为他之所是,无关乎他做了什么"。[1] 他举例说,母亲会爱自己的儿子,不管儿子犯了多少错。但是,重复一遍,母亲爱自己的儿子,不是因为他之所是,而是因为他属于她,或说因为他有属于她的品质(比较柏拉图,《王制》330c3—6)。

但是,如果哲人彻底脱离了作为人的人,他为什么还向他人传授自己的知识或探问?苏格拉底说哲人甚至不知道去市场的路,可为什么同一位苏格拉底却几乎总是待在市场中?苏格拉底说哲人几乎不知道他的邻居是不是个人,可为什么同一位苏格拉底却对邻居的细枝末节了如指掌?因此,哲人与人的彻底脱离定然与一种对人的依系相容。哲人要努力超越人性(因为智慧是神圣的),或努力让赴死和对所有属人事物寂然心死成为自己唯一的事,但他同时不得不作为一个人生活,而作为一个人就不能对人的关切寂然心死,尽管他的灵魂不会驻留于这些关切中。如果他人不照顾哲人身体的需要,哲人就无法投身于自己的工作。只有在一个有"劳动分工"的社会中,哲学才有可能。哲人需要他人的服务,倘若他不想被人骂作盗贼或骗子,他就不得不还要用自己的服务作为酬报。但人之所以需要他人的服务,是基于这一事实:人天性上是社会动物,或说个体的人并非自足的。因此,人对人有一种自然的依系,它优先于任何对相互利益的算计。在哲人身上,这种对人的自然依系受到

---

[1] [译按]参见本书页[156]。

削弱，因为哲人依系于永恒的存在。另一方面，人也欲求比自己已有的拥有更多，尤其要比其他人拥有的更多，这会溶解人对人自然的依系，但这一最常见、最强大的溶剂对哲人完全不起作用，因为哲人拥有人可能拥有的最大的自足性。因此，哲人将不会伤害任何人。尽管哲人不得不比依系于异方人更多依系于自己的家庭和城邦，但他摆脱了集体利己主义培育起来的幻觉；他的仁爱和宽厚延及他接触过的所有人［201］(《回忆苏格拉底》I.2.60-61;6.10;IV.8.11)。哲人充分认识到所有人的行为和所有人的规划都被施加了限制(因为有生必有灭)，所以他并不期望从建立绝对最好的社会秩序中得到拯救或满足。因此，他不会参与革命性或颠覆性的行动。但哲人会竭尽全力减轻与人的处境相伴随的恶，来努力帮助自己的同胞(柏拉图，《泰阿泰德》176a5-b1;《书简七》331c7-d5;亚里士多德，《政治学》1301a39-b2)。尤其是，哲人将向自己的城邦或其他统治者提供建议。由于此类建议全都以整全性反思为前提，而这种整全性反思是哲人的本职，所以哲人必须先已成为一位政治哲人。做好这一准备后，哲人就会蹈循西蒙尼德在与希耶罗交谈时的表现，或苏格拉底在与阿尔喀比亚德、克里提阿斯、卡尔米德、克利托布洛斯、小伯里克勒斯和其他人交谈时的表现。

依系于作为人的人，这并非哲人的特征。作为哲人，他依系于某一特定类型的人，即实际的或潜在的哲人，或他的朋友们。他对朋友们的依系比对其他人的依系更深，甚至比对他最亲最近的人的依系还深，柏拉图在《斐多》中以几近令人震惊的清晰表达了这一点。哲人依系于自己的朋友，首先是基于"主观确定性"的缺陷所产生的需要。可我们看到，苏格拉底经常参加一些他不会以任何方式从中受益的谈话。我们应尝试用一种通俗的因而非正统的方式来解释这意味着什么。哲人把握永恒秩序的努力，必然是一种从反映永恒秩序的易逝事物的上升。在我们已知的所有易逝事物中，最能反映或最接近永恒秩序的是人的灵魂。但人的灵魂反映永恒秩序的程度各不相同。相比于混乱的或病态的灵魂，良序的或健康的灵魂反映永恒秩序的程度更高。因此,对永恒秩序有过惊鸿一瞥的哲人对人的灵魂的差异尤其敏感。首先,只有他知道什么是健康的或良序的灵魂。其次,恰恰因为对永恒秩序有过惊鸿一瞥,一个健康的或良序的灵魂会让他禁不住大喜,一个病态或混乱的灵魂会让他禁不住大悲,而这与他自己的需要和利益无关。因此,他禁不住依系于灵魂良序的人,他渴望始终与这样的人"在一起"。[202]他倾慕这样的人,不是因为他们可以为他提供什么服务,而仅仅因为他们是其所是。另一方面,他禁不住厌恶无序的灵魂。他尽可能地回避灵魂无序的人,当然也不会试图冒犯他们。最后但并非最不重要的是,对于年轻人的灵魂未来会变得良序还是无序,幸福还是悲惨,哲人高度敏感。因此,哲人禁不住渴望——尽管这与他自己的需要和利益无关——那些灵魂天生适宜获得良序的年轻人能获得灵魂的良序。但灵魂的良序就是从事哲学。因此,哲人迫切想要教育潜在的哲人,这仅仅因为他禁不住爱有序的灵魂。

但我们是不是暗中用智慧者替换了哲人?我们谈到过的哲人不是并不拥有关于许多最重要事物的知识吗?若没有某种关于最重要事物的知识,哲学作为关于我们对最重要事物的无知的知识就是不可能的。通过认识到我们对最重要事物的无知,我们同时认识到,对我们来说,最重要或唯一必要的事就是追寻关于最重要事物的知识,或者说是哲学。换句话说,我们认识到,只有通过从事哲学,人的灵魂才能变得良序。我们知道自夸者的灵魂何其丑陋或畸形,但每个自认为知道而实际不知道的人都是自夸者。尽管如此,这类洞察并不能证明如下这类假设,比如:良序的灵魂比混乱的灵魂更接近永恒秩序,或更接近永恒的原因或关于整全的原因。而且,要成为哲人,我们并没有必要做这样的假设,正如德谟克利特和其他前苏格拉底哲人所表明的,更不要说现代哲人们了。如果不做上述假设,我们似乎将被迫这样来解释哲人为什么渴望交流其思想:因为哲人需要弥补"主观确定性"的缺陷,或因为哲人渴望被承认,或因为哲人的人情味(human kindness)。至于哲人见到一个良序的灵魂时立即体验到的快乐,或我们观察到人性高贵的标志时立即体验到的快乐,我们能否不用被迫做专门的(ad hoc)假设就做出解释?我们必须对此存而不论。

我们或许已经解释过,为何哲人尽管彻底脱离了人群,还是迫切想要教育某一类人——这正是因为他彻底脱离了人群。但同样的说法能否完全用于僭主或统治者?一个统治者会不会同样强烈感觉到,[203]人的所有事业最终都是徒劳?不可否认,脱离人群——或按流行的说法,对所有受机运左右的事物的哲学态度——并非哲人的专有。但是,如果没有不断得到对永恒事物的真正依系即哲学活动的滋养,那么对人的关切的脱离注定会萎缩,或蜕变为无生命的狭隘。统治者也试图教育人,也为某种爱所促动。色诺芬在《居鲁士的教育》中表达了他对统治者的爱的看法——无论如何,此书初看上去都是他对最伟大的统治者的描绘。色诺芬的居鲁士天性冷淡或无爱欲。那就是说,统治者并不受真正的或苏格拉底式的爱欲激发,因为他不知道什么是良序的灵魂。统治者知道政治美德,没什么能阻止他受到政治美德的吸引;但政治美德或说非哲人的美德是一个残缺不全的东西,因此,它引出的只能是真正的爱的影子或模仿。实际上,支配统治者的是基于通常意义上的"需要"的爱,或说功利的爱,因为,"所有人天生都相信,他们爱那些他们相信能够给自己带来益处的东西"(《治家者》20.29)。用科耶夫的语言说,统治者关心人是因为关心得到人的承认。这顺便解释了《希耶罗》中关于爱的表述为何如此明显的不完整。作品的意图要求忽视非功利的爱,正如它要求把智慧保持在通常的含混之中。

我们无法赞成科耶夫的主张,即统治者与哲人的教育倾向有着相同的特点或范围。统治者从根本上说是其所有臣民的统治者,因此,他的教育努力必然指向所有臣民。如果说每种教育努力都是一种对话,统治者就因为自己的职分而被迫与每位臣民交谈。但苏格拉底并没有被迫与任何人交谈,除了那些他想与之交谈的人。如果统治者关心获得普遍承认,他必然关心如何将有能力评判其功绩的阶层普遍扩大开来。但科耶夫似乎并不相信，所有人都能够成为有能力评判政治事务的行家。他仅限于认为，具有哲学能力的人不少于具有政治能力的人。然而，与科耶夫在正文中似乎想要说的（与该文第六个注释①有区别）相反，相比于能够恰当评判一位哲人是否伟大的人，能够恰当评判一位统治者是否伟大的人要多得多。[204]之所以如此，不仅仅是因为，恰当评判一份哲学成就需要付出比恰当评判一份政治成就大得多的智识努力。毋宁说，这一事实是因为，哲学要求从最强大的自然魅惑（natural charm）中解放出来，这种魅惑永不消减的力量绝不会妨害统治者所理解的那种政治能力，这种魅惑就在于无条件地依系于属人事物。因此，如果说哲人对极少数人言说，那么他的行为并不是基于一个先验的判断。他是在遵循所有时代、所有国家恒久不变的经验，无疑还有科耶夫自己的经验。无论人如何拼命用干草叉子驱赶自然，自然总是会回来。② 哲人当然不会被迫努力争取普遍承认，无论是出于弥补"主观确定性"缺陷的需要，还是出于抱负。仅哲人的朋友们就足以弥补那一缺陷，而且，求助于完全没有能力的人并不能弥补哲人朋友们的不足。至于抱负，作为哲人，他已摆脱了抱负。

在科耶夫看来，说这样的哲人摆脱了抱负或对承认的欲望，那就做了一个没有根据的假设。不过，这样的哲人只关心追求智慧，以及点燃或滋养那些天性能够爱智慧的人对智慧的爱。不必非要窥探某个哲人的内心，我们就能知道，一旦哲人由于肉身的弱点变得关心他人的承认，他就不再是哲人。依照古人严格的观点，这样

---

① ［译按］见本书《僭政与智慧》，页[162]注释。

② ［译按］此句典出贺拉斯书信 I. 10：Naturam furcā expelles, tamen usque recurret［用一个干草叉子驱赶自然，但自然总会回来］。施特劳斯曾多次用过这一典故，另见《自然权利与历史》（彭刚译本，三联书店，2003，页 206），《注意尼采〈善恶的彼岸〉的谋篇》（收于《柏拉图式政治哲学研究》，张缨等译，华夏出版社，2012，页 246）。

的哲人就变为智术师。关心得到他人的承认,这与统治者的根本关注完全一致,实际也是后者所要求的,因为统治者统治的是他人。但关心得到他人的承认与追求永恒秩序没有必然的联系。因此,对承认的关注必然会减损哲人特有的目标的单一性。它会模糊哲人的视线。这一事实并不与另一事实相违,即抱负远大往往是辨识潜在的哲人的一个标志。但是,倘使远大的抱负没有转变为完全投身于追求智慧以及伴随着这种追求的诸多快乐,潜在的哲人就不会变成实际的哲人。与追求真理相伴随的诸多快乐之一,来自意识到在这种追求中取得的进步。色诺芬甚至谈到了哲人的自我崇拜。这种自我崇拜或自我满足要变得合理,并不必然需要他人的崇拜来确认。[205]如果哲人为了努力弥补"主观确定性"的缺陷与他人进行交谈,并一再观察到对话者陷入自相矛盾,或无法对他们成问题的主张做任何解释,而且对话者自己也被迫承认这一点,哲人对自己的评价就将得到合理的确认,无需一定要找到某个崇拜他的灵魂(思索柏拉图,《苏格拉底的申辩》21d1-3)。就此而言,哲人的自我崇拜类似于同样不需要他人确认的"好良心"(the good conscience)。

对智慧的追求离不开某些特别的快乐,正如对这些快乐的追求离不开对智慧的追求。因此,似乎有可能从对快乐的追求理解对智慧的追求。所有享乐主义者都断定,这事实上是可能的。在《希耶罗》中,色诺芬(或其西蒙尼德)被迫以享乐主义者的论题为基础进行论证。因此,《希耶罗》的论证暗含着能否从享乐主义理解哲学生活的问题。《希耶罗》暗示的答案是:不能这样理解哲学生活,因为各种快乐的等级最终取决于与这些快乐相关联的各种活动的等级。快乐的量级和纯粹性都不能最终决定人类活动的等级。快乐本质上是第二位的,不参照各种活动就无法理解快乐。首要的是活动本身还是快乐本身,这一问题与另一问题,即一个人之所以从事某种活动,首要的动因是这一活动的内在价值,还是他期望享受作为活动结果的快乐,二者之间毫无关系。科耶夫说,后一问题没法有一个负责任的答案,而且从哲学的视角看也不重要。他的这一说法或许完全正确,但与色诺芬的论证并不相关,因为色诺芬的论证只关注前一个问题。

尽管我必须不赞同科耶夫的相当一部分推理,但我同意他的结论:哲人不得不到市场上去,换句话说,哲人与城邦的冲突不可避免。哲人必须到市场上去,是为了在那里钓到潜在的哲人。哲人试图让年轻人皈依哲学生活,这必然会被城邦看作试图败坏青年。哲人因而被迫捍卫哲学的事业。他因而必须影响城邦或统治者。至此为止,科耶夫[206]与古人完全一致。但是,最后的结果是否如科耶夫认为的那样,即哲人必定渴望决定或共同决定城邦的或统治者的政治?哲人是否必须渴望"以这样或那样的方式参与到公共事务的总体方向之中,以便国家以一种使哲人的哲学教育成为可能并发挥影响的方式得到组织和管理"?或者,我们是否必须从完全不同的角度来构想哲学的政治(philosophic politics),亦即哲人为了哲学采取的行动?

与科耶夫明显暗示的观点相反,在我们看来,哲人必须采取的哲学的政治与建立最佳政制的努力并无必然联系,哲人可能做,也可能不做这一努力。因为,在种种或多或少不完美的政制中,哲学和哲学教育都是可能的。我们可以通过柏拉图《王制》卷八中的一个例子来阐明这一点。柏拉图在卷八中主张,斯巴达政制优于雅典政制,尽管他知道,雅典政制比斯巴达政制更有利于哲学教育的可能性和存续(思索557c6和d4)。事实上苏格拉底是在雅典被迫喝下了毒芹酒。但雅典允许苏格拉底活到七十岁并一直从事哲学教育;在斯巴达,苏格拉底婴幼儿时就会被遗弃掉。假如哲人对一种好政治秩序的关切与指导其"哲学的政治"的关切绝对不可分,柏拉图就不会决定支持斯巴达政制,无论是多么权宜的支持。那么,哲学的政治在于什么?在于使城邦满意地相信,哲人不是无神论者,他们不会亵渎被城邦视为神圣的任何事物,他们敬城邦之所敬,他们不是颠覆者,简言之,他们不是不负责任的冒险家,而是好公民,甚至是最好的公民。无论何时何地,无论在什么样的政制中,这就是对哲学的辩护。因为,正如哲人孟德斯鸠所说,"在世界上的每一个国家,人们都需要道德",①"人类中固然有几个骗子,但绝大多数是极诚实的;他们热爱道德"。② 柏拉图在城邦的法庭面前为哲学所做的这一辩护取得了极大成功(普鲁塔克,《尼西阿斯传》章23)。这一辩护的影响历经各个时代(那最黑暗的时代除外)延续至今。柏拉图在希腊城邦中并为希腊城邦做的事情,就是西塞罗在罗马并为罗马做的事情,西塞罗为了哲学采取的政治行动与他反对喀提林和支持庞培的行动毫无共同之处。此外还有[207]法拉比在伊斯兰世界并为伊斯兰世界做的事情,迈蒙尼德在犹太教中并为犹太教做的事情。与科耶夫似乎要表明的看法相反,哲人们为了哲学采取的政治行动取得了全面的成功。我们有时惊奇,这一行动是不是太过成功了。

我说过,科耶夫未能区分哲学的政治与哲人为建立最佳政制或改进现实秩序可能采取的政治行动。科耶夫从而得出结论说,哲人一方面并不渴望统治,但另一方面又必定渴望统治,这一矛盾涉及一个悲剧性的冲突。古人并不把哲学与城邦的冲突看作悲剧性的。色诺芬至少似乎从苏格拉底与克珊蒂佩的关系来看待这一冲突。至少就此而言,色诺芬与帕斯卡尔有某种一致之处。对古人来说,哲学与城邦的冲突同苏格拉底之死一样,没有什么悲剧性。

科耶夫的论证继续如下:哲人因为没有时间统治而不渴望统治,但另一方面又被迫统治,所以,哲人就满足于一个折中的解决方案,也就是拿出一点儿时间向僭主或统治者提建议。读编年史时,我们得到的印象是,哲人们的这一行动完全没有效果——就像西蒙尼德与希耶罗的谈话这一行动没有效果。可我们并不能从这一结

---

① [译按]语出孟德斯鸠《论法的精神》中"著者的几点说明",张雁深译,上卷,页32,商务印书馆,2004。

② [译按]同上书,第二十五章第二节,中译下卷,页175。

论推出哲人应避免掺和政治，因为掺和政治的强大理由依然有效。因此，哲人应当对城邦做什么，这仍是一个开放的问题，一场未完成的讨论的主题。但是，这一不可能由讨论的辩证法解决的问题，可由历史的更高辩证法得以解决。对我们过去的哲学研究表明，哲学绝非没有政治效果，它已经彻底变革了政治生活的品质。人们甚至有权利说，单是哲学观念就产生了重大的政治影响。世界的整部政治史除了是一场朝向普遍同质国家的运动，还能是什么？这场运动中决定性的阶段是僭主们或统治者们（比如亚历山大大帝和拿破仑）的行动。但这些僭主或统治者过去是、现在还是哲人们的学生。古典哲学创造了普遍国家的观念。现代哲学作为基督教的世俗化形式，创造了普世同质国家的观念。另一方面，哲学的进步及其最终[208]被锤炼为智慧，要求对以前的政治国家的"积极否定"，也即要求僭主的行动。只有当"所有可能的积极的[政治]否定"产生效力并从而到达政治进程的最后阶段，对智慧的追求才能够并将让位于智慧。

我不必检审科耶夫对西方世界的历史的勾勒。这一勾勒似乎预设，它本要证明的论题是真理。无疑，科耶夫从这一勾勒得出的结论的价值，完全取决于这一假设，即普遍同质国家是绝对最好的社会秩序，是不是真理。按科耶夫的构想，绝对最好的社会秩序是每个人在其中得到充分满足的国家。如果一个人作为人的尊严得到普遍承认，如果他享有"机会的平等"，亦即受到国家或整体礼遇的、对应于其能力的机会，他就会得到充分满足。但是，即便在普遍同质国家中确实没人有什么充分的理由对它不满或否定它，那也不能由此推论说，每个人事实上都对它感到满足，也从没想过积极否定它，因为人们并不总是理性地行动。科耶夫是否低估了激情的力量？他是不是没有根据地相信，由激情引发的运动最终会产生理性的效果？此外，人们也有非常充分的理由对普遍同质国家感到不满。为了证明这一点，我必须引用科耶夫在《黑格尔导读》中更为广博的阐述。满足感分为不同的程度。即便卑微的公民作为人的尊严得到普遍承认,并享有与其卑微的能力和成就相对应的各种机会,他的满足也不能与国家首脑的满足相提并论。只有国家首脑"真正得到了满足"。只有国家首脑"真正自由"(页146)。黑格尔是不是大致说过,在其中只有一个人自由的国家是东方专制国家?因此,普遍同质国家也就仅仅是一个全球性的东方专制主义?不管怎样,没什么能保证现任的国家首脑比其他人更胜任这个职位。其他人因此就有非常充分的理由表示不满,一个国家不平等地对待平等的人,那它就是不公正的国家。从普遍同质的君主制转变为普遍同质的贵族制似乎就合情合理。但我们不能就此打住。普遍同质国家作为主人和奴隶的综合,是从事劳动的战士或从事战争的劳动者的国家。[209]实际上,其所有成员都是战士兼劳动者(页114,116)。但如果国家是普遍同质的,"战争与革命也就成为不可能的"(页145,561)。另外,严格意义上的劳动亦即对自然的征服或驯化已经完成,否则,普遍同质国家便不能成为智慧的基础(页301)。当然,有一种劳动仍会继续,但最后的国家的公民将尽可能少劳动,科耶夫明确援引马克思并指出了这一点(页435)。借用某人近期在上议院(House of Lords)类似场合下的说法,最后的国家的公民只是所谓的劳动者,出于礼貌的劳动者。"不再有战斗或劳动。历史已经走到了终点。已没有什么可做的。"(页385,114)这一历史的终结将极其令人兴奋,若不存在这一事实:在科耶夫看来,人之所以能提升到牲畜之上,正是因为参加血腥的政治斗争,以及参加真正的劳动或(宽泛地说)否定性的行动(页490-492,560,页378注)。因此,那个据说让人得到了合理的满足的国家,就是人之人性的根基在其中凋零的国家,或说是人在其中丧失其人性的国家。这是尼采所谓"末人"的状态。科耶夫实际上证实了古典的观点:无限制的技术进步及其附属物是普遍同质国家必不可少的条件,但它们会毁灭人性。也许有可能说,普遍同质国家注定要来临。但当然不可能说,人会对普遍同质国家感到合理的满足。如果普遍同质国家是历史的目标,历史便是绝对"悲剧性的"。历史的完成将显明,人的问题,因而特别是哲学与政治的关系问题,是无法解决的。千百年来,人们只是无意识地朝着普遍同质国家前行,为之付出不尽的汗水、斗争和苦痛,却总是一再抱着希望。一旦抵达旅程的终点,人们就认识到,借由抵达终点,他们业已毁灭了自己的人性,并由此重返历史的前人类开端,就像经历了一个轮回。Vanitas vanitatum[虚空的虚空]。① Recognitio recognitiorum[承认的承认]。不过,只要人的天性未被完全征服,也就是说,只要太阳和人仍旧生养人,我们就没有理由绝望。总会有一些人(andres)起身反抗这个毁灭人性的国家,或说在其中不再可能有高贵的行动和伟大的功绩的国家。这些人可能被迫落入一种对普遍同质国家的单纯否定,一种不受任何积极目标指引的否定,[210]一种虚无主义的否定。一旦普遍同质国家变得不可避免,这一虚无主义的革命或许就是唯一为了人之人性而采取的行动,唯一可能的伟大而高贵的功绩,虽然它可能注定要失败。但没人能知道其将成功还是失败。我们对普遍同质国家的运作还知道得太少,所以还说不出它会在何时何地开始衰败。我们知道的只是它迟早会消亡(见恩格斯,《路德维希·费尔巴哈》,Hans Hajek 编,页6)。有人可能反驳说,成功反抗普遍同质国家所造成的结果,只会是重复从原始游牧部落到最后的国家的同一历史进程。但是,这一进程的重复——人之人性的一个新的生命周期——难道不比非人的终结的无限持续更为可取?尽管知道四季交替,尽管知道冬天会再来,难道我们就不享受每个春天了吗?的确,科耶夫似乎为普遍同质国家中的行动留了一条出路。在这个国家中,争夺政治领导权的斗争仍不能摆脱死于非命的危险(页146)。但这种行动机会只为极少数人保留。另外,这一前景是不是有些骇人听闻:在这个国家中,人之人性最后的避难所是以宫廷政变的特别卑污的形式进行的政治暗杀?所有国家的战士和劳动者

---

① [译按]语出《旧约·传道书》1.2:"传道者说:虚空的虚空,虚空的虚空,凡事都是虚空。"

们,团结起来,趁着还有时间,去阻止"自由王国"的到来。竭尽全力保卫"必然王国"吧,如果它需要保卫的话。

但是,构成人之人性的,也许既不是战争也不是劳动,而是思考。也许人的目的不是承认(对许多人来说,承认也许没有力量满足它在普遍性中获得的东西),而是智慧。普遍同质国家的来临是智慧来临的必要条件和充分条件,也许正因为这一事实,普遍同质国家才得以正当化。在这最后的国家中,所有人都会得到合理的满足,他们将会获得真正的幸福,因为所有人已经获得或将要获得智慧。"不再有战斗或劳动;历史已经完成;已没有什么可做的":人最终摆脱了所有的劳苦,可以从事最高最神圣的活动,可以思索不变的真理(科耶夫,前揭,页385)。但是,如果最后的国家是要满足人灵魂最深的渴望,那么每个人必定要有能力变得智慧。人与人之间最重大的差异必定事实上消失了。我们现在理解[211]科耶夫为何如此迫切地反驳古典的观点了,因为这种观点认为,只有少数人有能力追求智慧。如果古人是对的,在普遍同质国家中就只有少数人会真正幸福,因此也就只有少数人在普遍同质国家且通过普遍同质国家得到满足。科耶夫本人注意到,在最后的国家中,普通公民只得到"潜在的满足"(页146)。所有人的实际满足是不可能的,虽然它被说成是历史的目标。我推测,正是由于这个原因,科耶夫所构想的最后的社会秩序才是一个国家,而非一个无国家的社会。国家或强制性政府不能消亡,因为所有人得到实际满足是不可能的。

古人认为,由于人的天性的弱点或依赖性,普遍的幸福是不可能的,所以古人并未梦想过历史的完成,因此也没梦想过历史的意义。他们用自己的心灵之眼看到一个社会,在这个社会中,人的天性能够达到的那种幸福具有最高程度的可能性,这个社会就是最佳政制。但由于看到了人的力量是多么有限,古人便认为最佳政制的实现取决于机运。现代人不满足于乌托邦并鄙弃乌托邦,他们试图找到一个能够担保最佳社会秩序实现的东西。为了确保成功,或说为了能够相信自己会成功,现代人不得不降低人的目标。降低人的目标的一种形式是,用普遍承认取代道德德性,或用源自普遍承认的满足取代幸福。说古典解决方案是乌托邦的,是指它的实现不大可能。说现代解决方案是乌托邦的,是指它的实现绝不可能。古典解决方案提供了一个用以评判任何现实秩序的稳固标准。有一个标准独立于现实状况——现代解决方案最终摧毁的正是这一观念。

似乎有理由假定,在普遍同质国家中,只有少数公民(如果有的话)是智慧的。但是,智慧者和哲人都不渴望统治。且不说其他,单凭这个原因,普遍同质国家的元首,或说普遍的和最后的僭主,就会是一个不智慧的人,正如科耶夫似乎认为理所当然的那样。为保住自己的权力,这位僭主会不得不压制一切可能导致人民怀疑普遍同质国家的本质健全性的活动,他必须压制哲学,把哲学看作是企图败坏青年。尤其是,为他的普遍国家的同质性着想,他必须禁止[212]所有这样的教诲、所有这样的暗示:人与人之间存在着自然差异,这些差异在政治上相当重要,不断进步的科学技术无法消除这一差异或使之失效。他必须命令他的生物学家们证明,每个人都具备或会获得成为哲人或僭主的能力。反过来,哲人们将被迫为他们自己或哲学的事业辩护。因此,哲人们将不得不努力影响僭主。一切似乎是旧戏重演。但这一次,哲学的事业从一开始就失败了。因为,最后的僭主把自己装扮成一位哲人、最高的哲学权威、唯一真正的哲学的最高解释者、由唯一真正的哲学授权的执行者和刽子手。因而他宣称,他迫害的不是哲学,而是虚假的哲学。对哲人来说,这并不是全新的经历。在以前的年代,如果哲人遭遇这类宣称,哲学会转入地下。哲学会在表面的或显白的教诲中顺应统治者们毫无依据的命令,这些统治者相信他们知道自己实际并不知道的东西。不过,即便哲学非常显白的教诲也会引导潜在的哲人走向永恒的、未解决的问题,从而破坏统治者们的命令或教条。由于以前不存在普世国家,如果无法忍受僭主治下的生活,哲人们可以逃到其他国家。但在普遍的僭主治下,哲人将无处可逃。由于对自然的征服,由于毫无羞耻地用怀疑和恐惧取代了法律,普遍的和最后的僭主实际上有无数的手段来侦察和消灭朝向思考的最温和的努力。科耶夫如下这样说似乎是对的,尽管基于错误的理由:普遍同质国家的来临将是哲学在世上的终结。

通过与科耶夫关于僭政与智慧关系的论点争辩,我至多能希望我已表明,色诺芬关于这一重大主题的论点不仅与哲学的观念相容,而且是其所要求的。这一目标很小。因为问题马上就来了:是否哲学的观念本身不需要正当化。严格意义上和古典意义上的哲学乃是追寻永恒秩序或永恒原因或所有事物的原因。因此它预设有一个永恒且不变的秩序,历史就在其中发生,但这一秩序绝不会受历史影响。换言之,它预设了任何"自由王国"不过是"必然王国"之中一个从属的行省。[213]以科耶夫的话说,它预设了"存在本质上本身是不可变的,且与自身永远同一"。① 这一预设并非自明的。科耶夫拒绝这一预设,赞成"存在在历史过程中创造它自身",②或说最高的存在是社会和历史,或说永恒只不过是历史的,亦即有限的时间的整一性。③ 基于古典的预设,必须彻底区分理解的条件与理解的来源,必须彻底区分哲学存在和永存的条件(某一类社会等等)与哲学洞见的来源。基于科耶夫的预设,这一区分失去了其关键的意义。社会变化或命运影响"存在"(being)——如果它不等同于存在(Being)——因此也影响真理。基于科耶夫的预设,对人的关切的无条件依系成了哲学理解的来源:人必须完全安居于大地之上,必须是大地上的一个公民,即便不是宜居的大地的某个部分的一个公民。基于古典的预设,哲学要求彻底脱离人的关切:人不可完全安居于大地之上,他必须是整全的一个公民。在我们的讨论中,几乎没有提及这两个相对立的基本预设之间的冲突。

---

① [译按]参见本书[151]页。
② [译按]参见本书[152]页。
③ [译按]参见本书[169]页。

但我们一直都想着它。因为我俩都明显从存在转向了僭政,因为我们已经看到,那些缺少勇气面对僭政问题的人,那些因此 et humiliter serviebant et superbe dominabantur[既卑贱地臣服,又高傲地统治]的人,①被迫也回避存在问题,这正是因为他们什么也没做,只是谈论存在。

---

① [编按]见李维,《罗马建城以来史》XXIV. 25. viii。马基雅维利,《论李维》I. 58 引。

施特劳斯与科耶夫通信集

Strauss to Kojève (4 September, 1949)

Photograph: James Dee

Kojève to Strauss (1 July, 1957)

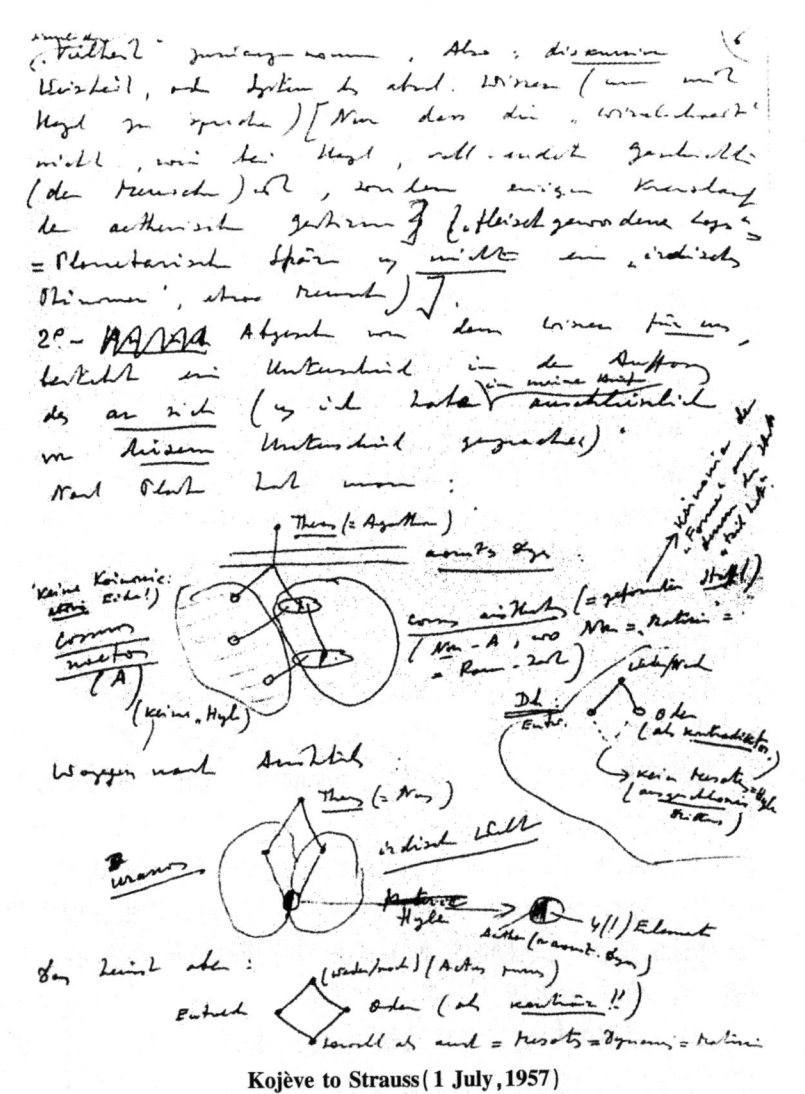

Photograph: The University of Chicago Library

序 言

[217]我们收入了能找到的施特劳斯与科耶夫之间的所有通信。遗憾的是,有些通信已佚,并且至少一封重要通信只有部分被保存下来。

有些专名存在偶然的小拼写错误,比如 Queneau[格诺]写成 Quesneau,还有些明显的笔误,比如错将出自《智术师》261 的一段话标注成"《智术师》361",我们均未加说明直接改正。施特劳斯晚年有时会口授书信,书记员因不熟悉他提到的某些概念、文本或名字而犯下的小错,他并不总能发现。极少量此类拼写错误,我们也都径直改正。但对于可疑的引文,我们绝不会不加说明擅做改动。施特劳斯和科耶夫都常常缩写书名、人名,我们则始终将其完整拼出。书名和人名异文,如 Phaidros[斐德若]、Phailebos[斐勒布],则一仍其旧;某些书名,作者并未斜体,我们亦觉无必要改之。

施特劳斯的笔迹公认极难辨识。他的收信人往往不得不像解谜一般,先把认出的部分抄写下来,认不出的则留空,以待之后再努力,如此重新构造出信件内容。此处收入的大多数信件,我们亦如法炮制。已故的布朗肯哈根(P. H. v. Blanckenhagen)教授在健康状况已恶化的情况下,帮助我们处理了某些特别难解的段落,在此对他表示特别的感激之情。

[218]脱漏的词或某个词的缺失部分,用〈……〉标明,这是因为甚至经过多位胜任之人的反复努力,有一个或几个字仍然难以辨认,或者因为我们用于工作的原件或副本本身有缺损。

作者常常轻松地在几种语言间来回转换,使通信平添了额外的生动,但经过翻译,这种生动之感非常遗憾而又不可避免地失去了。

对于收入此卷的施特劳斯和科耶夫之间的通信,需略致几句说明。

两人是年岁接近的同时代人。施特劳斯 1899 年生于西德小镇基希海恩(Kirchhain),科耶夫 1902 年生于莫斯科。两人初识于 1920 年代的柏林。彼时,二人正好都在研究宗教思想。施特劳斯的第一本书是《斯宾诺莎的宗教批判》(1930),第二本书是《哲学与律法》(1935),汇集了他早年对中世纪犹太教和穆斯林思想家的研究成果。科耶夫则在海德堡师从雅斯贝尔斯,写作关于索罗维耶夫(Vladimir Soloviëv)宗教哲学的博士论文。

1929 年,科耶夫移居巴黎。施特劳斯则于 1932 年获洛克菲勒基金资助来到巴黎。两人当时显然交往颇多。他们的早期通信传达了他们在那个动荡年代所面临的困难和不确定,而且两人的通信顺带勾勒出他们后来在事业上的主要阶段。

施特劳斯于 1934 年移居英国,1938 年终于在纽约的社会研究新校获得他的第一个教职。从 1949 年到 1968 年,他又执教于芝加哥大学。1973 年去世时,他是安纳波利斯的圣约翰学院的常驻布坎南杰出学者。

1933 年,科耶夫接手科瓦雷(Alexandre Koyré)前一学年在高等研究实践学院讲授的研讨课"黑格尔的宗教哲学"。科瓦雷关注黑格尔新近才被发现并出版的早期手稿,亦即所谓"耶拿手稿"。科耶夫则专注于研究《精神现象学》(*Phenomenology of Mind*)。科耶夫此后每年讲授此课程,直至 1939 年,即第二次世界大战爆发那年。在这一系列研讨课中,他对文本做了极为细致的分析和解释,并进而讨论了黑格尔学说中的诸多关键论题。研讨课的材料和成果 1947 年出版,[219] 冠以谦虚的标题《黑格尔导读》。正如他致信施特劳斯告知此书出版时所说的,这根本不是一本通常含义上的书。它结合了提纲、笔记、完备的评注,以及多个系列的正式讲稿。在某些章节,读者几乎能听出口头讲述的节奏,而另一些章节则显然是写成的，须得看才能理解，这一多样性惟增加了这部作品的冲击力。它出版后随即被视作一部具有罕见才华与洞见的作品。此书对法国、欧洲其他地区以及美国的哲学思想产生了广泛而持久的影响，这怎么说都不夸张。

战后，科耶夫没有回归学术生活，而是进入法国经济部，担任马约林（Robert Marjolin）的助理，马约林当初参加过黑格尔研讨课。科耶夫迅速升至经济部中的显赫职位，一直在法国国际经济政策中扮演着重要角色，直至1968年去世。他是关贸总协定（GATT）法国方面的主要缔造者，并积极参与了欧洲经济共同体的建立，又由于特别积极地推动后来所称的南北对话而广受关注。

两人的通信完全证实了他们关于僭政的公开交锋所清楚显明的印象——尽管有着种种深刻的哲学和政治的分歧，但他们极其敬重彼此。他们珍视对方的严肃，欣赏彼此理智的力量。每个人都把对方的立场看作或许是他自己的立场唯一有意义的哲学对立面，每个人都把对方看作这一对立面最坚定的代言人。表面来看，他们的不同再大不过了。施特劳斯是学者和思想家的化身，尽管他当然不像有时表现的那么不食人间烟火。在风度举止上，他非常直接和谦逊。他的表达坦率、无比机警，常伴着有点古怪、好玩的眨眼。当他说话时，特别是在正式场合起身讲话时，他完全居高临下。他有一个不寻常的本领，就是在与其他人交流时可以使用对方自己的术语并迁就他们的水准。年轻人聚集到他的课上，一方面固然是被他的渊博学识吸引，但同样也是因为他能够聆听或直接言及他们最深的关切，以及因为他所具有的常识判断与清醒。可我相信，即便那些很了解施特劳斯的人，[220]甚至他那些最忠诚的弟子们，也只是逐渐认识到其思想的广阔、尖锐及力量。科耶夫则相反，他是世俗的，并在这一词汇的很多意义上而言径直令人着迷。他也非常直接。他学识广博，一部《黑格尔导读》就充分证明他能够把谨慎的学问与大胆的思考结合起来。但他怎么看都不是一个学问家。科耶夫说做一个行动的人与做一个哲人之间存在一种悲剧性冲突,施特劳斯挑战了这一看法,他的挑战或许是正确的。然而,施特劳斯看起来对这一冲突并无任何直接经验,而科耶夫的生活就是这一冲突。他在几封信中暗示了这一冲突,而且也不时说起它,虽然总是带着反讽和超然的语调。他的谈话大多闪烁着理智与某种戏谑。他能够令人相当窘迫,而且,正像他在这部通信集最后一封信里承认的,有时候他非常享受离经叛道的感觉。我不时在他的风采里感受到我只在心灵的伟大作品中感受到的理智的力量与专注。

[221] 拉辛大街(rue Racine)23号
致科耶夫尼科夫先生(Kochevnikoff)
学园大道(Bd. du Lycée)15
旺弗(Vanves)

1932年12月6日①

亲爱的科耶夫尼科夫先生,

要是这张明信片能及时寄到,你是否愿意今天(星期二)顺便到我们这儿,有关那主要的事,但也有关并首先有关那些"一般的事"。要是这张明信片太晚寄到,那就改到星期三晚上。星期二或星期三的八点到九点,我们等你来。

再见。

祝好。

您的

施特劳斯

————————

致科耶夫尼科夫先生
学园大道15号
旺弗

1932年12月6日②

亲爱的朋友,

我们这会儿正忙着搬家,我给你写这几句话,是为了告诉你我们的新地址。

格拉西耶大街(Rue de la Glacière),在皇港大道(Boulevard

---

① 用德文写的明信片。为方便卡片归档,沿着边缘打了两个洞。[译按]以下除特别注明外,所有注释均为编者注。除特别说明信件以英文或法文写成外,其余信件均以德文写成。

② 用法文写的明信片,打了洞。

Port-Royal)和阿拉戈大道(Boulevard Arago)之间。那里的地铁站叫"格拉西耶"。

盼着星期四晚上能见到你。

伙计,请接受我最热情的致意。

施特劳斯

———————

[222]   1932 年 12 月 17 日①

亲爱的科耶夫尼克夫先生,

首先说正事:信封里有我文章的第二部分,请原谅信纸和信封上有些污迹。我手边没有别的信纸和信封,而我又想尽快把这事给你弄好。

接着,关于私事:我们非常期待星期三晚上在我们家见到你和贝思卓(Basjo)小姐。如果你和你的唱片不介意,你星期三能不能带几张唱片来?你可以想见,我妻子比我更渴望听到这些唱片。我对音乐的反对昨晚受到了第一次打击。也许哪天我们可以说说这事。

那么,星期三晚上见。

再见。

祝好!也代表我妻子向你及贝思卓小姐问好。

您的
施特劳斯

———————

伦敦,罗素广场,蒙太古大街 47 号   〈未标明日期〉②

———

① 原件已佚,基于影印件誊写。
② 用英文写的明信片,可能写于 1933 年初。原件已佚。基于品相很差的影印件誊写,影印件漏掉了原件最右边边上几行的一些文字。因为卡片打了洞,所附的文件也佚失了。

亲爱的朋友：

　　我这会儿渴坏了，我没有物美价廉的法国葡萄酒。但我们有很棒的英式早餐——火腿太美味了，简直不像猪肉做的，因此依照无神论者解释的摩西律法也会允许人吃的——还有美妙的英式布丁和甜点。此外，英国人比法国人温文尔雅得多。我不知道，还有什么差别大得过巴黎警察局与伦敦外国人登记处的差别。我们在这里感觉比在巴黎好得多——只是我们在这没有朋友。我们只认识〈Hoganer〉先生和他红色的〈……〉，不过不经常见他。

　　[223]你好吗？贝思卓小姐怎么样？你的胡子更浓更硬了吗？别忘了尽可能经常给我们寄照片，给我们看看你这方面的进展。

　　我们的公寓正对着大英博物馆。我希望下周初我就能拿到卡，这样我就能开始利用它。到目前为止，我只听了两堂英语发音的课，两位上了年纪的、戴眼镜的小姐以十分滑稽的方式唱英语单词。

　　如果你能写信说说我们分别后你所经历的事，我将非常高兴。

你忠实的，
施特劳斯

————————

伦敦，1934 年 1 月 16 日①

亲爱的朋友，

　　我现在已经适应了这里的生活。我每天都去大英博物馆（走半分钟就到），研习英语霍布斯文献和霍布斯手稿。英国菜比法国菜更对我胃口。最重要的事是：我看到了唐宁街，世界上最强大的政府所在地——比威廉街（Wilhelmstrasse）小很多很多。这给我留下了非常深刻的印象。

---

①　英文写成，原件已佚。基于品相很差的影印件誊写。

你要的地址如下:克莱因①博士转伽达默尔博士②(别名莫道尔),Marburg an d. Lahn. Ockershäuser Allee 39, Germany。你要的引用语来自:海德格尔,《德国大学的自我主张》,布雷斯劳(Breslau),1933年,第12页。③

很抱歉没空给你写一封真正的信。可你想马上拿到地址和引用语。

[224]我希望你尽快给我写信,也许可以给我多讲一点这次难忘的讨论的"细节"。

你对兰斯伯格④先生印象如何?

---

① 克莱因(Jacob Klein,1899—1978),施特劳斯和科耶夫一生的朋友,在 Nicolai Hartmann 指导下于马堡获得博士学位。

② 伽达默尔(Hans-George Gadamer,1900—2002),在海德堡大学做了很多年哲学教授,以其《真理和方法》(*Wahrbeit und Methode*,1960;1975年译成英文)名世。施特劳斯与伽达默尔《关于〈真理和方法〉的通信》刊布于 *The Independent Journal of Philosophy*(1978)2:5-12。另见:《忆施特劳斯:伽达默尔访谈》("Recollections of Leo Strauss: An Interview with Hans-George Gadamer"),*The Newsletter*, Politics Department, University of Dallas,1978年春,2:4-7;以及 Ernest L. Fortin,《伽达默尔论施特劳斯:一次访谈》("Gadamer on Strauss: An Interview"),*Interpretation*(1984)12:1-14。1933年春天,伽达默尔、施特劳斯和科耶夫在巴黎相会。伽达默尔别名 Moldauer[莫道尔],这似乎是施特劳斯和科耶夫之间的一个私人玩笑。

③ 海德格尔1933年5月就任弗莱堡大学校长时的演说,时在国家社会党获取政权几个月后。K. Harries 以《德国大学的自我主张》("The Self-Assertion of the German University")为标题作了译注,刊于 *The Review of Metaphysics*(1985),38:470-480。第474页相应于施特劳斯提及的原始出版物的那一页。

④ 兰斯伯格(Paul Ludwig Landsberg,1901—1944),曾就学于胡塞尔和舍勒。他于1933年被波恩大学解雇教职;他当时已出版《帕斯卡尔的使命》(*Pascals Berufung*, Bonn,1929)、《中世纪的世界与我们》(*Die Welt des Mittelalters und wir*, Bonn,1922)以及《柏拉图学园的本质与意义》(*Wesen und Bedeutung der platonischen Akademie*, Bonn,1933)。其《哲学人类学》(*Einführung in die philosophische Anthropologie*, Frankfurt a/M,1934)出版时,他已去法国;在法期间,他在《精神》(*Esprit*)上发表评论,而且政治上很活跃。1943年,他在波城(Pau)被盖世太保逮捕,一年后死于 Oranienburg 集中营。

>你忠实的
>
>>施特劳斯

你有科瓦雷①先生的音信吗？

又及：没必要做或者变成亚里士多德主义者或者〈……〉变成柏拉图主义者足矣。

————————

>〈未标明日期〉②

亲爱的科耶夫尼克夫先生，

我正埋头工作，但也深陷担忧——换句话说，境况与你相似。巴勒斯坦那边没戏了：古特曼③要去那里。迄今为止，在法国的前景也是一样。但人不能失去勇气。

随它去吧。你能否马上给我科瓦雷的地址？我想尽快给他写信。

星期六我会去牛津。

祝一切顺利！

向你和贝思卓小姐问好。

>你的
>
>>施特劳斯

---

① 科瓦雷（Alexandre Koyré, 1892 年生于 Resotov-on-don, 1964 年卒于巴黎），杰出的哲学史家和科学史家。1910 年前后曾在德国就学于胡塞尔和希尔伯特。在法国军队里参加过第一次世界大战，后定居法国，在高等研究实践学院（École Pratique des Hautes Études）任教。

② 可能写于 1934 年 2 月或 3 月。原件已佚，基于手抄件付印。

③ 古特曼（Julius Guttman, 1880—1950），他的《犹太教哲学》（*Die Philosophie des Judentums*）最为知名（Munich, 1933；英译本 1964 年）。1922—1934 年之间，他是柏林犹太学术研究院（Akademie für die Wissenschaft des Judentums）的主任。1925—1932 年间，施特劳斯与这个学院有过联系。施特劳斯的第一部论文集《哲学与律法》（*Philosophie und Gesetz*）的首篇论文是《犹太教哲学中的古今之争》，副标题为"评古特曼的《犹太教哲学》"。古特曼 1934 年成为耶路撒冷希伯来大学的犹太教哲学教授。

我妻子也向你们问好。

新地址：

2 Elsworthy Road

St. John's Wood. London

———————

[225]   2 Elsworthy Road, London NW3

伦敦，1934 年 4 月 9 日①

亲爱的科耶夫尼克夫先生，

为什么没收到你的一封信？一点不知道你的近况、你的工作、你的希望和你的担忧怎样了。一定得给我写信，哪怕只是一张卡片。

至于我自己，只能说现在不错。我喜欢这个国家，远胜于喜欢法国，可以像狄德罗说霍布斯那样说这个国家：干旱（这里的酒馆晚10点整关门，而且酒很贵！）、严肃和有力。此外，相对于法国的国家图书馆，大英博物馆是个让人喜爱去的地方。

我成了一个真正的霍布斯文献学家：手稿等等。霍布斯著作的出版计划（请一定慎重对待此事）并非完全没指望——一个牛津学院的主事者打算资助这个计划——因此我自己也还有希望。吉布森（Gibson）让我留意一本研究霍布斯的最新著作，作者是阿伯丁（Aberdeen）的莱尔德教授（John Laird）——这本书比鲁宾斯基②的好，但不如托尼斯③的——书中在提到我们合作的刊于《哲学

---

① 原件已佚，基于一份品相不好的影印件（包含原件的一面）和一份手抄件（包含原件的另一面）付印，都因装订归档而打了孔。

② Dr. Zbigniew Lubienski,《霍布斯伦理-政治体系的基础》(Die Grundlagen des ethisch-politischen Systems von Hobbes), Ernst Reinhardt, Munich, 1932。

③ Ferdinand Tönnies,《霍布斯的生平和学说》(Thomas Hobbes Leben und Lehre), Fromann, Stuttgart, 1886；第三次扩充版，1925。

研究》(Recherches)上的文章时,说我是"一个非常能干的作者",①可在那篇文章里我〈错〉用了吉布森的导言。最重要的是:我可能发现了霍布斯迄今为止完全不为人知的第一部作品,由 10 篇论文组成,头 5 篇讨论虚荣及相关现象。这手稿最不济也是由霍布斯的一个学生在他的影响下写出来的。大约一周内,结果就会见分晓。

在这里有几个熟人,但没一个能像你一般可以与我们共度愉快的时光。

给我写信吧,我们一定不要失去联系。

我妻子和托马斯②向贝思卓"叔叔"致以最温暖的问候,我也向你致以同样温暖的问候。

你的

施特劳斯③

————————

① "近来一个非常能干的作者(施特劳斯,《哲学研究》[Recherches philosophiques],II,610)说到,霍布斯是(欧陆意义上的)自由主义的真正奠基人,他的绝对王权论是形成中的自由主义,针对任何彻底的自由主义的批判者和反对者都应该回到霍布斯。" John Laird,《霍布斯》(Hobbes),Benn,London,1934,页 312,注 1。Laird 指的是施特劳斯的《关于霍布斯政治学的几点评注:评鲁宾斯基的近著》("Quelques remarques sur la science politique de Hobbes: à propos du livre rècent de M. Lubienski"),见 Recherches Philosophiques(1933),2:页 609-622。

② 施特劳斯的继子。

③ 施特劳斯把这封信寄给:亚历山大先生〈原文如此〉,学园大道 15 号,旺弗(塞纳河)。结果被退回寄信人:2 Elsworthy Rd., London, N. W. 3。并附有手写的便条:"学园大道 15 号查无此人。"于是,施特劳斯在信封背面用英文写道:"非常抱歉——但为什么邮局找不到你? 像一个英国人那样说(你记得的,英国人喜欢拿死亡开玩笑,就像他们是最原初的人)——你死了或者被埋到土里了吗? 纹章学院(Colledge of Arms)对论文手稿的问题表示赞同的意见:这些论文肯定是霍布斯最早的作品。"然后他把这封信用一个写有正确地址的信封重新寄出。这些论文最近已出版:霍布斯,《三论集》(Three Discourse),N. Reynolds 和 A. Saxonhouse 编,Chicago:University of Chicago Press,1997。

[226] 亲爱的施特劳斯先生，　　　　　　　1934 年 5 月 1 日

非常感谢你的来信。

原谅我这段时间没给你写信。但除了我妻子和贝思卓小姐，我也没给其他人写信，甚至包括科瓦雷。

这有着浪漫的原因。这次我在四月里有了七八月的心情，因为一个改变，一个"阿里乌斯"（Arian）女孩。

复活节的假期我什么都没做。我取消了第一场演讲，第二场演讲又完全没做准备（这绝不是最糟的）。现在我的生活正常多了，起码我在准备我的演讲，而且今天给你和科瓦雷写信。

听说你过得好，而且做出了你自己的决定，我很高兴。我从没怀疑你的未来会拥有最美的前景。

要是你能说得更详细些，我会更高兴的（务必慎重：毕竟，我也是人，本性难移）。

至于我，没什么变化，也没好消息。

学院①仍然没有付我钱，我现在已经很怀疑这笔账了。

我的申请（基于我德国的博士学位，申请博士学位之上的一种资格证书）被拒了。希特勒要对此负责（有 12 个类似的申请）。因而我不能发布我的课程，所以也就不能申请研究津贴。

入籍现在变得很难（都是斯塔维斯基②闹的），推荐信被严格禁止。一个很早以前欠我债的人还了我 3000 法郎（居然会发生这样的事！）。现在我靠这笔钱生活，但也很快要花光了。

所以我现在的心情比较阴郁。

---

① ［译按］学院（École）指法国巴黎的高等研究实践学院，当时科耶夫为科瓦雷代课。

② 斯塔维斯基（Serge Stavisky）最初是个小罪犯，但不久他串通法国金融界、政界和警界的最高层，操控了一系列大的金融诈骗。当他的计划崩溃时，警察发现他死于很可疑的境况，而且还没来得及让他供述出任何人。然而，随后发生的丑闻击垮了政府，引发了 1934 年 1 月巴黎的骚乱，导致了对外国人的强烈恐惧。

至今我仍然很少工作。差不多只弄我的讲稿了。

格丁①在学院讲授中世纪哲学,我以前从没听过像这样的东西!海涅曼②在索邦为瑞依③讲课,没有报酬。所以也胡言乱语。

[227]"我的"古合维奇已经成了波尔多的教授了。④ 我也没有关于科瓦雷的有趣的消息。

请尽快给我回信。

向你和你妻子问好。

你的
AK

附:随信附上一张希特勒的照片,依我看,它能解释许多东西:希特勒确实非常安适与"惬意"。

---

① 格丁(Jacob Gordin,约 1896 年生于圣彼得堡,1947 年卒于巴黎),后来与东方语言学院发生联系。他被认为是战后法语世界中犹太研究复兴最有影响的人物之一。

② 海涅曼(Fritz Heinemann,1889—1970),柯亨(Hermann Cohen)的学生,法兰克福大学教授,1933 年被迫离境。随后执教于牛津大学。他的《二十世纪的哲学》(*Die Philosophie im XX. Jahrhundert*,Stuttgart,1959)简要提及了科耶夫和施特劳斯。

③ 瑞依(Abel Rey,1873—1940),历史学家和科学哲学家。1932 年科耶夫向他递交了论文《古典物理学和现代物理学中的决定论观念》(*L' idée du determinisme dans la physique classique et dans la physique moderne*),以期获得博士头衔。此篇论文经 Dominique Auffret 编辑,由 Le livre de poche 出版(Paris,1990)。

④ 古合维奇(Georges Gurvitch,1894 年生于圣彼得堡,1966 年卒于巴黎),完成了他在德国的研究后移民法国。其《德国哲学的实际趋向:胡塞尔、舍勒、拉斯克和海德格尔》(*Les tendances actuelles de la philosophie allemande: E. Husserl, M. Scheler, E. Lask, M. Heidegger*,Vrin,1930)基于他前一年在索邦开设的讲座课程。随后他成为知名的社会学家。二战期间,他在纽约的社会研究新校研究生部执教。从 1948 年直到他去世,他在索邦任教。科耶夫写这封信的时候,现象学家 Aron Gurwitsch(1901 年生于 Vilna,1973 年卒于纽约)也生活在巴黎。

你妻子收到贝思卓小姐的信了吗?

————————

26 Primrose Hill Road, London NW3,

伦敦,1934 年 6 月 3 日①

亲爱的科耶夫尼克夫先生,

非常谢谢你的信。原谅我没回信,请你宽宏大量,把我现在写的看作一封信吧。

我给你写信时的心情和你给我写信时一样:阴郁。我相信一些有影响力的英国教授对我有兴趣,但这种兴趣是否并且怎样表现成面包、香烟以及类似的东西,又完全是另外一回事。夏天快到了,也就是说,束手无策的时候将至。我不想对你絮叨这些,毕竟你对此也深有体会。

如果我有一份适当的收入,我就会是这世界上最快乐的人了。我已经给你写信说过我发现的霍布斯。我已经复制了这份手稿并进行研读,现在完全可以肯定它就是霍布斯的第一部作品。因为各种次要的原因,这一发现棒极了,但对我来说,它还别有意义:它可以反驳你和科瓦雷对我的异议,你们认为我对霍布斯的解释是一种固执的构建。不,现在我可以证明我并没有构建。当然,即使是最尽责的对文本的完整重构看上去也与实在有所不同。这一点显而易见。但它的确帮助我用一种[228]我从不敢设想的方式将我对霍布斯的解释具体化。我想为你简要地列个提纲:

霍布斯的"青年时代",亦即他 41 岁之前,也就是在他熟知欧几里得以及伽利略等人之前,他受到四种力量的影响:经院哲学、清教主义、人文主义以及他生活于其中的贵族气氛。更早一些,在他 22 岁的时候,他抛弃了经院哲学,但这并不意味着他抛弃了亚里士多德。亚里士多德,虽然不是经院哲学的亚里士多德,对他来说仍然

---

① 原件已佚,基于一份有缺陷的影印件誊抄。

是哲人。然而,重心已经转变:从物理学和形而上学转向了伦理学和修辞学(关于激情的学说)。理论的位置被"英雄的美德"(修正过的亚里士多德式的"博大心胸")代替,也就是被美德(美、力量、勇气、开明、追求伟大目标、高贵的生活方式)代替。这是第一点。第二点就是,(受培根影响)虽然他原则上承认古代的、亚里士多德式的伦理学和对美德的探究,但他的关注点转向了美德的功能以及对用处的探究、与他人的共同生活(Mitleben)〈……〉美德〈……〉。因此,那展示了道德生活的实例的历史,就比只有抽象规则的哲学学说更重要。这为霍布斯"青年时代"的历史研究提供了一个根本的解释。

〈……〉这样看来,霍布斯后来抛弃亚里士多德,就变得完全可以理解了。因为他后来的学说只是在试图理解〈……〉,基于与他人的共同生活(Mitleben),也就是基于现在那样的人的"自然",也就是基于普通的、"平常的"人〈…… ……〉

他这样做的具体方式,他这样做的激情〈…… ……〉对被修正和扭曲的亚里士多德伦理学的这一具体批评,也即对贵族美德的批评〈……〉这种批评在这部论文集里已经很明显。贵族的原则是:荣誉、名望、骄傲。这一批评的原则有清教的渊源,它挑出并贬低荣誉、名望和虚荣,它要求一种基本道德观念的革命,其结果是虚荣-恐惧这一对立命题。

接下来,最重要最困难的任务就是表明,一种对自然的机械决定论的解释如何从这一新的道德原则产生。在此,最根本的中介是基于先天基础所给予触觉的意义,触觉现在已成为最重要的感觉。这差不多就是对[229]〈这一事实〉——对(暴)死的恐惧成了道德原则——的"认识论的"表达。(这就是我在伦敦的发现。)

请原谅我说了这么多胡话,这是为了弥补这封信开头的阴郁情绪。如果你那时有些哀伤,现在你可以笑了。

我妻子收到了贝思卓小姐的信,并写了回信。

托马斯一天天长大，在我适度的道德影响下，他懂事多了——他经常回忆起"贝思卓"叔叔与我们一起吃饭时的餐桌礼仪。

很遗憾我们一直没有见面。也许我们有可能在秋天见上一面。两星期后，我妹妹从埃及来看望我们。我父亲想在德国外面与他的孩子们见面，也许会是在巴黎。

对于你，最令人振奋的消息是——克莱因（可能！）将加入我们的行列。他也"决心"离开德国了。

保重——好好享用我们越来越想念的法国葡萄酒——我和妻子向你致以最美的祝愿。

你的
施特劳斯

————————

1935 年 5 月 9 日

亲爱的科耶夫尼克夫先生，

很高兴收到你的信，首先仅仅是因为又一次有了你的消息，其次因为恰恰是这封信给了我极大的满足。这直接因为，对于巴黎的"哲人们"，你现在——终于！——对他们的判断就如我一开始对他们的判断一样。我知道在巴黎只有一位真正有头脑的人，那就是——科耶夫尼克夫。我不否认在巴黎也有一些比你还聪明的"辩证家"——但是，贫乏的"锐利"（附带说一句，细致的审视总是证明它极端迟钝）什么时候与理解和洞见有过任何关系呢？理解就是美德（美德＝知识）；对紧要之事有洞见的人，[230] 他们处理问题，"狂热地"对问题而非事务感兴趣——你是我所知的在巴黎唯一一个对问题感兴趣的人，因此你是他们中最聪明的。（但如果你把这些告诉其他人，我就把你的信连同你的判断寄到巴黎去！）当然有人比你更努力，比如克莱因，他出了一本绝对一流的分析柏拉图及亚里士多德的数学哲学的书①——的确如此——你自然没读这本书,由于你的情欲历险;这种历险当然比智慧的冒险更舒服,但你终有一天得决心完成实验性的转变,如果你不想沉迷于巴黎人的安逸生活的话。这就转到第二点,涉及你的信让我——我应当加上——还有我妻子欣慰的内容:我指的是你对贝思卓小姐的谈论,你与她的关系仍未"决断",换句话说,没有像一些对贝思卓小姐怀有恶意的人对我们说的那样断掉。对此我不需要说什么,因为你很清楚我对这件事的看法。如果我妻子没这么忙,她早就会给贝思卓小姐写信,并邀请她来我们这儿。你给贝思卓小姐写信的时候,请告诉她,我妻子收到她的信会非常高兴,如果她能来看我妻子,我妻子会更加高兴。

当然我们必须谈谈。但既然我不再是洛克菲勒的研究员,我们要见面只有一个办法,就是你到我们这里来。我们有一幢小房子,所以即使是一位像你这样尊贵的客人来也有足够的房间。所以在圣灵降临节来吧,这次旅行不会遥不可及。

我真的很生气你自己不读我的书,②却把它借给愚蠢的格丁,他甚至连一行字都不明白。请读一下导论和第一篇文章吧。导论写得很大胆,就凭这一点也会吸引你的。给我写信说说你读后的感想,在我看来这是我写过的最好的东西。

---

① 克莱因,《古希腊逻辑学和代数学的形成》("Die griechische Logistik und Entstehung der Algebra"),见《数学、天文学与物理学史渊源与研究》(*Quellen und Studien zur Geschichte der Mathematik*, *Astronomie und Physik*),B 部分:*Studien*,卷 3. fasc. 1(Berlin,1934),页 18-105(第 1 部分);fasc. 2(1936),页 122-235(第 2 部分);Eva Brann 英译,书名 *Greek Mathematical Thought and the Origin of Algebra*,The M. I. T. Press,1968。

② 《哲学与律法:论迈蒙尼德及其先驱》(*Philosophie und Gesetz. Beiträge zum Verständnis Maimunis und seiner Vorläufer*),Schocken,Berlin,1935;Fred Baumann 英译本,书名 *Philosophy and Law*: *Essays Toward the Understanding of Maimonides and His Predecessors*,The Jewish Publication Society of America,Philadelphia,1987;Eve Adler 英译本,书名 *Philosophy and Law*: *Contributions to the Understanding of Maimonides and His Predecessors*,SUNY,1995。

目前我已经完成"霍布斯政治科学的起源"的研究。我相信这是项出色的研究。除了我已提到的克莱因的研究,它是彻底脱离现代偏见的第一次尝试。有几次我提到了黑格尔,而且没有忘记提到你的名字。此项研究将出现在我遗著的第一卷,因为找不到德国出版者也找不到英文翻译者。

今早我得到了英国人的明确拒绝!

[231] 经济状况很严峻。我的津贴到 10 月 1 日为止,而这钱仅仅够维持最低的生活需要。这笔津贴明年是否还有仍是问题。后年是肯定没有了。到时我们将会搬到哪里,只有上帝知道了。我不走运,亲爱的科耶夫尼克夫。

立刻给我写信,尽快来吧。

给你最好的祝愿,我妻子也祝福你。

你的

施特劳斯

————————

旺弗,1936 年 11 月 2 日

亲爱的施特劳斯先生,

非常感谢寄来你的霍布斯书,[1]我已从头到尾读完。我得立刻说,这是我所读过的最好的哲学史著作之一,完全是一本非常好的书。我从中学到了很多。诚然,我不了解霍布斯。但你的解释非常有说服力,它不可能不是这样,而且读的人不会想与你争辩。

我没有马上给你回信,是因为我打算给你写一封非常长的信,谈谈霍布斯-黑格尔的问题,也谈谈我自己的沉思过程。我比任何时候更想念我们的交谈。噢,这个想法一直没有实现,现在也实现

————————

[1] 《霍布斯的政治哲学:其基础和起源》(*The Political Philosophy of Hobbes: Its Basis and Its Genesis*),Elsa M. Sinclair 译,Ernest Barker 作序,Oxford:Clarendon Press,1936。

不了——我真的没有时间。此外我的手臂也给我找麻烦,我写得太多了,现在得了黏液囊炎。按理我应该休息两个星期。但这不可能,因此我至少必须省去一些不是绝对必要的书写。所以有了这封简短的、不尽兴的信——

黑格尔-霍布斯

你来信所言完全正确。黑格尔无疑以霍布斯为出发点。做一番比较确实很有价值,我愿意与你一起来做这番比较。

主要差异:黑格尔有意识地想要"返回"古人("辩证地",也就是说经由"霍布斯")。有一种 summum bonum[至善],[232]即通过哲学达到充分的自我理解(self-understanding)。但人只能在一个理想的国家中(恰如柏拉图所言)充分理解自己(从而"满足"自己)。这种国家只能通过历史实现,并且只能在历史的终点实现。因为它是"实在的天国"(reality of the kingdom of heaven)。这意味着,它是此世的,有如古代国家一样;而在此世中,(基督教的)彼世实现了。正因如此,这种理想的国家不仅预设要有"知识",也预设要有"行动"(volonté!)。尽管它的最终原因也是哲学知识,但这种知识是关于行动且通过行动的知识(人的"否定性"行为,亦即创造性的,而不仅仅是揭露性〈或揭示性〉的行动)。斗争→历史上的主奴辩证法→两者(主人和奴隶)在理想国家的公民身上的综合。

具体差异:霍布斯没有看到劳动的价值。对死的恐惧不足以带人走向"理性"。怕[死]的奴隶要想获得知识(自由的观念→斯多葛主义→怀疑主义→基督教),只有也劳动(在畏惧中并出于畏惧),并为主人劳动,也就是说服务于主人。这解释了作为"阶级斗争"的历史,亦即作为有一个最后综合的主奴辩证法的历史。

自然科学(伽利略-牛顿的,也是霍布斯的)是劳动的奴隶的伪"科学"。由(1789年)革命获得解放的前奴隶放弃了它;他的科学成了哲学(黑格尔的哲学),基于它,人能够把自身作为人来理解(但实现这一目的,通过奴隶劳动和其意识形态的〈阶段〉发生的转变是必需的!)。奴隶的科学导致:1. 先验论;2. 主观唯心论;3. "颅相学"。也就是唯物主义的人类学(在霍布斯那里也有)。为什么?因为不想斗争的奴隶(霍布斯的布尔乔亚)必然逃到彼岸("信仰"),在那里寻找他的满足(尽管从来没有找到满足)。对彼岸的纯粹理论性的取消产生了主观唯心论(更一般地说:知识分子关于"物本身","纯粹"科学等的意识形态,也就是说,飞入"绝对"价值["纯粹洞见",也就是17世纪的唯理论])。但事实上,这些纯粹凭直觉获知的价值仅仅是被给予的被给予物(vorgegebene Gegebenheiten),亦即自然。因此整个过程结束于唯物主义。出路:承认作为义务的价值(aufgegebene Werte)。最初这会导致"乌托邦"("疯狂"),但如果人类准备为之奋斗的话,这就会导致革命。这是最终的(主奴的)综合:劳动者的斗争导致斗争者的劳动(全体的军事服役作为法国大革命的主要结果,依照黑格尔!)。[233]这就是"每一个人和所有人的行动"=理想国家,其中每个人都是一个公民,也就是{士兵与平民}公仆,从而用他自己的行动创造和保卫这国家。

总结:

霍布斯没有重视劳动的价值,因此低估了斗争("虚荣")的价值。根据黑格尔,劳动的奴隶认识到:1. 自由的观念;2. 通过斗争实现这一观念。因此,"人"最初总是主人或者奴隶;"完全的人"——在历史的"终结"处——则是主人和奴隶(既是两者又两者都不是)。只有这样才能满足他的"虚荣",在其中,他被他承认的那些人承认,从而也这样理解他自身(在黑格尔的哲学中)。缺乏这种对满足的理解的东西无法构成至善。但一个人只能理解满足,而满足的先决条件是劳动与斗争。[仅仅对死亡的恐惧只会带来宗教(=不幸)。]主人不杀奴隶只是为了让奴隶为他劳动。真正的主人则从不畏惧。

同时,我重读了柏拉图,我仍然认为你低估了《蒂迈欧》。

1. 柏拉图首先是想教狄翁(Dion)几何学(而不是"美德"本身)。

2. 在我看来,柏拉图后来发现"辩证法"是不充分的,于是转到"划分法",这种方法暗示了物理学(数学的物理学)的首要地位。

3.《治邦者》以《蒂迈欧》为先决条件。

所以:"理念"=人的"理想",不能在人自身中发现。人不得不被理解为"宇宙中的一个位置"。这个位置就是人的"理想"。国家的组织以关于宇宙的组织的知识(或某种知识)为前提条件。

对此,你有何想法?

现在谈谈个人的问题。

我已得到保证不久将获得法国公民的身份。之后我有可能得到一份奖学金。直到现在,我为赚钱做了很多无意义的工作:图书馆(5小时)+疯狂的法国人(为别人代笔)(2小时)+2门课。一门是关于黑格尔的(第六章B和C),第二门是有关培尔(Bayle)的(为科瓦雷代课,他现在埃及)。我选择[234]培尔是因为对宽容问题感兴趣。……我认为在培尔那里,中间立场的动机和意义比在现代"民主派"那里更清晰。

很遗憾我们彼此通信这么少。这当然是由于我的懒散。但请相信我,这与"内在原因"无关。在"为人"与"哲学"上,我一直都非常赞赏和珍视你。

尽快给我回信,祝你和你妻子一切都好。

你的
AK

————————

巴黎,1946年6月22日

亲爱的施特劳斯先生,

谢谢你关于法拉比(Farabi)的论文。① 我在这个领域绝不是专家。所以就你的解释我不能给出专业的评价。但对一个外行来说，它看上去很合理。无论如何，这篇论文非常有趣。

但是，其中的问题比历史性的论题更吸引我。

过去几年里，我自己对智慧问题思考了很多。我最后一节课就专门讨论了这个问题。现在我正在筹划出版一本书。我的黑格尔课程纲要正由听过这门课的一个人(格诺[Queneau])②整理，还有一些讲演的手稿。这当中，最后一节课的内容全是有关智慧的。这本书很糟糕，我没有时间细细处理它。但书中仍然包含了一些有意思的东西，尤其是有关智慧、实现和幸福(用黑格尔的话就是：满足)。我很想知道你对这本书的看法。书一出来我就马上给你寄一本。

我很想有机会与你在一起讨论，还有克莱因。在这里我几乎没有可以谈话的人。维尔③非常聪明，但他缺少某种东西，我也拿不准缺什么。科瓦雷完全是疯疯癫癫的。去年克莱因写信给我说圣约翰学院有可能邀请我，④当时我不能去。现在我很乐意前往，但克莱因没再写信提到这事。

我不想直接问他。可能他不想第二次提名我。但如果你能问问他，我万分感激。

---

①　《法拉比的柏拉图》("Farabi's Plato")，《金兹伯格周年纪念文集》(*Louis Ginzberg Jubilee Volume*)，New York：Academy for Jewish Research，1945，页357-393；后经删削和修改作为"导言"重印于《迫害与写作艺术》(*Persecution and the Art of Writing*，The Free Press of Glencoe，1952)。

②　格诺(Raymond Queneau，1903—1976)，一位诙谐而富于创造力的多产作家，同时是伽利玛出版社的编辑。

③　维尔(Eric Weil，1904—1977)，和施特劳斯一样，也在卡西尔的指导下写作学位论文。1933年，他定居巴黎，参加了科耶夫的研讨班。战后任教于高等研究实践学院，随后在里尔(Lille)和尼斯(Nice)的大学任教。

④　克莱因1938年来到美国，不久之后就任教于安纳波利斯(Annapolis)的圣约翰学院。从1949年到1958年，任学院院长。

向你和你妻子问好。

你的

科耶夫

———————

法国经济部

1947年4月8日

亲爱的施特劳斯,

我几乎同时收到了你1943年和1945年的论文。① 关于古代政治哲学的论文强烈地吸引了我。无论如何——十分感谢。

我有这样的印象:基本上我俩的想法并不像看起来那样不同。多么遗憾我们不再有机会详谈。因为写信确实不可能详谈,通过论文和书就更不可能了。

顺便说一下,我的书仍然没有出来。等它出来了,我会马上给你寄去。

科瓦雷因你对他有关柏拉图的书②的批评态度很受震动。我只提到了纯粹"实质性"的批评。但他显然"内心有愧"……

你一定可以安排一次欧洲的"研究之旅"。毕竟,在美国有很多钱做那种事!因为我几乎没有可能去美国做一次纯粹的旅行。

我仍没有写对洛维特(Löwith)的评论。我也没有特别想要写。

[236]5月1日我很可能去日内瓦(开会),也许会在那儿待上四到六个星期。

---

① 很可能是《〈库萨里〉中的理性之法》("The Law of Reason in the *Kuzari*"),*Proceedings of the American Academy for Jewish Reserch*(1943),13,页47-96;重收于《迫害与写作艺术》,The Free Press,1952,页95-141;以及《论古典政治哲学》("On Classical Political Philosophy"),*Social Research*(1945),12,页98-117;重收于《什么是政治哲学》(*What is Political Philosophy*),The Free Press,1959,页78-94。

② Alexandere Koyré,《发现柏拉图》(*Discovering Plato*),Columbia University Press,1945。

你跟克莱因有联系吗？他会来欧洲吗？如果你们两个能一起来就太好了。

维尔完成了他的巨著。① 令人印象深刻,很"黑格尔-马克思主义",确实受到我的课的影响。但它结束于谢林:诗-哲学,智慧作为沉默。最终你会不得不读它。很遗憾我自己没有写这样一本书。

可能我仍会做这事,如果我丢开行政事务……得到一小笔钱,"什么都不做"！

向你和你妻子问好。

你的

科耶夫

———————

3202 牛津大道(Oxford Ave.),纽约63,N. Y.

1948年8月22日

亲爱的科耶夫尼克夫先生:

终于开始给你写信了。在我转入正题之前,我要谢谢你给我马勒伯郎士(Malebranche)(我欠你多少？),并问你是否准备在法国评论我即将出版的小书《论僭政:色诺芬〈希耶罗〉义疏》。② 除了你本人和克莱因,我不知道还有谁懂得我在追求什么(我是那种人:如果可以从锁眼进去,就拒绝走敞开的门),而克莱因永远是那么懒散。不管怎样,我会把我的小书寄给你。现在谈正题。

只有现在,放假期间,我才得空通读你的《黑格尔导读》。③ 此书不同凡响,我的意思也是说,这是一本极好又极有趣的书。除了

---

① 《哲学逻辑》(*Logique de la philosophie*),Paris,1950,维尔的主要论著。他的补充性论著是一本简短但有用的书《黑格尔与国家》(*Hégel et l'état*)。这些著作深受科耶夫的黑格尔主义影响,但维尔后来的著作变得愈来愈新康德学派。

② 由 Alvin Johnson 作序,Political Science Classics,New York,1948。

③ 《黑格尔导读》(*Introduction à la lecture de Hegel*),Paris,Gallimard,1947。

海德格尔,我们同时代的人里面可能没谁能写出一本这么全面同时又这么智慧的书。换句话说,在我们的时代,没谁像你一样杰出地为现代思想申述。除了这个总体的优点,你的书还有一个真正不可忽略的价值,就是使《精神现象学》变得可理解了,我确信不仅仅对于我是如此。

[237]你的解说整体给人这样的印象:你把黑格尔的哲学视为绝对的知识,并拒斥自然哲学及其含义,认为其是一种教条的和不必要的剩余物。人们因此会更惊讶地发现,你又承认黑格尔论证(体系的循环)的说服力完全依赖于自然哲学(页291底;页400第3段;页64)。实际上,自然哲学显然不可或缺。历史进程的唯一性(页349注释2;页391)如何能以其他方式得到说明呢? 仅当在无限的时间里只有一个有限持续的"地球"时,历史进程才可能必然是唯一的。(顺便说,关于地球的开始与终结,黑格尔是否有明确的论述? 在拉松[Lasson]所编的《百科全书》[*Encyclopedia*]中,我没发现这方面的内容,除了对进化论的拒斥。这怎样与地球时间上的有限性相调和呢?)此外,为什么这个唯一的、暂存的、有限的地球不会遭受大灾难(每一亿年出现一次),以致历史进程全部或部分地重复? 只有一种目的论的自然概念可以帮助我们回答这个问题。如果自然不是为了历史而被构造或安排,那就得走向一种比康德的先验偶然性(黑格尔予以反对)更为彻底的偶然性。(对照页397底-页398顶,页301第2段和页434中间部分与页404注释1和页432第2段。)但是,如果自然哲学是必要的,那就意味着不得不拒绝无神论(页378)。

如果一个人预设每种哲学都在于在思想中把握它的时代精神,也就是说预设处于争论中的一切,那么,对承认的欲望的推论是令人信服的。否则,这个推论就是专断的。为什么自我意识和争取承认的斗争不应被理解为派生自 zoon logon echon[有理性的动物]? 自我意识预设了欲望? 对沉思的努力不也是一种欲望吗? 所有欲望都指向不存在的东西(what-is-not),但只有对欲望的欲望指向非存在本身(non-being as such)——但是,承认(譬如孩子对父母、弱者对强者的承认)难道不始终是一种既定的状况?

争取承认的斗争使人成为人。因此,当且仅当人们获得普遍的承认时,他们才会完全满足。我在此发现一个含混:(a)他们应该满足,对普遍承认不满是非理性的;(b)他们是满足的。至于(a),人是非理性的,他们设法破坏单纯理性的公共生活(页400第2段有这种暗示)。至于(b),人并不满足,他们向往幸福,他们的幸福并不等同于他们获得承认(比较页334和页435注)。

[238]伟大的行动者所追求的承认乃是崇拜(admiration)。这种承认未必会被终极国家(End-State)满足。终极国家中不可能出现伟大的事迹,这一事实恰恰会引使最好的人走向对终极国家的虚无主义否定。只有一种方式可以避免这一结果,即通过柏拉图-黑格尔的假定:"最好的人"以某种方式由纯粹理性的人亦即哲人来统治。换句话说,只有当追求承认是追求完全的自我意识或追求完全的理性的一种隐秘形式,或说只有当一个人若不是哲人就不是一个真正的人,只有当过行动生活的人本质上从属于哲人——这就是说,只有当一个人在你偏离黑格尔(在我看来是为了糟糕的原因)的地方也仍然跟随黑格尔时[,才能避免上述结果]:对照页398第一段与页398-400,275-279,286-291。(关于这些段落和页293,我想说——这只是我刚才所说的话的另一种说法——你好像低估了这一事实:在黑格尔看来,启蒙运动驳斥了基督教教义本身。黑格尔将会正确地拒绝你所谓的神秘主义,那只是一种不适用于圣经宗教的非概念。)因此,不是承认而只有智慧才能使人真正满足(你自然也会这么说)。因此,终极国家的特权源于智慧,源于智慧的统治,源于智慧的普及(页414a.,385,387),而非源于其普遍性和同质性本身。但是,如果智慧不变成公共所有物,大众就依然受宗教奴役,而宗教是一种本质上特殊的和特殊化的权力(基督教,伊斯兰教,犹太教……),这意味着普遍-同质国家的衰微和沦落无法避免。

无论如何,如果不是所有人都变得智慧,那就意味着,对几乎所有人来说,终极国家等于是其人性的丧失(页490,491和492),因而他们就不可能对终极国家感到理性的满足。基本的困难也显示在:一方面终极国家被说成是战士-劳动者的国家(页114,146,560以下),另一方面又说在终极国家的阶段,不再有战争,劳动也会尽可能的少(实际上,在"劳动"一词的严格意义上说,根本不再有劳动[页145,385,435注,560],因为自然将被彻底征服[页301第3段,另及各处])。此外:大众只是潜在地得到满足(页145以下)。

[239]如果我有多些时间,我可以更充分、可能也会更清晰地陈述,为什么我不相信你所描述的终极国家是人类理性的或仅仅是事实上的满足。但为简单起见,我今天只向你提尼采的"末人"。①

什么时候你会再次旅行到这儿来?无论如何,早点给我回信。祝好!

你的

施特劳斯

我重读了你最近的两封信——包括你对维尔的判断。我只能重复说:我很少见到像他这样空洞的人。你说:他缺点什么——我说:他缺少内容,只会说些闲话。

——————

政治和社会科学研究部社会研究新校
66 West 12th Street New York 11, Grammercy 7-8464

亚历山大·科耶夫先生
斯大林大道15号
旺弗(塞纳河),法国

1948年12月6日②

亲爱的科耶夫:

———————

① 尼采,《扎拉图斯特拉如是说》,扎拉图斯特拉的序言,第5节。
② 英文打字稿。

我给你单独寄去了我的色诺芬研究。你有可能在《批评》(*Critique*)或其他任何法语期刊上写篇评论吗？① 真的非常盼望得到你的评论,因为你是能够充分理解我的意图的三个人之一。

你忠实的
施特劳斯

———————

[240]

芝加哥大学
芝加哥 37,伊利诺伊州
政治科学系
1949 年 5 月 13 日

亲爱的科耶夫尼克夫先生:

在早前一期《批评》上,我非常高兴地看到你准备评论我的《色诺芬》。现在我在 4 月份的《批评》的封底没看到你的名字,取而代之的是,维尔预告了一篇关于马基雅维利的文章。你放弃了计划？我对此感到很遗憾——除了其他原因,还因为:你的评论本会促使我 7 月份写一篇文章,其中将讨论我们的分歧。请告诉我此事的进展。

另外一个请求:你能否让你在《批评》的朋友以后按上面的地址给我邮寄《批评》？你可能已经知道,我于 1 月底作为"政治哲学教授"来了芝加哥大学。

你什么时候会再来这里？你和你的"法权哲学"②都好吗？

祝好!

你的
施特劳斯

———————

① [译按]《批评》杂志由维尔、巴塔耶和科瓦雷联合创办于 1946 年。

② 科耶夫的《法权现象学纲要》(*Esquisse d'une phénoménologie du droit*)最初写于 1943 年战争期间;此书在他死后由伽利玛出版社 1982 年出版。

旺弗,1949 年 5 月 26 日

亲爱的施特劳斯先生:

非常感谢你 13 号的来信。非常抱歉,过了那么久,我仍然没有回复你的上一封信。

这实在是因为它提出了太多重要的问题,不能用一个简短的回答来对付。我思考了这些问题,回答它们我有很多话要说,但我一直没有时间都写下来。

[241]不管怎样——万分感谢你确实非常友好地评价了我的书,它在形式上应多受批评。

我非常仔细地读了你的《色诺芬》,从中学到了不少东西。

我没有放弃评论这本书的打算(可《批评》的封面只出现了一次预告)。我甚至已经写了 22(!)页的评论,但这仅仅是三分之二。现在:首先,我不知道我什么时候会写完剩余的 10-15 页;其次,我觉得这篇文章对于《批评》来说太长了(尽管巴塔耶[Bataille]准备刊发我写的任何东西)。

无论如何,一旦我写完,我会尽快把打印稿给你寄去。我有另外一个想法:可以出一本书(也许由 NRF 出版),包含对话的法译文、你的书的翻译(不含注释,更确切地说,不含"技术性的"注释),还有我的文章(讨论你的书)。你认为如何?

当然,要决定这事,你必须先看到我的文章。但你"原则上"是怎么想的?我认为,你的书的翻译与对话的法译文一起出版,无论如何再好不过了。

另外,我身体不太好:疲倦,肾病,心脏病。

太多的工作,太多个人的成功,但真的没什么结果。

我在埃及待了一个月,给我留下了很深的印象。

很高兴你的物质问题最终解决了。学生们怎么样?

向你及你妻子问好!

你的科耶夫

另及:我会跟维尔讲你要他们寄《批评》的事。

————————

[242]

芝加哥大学
芝加哥37,伊利诺伊州
政治科学系
1949年6月27日

亲爱的科耶夫尼克夫先生:

非常谢谢你的来信。我太忙了,没法给你回信。今天,在夏季学期开始之前,在又热又潮湿的天气里,终于找到了片刻空闲。

我就开门见山吧。我最关心的是能看到你的评论,无论是以哪种可以阅读的形式。我非常希望你此时已经写完了剩余的三分之一——22页之后的部分。

关于出版的事,我实在想不出以下两者有什么不可能:1. 你在《批评》上的评论;2. 你建议的书(包括《希耶罗》的译文、我的解释和你的评论)。我完全同意你对这本书的想法,即使还没读到你的评论。如果你尽早告诉我事情的进展,我将不胜感激。

听到你身体不好,我非常难过。σωμα σημα,①确实是一年不如一年,我自己也是这样。年纪越大,也就越清楚地看到一个人理解的东西是多么少,这个事实当然令人沮丧:越来越浓密的黑暗。对此也许有一个可疑的补偿:一个人可以比早些年更容易且更快地看出,那些喋喋不休的人和骗子的观念缺少清晰。θεωρείν[沉思]的εὐδαιμονία[幸福]确实仅仅ποτε[有的时候]才可获得,ut philosophus dixit[如哲人所说]。②

你什么时候再次来这里呢?

----

① Soma sēma:希腊双关语,"身体是坟墓"。见柏拉图,《高尔吉亚》493a3,《克拉提洛斯》400c。

② "沉思的幸福真的只是有的时候才可得,哲人如是说。"引自亚里士多德,《形而上学》XII,7,1072b25。

我和我妻子向你问好。自

你的

施特劳斯

— — — — — — — —

[243] 旺弗,1949 年 8 月 15 日

亲爱的施特劳斯先生,

　　请原谅我今天才回你 6 月 27 日的来信。我是想首先完成你的要求,搞出一个可读的手稿。

　　我昨天刚刚完成。我校正了一份打字稿,并给你寄出(寄到芝加哥大学,我要求转交给你)。我希望这不会太迟,尽管你想在 8 月初就拿到它。

　　《批评》停刊了,9 月份的那期将是最后一期。

　　也许我会将我的评论发表在萨特的《现代》(Temps Modernes)上,尽管我并不太想这么做。

　　至于我的文章,我相当不满意。我不得不零零散散地写,因此结构上有很大缺陷。

　　关于那本书(色诺芬-施特劳斯-科耶夫),不得不等到这个假期末。那样,你就能让我知道这个想法是否吸引你了。

　　向你和你妻子问好。

你的,

科耶夫

— — — — — — — —

芝加哥大学
芝加哥 37,伊利诺伊州
政治科学系
1949 年 9 月 4 日

亲爱的科耶夫尼克夫先生,

非常感谢你的评论文章,你能想象得到,我抱着强烈的兴趣立刻读完了。你为此投入了这么多,这是我所得到的最大的称赞。我还不能对你的实质性批马上说什么,但是,我已打定主意,一旦你的文章刊出,我就会公开对你的论点做最彻底和最果断的讨论。[244]我很高兴又一次看到,我们对于什么是真正的问题意见一致,这些问题如今在各方面不是被否认就是被轻视。

↓　　　↓
存在主义　马克思主义和托马斯主义

此外,我很高兴终于有人深思熟虑地和具有完备知识地阐述了现代的立场——而没有海德格尔胆怯的含糊。

因此我热切地渴望有可能加入战斗中来(join the battle)。① 接下来的几周,我要全力以赴准备一个关于"自然正当与历史"的系列公开演讲——同一个主办单位曾邀请马利坦(Maritain)先生发表过一系列演讲!——那将会在明年出版。

现在来谈谈出版的事。出于各种各样的原因,我将十分欢迎"色诺芬-施特劳斯-科耶夫"的出版。如果你已敲定了出版商,请告诉我,以便事务方面(一个正式手续)——版权问题——能够得到立刻解决。关于《希耶罗》的翻译,我想确保关键段落被逐字逐句地翻译,如果必要的话,翻译还要改改(我假设你想以已出版的法译文为基础来做——因此,版权问题同样必须解决)。至于我的文稿,有些注释很紧要。如果你想要,我可把它们列在一起给你。但所有这些要花一段时间。因此,我在考虑为什么你不可以先行一步,把你的部分放在《现代》发表。我更倾向于这样做。一旦它发表出来,我会立即写好我的答复(其中包括一系列对《论僭政》的其他增补),并且发表。到时由你决定你是否想在法文版里加一个答复,或许再加一篇"最后之言"。

无论如何,尽快让我知道你的打算和计划。

---

① 此处原文为英文。

[245]我碰巧发现了雅斯贝尔斯的《历史》(1949):①一个好意的德国北方的新教牧师,甚至在性关系上都充满了虚情假意和一本正经,恰恰因为这个原因,他永不会达到清晰或深刻。

希望尽快收到你的回信。

我妻子和我向你致以亲切的问候。

你的
施特劳斯

————————

旺弗,1949年10月10日

亲爱的施特劳斯先生,

请原谅我今天才答复你的上两封信。我在西班牙度假,前天才回来。

说正事:

关于我的文章,我还什么都没做。但我将试着尽快在某个杂志上发表(《批评》现在确定关张了)。

同时,我将与伽利玛出版社谈谈"色诺芬-施特劳斯-科耶夫"一书出版的事。我想过用一篇有些老的翻译,这样就不用付任何版权费用。你的一些注释当然必须要翻译出来。我确实认为,那些严格说来是技术性的注释、引用等等应该省略。就我个人来说,我将很乐意看到你对我评论的答复也可以收入其中,但这取决于出版商(页数问题等等)。

你的芝加哥提议,我非常有兴趣。我相信,经常和你接触不仅极其令人愉快,而且,至少对于我来讲,在哲学上也极度刺激。

(请原谅第一页上的污迹——我没注意到它。)我会弄好我的简历,并与科瓦雷讨论,然后寄给你。我不认识"大人物",但我可以得到下面的推荐:

---

① Karl Jaspers,《论历史的起源与目的》(*Vom Ursprung und Ziel der Geschichte*), Artemis-Verlag, Zürich, 1949。

[246] 1. 威尔科克斯(Wilcox)教授(经济学),美国驻伦敦、纽约、日内瓦、哈瓦那等地代表团的主席。

2. 本地的 ECA("马歇尔计划")人士。

这些会有用吗?

科瓦雷说他不想亲自介入这事。但是,如果有芝加哥大学的人向他问起我,他会极力推荐我。

法国外交部很感兴趣。但科瓦雷告诉我,任何法国官方的介入都会对我的前景不利。是这样吗?

一个夏季访问职位的时间是 10 周吗?对此会支付多少?这不是钱的问题,而更多与名声有关。

无论如何——非常感谢你的提议,还有你为我将做的每件事。

关于那些文章及那本书,我将随时告诉你相关信息。

向你和你妻子问好。

你的科耶夫

——————

芝加哥大学
芝加哥 37,伊利诺伊州
政治科学系
1949 年 10 月 14 日

亲爱的科耶夫尼克夫先生,

十分紧迫:

关于你的文章和"色诺芬-施特劳斯-科耶夫"一书,我当然明白,如果收入我的答复文章,一是会提高出版费用,二是我可怕的缓慢速度会耽搁出版。所以,现在就着手吧(go ahead)。①

有关你的简历等——放心提及威尔科克斯和巴黎的 ECA 人士。只要他们不是共产主义者——所有其他愚蠢都可以原谅。科瓦雷完全正确,法国外交部的人如果未被要求而主动介入只会坏

① 此处原文为英文。

事。但是，由外交部的某位大人物出面，[247]用法文给"可能相关的人士"（用相对应的法文说法更好）写一份对你的评述，这肯定会有用，因为这可以表明你在政治上并非完全没有经验。

夏季课程：这不应该是名声的问题。每个人，包括 prima donnas [首席女歌手]，也用这种方式出卖自己。我相信你会和科瓦雷得到的一样（有多少我不知道）。在拿到你的简历之前，我什么也做不了。

我和妻子向你问好。

你的

施特劳斯

————————

旺弗，1949 年 12 月 26 日

圣诞快乐，亲爱的施特劳斯先生，

经过深思熟虑（要在这里重述便太冗长乏味了），我决定放弃芝加哥计划。除了其他原因，主要因为它是一件"敏感的事"。我希望你不会在这一点上反对我。无论如何，十分感谢你的提议。

我真正遗憾的只有一件事：我们无望在可预见的未来面对面地讨论我们都关注的问题。我在这里无论如何都没有机会进行哲学的讨论。

关于我们的书：

格诺读了你的书（以及色诺芬），他很感兴趣。他发现我的文章也有意思，适合发表。因此他绝对想出版这本书，而且他预计这本书会取得巨大成功。

然而，他如此热切地说到这本书，以至于伽利玛出版社想要读你的书和我的文章。但我的文章必须做些修改，因为唯一一份修改了的副本给了梅洛-庞蒂（Merleau Ponty）（投给《现代》）。因此，在正式合同递交给我们之前还有一些时间。

如果你坚持的话,格诺也准备加入注释。然而,这将增加不少成本(由于里面的希腊文)。[248]他还担心这些注释会吓跑一些读者,从而限制这本书的发行量。

另一方面,他(和我)很乐意加上一篇"后记"。

我们仍然需要为《希耶罗》找一个译者,也要为你的书找一个译者。译者的酬劳可能从你的稿酬中扣除。我俩的稿酬将以页数来分。对此你有什么意见吗?

我很想知道你怎么看我的论文。我自己相当不满意。我写作的时候处在困难的环境下,不得不一次又一次中断写作:结果它的范围太广,同时又不清晰。但我没有时间也没有愿望再加工了。或者你认为我确实必须这么做?

向你和你妻子问好。

科耶夫

————————

芝加哥大学
芝加哥 37,伊利诺伊州
政治科学系
1950 年 1 月 18 日

亲爱的科耶夫尼克夫先生,

我刚刚才收到你 12 月 26 日的来信。

非常遗憾我们暂时不能见面。和你一样,我也从没有机会讨论 $περί\ τῶν\ μεγίστων\ τε\ καί\ καλλίστων$ [关于最伟大和最美的事]。

很高兴听到我们书的消息。先说经济问题:版权在我的出版商手中,不在我这里。"后记"的情况就不同了,因为我自己正在写。出于一些非常烦琐的原因,我建议你以你的名义拿到"后记"的稿酬,扣掉税等等之后,转交给我在巴黎的一位亲戚。

[249]我认为你的评论意思清楚、意蕴深长。文风可能需要做些修正,但对此我提不出什么意见,因为我的法语不够好。

注释绝大部分都删除了,除了少量有趣的注释。

一旦事情敲定了,而我又有空闲,我将用英文写"后记"。我想出版商不会反对我在美国的杂志发表这个"后记"。毕竟,这也是为这本书做一点宣传。

同时我已经开始准备关于"自然正当与历史"的六个公开演讲。进展极其缓慢。我还在为第一讲工作,此讲是对历史主义(＝存在主义)的概要性批判。

你读过普雷斯科特(Prescott)的《墨西哥征服史》和《秘鲁征服史》吗?① 比任何童话都更绝妙的故事。

我妻子和我向你问好。

你的
施特劳斯

―――――――

芝加哥大学
芝加哥37,伊利诺伊州
政治科学系
1950年3月24日

亲爱的科耶夫尼克夫先生,

我的出版商给我寄来了伽利玛出版社(玛斯科勒[Mascole])写给他的信。正式手续办好还得等一段儿(另一个出版商正在接管我的书的出版事宜)。但这一手续不应耽搁实质性的进程。我个人只重视两件事情:(a)排版前我要看看我那部分的译稿;(b)翻译权只限于翻译成法语(也就是说,不能从法语翻译成其他任何语言。)[250]最好不要耽搁翻译的完成。财务方面(统一按150美元)没问题。

你看过海德格尔的《林中路》(*Holzwege*)吗?很有意思,许多地方非常杰出,但总体上糟糕:最极端的历史主义。

――――

① [译按]普雷斯科特(William H. Prescott, 1796—1859),美国历史学家。代表作《墨西哥征服史》《秘鲁征服史》(周叶谦等译,商务印书馆,1996)。

你好吗？尽快回信。

你的
施特劳斯

———————

法兰西共和国
经济事务和财政部
财政国务秘书
（经济事务）
41 Quai Branly, Paris Vilè

巴黎，1950年4月9日

亲爱的施特劳斯先生，

　　请原谅我现在才回复你3月24日的信。

　　我见了格诺，他说你那两个条件是理所当然的。

　　科瓦雷那里有一个译者，我希望这项工作可以尽快开始。

　　你能指出要翻译并收入的那些注释吗？

　　另一方面，梅洛-庞蒂不打算在《现代》发表我的文章。托辞是《现代》不发表评论。事实上，他拒绝发表是有实质性的理由，正如他给维尔的信所清楚表明的。

　　我对此可以理解。实际上，我在文章中说的是：梅洛-庞蒂和其他人所做的，在政治上以及在哲学上都没意义。

　　[251]我还没读《林中路》，但我会读的。

　　我想你的出版商与伽利玛之间的法律事宜会解决的，我无需担心。

　　祝好！

你的科耶夫

———————

芝加哥大学
芝加哥37，伊利诺伊州
政治科学系

1950年6月26日

亲爱的科耶夫尼克夫先生，

请原谅我长时间的沉默——一切都糟透了。此间，我与伽利玛签了合同。我现在向你推荐一个译者：古热维奇（Victor Gourévitch），我的一个学生。今年秋天他会带着芝加哥大学的奖学金到索邦学习，他的法语显然非常好。他已经请缨承担翻译工作——不管可以从出版商那里得到多少报酬。我当然以为，他从出版商那里得到通常的补偿绝对合理。如果你能安排此事，我将非常感激——倘若还没有找到译者并开始工作的话。古热维奇有下面这一大优势：他还会在芝加哥待几周，这样我可以跟他细致讨论翻译问题。无论如何，我诚挚地请求你马上告诉我这个安排是否可以接受。原因还在于：一旦翻译很快完成，我就不得不马上开始写我对你的评论的评论。这个夏天我有三四个紧急的任务要完成，所以必须做好计划。

我多么喜欢和你谈论 $περὶ ἀρχῶν$ [本原/开端]（以及 $περὶ ἀρχῆς$ [本原/开端]）。我又一次对付起历史主义来了，也就是说，对付海德格尔，唯一彻底的历史主义者，而且我相信我看到了一线光明。在〈……〉，也就是说，极端无趣的层面上，海德格尔的立场是民族主义的最后避难所：国家，甚至"文化"，[252]玩完了——所剩下的一切就是语言——由于1933—1945年的结局而变得必要的修改当然也玩完了。

你看过卢卡奇的《青年黑格尔》吗？在思想上和写作上的正统-斯大林主义者。但作为对威廉式的（Wilhelminian）①黑格尔研究的一个矫正是有用的。我翻看了列宁和恩格斯的书——不合口味，而且好笑。

---

① ［译按］可能指德意志帝国（1871—1918）时期。德意志帝国历经威廉一世、腓特烈三世和威廉二世三位皇帝，又称"威廉德意志"（Wilhelminian Germany）。

祝好!

你的

施特劳斯

————————

芝加哥大学

芝加哥 37,伊利诺伊州

政治科学系

1950 年 7 月 28 日

亲爱的科耶夫尼克夫先生,

谢谢你给我斯蒂凡罗(Stephano)的消息。

至于我的结论或后记,我打算 8 月份写,因为学年中间很难集中精力做一件事。不过,由于我也不得不处理很多其他的事,除非确有把握能在 1950—1951 学年完成整件事并出版,我才想转向这篇后记的写作。否则,后记就要推到明年夏天了(1951)。下列事情进展得怎样了:(a)色诺芬《希耶罗》的译文? 比如,布德丛书(*Collection Budé*)中没有一个译本吗? (b)斯蒂凡罗预计什么时候完成?(c)你寄来的你的评论是最终确定的版本吗? 如果不是,我就只能等你的定稿。无论如何,我请求你用航空信(我付费)回答这三个问题,这样我好安排我 8 月的计划。

你也许会有兴趣知道:克莱因跟胡塞尔的儿媳妇结婚了。

[253]希望你一切都好。

祝好!

你的

施特劳斯

————————

芝加哥大学

芝加哥 37,伊利诺伊州

政治科学系

1950 年 8 月 5 日

亲爱的科耶夫尼克夫先生，

在信纸背面，你会看到我希望法译本收入的注释的清单。如果译者能在他的序言或别的什么地方指出，英文原作包含大量注释，而在法译本中删去了，我将十分感激。

我计划明天开始写后记。

祝好。

你的

施特劳斯

导言

三	场景	注释 5
	A 人物及其意图	注释 14,31,32,44,46
	B 情节	注释 51,61,65
	C 特定术语的使用	注释 6,删去最后一句
四	关于僭政的教诲	注释 25,34,46;57;50 改写"参考第三章第一节注释 44"，并删去此注末尾的参引
[254]五	两种生活方式	注释 47 删去"见第三章第二节注释 12";59;70 删去"第四章注释 45 中所指出的段落"
六	快乐,德性	注释 49
七	虔敬与律法	注释 10

—————————

芝加哥大学

芝加哥 37,伊利诺伊州

政治科学系

1950 年 9 月 14 日

亲爱的科耶夫尼克夫先生，

随信附上后记。我称之为"重述"，因为我认为问题是完全开放的——"后记"将给人一种显然是最终结论的印象——而且，最主要是因为我非常想要你来应答。你必须阐明你的《导论》的读者所陷入的那些困难。如果我的攻击成功地促使你阐明那些不清楚之处,我将十分满意。

不幸的是,我又有两个要求。首先,我希望得到伽利玛的保证,让我保留《重述》的英文原作的版权,或更准确地说,伽利玛只享有法译文的版权。其次,因为多方面的原因,法文版必须保留题献①和题语(麦考莱)。

我想斯蒂凡罗也会给我看《重述》的翻译吧。

对你的早日回复我将非常感激。

你好吗?

祝好!

你的
施特劳斯

---

[255] 旺弗,1950 年 9 月 19 日
经济事务国务秘书

亲爱的施特劳斯先生,

感谢来信以及你的《重述》。(我非常喜欢这个标题,只不过我不知道如何把它译成法文!)

我在西班牙待了三个星期,回到巴黎那天收到了你的信。

我立刻带着极大的兴趣读了你的信。自然地,我有很多话想说,但必须给读者留下一些东西:读者应该继续他自己的思考。

我完全同意结论。也许可以更清楚地说:关于存在问题的根本差异不仅与真理标准问题有关,还与善恶问题有关。你诉诸道德良知来反驳我的标准-论证。但这两者一样有问题。托克曼德和捷尔

---

① [译按]《论僭政》1948 年出版时题词:To CWM。

仁斯基有"良心愧疚"吗?!① 普遍同质国家是"好的",仅仅因为它是最后的(因为无法想象这个国家里有战争和革命——仅仅"不满足"是不够的,它还会拿起武器!)。

另外,"非人"可以意味着"动物"(或者用"自动机"更好)以及"神"。在终极国家里,自然不再有我们意义上的历史的人。"健康"的自动机是"满足的"(运动、艺术、性事,等等),"有病的"自动机就被锁起来。至于那些不满足于他们"无目的的行为"(艺术,等等)的人,他们是哲人(如果他们有足够的"沉思",他们就能获得智慧)。通过这样做,他们变成了"神"。僭主变成了管理者,一个由自动机为自动机制造的"机器"中的一个齿轮。

所有这些对于我来说相当"古典"。有一点不同是:根据黑格尔,所有这些并不是从开始就是正确的,而只是最终变成正确的。

现在,我比以前更好地理解了某些新东西。

人类的行动确实只是为了能够谈论它(或者听到它被谈论),反过来,人们能够谈论的只是行动;[256]关于自然,人们只能(数学地、审美地,等等)沉默。历史的行动必然导致一个明确的结果(因此:演绎),但是,达到这个结果的途径各种各样(条条大路通罗马!)。对这些途径的选择是自由的,这个选择决定了关于行动及结果的意义的言说的内容。换句话说,物质上的〈也就是事实上的〉历史是唯一的,但言说的〈也就是叙述的〉故事可以各式各样,取决于对如何行动的自由选择。例如:如果西方人继续是资本主义者(也就是说,也是民族主义者),他们就会被俄国击败,终极国家将由此出现。然而,如果他们"整合"他们的经济和政治(他们正准备这样做),他们就能击败俄国,终极国家(相同的普遍同质国家)也

---

① 托克曼德(Torquemada,1420—1498),西班牙宗教裁判所的领袖。捷尔仁斯基(F. E. Dzerzhinski,1877—1926)组织了苏维埃秘密警察(Cheka,之后是 OGPU,然后是 NKVD,再后是 KGB)。托克曼德和捷尔仁斯基两人都以残忍而臭名远扬。

将由此达到。但在第一种情况下,它将以"俄语"被谈论(用李森科[Lysenko]等等),在第二种情况下,则是用"欧洲话"。

至于我自己,我是通过标准问题走进黑格尔的。我只发现了三种可能性:

(a)柏拉图-胡塞尔的"本质直观"(对此我不相信[因为人只能相信它]);(b)相对主义(在这个理论中人不能生活);(c)黑格尔和"循环论"。然而,如果人把循环论作为真理(包括道德)的唯一标准,那么,其他一切事物将自动跟随。

我曾一度相信第四种可能性:自然是"同一的",因此,古典的标准可以留给自然。但现在我相信,人对自然只能保持沉默(数学)。因此:一个人要么保持"古典的"沉默(参看柏拉图的《帕默尼德》和《书简七》),要么"以现代方式"闲聊(培尔[Pierre Bayle]),要么做一个黑格尔派。

但是,就如我所说,所有这些都可以留给读者自己去思考。你的"重述"本身对我来说非常睿智和有用。原文中只有一段我想请你修改或删去。

我指的是第 13 页:"科耶夫否认……(《希耶罗》II. 11 和 II. 14)。"①

这段话基于误解,我也很愿意改进我的原文以便……②

———————

[257] 芝加哥大学
芝加哥 37,伊利诺伊州
政治科学系
1950 年 9 月 28 日

亲爱的科耶夫尼克夫先生,

———

① 似乎是在本书页[188]及以下。
② 信在此处中断,至少丢失了一页纸。

非常感谢你的来信。"重述"不可以译为类似于"重新阐述"的意思吗？或者用一个对应于"第二次陈述"的合成词？如果没有可取的选择，我愿意接受 Réplique[辩驳]或类似译法。

我清楚你的一些论证相当显白，我也就显白地来回应它们。除此以外，问题依旧在于我是否在各方面理解了你，或你是否在各方面理解了我。因此，例如，我不认为你在信中给我举出的考虑是充分的。但是，对于现在来说（学年的开头），这样就牵扯得太远了。

关于《重述》的第13页（希特勒），我完全愿意删去这一段的中间三句：As is shown by his reference… under his rule。但我不能接受你提出的用其他表述替换"好的僭政"的意见。我自然知道斯大林是同志——你看到色诺芬甚至在这里也是多么现代。

请别忘了提醒格诺《重述》版权的事。

我的学生古热维奇会试着与你联系。你的《导论》让他印象非常深刻。

你看了卢卡奇的东西吗？

祝好！

你的

施特劳斯

————————

[258]

芝加哥大学
芝加哥37,伊利诺伊州
政治科学系
1951年1月19日

亲爱的科耶夫尼克夫先生，

十万火急——翻译进展如何？以及：我拥有出版《重述》的英文原文权利的事有回音了吗？我不怀疑我有这个权利，但需要得到出版商的确认。

你怎么样？我从朱凡奈尔①那里听说了你和你的政治观点。他刚才还在这里，而且很看重你，也看重你的书，但他不知道官员科耶夫和书的作者是同一个人。

希望你尽快回信。

祝好！

你的
施特劳斯

———————

[259]

芝加哥大学
芝加哥 37，伊利诺伊州
政治科学系

亚历山大·科耶夫先生
斯大林格勒大道 15 号
旺弗（塞纳河），法国

1951 年 2 月 22 日②

亲爱的科耶夫先生，

非常感谢你 2 月 5 日的来信。不可能再在一封信中重启我们之间的长篇争论了。我们必须再次试着在出版物中进行争论。

今天给你写信是说我们出版的事。NRF 确认了你在信中所写的事，为此我十分感谢。可又出现了另一个问题。我的时间很紧，我在想何不委托古热维奇来修正翻译稿。我完全信任他的语言能力和勤奋。这么做还有另外的好处：万一译者出了明显的错误，问题可以在咖啡馆里立刻解决，不用非得为此麻烦跨大西洋的通信设

---

① 朱凡奈尔（Bertrand de Jouvenel, 1903—1987），政治记者和政治理论作家。关于他的职业生涯，参见 Zeev Sternhell，《非右非左》（*Neither Right nor Left*），University of California Press, 1986, 各处。

② 英文打字稿。

施。古热维奇如果有少数几个不能确定合适翻译的地方,他可以写信告诉我。(他的地址是:法国—巴黎—巴黎大学—大学城—美国之翼)。如果能这么安排,我心里的一块石头就落地了。这个安排也不会有经济方面的问题牵涉我们。古热维奇告诉我他乐意做这个工作。如果你能让我知道你对这个主意的看法,我将不胜感激。

你忠实的

施特劳斯

―――――――

[260]

芝加哥大学
芝加哥37,伊利诺伊州
政治科学系
1952年7月17日

亲爱的科耶夫尼克夫先生,

昨天给你寄了一篇文章和我的小书《迫害与写作艺术》。你熟悉里面的一些内容。你能帮我在《批评》上或别的地方推荐它吗?①

《僭政与智慧》怎样了?

你对格诺的评论让我发笑。② 我特别喜欢你这一睿智的评论:关于那些老妇或青少年们,他们自称为哲人,尽情享受其"悲剧"处境而不像理智的人那样做任何努力。

―――

① Yvon Belaval 以"为了一种哲学社会学"(Pour une sociology de la philosophie)为题评论了《迫害与写作艺术》,见《批评》,1953 年 10 月,68/69:页 853-866。对于 Belaval 的评论以及萨拜因(George H. Sabine)的评论,施特劳斯做了回应,见《论一种被遗忘的写作》("On a Forgotten Kind of Writing"),*Chciago Review*,1954,8:页 64-75;重刊于 *Independent Journal of Philosophy*,1978,2:页 27-31。

② 科耶夫,《智慧的故事》("Les Romans de la Sagesse"),《批评》,1952 年 5 月,8:页 387-397。

祝好!

你的

施特劳斯

——————

法兰西共和国
财政和经济事务国务秘书

巴黎,1952年8月11日

亲爱的施特劳斯先生,

前天收到了你的信和书,非常感谢!

我读了那篇评论,①此人的确不像是一个伟大的哲人。我完全同意你所说的。

[261]对于《论僭政》我一无所知。你的一个全权代表应该会处理此事。这本书肯定迟早会出版。再说,涉及"永恒问题"的地方,过分着急不合适!

我正把我的演讲"概念与时间"改造成一本书。我已经写了大约150页,但这几乎还不到一半。目前为止或多或少进展顺利,因为我过去一直与"伟大的未知者们"打交道:帕默尼德、柏拉图、亚里士多德、黑格尔。但是现在轮到科耶夫先生了,这件事相当棘手。

至少我有3周的空闲时间。剩下的时间里我只能在星期天工作(写作),每个星期天又只能向前推进12-15页。这又将是一本难以辨读的书。但愿里面还有些东西!

祝好!

你的

科耶夫

——————

① 可能是《论科林伍德的历史哲学》("On Collingwood's Philosophy of History"),*The Review of Metaphysics*(1952),5:页559-586。

法兰西共和国
经济事务国务秘书

巴黎,1953年10月29日

亲爱的施特劳斯先生,

非常感谢你寄来的《自然法》一书。①（我已经把《批评》的事托付给维尔先生。）

我几天前才收到这本书,还没完整地读过。但我已经看出这是本卓越的书,一个人确实可以从中发现什么至关紧要。我很愿意在《批评》上评论这本书,但我正在写我自己的书,而且只有周末有空,因此……

关于问题本身,我只能重复同样的话。如果有某种类似于"人的自然"的东西,那么肯定你一切都对。但是,从前提做出推论与证明这些前提不是一回事。而从（有问题的）结果推出前提,则始终是危险的。

[262]你有关"祖辈的土地"的圣经引语②已经极有问题。据此人们当然可以推断出对苏联或其他什么地方的集体化的谴责。但也能据此证明,永久保留中国农民动物般的饥馑生存（在毛泽东之前）是正确的。等等。

但所有这些都几乎不是哲学。哲学的任务是解决与"人的自然"相关的基本问题。但在那一关联中又产生了问题：一方面谈论"伦理"和"应当",另一方面谈论遵照一种"被给定的"或"固有的"人的自然,这两者是否并不矛盾。因为,动物们无疑拥有这样一种

---

① 大概是《自然正当和历史》(Natural Right and History), University of Chicago Press, 1953。

② 国王亚哈(Ahab)垂涎邻居拿伯(Naboth)的葡萄园,拿伯拒绝把葡萄园给国王,因为"上帝禁止我把先人留下的产业给你……"(《列王纪上》21:1-3)。《自然正当与历史》的题语予以引用。亚哈和拿伯故事的结局在此直接与施特劳斯与科耶夫之间的争论有关。

自然，但它们并没有道德意义上的"善"或"恶"，至多有健康或疾病、野性或驯化。一个人或许因此得出结论说，会导致大众驯化与优生学(Massen*dressur* und Volks*hygiene*)的正是古代的人类学。

只要一个人假定(上帝知道为什么)人可以给出人的价值，"现代"人类学就会导致道德上的无政府状态和无品味的"存在主义"。不过，依据黑格尔，如果假定人在某个时候回到他的开始(通过从他说话这一纯粹事实推论出他所说的东西)，那便实际上存在一种"伦理"，它责令人做导向这一目的(＝智慧)的任何事情，并谴责妨碍这一目的的任何事情——在朝向"普遍同质国家"前进的政治领域里也是如此。

祝好。

你的科耶夫

————————

[263]
芝加哥大学
芝加哥37，伊利诺伊州
政治科学系

亚历山大·科耶夫先生
斯大林格勒大道15号
旺弗(塞纳河)，法国

1954年4月28日[①]

亲爱的科耶夫，

我收到了我们的书。[②] 我看了我那部分的翻译，翻译有时令人非常满意，有时差强人意。谁是海伦(Hélène)，斯蒂凡罗出了什么事？我建议你让格诺把评论的副本寄一份给海德堡大学哲学所的

---

① 英文打字稿。
② *De la tynannie*, par Leo Strauss; traduit de l'anglais par Hélène Kern, Précedé de *Hiéron de Xénophon*, et suivi de *Tyrannie et Sagesse* par Alexandre Kojevè, Les Essays LXIX, Gallimard, Paris, 1954。

洛维特教授,洛维特会理解你我之间争论的问题。①

我计划在 6 月的下半个月去巴黎。我渴望见到你,但愿你到时在巴黎。

你忠诚的
施特劳斯

芝加哥大学
芝加哥 37,伊利诺伊州
政治科学系
1956 年 6 月 4 日②

亲爱的科耶夫先生,

我从汤米(Tommy)那里得知,你的身体也不太好。我自己正慢慢地从冠状动脉血栓症中恢复过来,我们的状况相似,所以我设想有许多相似的思考正流经我们心中。很遗憾我们几乎完全失去了联系。现在唯一的联系是布鲁姆,③他常适时地提醒我我们的[264]显著分歧和更基本的一致。我甚感痛惜的是,1954 年 6 月在巴黎的时候没能与你深谈。但是,除了我们当时不得不赶往瑞士这

----

① 洛维特(Karl Löwith,1897—1973),胡塞尔和海德格尔的学生,在马堡任教直到 1934 年被强迫离开。他靠洛克菲勒奖学金在罗马待了两年,继而先后执教于日本的仙台大学、哈特福德(CT)神学院、社会研究新校的研究生部,1952 年接受了海德堡大学的教授之职。他的大量著作主要讨论黑格尔、尼采和海德格尔,汇集于 9 卷本的《全集》(Sämmtliche Schriften, J. B. Metzler, Stuttgart, 1981—1988)。他与施特劳斯的通信刊于 Independent Journal of Philosophy(1987)4:页 105-115;(1988),5/6:页 177-191。他于 1940 年写了一部非同寻常的回忆录《1933 年前后我在德国的生活:一部实录》(Mein Leben in Deutschland vor und nach 1933. Ein Bericht),此稿在他死后发现并出版(Metzler,1986)。

② 用英文口述。

③ 布鲁姆(Allan Bloom,1930—1992),芝加哥大学社会思想委员会已故教授。著有《走向封闭的美国精神》(The Closing of the American Mind), Simon and Schuster,1987;《爱与友谊》(Love and Friendship), Simon & Schuster,1993。

一实际情况,我还相当厌恶我见到你时的那个陪同,他实在是我所见过的最令人不快的家伙之一。我当然是指维尔而不是科瓦雷。在派尼斯①建议下,我读了维尔的书,这本书有时以更有序一点儿的方式重述了你的命题,但完全缺乏理智的诚实:书中没有一处提及黑格尔与你的新黑格尔主义的差异。我愿意称这本书为:Prolegomena zu einer jeden künftigen Chuzpa die als absolutes Wissen wird auftreten können[任何一种可能把自身表现为绝对知识的未来胆大妄为之导论]。你看啊,行将就木的时候,我仍然努力让旗帜飘扬。我希望你快快地彻底康复,我还盼着将来我们能够单独见面,或者有好的陪同。如果我们见面的话,见面的可能地点就按你的意见——如果你没改主意的话——限定在地球表面的某一部分。在这方面我更加开通了。如果你见到科瓦雷,请代我向他问好。

忠诚的
施特劳斯

———————

旺弗,1956 年 6 月 8 日

亲爱的施特劳斯先生,

你的信带来了令人难过和惊讶的消息,我不知道你病了或者仍在病中。尽管我见过吉尔丁②几次(我对他发表了几次稍长的"讲

---

① 派尼斯(Shlomo Pines,1908 生于巴黎,1989 年卒),耶路撒冷希伯来大学的哲学史家与科学史家(《文集》[*Collected Works*],两卷,The Magnes Press,Jerusalem,1979)。派尼斯和施特劳斯合作编辑了迈蒙尼德的《迷途指津》(见 1963 年 1 月 25 日信)。也可参考派尼斯,《论施特劳斯》("On Leo Strauss"),*The Independent Journal of Philosophy*(1988),5/6:页 169-171(由 A. L. Motzkin 译自希伯来语)。

② 吉尔丁(Hilail Gildin,1929—),女皇学院(Queens College)现任哲学教授,《解释》(*Interpretation*)的创始编辑。编有《政治哲学引论》(*An Introduction to Political Philosophy: Ten Essays by Leo Strauss*),Wayne State University Press,1975;著有《卢梭〈社会契约论〉:论证的设计》(*Rousseau's Social Contract, The Design of the Argument*),The University of Chicago Press,1983。

演"),但他没告诉我任何你生病的事。科瓦雷也没说过,也许对此他自己也全然不知。

无论如何,我很高兴危险现在远离了你。

是的,你说得对,我们无疑思考了同样的东西。而且我确定我们完全同意:在这种情形下,哲学——即便不是"慰藉的"——仍然还是像以前一样可信赖和令人满意。无论如何,我不希望用死了的舌头演讲,不管有没有音乐伴奏。

顺便说,我的医生好像放弃了癌症的假设而赞成(?!)我得的是肺结核。

[265] 不管怎么样,我可能不再去部里了(只要官方的医生拒绝我在那里工作)。因此我只让自己承担电话谈话和少数官方拜访。这样我又有了更多的空闲,而且——遵照古代的模范——我把这些时间用于哲学(我从没有完全放弃它)。我再次一天工作四五个小时,用于写作我的书,或者书的导言,或者更准确地说,书的第三个导言,这个导言意在写成一篇哲学的通史。

我只和你的两个美国(?)学生谈论了哲学。我必须说,在哲学的"爱欲"和为人的"正派"方面,这两个年轻人都不错。这肯定得归功于你。

关于维尔,你是对的。现在我很长时间没能与他"讨论"了,而且也没兴趣这么做。

我也很遗憾我们没能相互交谈。那气氛确实令人不快,我也是……

至于[我们见面的]时间和地点,目前不可能说什么。我要困在我的房间五六个月(如果一切"顺利")。如果你打算来巴黎,我们自然就非常容易在一起了。

布鲁姆可能跟你讲过我的书("逻辑学",或者其他什么叫法)的第三部分。这期间,我有了一些进展。总之,我这里还有点东西要"讨论"……

祝好!

> 你的
> 科耶夫

————————

巴黎,1957年4月11日

亲爱的施特劳斯先生,

几天前,我读了你在圣约翰学院讲《游绪弗伦》(*Euthyphron*)的讲稿,①是玛卓(Mazo)先生借给我的。尽管我很久没重读《游绪弗伦》了,但我对文本记得相当清楚。我的印象是,你的解释完全正确。[266]可在你讲座的某一点上,我注意到我们之间一个可能的意见分歧。具体来说,是在你提到《泰阿泰德》中著名的哲人肖像的地方。的确,你也说这一文本的意思并不完全是单一的。但在我看来,你没有跟我一样的这整个段落的"反讽"解释。

正如我已经给你写过的[顺及,你收到过我关于柏拉图的长信吗?我是用挂号平信寄出的,可能是在今年初或五六年年底],我认为柏拉图完全站在"色雷斯女仆"这边(顺便说,她是个美丽的姑娘,笑得也如此美丽)[除开《王制》,《阿尔喀比亚德前篇》中也可找到关于"向上看"的反讽性评论]。在我看来,这个解释与你对《游绪弗伦》的解释恰好相合。亦即,"无知识的正义"(以游绪弗伦的方式)与"无正义的知识"(以"泰勒斯"的方式,也就是一般意义上的"博学者"或者"理论家们",像泰阿泰德、欧多克索斯[Eudoxus]甚至还有亚里士多德这样的人;不知道邻居是谁,不知道邻居如何生活,这样的人自然不能够实行正义;但在那个泰勒斯段落的结尾处,苏格拉底说任何事物都依赖于正义)一样是可反驳的或非哲学

---

① 《论〈游绪弗伦〉》("On the *Euthyphron*"),刊于施特劳斯,《古典政治理性主义的重生》(*The Rebirth of Classical Political Philosophy*),Thomas Pangle 编,The University of Chicago Press,1989,页187–206。

的。因为哲学是"认识的正义"(knowing justice)或者"正义的认识"(just knowing)。[也就是说,只有说明对与错之间"显然的"和"直接的"区别的哲学才能是真实的;智术师(赫拉克利特)和亚里士多德都不这样做,因为他们的划分法(diairesis)中的中间项(the middle terms),对此柏拉图的划分法把 A 与一个稳固的非-A 对立起来,因此把与道德无关的 as-well-as(既……又……)和 neither-nor(既不……也不……)排除在外。]

这期间我重读了《阿尔喀比亚德前篇》(确实如此!)。在我看来,这篇对话不仅是真作,而且在文学方面也非常成功。我这样理解其内容[附带提及:里面有一段对斯巴达和波斯非常有趣的讽刺,完全是用你无比精彩地解释过的《斯巴达政制》①的风格:斯巴达之所以需要两个监督官,是为了防止王后通奸,而波斯王后保持忠诚只是由于恐惧其他人;等等]:每个人(包括阿尔喀比亚德)都有(甚至是小孩子时)一种是非"直觉",既不是学来的也不是别人教的;人"自然"地去做对的事并避免错的事(消极地和积极地);如果一个人完全不说话,他"自然地"就是一个正派的人(诸如克里同,或者还有《王制》里的克法洛斯);但当一个人说话或者听其他人说话时,他就可能听不到"良心之声",这是智术师与修辞家面临的危险,也是"神学"面临的危险;[267]确实,似乎(参照《王制》:不是父亲克法洛斯,而是他"头脑复杂的"儿子推动了关于正义的谈话,这正是父亲所避免的)哲学仅仅作为对"智术"的(教育性的)回应时才被需要——哲学是对"自然"正义的"辩证法的"保卫,以回应对"自然"正义的"智术式"攻击。然而,柏拉图明显并没有表达这个意思。因为《斐多》(明显是认真地)说厌辩症是最坏的东西。这意味着,一个人应当谈论正义,尽管有犯智术式错误的危险。至于阿

---

① 色诺芬著。见施特劳斯,《斯巴达的精神或色诺芬的品味》("The Spirit of Sparta or the Taste of Xenophon"),*Social Research*(1939),6:页 502-536。

尔喀比亚德,必须这样来理解责任:(赫拉克利特→)智术师→修辞家→政治家→被政治家败坏的平民→被人民败坏的阿尔喀比亚德。如果他花足够的时间与苏格拉底谈话,他将被治愈。但《阿尔喀比亚德前篇》中的谈话是不充分的,因为阿尔喀比亚德什么都不明白:他认为他不知道什么是对、什么是错,而这是苏格拉底首先必须教给他的东西,而不是(在苏格拉底的帮助下)试图推理性地意识到他"直觉地"已知道的东西,并从中引出重要的("逻辑的")结论。如果他理解这一点,他就不会(像他在对话结尾处所说的那样)"妒忌"苏格拉底。余下的对话中,苏格拉底针对其人进行论证,从阿尔喀比亚德的"主人道德"观点出发,把正义与节制当作勇敢,把"纵欲"当作奴性的怯懦。柏拉图也许希望以此暗示,把("贵族的")勇敢当作首要的美德非常危险;首要的美德毋宁说是("民主的")正义。[《阿尔喀比亚德前篇》中暗含的"回忆"(anamnesis),是一种对"良心"——也即关于善恶的"直接的""内在的"知识——这一心理学事实的"神话"解释。]

我也重读了《斐德若》,但还没有重读《会饮》。你怎么看次序问题?《会饮》→《斐德若》→《斐多》,还是《斐德若》→《会饮》→《斐多》? 通常认为:《会饮》的结尾表明了哲学的悲喜剧性质,接着又展示了哲学的喜剧(《斐德若》)和悲剧(《斐多》)。但也许还可以说:《斐德若》已经说哲学=喜剧+悲剧;苏格拉底的第一篇讲辞是喜谐的悲剧,第二篇讲辞是悲惨的喜剧(对话结尾对这两篇讲辞的解释将是哲学的)。《会饮》因此将是哲学的喜剧,其中苏格拉底是100%活着的(结尾除了苏格拉底所有人都睡着了[=死];在《斐多》中,除了苏格拉底所有人都"活着")①,然而在《斐多》中惟有他在死去。[268]哪个更好:在"醉人"=(死人)之中孤独地活着,还是在像西米阿斯-刻贝斯(Simmias-Cebes)一样的"野兽般真诚的"伪

---

① 圆括号中的这一句是后来加上去的。

哲人们的陪伴下死去(开玩笑!)?《斐多》以给医神阿斯克勒皮俄斯(Aesclepius)的公鸡结尾! 可阿里斯托芬在阿伽通(Agathon)之前入睡,这是否意味着玩笑"在结尾"消失了?

我早前那封信里的一些要点"确认(?)":
1.《帕默尼德》
在其柏拉图传记中,第欧根尼提到了柏拉图的两个兄弟,但看起来完全不知道柏拉图所谓的"同父异母兄弟"(安提丰[智术师,苏格拉底的敌人,想把苏格拉底的门徒引诱到他自己这里来]=欧几里得→忒俄多罗斯(Theodorus)/欧几里得→亚里士多德)。

依照传统,对话有副标题:"帕默尼德,或论理念"。如果对话只包含针对理念论进行纯粹否定性批评的章节,而不包括对这些章节的"反驳",赋予对话这样一个副标题就不可思议了。

《阿尔喀比亚德前篇》"反讽地"提到了毕托多罗斯(Pythodorus),不管怎样,不是作为一个真正的哲人!纵然他是一个历史人物,那也不妨碍"合成地"使用他的名字(忒俄多罗斯[Theodorus])。

2.《蒂迈欧》
在第欧根尼那里,写欧多克索斯(Eudoxus)的那章出现在关于……毕达哥拉斯派那卷的末尾。柏拉图也把"蒂迈欧"作为一个主要的"毕达哥拉斯派"。

3. 划分法→序数
一则新毕达哥拉斯派辑语说:"他[毕达哥拉斯]并没有说一切来源于数,而是说一切都遵照数而被塑造,因为基本的秩序存在于数中,并且只有参与到那个秩序中,那些能被记数的事物才被放在第一、第二等等。"语出忒阿诺(Theano),见斯铎拜俄斯(Stobaeus)《文选》(*Ecl.*) pol. I. 10,13。

在斐洛那里(比如,《论世界的起源》[*De origine mundi*] 91-102,Cohen 编),理想数(ideal numbers)也被解释为序数。他进一步说(遵照传统),必须区分十以内和十以外的同样类型的理想数。

[269]比如,关于类型7(=第七),有"无限"多的数,它们享有相同的"质上的"特性("形成法则"),但在量上则彼此不同。也许可以说,最先的10个理想数(依据亚里士多德,只有它们是柏拉图所"推演"的数字)是现代意义上的"范畴",而"种类"(依据亚里士多德,数字也与之相应,但其数字必定超过10)则与大于10的理想数相应,而且分布在10个"范畴"之中。但所有这些,正如我说过的,极成问题。

………… ………

在搜寻(已翻译的)新柏拉图主义者关于柏拉图数字理论的指示时,我有一个发现,假如你还不了解相关文本,你将为此莞尔。的确,我接连发现了三个真正的、完全不为人所知的哲人,也就是尤利安(Julian)皇帝(《演说集》),"撒鲁斯提乌斯"(Sallustius)(《论诸神和世界》),最后但绝非最不重要的是①达玛斯基乌斯(Damascius)(《伊西多尔传》)。这三个"热衷奥秘者"已经透露出他们自己是第一流的伏尔泰。(我模糊记得布克哈特[《君士坦丁大帝》]已说过,尤利安不相信他告诉"人民"的任何一个词。)读这三个人之前,我存有偏见,希望读到"神秘的"文本。读了几页之后,我感到了令人愉悦的惊奇。直到公元6世纪,都有人保存纯粹的哲学传统,他们蔑视新柏拉图派的胡言乱语,就如他们蔑视基督教的"神学"。在这方面,他们是完全有意识地在模仿柏拉图的"苏格拉底式"反讽。这是你所发现的"写作艺术"的一个很好的例子!因此,一方面(尤利安)"身居高位",另一方面(尤利安和达玛斯基乌斯)在文学上是第一流的。

尤利安在伦理学上是一个斯多亚式的犬儒派。在理论哲学上,很可能是一个"德谟克利特派"。无论怎样,他是一个无神论者。他跟随亚里士多德批判柏拉图的理念论,但随后又跟随色纳库斯(Xenarchus)批判亚里士多德的目的论和神学(反对"以太",反对"天

---

① 此句原文用的是英文。

堂"与"尘世"间的任何不同)(参见《致诸神母亲的颂诗》162a‑165b)。此外他还特别拿扬布里可(Iamblichus)开玩笑,并就一般的"知识分子"开玩笑(尤其是在给忒弥斯提乌斯[Themistius]的信中。)

"撒鲁斯提乌斯"同样如此:无神论的"唯物论",以及对新柏拉图主义的戏仿。小书《论诸神与世界》通常被认为是尤利安的朋友撒鲁斯提乌斯所作,尤利安的《诸神的母亲》就是献给他的。他无疑是尤利安的一位"思想伴侣"。[270]然而,我并不相信这种过分匆忙的官样写法。因此,撒鲁斯提乌斯可能是达玛斯基乌斯《伊西多尔传》中特别作为(少数)"真正的"哲人之一而被提到的那个人。现在,我猜测"撒鲁斯提乌斯"只是达玛斯基乌斯本人的一个化名,也许后者就是戏仿作品《论诸神与世界》的作者。

达玛斯基乌斯:他的《伊西多尔传》(尤其是针对普罗克洛)写得会使伏尔泰相形之下就像一个纯粹的流浪儿!在别的方面,达玛斯基乌斯看上去是一个亚里士多德派,但是以忒奥普方图斯(Theophantus)的方式(他语带赞美地把忒奥普方图斯当作阿斯克勒匹奥多托斯[Asclepiodotos]来引证,后者也许又是达玛斯基乌斯的一个笔名)。

假如你还没读过这三个人的书,我强烈要求你读《给忒弥斯提乌斯的信》《反对犬儒派》两篇演说、《致赫利奥斯(Helios)的颂诗》、[特别是!]《致诸神母亲的颂诗》。首先因为这是智性上的巨大愉悦,其次因为我非常想知道你对它们的看法。因为如果你赞同,我将为"施特劳斯纪念文集"写一篇有关尤利安(或达玛斯基乌斯?)的文章。我最近被要求对纪念文集有所贡献,我自然乐意从命。

最后,我想给出我的这些作者的"写作艺术"的一些例子。

撒鲁斯提乌斯①：在前 12 章里概述了(一种偶尔有些"缓和的")新柏拉图主义之后，这样开始了第 13 章："关于诸神、宇宙和属人事务，对于那些不能更深入地研究哲学的人，以及灵魂并非不可治愈的人来说，我们所讲的已经足够了。[尤利安和达玛斯基乌斯也这么认为：新柏拉图主义的"神话"还是有价值的，鉴于它们挑动理性的人们去思考它们并以理性的东西反对这些胡言乱语。]②剩下的是解释为何一切事物从没有一个起源。……"这在第 17 章得到了解释。在中间的 4 章中(第 13－16 章)，撒鲁斯提乌斯取笑了祭祀等等。第 17 章这样开始："我们已经说过诸神并没有摧毁宇宙；剩下的是表明宇宙依其本性也是不可朽坏的。"接下来的四页内容有关"德谟克利特的"理论[其中有这么一句："如果存在者(what is)消失到不存在者(what is not)之中，什么能保证这事不发生在上帝身上？"]。这章的结尾句说："对需要更可靠证据的人说了这些之后，我们便祈求世界(原文如此！)本身来福佑我们。"[271]结束的那章(第 21 章)说(第 18 至 20 章：伦理学)：

> 至于那些依据美德生活的灵魂，他们在各个方面都是幸福的，而当他们脱离其非理性的原则并净化掉所有肉体成分时，他们将尤其幸福，他们将加入诸神的行列，和诸神共同统治整个宇宙。即使这些都没有发生在他们身上，美德本身，以及他们将由美德得到的荣誉和幸福，还有脱离了痛苦与所有奴役的**生活**，将足以给那些已选择依照美德生活并已证明自己能依照美德生活的人们带来幸福。

全书终。给人的印象就像是听到复活的苏格拉底再一次给刻贝斯们讲了他的斐多神话，而他自己，如同一个哲人，思考着死亡。

---

① 来自撒鲁斯提乌斯的引文用的是法语。
② [译按]此封信中"[ ]"中的内容为科耶夫自己的按语，以下各处皆同。

达玛斯基乌斯：整本书如此令人愉快，我挑不出一个反讽的段落。因此我引用一些（很少！）"严肃的"段落[《哲人伊西多尔传》(*Das Leben des philosophen Isodorus*)，Asmus 编译，Leipzig, Meiner, 1911]。

79,30：……如果哲人宣称预言是他的职业或从事预言，就不像僧侣科学的任何其他分支那样合适了。因为哲人的领域与教士的领域的分界线，就如谚语所说的马格里人（Magerians）与弗里吉亚人（Phrygians）的分界线一样明确。[斯特拉波（Strabo）引用这句谚语是为了强调决定分界线的困难（!!）]

129,9：[可是]他[一个不为人知的、被新柏拉图主义者"败坏"的狄奥美德斯（Diomedes）]是一个适合于哲学的人；因为[这种]哲学不会被一个**外来**恶魔伤害或败坏，而正如苏格拉底所说，只会被**它自己**伤害或败坏。这正是哲学也会被这种起源于它自身的冒犯[即新柏拉图主义]所伤害的原因。

130,21：然而，如果教士的行为像你[**赫格西阿斯**（Hegesias）]坚持认为的那样……更加神圣，那么我也这样认为，但是首先那些将要变成神的必须变成人。这也是柏拉图说人不可能被授予比哲学更大的[原文如此！]幸福的原因。可现在，哲学处在剃刀的锋口；她已经真正到达了最古老的时代：她走得这样远……但是……在我看来，那些想成为人而不愿像动物一样[原文如此！]渴望无边无际的牧场[亦即渴望教士]的人，只需要这种"预言"[即真正的哲学]……

[272]几乎不可能表达得再清楚、再精辟了。但是……从策勒（Zeller）等人到博学的译者阿斯姆斯（Asmus），每个人都只把达玛斯基乌斯看成一个沉迷于"最无节制的迷信"的"热衷奥秘者"！！！然而，达玛斯基乌斯在《伊西多尔传》的结尾明确说过该如何理解这种"对奥秘的热情"。的确，他说：

132,27：但是，甚至听起来矛盾的是，尽管他有着高贵和牢靠的尊严，他[理想的〈 Dia……〉，柏拉图的一个象征，从未存在过]却给他周围的每一个人都留下了愉快的印象，因为尽管他与他最好的对话者交谈时总是很严肃，有时他也会用风趣代替严肃，并且会用他天生的**技巧**拿那些不在场的人开个**玩笑**，以便给对他的指责诙谐一击。

…… ……

尤利安：我强烈要求你读《给忒弥斯提乌斯的信》，两篇反驳"犬儒"（＝基督徒）的演说，《致赫利奥斯的颂诗》和《致诸神母亲的颂诗》。每一篇都是一流的"伏尔泰"，同时也是真正哲学的。

有意思的是，在这些作品中，尤利安严格阐述了你关于"写作艺术"的理论。

《犬儒赫拉科利奥斯》(*Cynic Heraclios*)，207a/b：现在，如果一个演讲者[比如尤利安本人]害怕招致听众仇恨，对公开说出自己的想法感到犹豫，他就必须以某种伪装隐藏他的劝告和学说。赫西俄德显然就是这么做的，在他之后，阿尔基洛库斯(Archilochus)经常使用神话故事，仿佛是为了使他的诗文变得甜蜜……

同上，224a：此外，你们[犬儒，实际当然是指基督教修士]这么做有什么价值：到处旅行，骚扰骡子，我听说还[?!]骚扰赶骡人，他们比怕士兵还怕你们？因为我听说，你们的棍子[犬儒的棍子，实际是指主教的权杖]比士兵的剑用起来更残酷。那么你们使他们更为害怕就不足为奇了。

同上，239b：因为一个人不可能什么都说，即便是可以说的东西，在我看来，有一些也必须远离多数人。

换句话说：所有"神话"要么是用于伪装，要么是用于"变得甜蜜",包括柏拉图的神话。那么:什么是"神话"?

同上,205c:"……具有可信形式的不真实的故事。"换句话说,故意与廊下派形成对比:"……具有不可信形式的真实的故事。"对尤利安来说,基督徒和异教徒(包括新柏拉图主义者)[273]的神话纯粹是胡说八道。但柏拉图"神话"的内容也是虚假的[形式可以是"可相信的",正因为它们实际上被相信]——无论如何,"灵魂"不是不朽的[依照尤利安理解的柏拉图]。

同上,223a:"然而,任何为了改进道德而撰写故事并在此过程中援用神话的人,都不应该把这些故事讲给大人们听,而应讲给在年龄上[?!]或在理解力上还是孩子、仍然需要这种故事的人听。"

重要的是,在他们的"反讽"写作方式中,尤利安(和达玛斯基乌斯)有意识地模仿柏拉图笔下的苏格拉底。(因此这种好传统很好地保持到了公元6世纪!)因此接下来的段落对我(对我的《蒂迈欧》解释)特别重要:

同上,237a-c:……那么,我要告诉你["犬儒赫拉科利奥斯",实际指一个主教(更早的时候:赫拉克勒斯=基督)]与此有关[毕达哥拉斯、柏拉图和亚里士多德]的事:也许你不知道,但其他人大都熟知和清楚。现在请听柏拉图[反讽地]写了什么:"我对诸神的恐惧,亲爱的普罗塔尔科斯(Protarchos),不再是人所有的[?!],而是超过了一切尺度[?!]。尽管我以阿芙洛狄忒喜欢为人认识的方式去认识她,可关于快乐,我知道它有很多形态。"这一段出现在《斐勒布》[12c],另一个相似的段落[!]出现在《蒂迈欧》[40d]。他所要求的是,人应该相信诗人们[?!]关于诸神所说的所有东西[?!],而不要求任何证据[?!]。〈"〉但我在这里提到这个段落,只是为了[!]让你不要像许多柏拉图主义者一样为了反驳柏拉图的观点而援引苏格拉底的反讽[双重的反讽!]。毕竟,这些话不是苏格拉底说的,而是蒂迈欧说的,而蒂迈欧丝毫不习惯于反讽[!!!]。

我们不是去检查说了什么,而是问这话是**谁**说的、**对谁**说的,这岂不也完全合理吗?! 不置可否!①

尤利安:反驳"没有教养的犬儒"(=基督徒)的演讲 186,c

……如果智慧者[这里指:第欧根尼]在其中[即他所谓的悲剧(依据尤利安,他从没有写过)]**开玩笑**,那也不会引人注意,既然许多哲人据说都致力于此。德谟克利特[!],据说习惯于**取笑**其同胞们的严肃行为。我们因此不想注意他们**戏谑**的缪斯的作品,……

[274]……因此,为了避免我们身上发生同样的事[即:那个走向圣城的人,看到圣城郊区的妓院,便相信那就是圣地!],通过严肃对待他[柏拉图]只是**为了好玩**而写下的一切——这里面也包含了一些并非完全没价值的东西……因此我们通过他[也即,第欧根尼作为智慧者]的行为寻找我们接下来的方向,就像狗在开始捕猎时要嗅出猎物的足迹。

…… ……

这到目前为止还不是唯一的地方!

K

————————

芝加哥大学
芝加哥 37,伊利诺伊州
政治科学系

---

① 这封长信写在正常大小的信纸上,末张纸上的内容在此结束。也许其余的部分佚失了。然而,在保存这封信的文件夹中,还有半张松脱的、未被确认的信纸,似乎属于这封信,因此把它抄录于此作为现在这封信的结尾。

亚历山大·科耶夫先生
斯大林格勒大道15号
旺弗(塞纳河),法国

1957年4月22日[①]

亲爱的科耶夫先生,

非常感谢你的第二封长信。我收到了你的第一封长信,但我收到的时候太忙了,没时间仔细研究,所以把它寄给了克莱因,他承诺立刻详读,并且让你知道他的想法。不用说,我到现在为止还没有收到任何回音。

我的字迹变得太难辨认,所以我不得不口述我的信,这就意味着我不得不用英文给你写信。现在言归正传。

关于《泰阿泰德》的离题话,对哲人的描述的反讽性质显而易见;它显然与苏格拉底熟悉雅典人所有的闲谈这一事实矛盾;哲人结合了纯理论家("智术师")和政治家的理解。我同意:哲学是正义的,但依据柏拉图,我很迟疑把"正义"与"道德"等同。至于你对《阿尔喀比亚德前篇》的评论[275](当然它是真实的,作为真实的东西流传下来的一切都是真实的),你说"如果一个人不说话,他自然是一个正派的人——比如:克里同",我不同意。在柏拉图那里没有"良心";"回忆"(anamnesis)不是良心(见《自然正当与历史》页150注释,有关珀勒马科斯)。确实,如你所说,厌辩症是最坏的,因此,根本上说,仅仅可敬之人并不具有对于智术师的优越性(与康德相反),或对于阿尔喀比亚德的优越性(参见《自然正当与历史》页151)。我不相信苏格拉底与民众交谈是可能的(我不清楚你怎么看这一点)。哲人与民众的关联是通过某一类修辞家的中介,他们唤起人们对死后惩罚的恐惧——哲人可以引导这些修辞家,但不可能做他们的工作(这就是《高尔吉亚》的意义)。至于勇敢与正义的关系(你在谈《阿尔喀比亚德前篇》时提到了这一关系),我想你低估

[①] 英文打字稿。

了勇敢积极的一面。在共和政体里,每个人都是正义和节制的,但只有精英分子是勇敢的(和智慧的)。勇敢与智慧连在一起,因为哲学不想像你的英雄所说的那样具有教训意味。

我没想过"《会饮》—《斐多》—《斐德若》的次序";考虑到斐德若在《会饮》中与其他人相比位置较低,也许可以说《会饮》比《斐德若》更"高"一些。你谈到在《会饮》的结尾除了苏格拉底所有人都死了,在《斐多》的结尾除了苏格拉底所有人都活着,这一点非常吸引人。但这仍然不能证明你认为《会饮》是喜剧而《斐多》是悲剧的主张。所有对话都是悲喜剧。(在《会饮》的结尾,当喜剧家睡着时,悲剧家还醒着。)《会饮》的戏剧性假定是,柏拉图揭示了在远征西西里之前发生的事情:不是阿尔喀比亚德,而是苏格拉底暴露了秘密。你就《会饮》—《斐多》提出的那个选择也很吸引我:是在死人中活着更好呢,还是在一个无聊者的社会中死去更好。

至于"理想数",我想你已读了克莱因那本论述逻辑与代数的书里的详细分析。对于你关于尤利安等人的发现,我非常感兴趣和高兴,但并不太吃惊。哲学可以以神秘主义的形式出现(参见《智术师》的开头)。你的发现使法拉比的可能性更可理解。关于撒鲁斯提乌斯,如果章节划分是真的,那么 17 显然是正确的位置:17 是指示 φύσις[自然]的数字。

[276] 你说的关于我的纪念文集对我是个新闻。不消说,你要写的任何东西都是我极大的荣幸。

我打算过些日子给你寄去我关于马基雅维利《君主论》的论文副本。我希望今年底完成我关于马基维利的书。因此我必须绝对集中精神来做这件事,甚至不可能去查寻那些你使我产生了极大兴趣的新柏拉图主义者。布鲁姆将为我做这件事。

你好吗?

你永远的,

施特劳斯

————————

亚历山大·科耶夫先生
斯大林格勒大道 15 号
旺弗(塞纳河),法国

1957 年 5 月 28 日①

亲爱的科耶夫先生:

我现在有时间读你关于柏拉图的长信了。我没法查考原文。我只是努力跟随你的论点,看看你的论点是否与我认为的柏拉图的理解一致。我将把你的信寄给克莱因,他答应这个学期末读它,也就是 6 月 15 日之后。你也许会收到他的信,这并非不可能。

"《帕默尼德》……《斐勒布》"的结合有道理。但其他结合也是如此,也就是说,这种结合是武断的。没有人会像你那样把《蒂迈欧》—《克里提阿斯》与《王制》分离开,举例来说,单是《帕默尼德》中的克法洛斯就足以与《王制》建立联系,《王制》也是以克法洛斯开始的。

我不同意你的做法。对柏拉图的解释总是来自对每一篇单独的对话的充分解释,[277]尽可能少地依赖外部信息(甚至首先是其他柏拉图对话所提供的信息)。当然不能在同一个层面上看待第欧根尼和其他人提供的信息与对话本身所显示的信息。这一原则也尤其适用于《劝勉篇》(Protreptichos)②——这部显白的作品只有残篇存世——以之为基础做出任何推论都会令我战栗。

关于柏拉图在《帕默尼德》中对《劝勉篇》假定的反应,你所说的意味着:柏拉图恶意地把亚里士多德对理念的批判看作陈词滥调,苏格拉底在年轻时就已十分熟悉这套批判。这一点像每一个精妙的恶意那样吸引我,但我认为完全可能的是:这些对理念的批判是柏拉图甚至也许是苏格拉底司空见惯的东西,在亚里士多德出生前就有。一个人读《王制》,不可能不意识到《尼各马可伦理学》第

---

① 英文写成,转录自芝加哥施特劳斯档案馆的打字稿。
② [译按]亚里士多德早年的作品。

一卷所陈述的对善的理念的批判；鉴于理念论的悖论性质，那么在doxa[意见]自身中就暗含了对它的批评（因此并不需要亚里士多德的天才）。

为理解亚里士多德对柏拉图的批评——你认为对这种批评的批评是你的"七部曲"（heptalogy）的线索——我自己会从我最熟悉的那部分批评，即从《政治学》卷二中对《王制》的批评开始。亚里士多德的批评完全合理，他完全理解柏拉图在做什么，但他拒绝把反讽地表达的内容看作反讽，因为他相信，写论文而不仅仅写对话是可能的和必需的。因此，他把《王制》中的对话论题看作论文论题，这无疑是因为他相信，智慧而不仅仅只有哲学是可获得的。在我看来，这正是柏拉图与亚里士多德的根本差异，这个差异预设两者都接受理念说，这一学说即，整全的特征既不是理智的同质性（显白的《帕默尼德》和所有"数学的"哲学），也不是感觉的异质性（四元素等等），而是理智的异质性。

在我转向这个要点之前，谈一些细节。与你所说的相反，我认为泰阿泰德胜过忒俄多罗斯。忒俄多罗斯是个典型的数学家：友善、不会反省、冒失、缺乏直觉，因此成为一个哲人（普罗塔戈拉）的受害者，这个哲人否认数学本身的真理。（所以，他的学生泰阿泰德在试图回答什么是知识或科学的时候，甚至没有想到数学。）泰阿泰德更高：他能够与苏格拉底谈话，[278]他不"愚蠢和虚荣"，他的确不是一个哲人。但是，如果"节制的"泰阿泰德（他遵从爱利亚异乡人，接受了神创造整全的观点）与"大胆的"少年苏格拉底能够结合起来，他们将造就一个哲人。（泰阿泰德与少年苏格拉底的关系就像《王制》中阿德曼托斯与格劳孔的关系一样。）少年苏格拉底的大胆：他是《治邦者》神话的听者，这一神话最大的意义是对天意的否认——它是最丑恶的神话。（整体上《治邦者》是丑恶的。）总是不满足，总是开始什么事情但不能结束，模仿西绪佛斯式的人类生活，甚至模仿哲人的生活，看看没有爱欲（Eros）会如何。爱利亚异乡人建议苏格拉底自杀，也就是不要反抗这一判决。在《智术师》中，爱利亚异乡人抓住了智术师(苏格拉底),并可以把他交给王者,但在《治邦者》中,他抓住了王者,因而智术师可获自由("但以你的年纪不值得,苏格拉底")。一句话,爱利亚异乡人绝不是一个"鹦鹉学舌者"——至于《王制》卷七对天文学的贬损,必须依据《王制》的基本假设(对"身体"的不合理贬损)来理解;在《王制》卷九的最后,可见天体的地位得到恢复——亚里士多德的"中道"不是"相对主义的"。柏拉图的 Metrion[中庸的]、Prepon[相称的]和 Hikanon[恰当的]概念根本上是相同的——关于安提斯忒涅斯(Antisthenes)的无足轻重与愚蠢,我完全同意(基于色诺芬的《会饮》)。

《帕默尼德》开头的克法洛斯让人想起《王制》开头的克法洛斯。后者向诸神献祭而不是讨论哲学。我假设,在某种程度上,克拉左美奈的(Clazomenae)的克法洛斯也是一样。克拉左美奈让人想起阿纳克萨戈拉的努斯(Nous):①理智地来理解,阿纳克萨戈拉将导致神学-目的论(theo-teleology),也就是对所有事物——包括②无理性的、无意义的或者偶然的事物——完全理性的说明。但这不是哲学,宁可说是对诸神的虔敬和献祭。哲学在于逃进逻各斯,逃进理念。在《帕默尼德》中,理念被描绘成与可感事物相分离,这个论题对苏格拉底来说并不存在困难。至于对立面,特别是道德的对立面:后者作为"理想"(ideal)的目的,必然超越人们达到的成就。对于"人"(参考《王制》中的手指)和特别低的东西(比如虫子)的理念,苏格拉底有所怀疑。但正如帕默尼德对他的警告,这是由于苏格拉底年少气盛,轻视低等、微贱的事物,这种轻视意味着停留在流行的偏见之中。因此,首要的改正是:如果哲学寻求的是[279]关于整全的知识,如果整全必须参照理念来理解,那么便必定存在着"每一事物"的理念。因此必须转向理念或 Eidos 的原初意义,即作为种类,作为一个整体,它由于一种特别的性质而是一个整

---

① [译按]克拉左美奈是阿那克萨戈拉的故乡。
② "包括"一词被勾掉:用铅笔写的替换词难以辨认。

体,对于活物而言,这种性质同时是目的,因为个体属于种类,并在此意义上超越了诸个体(动物对繁殖或对种类的存续的支配性欲望)。对于人来说,目的是复杂的,因为人既是整体的一部分(像狮子或虫子),又是整体中唯一向整体开放的部分。(只有人的灵魂在出生之前看到过理念。)因此,人的形式和目的以这种方式得到清晰说明,以至于正义能够临时显现为纯然超验之物,而绝非"人的完善"。

存在一个理念的领域,因此也就必定有一种等级,一个组织性原则:善的理念。但是,作为最高原则,它必须不仅仅是诸理念的基础,还得是可感事物的基础。因此善(the good)的理念就是"善"(the Good)。划分法的问题就是理念之域的组织问题,特别是这一组织的可知性问题。如果智慧不可得而只有哲学可得,那么划分法作为从一(the One)到所有理念的下降也不可得。我们在派生物中生活和思考,并上升到一定程度,但不会上升到万物的本源。现实的划分以其开端的任意性反映了这一点。(《智术师》和《治邦者》中的划分是一幅讽刺画,这幅讽刺画的原则是数学的简化,就像用2分割偶数。)充分的划分将假定,人可以推导出所有理念,尤其是活物的理念;它将假定一种"理性的生物学";但这是不可能的(见《蒂迈欧》);因此,可得到的只是一个二元论:一种假设性的数学物理学与一种对人类灵魂非假设性的理解。柏拉图与亚里士多德的不同在于,亚里士多德相信作为关于非生命的知识与关于人的知识之间的中介的那种生物学是可得到的,或者说,亚里士多德相信可获得一种普遍的目的论,即便不是《斐多》96 中勾画的那种简单的目的论。

要点是:你没有利用你的假设或承认,即柏拉图认为智慧是不可得的。如果一个人像他必须的那样认真对待这一点,那么,对由划分调解的"一—善"(One-Good)的观看,以及这划分本身,就是不可得的。至于在柏拉图与黑格尔之间的选择,我同意你的意见,苏伊士和匈牙利比索邦更有意思也更真实,[280]而索邦对哲学有何贡献？索邦的类似物不是苏伊士和匈牙利，而是更不称职的那种副手与专区区长（sous-préfets）。

总之，我确信诸理念的联结（community）是绝对必要的，但此刻我完全没有时间来细究。

希望不久再次收到你的来信。

你永远的
施特劳斯

————————

巴黎，1957 年 7 月 1 日

亲爱的施特劳斯先生，

非常感谢你 1957 年 5 月 28 日的来信。当然在信中讨论我们的论题很难。但我身旁没有人可以与我做有意义的讨论。[关于维尔，我必须迟至今日才承认你完全正确：他不是"哲人"；科瓦雷又有点"疯疯癫癫"，此外，还太"怀疑主义"；其他的简直不值一提！]

可以预料：你的信坚定了我的信念（这一信念自然是完全"自然的"）。我告诉自己：如果两位柏拉图专家中的一位没有比那更严重的异议了，那么我的解释一定可能，甚至有可能正确。

你的信只在一点上让我很失望，无可否认，这是决定性的一点。我指的是 koinonia ton genon［种的联结］。因为关于它，事务的"系统"状态绝对不含糊（虽然我认识到这一点仅仅只有一年）。

如果概念（因此还有"知识"）会是永恒的，也就是说"空间的"而非"时间的"，则 koinonia［联结］纯粹是废话，因此只可以用作归谬法（或者仅仅作为经验主义的一个结果，或作为欧多克索斯［Eudoxus］的一个主张，这很有可能，考虑到《形而上学》中的著名段落）。如果认真考虑 koinonia［联结］，则会推出概念不是永恒的。那么，我们就面临在下面两者之间的选择：赫拉克利特式的"相对主义"（=韦伯式的历史主义），[281]认为概念=时间的（temporal）；黑格尔式的"绝对主义",认为概念＝时间(time)("时间"＝完成的历史；知识＝回忆的[完成的]历史)①。

那么,把柏拉图弄成一个黑格尔分子(更不用说赫拉克利特分子),完全不可能。不管怎样,如果 koinonia 是真实的,则你对柏拉图的整个解释就是错误的；也就是说,柏拉图由此就不是一个"古代人"。可我相信,你对古代人的解释完全正确,这就是为什么 koinonia 不能被一位古代哲人认真坚持的原因。(毕竟,欧多克索斯仅仅在爱因斯坦是一个哲人的意义上是一个哲人!)

克莱因也在他的代数学论著中——含蓄地——承认了这点。(这部论著在别的方面是第一流的!)

因为他说逻各斯(他当然是指古代人,也就是说,永恒的逻各斯)被 koinonia 所超越。当然! 但是,如果对柏拉图来说是一件保持沉默的事,那么 theos-agathon[神-善]就将是完全充分的(比较《帕默尼德》中的"第一假设")。毕竟,整个理念学说发明出来是为了使推论性的知识成为可能。因此,如果理念学说因 koinonia 而归于沉默,那么这就是 koinonia 的归谬法,至少柏拉图是这样理解它的。[古代人按照两个基本原则行事：

1. 知识＝永恒的,就是说,无限可重复的话语,不会在时间中改变意义(这个原则是"显而易见的",自然也为黑格尔所坚持)。

2. 知识＝一个(推论性的)意义(Sinn),"对应于"一种在话语及其意义之外存在的"本质"。[这自然是"无意义的"；必然导致怀疑论；不被黑格尔承认；依照黑格尔,话语中的"永恒"由它的完整性所保证(它的循环显示或者"证明"了完整性)：任何说出所有东西的人都只能重复他自己,没有人能同他抵触。]

3. 从古人的原则引申如下：能够有只关于永恒存在的知识；关于时间性的存在(始终被理解为是不完整的),只可能有意见,如果意见与其对象相一致,那就能够是正确的；但是,既然对象是时间性

---

① Zeit＝voll-*endete* Geschichte；Wissen＝er-innerte[vollendete] Geschichte.

的,关于它的"正确"知识便也是时间性的,这恰好不是真正的知识,而是一种(依其定义来说是可改变的)意见。

4. 在另一方面,永恒者不可改变。因此 koinonia 或是不可能存在,或者只是一种混合:在绝对的黑夜中,所有的牛都是黑的。

[282]此外,柏拉图在《智术师》中这样说自己(虽然是"反讽地")。异乡人说,除了运动和静止,任何东西都能被混合。可是,每个人都知道存在不同的速度,混合运动和静止是再显然不过的事情!比混合存在与非存在更为显然。异乡人把拒绝运动和静止的混合看作"自明"的——这一事实让人觉得很滑稽。然而,它意味着:静止=理念,运动=现象,因而这两者不应该被混合。因此,这一说法只是为了建立诸理念的 chorismos[分离](以欧多克索斯的名义,而事实上他否认诸理念的分离!)。另一方面,koinonia 是运动。因此,不存在"种的联结"[也就是说不存在"理念的联结";因为 genos(种)是亚里士多德-欧多克索斯式的,而且在种或类中确实有 koinonia;正因为如此,不可能有关于这些种,即关于可感的种或类的知识]。

《智术师》中还有一个针对其人的论证。

异乡人说了两三次:没有 koinonia,就不可能理解智术师的"本质"。所以,为了理解智术师,必须让理念的世界运动起来?!这是一种典型的荷马-赫拉克利特-"普罗塔戈拉式的"态度:一位女神被假定来讲述一个男人的愤怒!实际上,完全不存在关于智术师的知识,因为智术师没有[永恒的]本质(毕竟他只是一个普罗透斯[Proteus]①!)——关于智术师,我们只能拥有一种意见(正确的或者错误的)。除了其他证据,下一事实也表明了这一点:(在《治邦者》的结尾)苏格拉底向异乡人表示感谢,并不是因其对 koinonia 的

---

① [译按]普罗透斯是海神,可以变换形状。

"开创性发现",而只是因其对智术师和治邦者(他们自身仅仅是"影像")的好的(=正确的=相似的)描绘(=影像)。

一个像哈特曼(N. Hartmann)那样不自觉的半个黑格尔派热烈地谈论 koinonia(《柏拉图的存在的逻各斯》)①——这仅仅是"自然的"。但是,你怎么会同时既反对黑格尔,又把 koinonia 当作真实的——对此我实在不能理解。

但我相信,重读《智术师》和《治邦者》会说服你。只要你是以柏拉图在《智术师》和《治邦者》中引入异乡人的方式。

1. 异乡人,正如"毕托多罗斯"(Pythodorus),是帕默尼德和芝诺("芝诺"=背叛者=智术师)(216a)的弟子。

2. 他被介绍成一个"哲人"。但是,是由忒俄多罗斯介绍的。在《泰阿泰德》中,忒俄多罗斯不理解反讽,而且他接受苏格拉底勾画的讽刺画(与"泰勒斯"有关)的表面价值;[283] 更有甚者,他在那幅"画像"里认出了自己!但事实上,那是一个〈"博学者"或〉"学者"=一个智术师的画像。因而,如果对于忒俄多罗斯来说,异乡人是一个"哲人",那么对于我们来说(以及"就他自己而言"),他是一个智术师。更准确地说:"一个具有理论学问的人"。(事实上:欧多克索斯。)

3. 对于忒俄多罗斯对异乡人的介绍,苏格拉底的反应是典型的反讽(216a/b),且他再次使用了对待著名智术师时惯用的反讽性夸张。此外,苏格拉底把异乡人界定为一个"对手":"来检查和反驳——他是神圣的驳斥者,我们是贫乏的说理者。"(216b)这里的反讽显而易见。异乡人随之被(忒俄多罗斯)介绍成一类鹦鹉学舌者:"他承认他尽己所能听了尽可能多的讲辞,而且没有忘记它们。"(217b 最后)事实上这意味着:欧多克索斯没有发明任何新的东西;他仅仅重复了"芝诺"的基本学说="赫拉克利特主义"=麦伽加拉(Megera);可他是如此非哲学,以致把这种学说带向荒

---

① 《柏拉图的存在的逻各斯》(*Platos Logik des Seins*),Giessen,1909。

谬,甚至没有注意到自己在这么做;在《智术师》中,柏拉图所做的只不过是讲出欧多克索斯理论中暗含的这些可笑结论,即 koinonia 学说。

最后,异乡人的行为(behavior)①(=方法)表现为典型智术师式的:"和一个温顺、随和的伙伴(比如泰阿泰德,以及一般而言的'有学问的'人),最容易[!]的办法是与一个对谈者在一起。如果没有,最好就独自讨论。"(217c/d)

但正如我所说,koinonia 的问题太根本,不能通过通信得到解决。

当然,划分法的问题同样根本(而且对应于第一个问题),但我觉得你的回答基于一个误解。我不擅表达自己的想法。应当承认,柏拉图否认"智慧=绝对的[推论的!]知识"的可能性,而亚里士多德承认这种可能性。但我考虑的问题与此不同。自康德以来,我们知道,"范畴"(=存在的划分)对于"物自体"(=理念,以柏拉图的术语)可能有效,但不可能(由人)运用于物自体。换句话说,关键问题是本体论结构本身。这就是柏拉图和亚里士多德(即在《智术师》-《治邦者》中)所争论的内容。用形式逻辑的术语,这一争论可以用如下方法来界定:亚里士多德谈论对立(contraries)(具有 mesotes[中道;或中介]),而柏拉图考虑的是矛盾(contradictories)(没有 mesotes)(特别参见 257b 最后)。亚里士多德的理论(对立+中道)有效地否认了善与恶(=非善)之间的根本区别[284](参见 258a:"因此非正义也必须跟正义放置在相同的平面上")。这是拒绝这种"亚里士多德式"划分法的真正原因(《智术师》-《治邦者》中的具体例证反讽地阐明了这种划分法,以便表明它导致种的混合——不是紧挨着的[临近的]种[亚里士多德相当明智地谈论过的惟一的种]的混合,而是"更高的"种[远至善-恶]的混合)。

---

① "行为"原文为英文。

因此，柏拉图与亚里士多德之间有两点不同，即：

1. 两个人都同意，对我们来说（pros hemos）是可能的（或至少在推论上可能）所有东西，是一种"归纳"（从"下"到"上"），然而，"在它本身中"（physei[依据自然]）次序是"演绎的"（从"上"到"下"）。但依照柏拉图，在我们进行的归纳中有一个断裂（因为aoristos dyas[未定之二]）：一（=善）如果要揭示自身，那也不是在言辞（logos）中（推论地），而是在迷狂中（静默地）揭示自身；但是，从静默中，任何东西都可以"演绎"出来，也就是说没有什么可以"演绎"出来。依照亚里士多德（他用以太取代"二"，亦即把kosmos noetos[可理解的宇宙]解释作Uranus[天]），并不存在断裂，而且，在我们归纳地上升到一（=nous[心智]）之后，我们有可能"演绎地"返回感官的"多样性"。因此：推论性的智慧或者体系就是绝对的知识（如黑格尔所说）。[只有这点不同："实在"（Wirklichkeit）不像在黑格尔那里是完成的（voll-endet）（人类）历史，而且是天体的永恒旋转（"道成肉身"=行星领域，而不是一种"属地的现象"，比如人）。]

2. 除了对于我们的知识，他们关于"在它自身中"的概念也有差别（我在信中曾专门谈到过这个差异）。依照柏拉图：

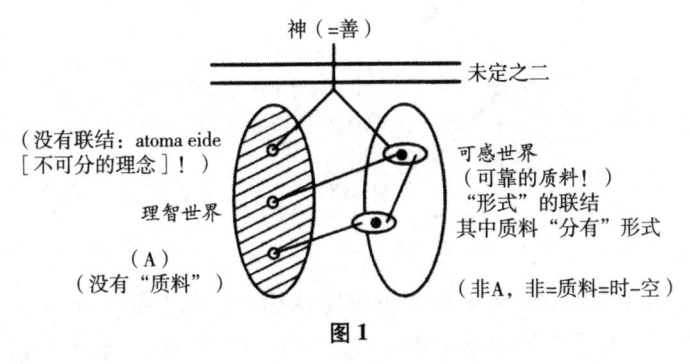

图1

[285]也就是说：

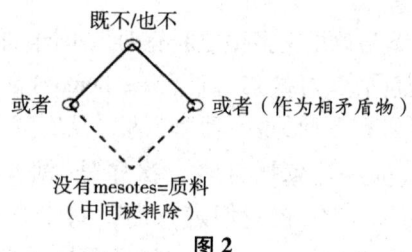

```
        既不/也不
           ◇
    或者 ◇   ◇ 或者（作为相矛盾物）
           ◇
      没有mesotes=质料
       （中间被排除）
           图 2
```

而依照亚里士多德：

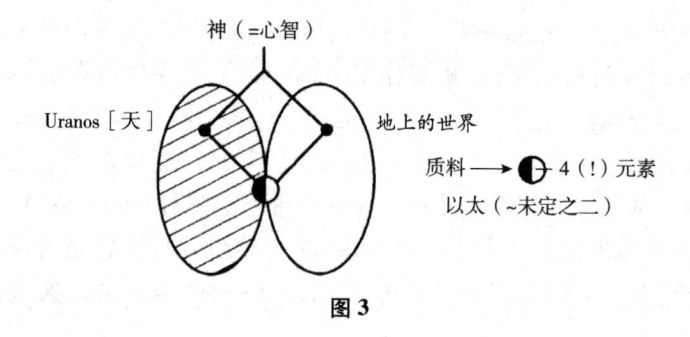

```
        神（=心智）
    Uranos［天］    地上的世界
                   质料 →  ● 4（！）元素
                   以太（~未定之二）
           图 3
```

而这就是说：

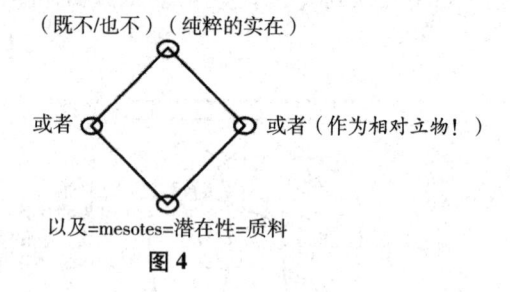

```
     （既不/也不）（纯粹的实在）
              ◇
    或者 ◇         ◇ 或者（作为相对立物！）
              ◇
     以及=mesotes=潜在性=质料
            图 4
```

在方法来说,这意味着柏拉图认为:实在之物(= atomos eidos［不可分的理念］)越来越多地被持续的矛盾限制,永远不可能达到一个"定义";依照亚里士多德:一个人寻找对立面,在此过程中发现

2+1，第 3 作为 mesotes，通过这个方法，所有三个数都得到了界定。

因此依照亚里士多德，一有：

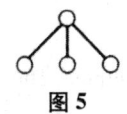

图 5

[286] 这就是说，不是二而是（至少）三。但是，mesotos 是"多样的"。因此一实际有：

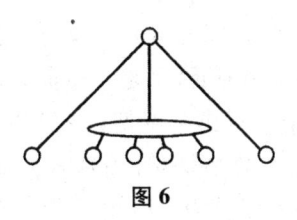

图 6

这些"中介"数是以纯粹经验的方式被决定，因为它们是自然的种（参考《论动物的各部分》[Parts of Animals] 卷 I——反对柏拉图式划分法的辩论。）

[我认为，《尼各马可伦理学》1094b25，1095a32，1098a27 不仅总体上反对柏拉图，而且特别反对他的划分法，它确实非常精确地区分了 A 和非-A，但或多或少把 mesotes 的分类留在"未定"之中。]

我也并不太看重历史传统。然而，在我看来难以置信的是，如你设想，柏拉图应该不会认真对待划分法，但应该会认真对待 koinonia，而①亚里士多德从未这样提及 koinonia，但常常谈到并批评柏拉图的划分法，当他这么做的时候，他想的明显是我的方案。

————

我猜想这是最基本的。不过，我想简要谈谈你信中的其他一些

---

① 读作 woge⟨ge⟩n。

观点。

1. 你责备我把《蒂迈欧》-《克里提阿斯》与《王制》分离开,并就此说"克法洛斯"代表了《王制》和……《帕默尼德》之间的混合。我不懂你的意思。

对我来说,《王制》~ Summa Theologica[神学大全],《帕默尼德》→《斐勒布》~ Summa contra Gentiles[反异教大全](在 7 本书中)。当然,"克法洛斯"是两者之间的一个链接:在《王制》中,克法洛斯 = 一个"公民的"(不是哲学的)家庭的首领;在《帕默尼德》中,克法洛斯(=柏拉图)= 一个哲学"家庭"(=学园)的首领。在两种情形下,"儿子们"(在《帕默尼德》中:亚里士多德)都被智术师们败坏。《蒂迈欧》-《克里提阿斯》不是直接而是间接地与《王制》关联起来,通过《帕默尼德》+《泰阿泰德》→《智术师》→《治邦者》。事实上,《蒂迈欧》开头的总结是对《治邦者》[287]而不是对《王制》的总结。(这最后一点早就为人所知,并且导致对"《王制》初稿"的荒谬假设,好像一部柏拉图对话能够从迥异的碎片中集合起来似的!)

2. 我的解释依据你自己的方法进行:我要寻找一个办法来区分正与负(或者恶=非善,或者善=非恶),并重读了《智术师》;因此我注意到划分法的反讽性质;这引导我读《治邦者》;然后回到《泰阿泰德》;之后是《帕默尼德》;然后才到《蒂迈欧》/《克里提阿斯》,因为其开头的总结。而后《斐勒布》被证明是所有这些的"顶点":至福作为既不-也不,"混合"(=以及=koinonia)作为"智术"。

《劝勉篇》、第欧根尼·拉尔修等,是很后来才读的(我读耶格尔[Jäger]的《亚里士多德》的时候,甚至没把他们当作确证;现在,我不想说:"亚里士多德误解了柏拉图!")尽管亚里士多德有时有意识地篡改了柏拉图,但他篡改的方式始终使亚里士多德文本中的文字是对的——"在《蒂迈欧》中,柏拉图",也可能意味着:柏拉图(为了争论的目的)所写的《蒂迈欧》。但一个读者也可以接受《蒂迈欧》的表面价值。

3. 我从没说过亚里士多德发明了对理念论的批评。但亚里士多德的表现表明,他把这种批评变成了他自己的(他确实这样做了,因为这种批评重现在《形而上学》中)。柏拉图可以忽视麦伽拉学派(Megeran)对理念论的批评,但他不得不回应来自弟子们的批评,他们之中就有亚里士多德(gentiles 不是"异教徒"而是"异端"!);也必须回应欧多克索斯对理念论所谓的"修正"(这种修正是哲学上的胡话:没有 chorismos[分离]的理念根本不是柏拉图意义上的理念)。

4. 我同意你对柏拉图与亚里士多德的基本差异的解释(在我上面就这个主题已说过的意义上)。当然,两者都设定了理智的异质性。但他们对这种"多样性"的结构的构想完全不同(划分法 ≠ 通过邻近的种进行定义)。

对柏拉图来说,理念的多样性的根基不是空间的,而是 dyad[二]本身;因此理念是不动的(对于柏拉图:运动=非-静止,亦即静止=实在,运动=缺失。在亚里士多德那里,这个根基是以太,因此是空间-时间性的,这就是为什么理念=行星运动[虽然是循环运动]。亚里士多德因此在哲学上并非[288]欧多克索斯主义的可笑理论家[因为在天上并不存在诸行星的 koinonia;诸行星是"原子的",像理念一样;它们形成一个"等级",就像一个序数的系列,即半径的"长度";不过……行星运动并且是地上世界的原因,后者正好是不动的理念之所非是]。

5. 我从没否认泰阿泰德在智性上"优于"忒俄多罗斯。而异乡人=欧多克索斯甚至(在智性上)更优越。但他们中没有一个人是哲人,欧多克索斯的"理念论"不是一种哲学的理论。但是,在道德上次序相反:忒俄多罗斯相当"得体",泰阿泰德一般般,"第二个苏格拉底"(=亚里士多德)是一个"僭主",而异乡人(=欧多克索斯)则是一个谋杀者!

"但以你的年纪不值得,苏格拉底"等等,意思是:通过让理念论与"现代科学的结果"相一致,欧多克索斯能"拯救"柏拉图主义。但是,柏拉图太老了,不能明白这一点(此外他过于宗教性-诗性)。这个年龄主题(=时代错误)在七重奏(septet)中反复出现。

[尽管如此,泰阿泰德仍然被描绘为哲学上的"哑巴"和一个"喋喋不休者"(爱因斯坦式的"业余哲人")。

例如,《智术师》262a 最后,"异乡人:因此,话语不是仅仅由一个接一个说出的名词构成,也不是由没有名词伴随的动词构成。泰阿泰德:这个我不知道"。① [!!!][换句话说:他不能区分明智的(哲学的)言说和欧多克索斯式的伪科学的喋喋不休。]

如果亚里士多德式的 mesotos[中道]不是道德相对主义的一种形式,那我就不知道此词(相对主义)什么意思。毕竟,它只不过是生物学上的最佳(biological optimum)。无可否认,只有两个对立面。然而,要点在于两者都是"坏的"(≠最佳,而是或超过或不足),但是,"好的"mesotos 是一个"未定之多",依赖于……生活方式:年龄、性别、种族,甚至政制的一种功能!

6. 我也相信,克拉左美奈是想把阿纳克萨戈拉带往心智。但大致是这样的:亚里士多德(在《形而上学》中)批评阿纳克萨戈拉,因为他没有用 Nous[心智]作为(最终)因;亚里士多德对柏拉图进行同样的批评(理念不是原因);在《斐多》中,柏拉图讲的一样,尽管明显是反讽[289](通过拿目的论开玩笑[阿波罗尼亚的第欧根尼的说法]:"地球是宇宙的中心,只因为地球在这个位置对它更好!"等等);《帕默尼德》中"我们的克拉左美奈"意味着:"我们"(=学园)绝不想把理念降低到现象的(有效)原因的水平,就像那些[比如欧多克索斯]把理念放在事物之中的人那样;因此,克塞诺芬尼(Xenophanes)→帕默尼德→阿纳克萨戈拉→苏格拉底→柏拉图,而不是(荷马→)赫拉克利特→第欧根尼→欧多克索斯→亚里士

---

① 科耶夫引用 Auguste Diès 的法译:见 *Platon Oeuvres complètes*, Société d'édition(Les Belles Lettres), Paris, 1925。

多德。

帕默尼德"警告"苏格拉底不要鄙视虫子和尘埃,依我看是反讽。这是"博学者"针对柏拉图的批评(此外,苏格拉底绝没有被帕默尼德的话"说服")。在我看来,完全不可能设想虫子和尘埃的(柏拉图式的!)理念:不存在否定物的理念(A 是理念,而非-A 不是理念;更准确地说:作为非-A,它"分有"A 的理念,但作为非-A,它只是未定之二的一种功能);虫子和尘埃是"完整的"动物和"完整的"矿物的"缺失"。这一点在我看来是柏拉图主义的一个基本原则,亚里士多德主义与此相对,认为虫子和尘埃是在 A 和非 A"之间"(mesotes!)。

关于灵魂,我大致理解如下:灵魂=A(理念),身体=非-A(质料←dyad[二]),非(非-A)= A[仅仅基于 diairesis,无须 koinonia!]。这就是说,只有当身体被"否定"时,灵魂才变成"纯粹的"理念,而只有人可以"否定"他的身体(基于没有 koinonia 的 diairesis,它正好允许身体被理解为非-A,其中的"非"表现为时空,是从非-存在的 dyad[二]派生而来。)在实际层面这意味着:人应该放弃城邦,在学园中实践辩证法,依此生活,然后他也许会作为一个(刹那间的)"纯粹理念"(刹那间)与一一善(One-Good)相符合。

简而言之,普罗提诺(Plotinus)是一个真正的柏拉图主义者,而《蒂迈欧》、《法义》卷十、《法义附言》(*Epinomis*)的"天体崇拜",或完全是反讽,或是伪作(通过欧多克索斯派的斯彪西普斯[Speusippus])……或是为了国家的原因而对"民众"的传教。

7. 是的:diairesis 意在表明诸理念的等级,由于诸理念形成了一个等级,因而可以通过(序数)数字来呈现。但这么做非常困难,也许事实上不可能这么做(只要一个人停留在"非"中)。然而,《智术师》-《治邦者》的划分是亚里士多德式的,与柏拉图式的 diairesis 毫无相同之处,正因为它们不导向等级,而是假设种或类的一种并置。

[290]

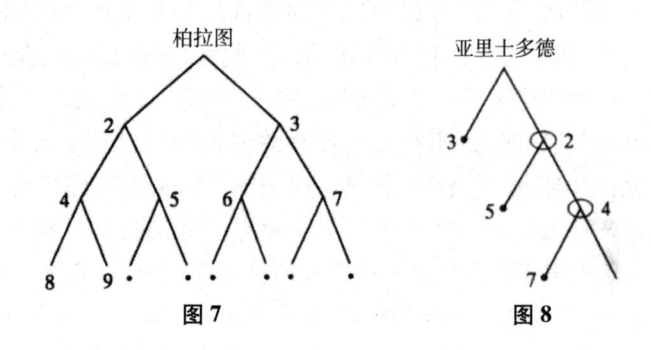

```
        柏拉图                    亚里士多德
         ╱╲                        
        ╱  ╲                     3•    ⊘2
       2    3                          ╱
      ╱╲    ╱╲                  5•   ⊘4
     4  5  6  7                      ╱
     |  |  |  |                    7•
     8  9• •  •
        图 7                        图 8
```

(左/右、直/曲　或者理念/世界并无不同)

8. 柏拉图与亚里士多德的整个差别基于对事实上的生物学循环(○)的发现:(人产生人[而不是产生狗])。生物种类的循环是永恒的,因此是可知的,给此类知识奠定基础并不需要理念(在《形而上学》第十二卷第三章[最后]清楚可见)。代替理念的是生物学循环的"形式";这种"形式"是生物学(循环)进程的原因(圆满实现[entelechy]);因此,它们虽然是永恒的,但处在空间和时间中(它们是永恒的是因为永恒本身,也就是说,心智-神作为第一[不动的]推动者,使时间本身循环起来[参见《物理学》VI-II],这就是为什么时空进程也是循环的原因)。因此:柏拉图的"理念学"(ideo-logy)变成了亚里士多德的原因学(etio-logy) = 生物学(bio-logy) = 天文学(astro-logy)(因为循环的生物学"法则"如天体一样是客观现实的[失序=黄道倾斜]):存在一种现象的科学,但它是纯粹"天文学的"[这就是亚里士多德所谓的"明智"和"现实主义"的结果,对立于"诗人"和"神秘主义者"柏拉图!!]。

我担心这封信不能说清问题,反而只会使问题更糊涂。能够与你谈论所有这些自然最好不过了。但什么时候?什么地方?

顺便提及，我读了你在耶路撒冷的演讲，①确实是我所读过的你写得最好的文章：极其清楚、深厚、有才气。但是……谈论"现代人"却不提及黑格尔和马克思……?! 直到卢梭，一切都非常好，但随后有一个裂隙，我们跳到了……韦伯和奥本海默！这就是说没有终点，就是说所谓的"历史"（没有"拿破仑"）无意义。表明这样一种"哲学"的荒谬自然并不困难。但是，谈论终极国家和绝对知识的那个黑格尔呢，还有实现了终极国家和绝对知识的那个叫马克思的人呢？你对这些人保持沉默是有"教育"的目的（或是想蛊惑人心？因为你面对的听众是成人）？[291]或者是神圣的土地对此负责？

另外，我身体好多了，我也很高兴听到你的身体也好些了。

好了——我希望我们还能见面并且互相交谈。

献上最温暖的问候

你的

科耶夫

另及：附上我的"书"的一份笔记的复印件，此书将不会出版！②

---

① 《什么是政治哲学？》("What is Political Philosophy?")，1954年和1955年在希伯来大学Judah L. Magnes讲座的讲演，修订版作为标题性论文收于《什么是政治哲学》(*What is Political Philosophy? and Other Studies*)，The Free Press of Glencoe，1959。

② 这份"笔记"是一个20页的法文打字稿（有一些用墨水做的修改）的影印件，题为"柏拉图——对亚里士多德的批评"，题记有：

Amicus Plato…

科耶夫
10/VII 57

我们没有把这份笔记收入进来，因为科耶夫在他1957年4月11日的信以及这封信中，在他对柏拉图的解释中非常充分地概括了这份笔记的内容。这份笔记略经修改和扩充的版本，最终见于科耶夫死后出版的《异教哲学的理性史论》(*Essai d'une histoire raisonnée de la philosophie païenne*)，第二卷，《柏拉图-亚里士多德》(Paris，1972)，页364-378。

芝加哥大学
芝加哥 37,伊利诺伊州
政治科学系

亚历山大·科耶夫先生
斯大林格勒大道 15 号
旺弗(塞纳河),法国

1957 年 9 月 11 日①

亲爱的科耶夫先生:

  直到上周,我才可以读你打出来的陈述和你的信。我得了一场小病,没有真正休假,感到非常疲惫。对于你的陈述,我总体的反应是我们两个南辕北辙。问题的根本在于,我一直以来都认为,你相信黑格尔(马克思)的真理而我不。你从没有对我的问题给出一个回答:(a)尼采把黑格尔-马克思的目的描述为"末人"难道不正确吗?(b)你会把什么放在黑格尔的自然哲学的位置上?我的印象是,你读柏拉图是从你的黑格尔观点出发,没有完全倾听柏拉图并严格遵循他的建议,充分等待那将把自身显现为柏拉图的观点的东西出现。[292]你想当然地认为"理念"就是"概念",柏拉图只关心"理念"而不关心"灵魂"。因此你相信不可能有"可感种类"(sensible species)的理念。没有事先解决"哪些事物有理念,哪些事物没有理念"的问题,讨论理念的联结(community)问题就不会有收获。你的整个解释在我看来失之概略和武断。除了对话之外,你也使用亚里士多德的转述。亚里士多德的转述当然最为有力,但它们并没有回答,柏拉图如何明确或如何严肃地断言亚里士多德说他断言的东西。(顺便说一句,正是亚里士多德的转述会诱使人们把存在"可感种类的理念"的断言归于柏拉图。)我不满足于说,有些柏拉图对话专门针对亚里士多德的批

---

① 英文打字稿。

评,专门针对亚里士多德的批评的对话是你所提到的七部。我特别认为,像你那样把《蒂迈欧》和《克里提阿斯》与《王制》分离开来是不可能的。

我在你的论述中只看到两点,就此我们可以至少进行一次交谈。这两点是爱利亚异乡人和《克里提阿斯》。

我绝对确信,异乡人不是一个鹦鹉学舌者,而且你完全曲解了忒俄多罗斯对他的介绍以及苏格拉底的欢迎之辞。另一方面,我相信你所说的,异乡人关于静止(理念)与运动(非理念)之联结的断言有一些错误。但这并不证明异乡人缺乏理解力,因为每一篇柏拉图对话都基于对某一至关重要之物的故意忽视,而且,对柏拉图的苏格拉底而言正确的东西,对柏拉图的爱利亚异乡人而言也是正确的。简言之,理念的分离使得理解由存在(onta)和生成(gignomena)组成的整全变得不可能,使得理解灵魂变得不可能(因此也使得理解哲人变得不可能,因为哲人只有在与非哲人的对照中才能被理解)。为了克服这种分离,异乡人同化存在和生成(运动和静止),他把存在定义为"施动和承受",从而最极端地表达了这一思想,而据我理解,柏拉图不可能这样(施动和承受)来说理念。异乡人错误地但并非对此无知地抽离了存在与生成的根本差异。若不同化存在与生成,便必须寻找两者之间的纽带,但异乡人的命题优越于单纯的分离(chorismos)-命题,因为它基于[293]对单纯的分离命题根本上的不充分的意识。我怀疑《蒂迈欧》中的灵魂学说带出了解决问题的"纽带"——以抽离其他某种至为重要的东西为代价。(这种其他的东西是什么我还不知道。)异乡人是帕默尼德的谋杀者,单单这一事实就表明他不是一个鹦鹉学舌者。另参照未经修正的爱利亚命题之美:"惟有一"以及哲人-智术师-治邦者是三,而我相信被异乡人修正过的爱利亚命题大致是"一由多构成"以及"哲人-智术师-治邦者"是一(One)。

关于《克里提阿斯》,我有这样的看法:《王制》讨论"言辞中的城邦"，《蒂迈欧》讨论"行动中的宇宙"，《克里提阿斯》则讨论"行动中的城邦"。言辞中的宇宙阙如（"第四个阙如"①），赫耳墨克拉底（Hermocrates）言辞的承诺隐藏了柏拉图本人没有承诺但却要求的言辞。行动中的城邦必然次于言辞中的城邦——它必然是"被稀释的"，好的等于祖先的（因此言辞中最好的城邦必然是雅典的；《克里提阿斯》表明，最好的城邦不仅富有美德而且也富有金子）。行动中的城邦必定处在运动中，而运动意味着战争。雅典历史上最大的战争是西西里远征，而这是一场不正义的战争，以失败告终。"老雅典人"理想的战争因此必须是一场与强大的西西里（最西方的最大岛屿）进行的正义战争（一场防御战），且最终雅典人获胜。对雅典最辉煌的行动的描绘不能由一个雅典人给出，因为这不妥当（见《默涅克塞诺斯》[Menexenus]中异乡人阿丝帕西娅[Aspasia]对雅典非常有限的赞扬）。此外，雅典对"西西里"的胜利当然也有一种超政治的意义，正如你会第一个承认的那样（赫耳墨克拉底是导致雅典在西西里远征中失败的主要人物；蒂迈欧来自南意大利，几乎就是西西里；爱利亚在南意大利；最后但非无关紧要的是，《王制》里克法洛斯一家来自同一地区）。不要忘记在《帕默尼德》中雅典被帕默尼德入侵。简言之，西西里——"西方"——试图征服雅典，但被雅典击败。如果我正确理解了你，这就是你所说的，但雅典对西西里的这一胜利是由克里提阿斯声称的，而克里提阿斯是个有点靠不住的角色，柏拉图不让他讲述他的故事。在我看来，《克里提阿斯》的不完整性恰恰意味着：雅典对西西里的胜利是一半胜利，因此也是一半失败。你可能不同意我最后的结论，但显然你可以将我关于《克里提阿斯》的所有其他陈述[294]很好地用于你的目的。然而，我们不可能得出这一陈述，除非通过遵循柏拉图明确的暗示：《蒂迈欧》和《克里提阿斯》属于《王制》。这证明，一个人必须比你更紧密地贴近明显的 données platoniques[柏拉图给出的信息]。

---

① ［译按］参见《蒂迈欧》开篇。

（克里提阿斯是阿尔喀比亚德的一个竞争者，而阿尔喀比亚德是西西里远征的煽动者。）

我希望你继续保重好身体。我期望今年末可以完成我的马基雅维利研究。

你的
LS

———————

日内瓦，1957年10月24日①

亲爱的朋友们，

老实说，我真没什么要告诉你们的。这就是说，关于A〈……〉和我自己，一切都很好。我现在在日内瓦，预计会在这里待五六个星期：欧洲共同市场的会议。

处在"大政治"的边缘，②我准许自己是一个最安静的③随行工作人员，这让我在开会时可以阅读和写作——特别是这封信。

附上一张关于三本书的便条。如果你能将这三本书寄给我（在旺弗），我将十分感激。我读了赫灵（Hering）推荐的罗赞（Rosán）关于普罗克洛（Proclus）的书。④ 这本书不是特别"深刻"，但很清楚，显然也很准确。一本有用的书。

可这本书还包含了"马里努斯"（Marinus）的普罗克洛"传记"！不带评注而且百分之百认真。事实上，正如我在读完《伊西多尔传》之后所假定的那样，这个"马里努斯"显然只是我的朋友达玛斯

---

① 这封信寄给科瓦雷夫妇，但科耶夫结尾时请求他们把此信转寄给施特劳斯。信用法语写成，但大量引语是英文。
② "大政治"，见尼采，《善恶的彼岸》，208，241，254；《道德的谱系》，I. 8；《看啊这人》，"为什么我是命运"，第1节；《偶像的黄昏》，"反自然的道德"，3。
③ 原文为英文。
④ ［译按］应是 Laurence Jay Rosán 所著《普罗克洛的哲学：古代思想的最后阶段》（*The Philosophy of Proclus*：*The Final Phase of Ancient Thought*）。

基乌斯的一个笔名,所谓的"传记"不过是对其主角的无耻嘲笑。它是以传记的风格写成。

如果你想开怀一笑,我极力推荐你读罗赞《普罗克洛》(N. Y., 1949)中的"马里努斯"。只有22页,但我怀疑你不会选择读它们,我将抄写几个特别有趣的段落。

[295]III. ……从我们蒙福的哲人出生起,这些[身体的美德]①就全都自然地呈现在他身上,它们的痕迹甚至在他牡蛎般的外壳上也清楚可见……他如此美丽,尽管他所有的画像都很卓越,但没有一个画家能够完全把握他的形象,所有人都远远不能达到对他的真实形象的模仿……[对此罗赞在一个注释中指出:发现了一个半身像……三分之一已破损,并且有一个特别勾的鼻子]。

IV. ……让人惊讶的是,灵魂的这些基本品质——他生来就自动具有它们——就是柏拉图视为构成一种哲人性情的美德的那些部分……

IX. ……他在奥林匹奥多如斯(Olympiodorus)指导下学习亚里士多德的哲学……现在奥林匹奥多如斯作为一个擅长说话的人而为人所知,但因为他说话的悠闲和急速,只有少数几个听众可以理解他……

……亚里士多德的逻辑著作,对于读者来说很难理解,而他[普罗克洛]读过一遍,就心领神会轻松地明白了……

XIII. 在不到两年里,叙里阿努斯(Syrianus)[《伊西多尔传》中的一个〈……〉]和他一起读了亚里士多德关于逻辑学、伦理学、政治学、物理学甚至神学的所有著作。在充分地阅读这些著作后,好像它们是预备仪式或较小的秘仪似的,叙里阿努斯系统地或非系统地引导他——就如[迦勒底的(Chalde-

---

① [译按]下列引文中"[ ]"中的内容为科耶夫本人的按语。

an)]神谕所说的那样"迈开大步"——上升到柏拉图的更大秘仪,并向他灵魂未受污染的眼睛以及他心灵的纯洁凝视揭示出这些秘仪真实的神圣景象。普罗克洛自己则通过日夜不断的练习和专注,通过用概要的形式写下他在短时间里产生的如此之多的想法,以致在 28 岁的时候就写成了他的《〈蒂迈欧〉注疏》以及许多其他注疏,全都精致且充满学识。这样一个工作进一步砥砺了他的品格,因为他在他的道德德行上面加增了知识。

XIV. 他也从亚里士多德的《政治学》、柏拉图的《法义》和《王制》中获得了政治德性。因此没有人可以说他只关心言辞而不关心行动;尽管他对更高之物的关注妨碍了他自己参与政治事务,但他通过教给阿尔基阿达斯(Archiadas)政治德性,规劝虔诚的阿尔基阿达斯从事政治……

[296]XV. ……普罗克洛表明,他甚至在政治上拥有赫拉克勒斯式的勇敢……当他的敌人像一群巨鹰试图审判他[或者也许是:过分骚扰他]时,他服从"整全的旋转"(the Revolution of the Whole)① 离开雅典,去亚洲旅行。实际上这是最好的安排,因为他的守护神实际为他提供了远行的这一理由,以便他可以加入当地仍然保存的古代仪式……以这种形式做事和生活,他甚至比毕达哥拉斯派[伊壁鸠鲁派??]更不为人注意,后者严格遵守他们主人的命令即"不为人知地生活"[lathé biosas]。但他在吕底亚只待了一年,就因为哲学女神的神意返回了雅典。普罗克洛就是以这种方式逐渐获得了自己的勇敢……

XVI. ……他在每个领域都是一位卓越的评判者。无论何时,他若发现有人没有严肃对待自己的工作,他就会严厉地责备对方。这使他看上去非常易怒且相当好胜[比较 IV:……我

---

① Rosán:"……服从全能的神(字面为:整体的革命),……"

们觉得他天生谦逊……],因为他想而且能够正确地评判每件事。他确实好胜,但只在美德与善方面好胜——如果没有这种动机,人类就不可能成就任何伟大之事了。我也承认他易怒。可他同时又很温和,因为他可以很容易、很快地平静下来,一会儿就变得像蜡一样柔软。头一分钟他在斥责某人,下一分钟就由于他同情的天性又在帮助那个人了……

XVII. 我很高兴想到了他这种同情的天性,因为我相信,没有人可以说和他一样富于同情心。因为他从没有渴望一个妻子或者孩子,尽管他收到过很多贵族和富有家庭的联姻请求,他避免拥有他自己的家庭……

XVIII. ……我们现在讲他的净化性德性,这种德性与社会德性相当不同……但净化性德性优于这些[社会德性]……哲人普罗克洛在他的哲学生涯中一直践行这些净化性德性,……他总是做着有益于使灵魂分离的事,无论夜晚或者白天,他都会祈祷反抗恶魔,沐浴自己,还使用其他的净化方法,包括俄耳甫斯教和迦勒底的方法,例如每个月坚决地把自己浸在大海中,甚至一个月两三次。他不仅在壮年时这样做,甚至在晚年也虔敬地履行这些习惯。

[297]XX. ……他不仅对身体的疼痛漠不关心,甚至对外界的恶——不管是平常的还是不平常的——更是如此。不论何时发生这些恶,他总是说:"事情就是这样,事情通常就是这样。"这句话被我看作一句值得铭记的格言,它充分证明了哲人灵魂的伟大。至于说怒火,他尽他所能地压制……[参看XVI末尾]

XXII. ……他达到了更高的德性……这种德性不能再称作属人意义上的明智(phronesis),而毋宁说是智慧(sophia)或者某个还要更恭敬的名称。在致力于这种德性的同时,普罗克洛不费力地学习了所有希腊和非希腊的神学,也学习了以神话形式隐藏的真理。他以一种非常热情的态度解释所有这些……

他翻阅了以前作者的所有著作,凡是他找到的富有收获的东西,他都会挑选与综合……他能在演讲中明理地讨论每一个学说,并在他的著作中论及所有这些学说。他对工作无限热爱:有时他一天教五节甚至更多课,平均写 700 行散文[著名的多产作家**克吕西普斯**(Chrysippus)据说是写 300 行],拜访其他哲人,然后在晚上不依据任何稿子发表演讲。此外,他每天晚上不睡觉以礼敬神,当太阳出来时对太阳俯身祈祷,正午和下山时亦复如是。

XXIII. 普罗克洛自己是许多先前不为人知的学说的创始人,这些学说涉及自然的、智识的甚至是神圣的主题。他最先声称,有一类灵魂可以在同一时间感知许多理念,他们处在当即知道一切的心智(Nous)……与那些在某个时间只能集中于一个理念的灵魂中间。任何人若愿意,都可以通过阅读他的著作了解他的许多其他革新,我现在没法这样做,因为要一一论及它们将过多地延长这篇传记。但无论谁读了他的著作,都会同意我刚才所说的是真的……

XXVI. ……依靠这些神谕,普罗克洛达到了人类灵魂中最高的德性,受神启迪的**杨布里柯**(Iamblichus)曾卓越地称之为"通神的"(theurgic)德性。用恰切的判断收集先前哲人的解释,经过整整五年的诸多辛劳[比较:阅读"亚里士多德的所有著作"还"不到两年"(参见 XIII)],他汇集了所有其余的迦勒底文献以及对这些神谕[298]最重要的注解。与此相关,他做过一个很精彩的梦:伟大的普鲁塔克[叙里阿努斯的老师]显现在他面前,预言他将活很多年,就像他论神谕的著作中四开的纸那么多。后来他数了数,发现有 70 张纸。他生命的终结证明,这个梦是神圣的。因为,尽管如之前所说他活了 75 岁,但最后 5 年他不再强壮……当然,即便在这样的情况下,他仍然祈祷,写赞美诗……但他做任何事都是依照这种衰弱的状况,所以,但凡他想到这个梦的时候,他都会惊叹,<u>并不断地说:</u>

"我真的只活了70岁[?!]"①

[比较 III:……第四,他拥有健康……他从幼年起就被充沛地赋予了这一德性,以至于他可以说,在他整个长达75年(原文如此!)的生命里,他的身体只病过两三次。对此最终的证据是,我本人可以证实:他得最后一场病时,甚至没认识到何种苦难已降临到他身上,因为他如此少地经历过疼痛。

对照 XXXII:②……在他壮年的时候,他曾害怕他父亲的关节炎也可能袭击他……他惧怕此事并非毫无理由,因为,正如我之前应该说过的,他确实承受着这种痛苦。]

XXVIII. ……普罗克洛一步步地前行。首先他受到迦勒底净化仪式的洁净,然后,就如他自己在他的一本书中提到的,他与自己用魔法召来的发光的赫卡特(Hecate)幻影交谈,然后,通过正确移动蚁䴕(wryneckbird)的轮子③带来降雨,由此拯救雅典摆脱了严重的干旱。他提出防止地震的方法;他测试了三角架的占卜能力;甚至写了关于他自己命运的诗篇……

XXXIII. 但是,如果我想讲述关于他的一切,例如他与赫耳墨斯之子潘的友谊,他在雅典从这个神那里得到的巨大恩惠和帮助;或者,如果我讲述他从诸神之母——他总是向她祈祷,为她极为喜悦——那里得到的好运气,一些读者很可能觉得我在胡说,另一些读者则会觉得我说的难以置信。因为,这个女神几乎天天为他做、对他说的伟大之事是如此之多,如此不同寻常,以至难以记载,所以我记得也不很清楚。但是,如果谁想知道更多他与女神的亲密关系,就去读他关于诸神之母的书吧[除此之外就一无所知!],[299]因为可以看到他如何以神圣的灵感揭示这位女神的整个神学,如何哲学地解释对这位女神

---

① 科耶夫在下面划了线。
② 校读:XXXI。
③ 见 Rosán 的注释19,页29。

和阿提斯(Attis)象征性地做的或神秘地说的一切,这样一来,<u>就再不会有人因听到看似荒唐的恸哭以及在她的祭仪上秘密地说到的其他东西而不安</u>。① [比较尤利安关于诸神之母的同样反讽的讲辞。]

[这些引用足以阐明"传记"前言中的下一段落有些费解的含意:]

  I. ……我害怕,用伊比库斯(Ibycus)的话说,我会因为犯罪而赢得人们的尊重——不是如他所说的触犯神,而是触犯一个智慧者[即普罗克洛],特别是因为下面这样的说法并不正确:在他的所有朋友中,只有我应该保持沉默,而不是相反,即不是应该尽所有努力讲出有关他的真事,尽管事实上所有人都强烈主张我公开讲出来。也许,事实上我不可能赢得人们的尊重,因为他们不会把我拒绝承担这个任务当作谦虚,而是归因于精神的怠惰甚至是灵魂的过错。因此,鉴于所有这些原因,我感到自己被迫要至少阐明哲人普罗克洛无数卓越成就中的一些,以及真实传颂的关于他的事情中的一些。

[总而言之:amicus Plato…]
可反讽岂不明白无误吗?
你读完这封信后,能否以我的名义把它寄给施特劳斯。我已经跟他谈过尤利安、达玛斯基乌斯和"撒鲁斯提乌斯"。这个"马里努斯"将完成这幅图画。

你永远的,
K.

————————

① 科耶夫在下面划了线。

日内瓦,1957 年 11 月 5 日

[300]亲爱的施特劳斯先生,

请原谅我现在才回复你 9 月 11 日的信。有各种各样的事打扰。我现在在日内瓦(关贸总协定会议),也许会在这里待到本月底。

对于问题:

我完全同意,对柏拉图的"一般"讨论没有什么意义。唯一真正明智的事是把七篇对话合在一起阅读。

但在我看来,整个问题绝非来源于先入为主的"一般"意见。正相反,相当偶然,我碰到《智术师》的一些段落,我觉得是"无意义的"或者听起来是"反讽的"。随后我读其他六篇对话,其中又发现了许多相似的段落。所有这些导向了一个全面的解释,这一解释本身说得通,而且在我看来,从历史上说也是可能的(但使我很惊讶!)。在我的与这相关的第一封长信里,我引证了很多这样的段落(没有抄写它们),并简要解释了整个问题。我真的期望你能对所讨论的每个段落给出一个明确的看法。当然,时间不允许你(如你自己告诉过我的)查寻这些段落。因此,你只是以关于柏拉图的"一般"考虑做了回答,而把整个讨论放到一边。

我只能够希望,你在完成马基雅维利的时候,有时间也有意愿对我的第一封信做具体的回答。(假设在这期间克莱因没把它弄丢[否则就太可惜了,因为它是我就这个问题唯一写下来的东西]。)我特别重视《帕默尼德》的第一部分(直到所谓"辩证的")。

迄今为止,我只知道你的一个具体看法:关于爱利亚异乡人。

现在,我真的不明白你为什么拒绝考虑对异乡人的描述中的反讽成分。毕竟,苏格拉底的反应与他对普罗塔戈拉、欧蒂德谟(Euthydemus)等人的反应完全一样:对一个智术师的"神圣智慧"反讽性夸张的崇拜。

[301]归根结底,以下几点肯定不容忽视:

1.《泰阿泰德》中对"哲人"的描述是明显的反讽。

2. 忒俄多罗斯没有看到这一反讽，他严肃地对待这种描述，并在其中认出他自己（这当中他又是对的）。

3. 异乡人［在《智术师》中］被这位忒俄多罗斯介绍为一个哲人。

4. 这就是说：在忒俄多罗斯眼中，异乡人与《泰阿泰德》中对"哲人"的描述相符；因此在柏拉图眼中，异乡人是一个"智术师"；更准确地说，一个"现代的［=后苏格拉底的］智术师"，也就是一个学者［具有"哲学的"矫饰的自然-科学学者］；我认为，柏拉图头脑中想的是《帕默尼德》的"毕托多罗斯"［对我来说，"毕托多罗斯"=忒俄多罗斯+泰阿泰德+欧多克索斯。这即是说，在《智术师》中：异乡人=欧多克索斯］。

那么，这里就是我们对柏拉图的解释的一个具体的差异。但也正是在这里，只有通过对七篇对话中所有相关段落的全面解释，问题才可能解决。

同时，我读了［罗赞，《普罗克洛》，N. Y.］"马里努斯"所谓的普罗克洛"传记"。读《伊西多尔传》的时候，我就怀疑这位"马里努斯"只不过是达玛斯基乌斯的别名，而"传记"事实上可能是一个"反讽的"戏仿。读这篇"传记"完全确定了这一点。［这里我的确有一个先入为主的意见！］这篇"传记"是《伊西多尔传》的复制品。

我从中抄写了一些段落，把它寄给了科瓦雷并要求他把信转寄给你。

所有这些之所以有趣，是因为达玛斯基乌斯移居波斯，并可能在那里开创了一个延伸到法拉比的口头传统。

我曾徒劳地要布鲁姆读《伊西多尔传》［Isidor 或 Pytho-dor］。但他正忙于解读《奥赛罗》①，其中他表现为雅威（Yahwe）而伊阿果

---

① 《世界之人和政治共同体：〈奥赛罗〉》（"Cosmopolitan Man and the Political Community: Othello"），The American Political Science Review，1960，54：页129-157；重刊于布鲁姆和雅法，《莎士比亚的政治学》（Shakespeare's Politics），Basic Books，1964，页35-74。

(Iago)表现为耶稣……

[302]我还没有开始写我的尤利安论文(为你的纪念文集),但我希望可以在日内瓦写。也许会有一个关于"撒鲁斯提乌斯"-达玛斯基乌斯-"马里努斯"的短的脚注。但是我本想首先知道你对这些文本的看法。可几乎不可能。

致以最深切的问候。

你的科耶夫

———————

巴黎,1958 年 5 月 15 日

亲爱的施特劳斯,

多谢你惠寄《法拉比》。我刚刚读过。它是"一流的"。①

你晓得,现在我或多或少和法拉比观点一致。只不过,法拉比的"苏格拉底"对我来说就是历史上的柏拉图本人。或者柏拉图意图让《法义》按法拉比的方式来理解;或者《法义》是(由菲力普斯[Philippos of Opus]和斯彪西普斯)伪作(或:卷一至卷九[尤其卷九]是伪作,卷十至卷十二是重写)。柏拉图的真实观点见诸《王制》+《治邦者》+(《蒂迈欧》+《克里提阿斯》)+《斐勒布》。这些对话专门讨论"学园",也就是为了智慧的共同生活,②或说爱智慧。这个"学园"应是一个"修院",也就是说,同"世界"相"分离"(chorismo)。"立法者"是克法洛斯,乃学园之首。③ 他应该是"唯一的统治者",不受任何"法律"(= 偏见)束缚。然而,"普通"读者对学园一无所知,他们仅考虑城邦。照此来读,《王制》和《治邦者》充满有意的"荒谬":

---

① 可能是《法拉比如何读柏拉图的〈法义〉》("How Farabi read Plato's Laws"),刊于《玛西格农等人合集》(*Mélanges Louis Massignon*),卷三,Damascus,1957;重收于《什么是政治哲学?》,页 134-154。

② 此处原文为英文。

③ 此处原文为英文。

《王制》中犬儒-智术师式的"共产主义"(包括可笑的"妇女公社"),《治邦者》中智术师的"僭政"。围绕学园内部的"政制"(politeia),产生了完全严肃的争论(针对欧几里得-欧多克索斯-亚里士多德);这就是说:(1)要么是辩证法(=没有"联结"的真正的划分法[不可分的理念]),要么是"逻辑"+"科学";(2)要么是通过"领袖"的生活模范(典范)而来的"好生活",要么是"研究"。

这个真正柏拉图式的构想被尝试了("僧侣们")一千年(由基督徒和穆斯林),并退化为迄今犹存的培尔的"文字共和国"(Republic of Letters)(《知识分子的背叛》①)。[303]真正的政治家(statesmen)总是反对它(就像尤利安那样),也就是说,柏拉图真正表达的意思是他们所不关心的,他们所误解柏拉图的东西自然是"乌托邦的"(因为它只能由一种"超人的"僭政来实现)。这就是直到黑格尔-马克思之前的状况,因为他们既不想毁坏学园(="修院"),也不想使它们休止和无效,而是相反想将其改造为一个"城邦"。对于黑格尔/马克思(但绝非柏拉图),哲人确实应该(因此也能够)变成"王者"(拿破仑——我的王者)[自然不是以其他"乌托邦的"方式;而哲人变成王者根本不是乌托邦的——只要这种"变成"是一种革命]。[像这样的东西可能也是马基雅维利所期待的。]

至于"写作的艺术",有可能是法拉比回到了一种传统(口头的?),即回到了达玛斯基乌斯在波斯的教诲。达玛斯基乌斯在那里只待了两年,但这或许足够了。达玛斯基乌斯自己回到了尤利安。[在《普罗克洛传》(Vita Procli)中,"马里努斯"几乎直接引用尤利安的演说,在《伊西多尔传》中也可以发现尤利安的影响。]尤利安并不孤独(甚至不考虑他的朋友撒鲁斯提乌斯)。整个所谓的"维

---

① 此处原文为英文。Julien Benda,《知识分子的背叛》(*La trahison des clercs*), Paris, Grasser, 1927; R. Aldinton 英译, *Betrayal of the Intellectuals*, Wm. Murrow, N. Y. , 1928。

斯帕乡学派"(Vespasian School)都像他那样思考。这并非一个"学派",当然也不是"秘教"或"新柏拉图派",毋宁说是"伊壁鸠鲁派"或德谟克利特派。尤利安也是如此,但作为皇帝或者"公仆",他故意反对那些"知识分子"的"伊壁鸠鲁主义"("花园")(参考他对[=反对]忒弥斯提乌斯的谈话)。这在欧纳匹乌斯(Eunapius)的《哲人和智术师列传》中至为明显(尽管欧纳匹乌斯本人不理解),联系尤利安对马克西姆(Maximus)(一个典型的"冒险家")的问候就尤其清楚。如果你有时间,必须读一下欧纳匹乌斯!

送上最好的问候

你的科耶夫

附:顺便说一下,尤利安(如达玛斯基乌斯和法拉比一样)认为柏拉图正是像他们一样思考的,只是从未公开这么说过。

————————

[304]

巴黎,1959年2月17日

亲爱的施特劳斯先生,

十分感谢你的新书。① 尽管我了解这些演讲,但这本书出来之后还是非常不同。我肯定会读。

请原谅我现在才谢谢你。我一直在旅行:印度,暹罗,然后是日内瓦。作为一名公仆,这很自然。

我想听听你怎么看我的尤利安一文,② 我在文中公开表现得像一个忠实的施特劳斯信徒。

---

① 也许是《什么是政治哲学?》,The Free Press,Glencoe,IL,1959。
② 《尤利安皇帝及其写作艺术》(The Emperor Julian and his Art of Writing,James H. Nichols 译),见 J. Cropsey 编,《古人与现代人:向施特劳斯致敬的政治哲学传统论集》(Ancients and Moderns, Essays in the Tradition of Political Philosophy in Honor of Leo Strauss), Basic Books, Inc., New York, 1964,页 95-113。

如果你现在有更多时间,我们也许还可以继续我们的柏拉图对话。克莱因自然全无反应。你自己又没有时间检查我所引用的段落。

无论如何,如果我能收回我的第一封柏拉图长信,我将很高兴。它现在肯定在克莱因那里。它是我关于这个问题写下的唯一东西。

我仍然希望能够去美国。但我现在如此的"欧洲",这事可没那么容易。

伽利玛(NRF)似乎打算出版我的遗著,以此交换我死后某些著作的出版权。后者对我来说无所谓。我一有打字稿,就给你寄去,请你判断。此外,布鲁姆可能已经告诉你这些了。

献上最好的问候

你的科耶夫

巴黎,1961年4月6日

亲爱的施特劳斯先生,

我们很久没有彼此写信了。我甚至不知道是谁首先没有回信。

我最后收到的是你的马基雅维利。[①] 我不确定是否写信和你谈过这事。我觉得我谈过。

无论如何,这本书是一流的。我自然不同意结尾给出的结论。但这并不重要。

[305]根据黑格尔(《精神现象学》),现代意义上的宣传直到启蒙运动时才被发现。而在你看来,是由马基雅维利发现的。你看起来是对的。但黑格尔也对:现代意义上的大众宣传仅仅是在18世纪才发展起来。然而,马基雅维利也对(至少根据你的解释)——当他说"现代的"宣传体系特别基督教化的时候。

[①] 《思索马基雅维利》(*Thoughts on Machiavelli*),The Free Press of Glencoe,1958。

这段时间里,我完成了我的《古代哲学》,超过 1000 页。陶伯斯①已经影印了。在我看来,这本书绝对不到"可以出版"的程度。但如果格诺坚持,我不会拒绝。(在这种情况下,拒绝等于看重自己。)

　　布鲁姆忙于他的翻译工作,②我几乎见不到他。另一方面,我经常与罗森③交谈,我相当喜欢他。在我看来,他好像比布鲁姆更严肃。

　　健康方面,我相当好。公务上的工作非常有趣而且富有成效。

　　收到你的信我将很高兴。

　　送上最热忱的问候!

你的科耶夫

——————

芝加哥大学
芝加哥 37,伊利诺伊州
政治科学系

---

　　① 陶伯斯(Jacob Taubes,1923 年生于维也纳,1987 年卒于柏林),著有《西方终末论》(*Abendländische Eschatologie*,1946),哈佛大学和哥伦比亚大学访问学者;1961 年他成为柏林自由大学犹太研究和解释学的客座教授,1965 年担任教授。他讲述过 1967 年科耶夫在柏林与学生造反运动领袖的一次会见:科耶夫告诉"达茨克(Dutschke[译按]1960 年代德国学生运动的领袖,全名 Rudi Dutschke)和其同伴","他们能够且应该做的最重要的事是……学习希腊文"。这可不是他们想要听的,也不是他们所做的。参见《关于施米特:逆流而上》(*Ad Carl Schmitt, Gegenstrebige Fügung*, Merve Verlag, Berlin,1987),页 24 (Lutz Niethammer 教授向我指出了此条材料;另参其《历史之后:历史终结了吗?》[*Posthistoire:Ist die Geschichte zu Ende?*], Rowohlt, Hamburg,1989,页 81 注 21)。

　　② 《柏拉图的〈王制〉》(*The Republic of Plato*), Basic Books, New York,1968。

　　③ 罗森(Stanley Rosen,1929 年生),波士顿大学 Borden Parker Bowne 哲学教授,著有多部有关柏拉图、黑格尔和当代哲学的重要著作。他讨论了施特劳斯和科耶夫之间的争论,见《作为政治学的解释学》(*Hermeneutics as Politics*, Oxford University Press,1987),第 3 章。

亚历山大·科耶夫先生
学园大道13号
旺弗(塞纳河),法国

1962年1月30日①

亲爱的科耶夫先生,

今天给你写信是应伽达默尔的请求。他很希望你来参加国际黑格尔协会七月底在海德堡举行的首次会议,并在会上做一个演讲。我猜他想让你介绍你对[306]黑格尔的总体解释。如果你做这个演讲,我深信将会对公众有好处。请尽早让我知道你的计划,以便我告诉伽达默尔。他不直接给你写信的唯一原因,是他认为我写给你的信会更起作用。

你的工作进展如何?我正在准备写一本叫《城邦与人》的小书,包含三个演讲,一个关于《政治学》,一个关于《王制》,一个关于修昔底德。我写斯宾诺莎的德文著作正在被译成英文。我计划写一个很长的前言,其中会有我的自传。

希望不久收到你的回信。

你永远的

施特劳斯

————————

芝加哥大学
芝加哥37,伊利诺伊州
政治科学系

亚历山大·科耶夫先生
学园大道13号
旺弗(塞纳河),法国

1962年3月27日②

---

① 英文打字稿。
② 英文打字稿。

亲爱的科耶夫先生，

在 1 月 30 日的信中我这样写道：

"今天给你写信是应伽达默尔的请求。他很希望你来参加国际黑格尔协会七月底在海德堡举行的首次会议，并在会上做一个演讲。我猜他想让你介绍你对黑格尔的总体解释。如果你做这个演讲，我深信将会对公众有好处。请尽早让我知道[307]你的计划，以便我告诉伽达默尔。他不直接给你写信的唯一原因，是他认为我写给你的信会更起作用。

你的工作进展如何？我正在准备写一本叫《城邦与人》的小书，包含三篇讲稿，一个关于《政治学》，一个关于《王制》，一个关于修昔底德。我写斯宾诺莎的德文著作正在被译成英文；我计划写一个很长的前言，其中会有我的自传。

希望不久收到你的回信。"

因为我还没有收到答复，所以请你尽早关注此事。

你永远的

施特劳斯

————————

1962 年 3 月 29 日

亲爱的施特劳斯先生，

请原谅我还没有回复你的第一封信。太奇怪了，我正打算今天给你回信，接着就收到了第二封信。

好吧，原因是我不能下决心说"不"，尽管我无意接受这样的邀请。

我年纪越大，对于所谓的哲学讨论就兴趣越少。除了你和克莱因，我还没有发现我可以从谁那里学到些东西。如果你或者克莱因或者你们俩准备去海德堡，我当然也会去。否则的话……

那些哲学绅士们怎么看或说黑格尔，这对我真的是一个完全无关紧要的问题。

几天前,我在华尔①的哲学学院做了一个关于辩证法的演讲,华尔为此已经央求我五年多了。结果很可怕。来了超过 300 个年轻人,不得不换地方,但仍然有人坐在地上。[308]这时候人们认为只有萨特的演讲才会发生这种情况!我第一次在学院讲课时,只有区区一打人参加!最糟糕的是,所有这些年轻人把我说的一切都记下来。我尽可能地自相矛盾和骇人听闻,但没有一个人为此愤怒,没有一个人想到抗议。我说的一切都被安静地记下来。我感觉我变成了一个李凯尔特,②换句话说,一个"老绅士"。另一方面,公众是典型的圣日耳曼大街(Saint Germain)和花神咖啡馆(Café Flore)(我离他们很近——至多 100 米)。所以我不时感觉像一个著名的扭曲-老师……

所有这些是为了告诉你,我正变得越来越"柏拉图式"(platonic)。应该对少数人讲,而不是对多数人。应该尽可能少说少写。不幸的是,我的《异教哲学的理性史论》(*Essay at a Reasoned History of Pagan Philosophy*)就要出版,而它有 1000 多页(的确)!

送上我最好的问候。

你的,

科耶夫

又及:你为什么从不来欧洲?

---

① 华尔(Jean Wahl,1888—1974),索邦大学哲学教授,首先把"存在主义"思想介绍到法国的人之一,他这方面的著作有《黑格尔哲学中良心的不幸》(*Le malheur de la conscience dans la philosophie de Hegel*,1929),以及《基尔克果研究》(*Études Kirkegaardiennes*,1938)。1940 年代他组织了哲学学院(Collège Philosophique),提供了一个大学之外的活跃的公众论坛,供杰出的法国人士以及外国人士(覆盖面非常广泛)发表演讲和讨论。

② 李凯尔特(Heinrich Rickert,1863—1936),所谓巴登(Baden)学派的新康德主义者,专业哲学的代表人物。他在海德堡大学执教多年,科耶夫曾在那里跟他学习过。

芝加哥大学
芝加哥 37, 伊利诺伊州
政治科学系

亚历山大·科耶夫先生
学园大道 13 号
旺弗（塞纳河），法国

1962 年 5 月 29 日①

亲爱的科耶夫先生，

谢谢你 3 月 29 日的来信。我立刻告知了伽达默尔。我理解你对这种会议的判断，我也常常依据同样的判断行事。你在[309]华尔的哲学讨论班的经历并不让我惊讶。如果想看到精神上没有 70 岁的年轻人，就必须到芝加哥来。假定薪酬可以提高，你是否有可能到芝加哥来和我们待一段？

我怀着极大的兴趣期待着你的异教哲学史。我很高兴看到——正如这个形容词所指明的——你回到了你父辈的信仰。我为我正在编的一部政治哲学史写了相当长的关于柏拉图的一章（但只讨论柏拉图的政治哲学）。我现在正忙着弄的是我论斯宾诺莎的老书，此书已经翻译成英文，我正为之写一个新的前言，②试图消除 1930 年的德国与 1962 年的美国之间的鸿沟。在适当的限度之内，这篇前言会尽可能接近一个自传。此外，我正准备出版论城邦与人的三篇讲稿，讨论《政治学》《王制》和修昔底德。只有这些事完成

---

① 英文打字稿。

② 《斯宾诺莎的宗教批判》(*Spinoza's Critique of Religion*) 的"英译本前言"，E. M. Sinclair 译，Schocken Books, New York, 1965, 页 1-31；以"《斯宾诺莎的宗教批判》前言"为题重收于《古今自由主义》(*Liberalism Ancient and Modern*), Basic Books, New York, 1968, 第 9 章, 页 224-259。

后,我才可以开始我真正的工作——对阿里斯托芬的解释。

克莱因宣称已完成他关于《美诺》的书——只需要三个多月来检查一下脚注便好了——但因为三年前他说过多少同样的话,所以我相信,还要再等五年才可以看到这本书。

希望很快收到你的信。

你永远的
施特劳斯

----

[310]
芝加哥大学
芝加哥 37,伊利诺伊州
政治科学系

亚历山大·科耶夫先生
学园大道 13 号
旺弗(塞纳河),法国

1962 年 10 月 4 日①

亲爱的科耶夫先生,

很抱歉这么久才回复你 7 月 17 日的来信。我非常高兴地得知,你可能有意到芝加哥来看我们。并非不可能的是,我们在财务上可以在 1963 年安排这次访问,也许是在 1963 年的头几个月。但为了使校方确信,我必须知道你能在这里待多长时间:一个星期、一个月、一个季度(也就是两个月)或者别的时间段。我必须很快知道这些,给我寄张简短的明信片就可以了。

我非常渴望看到你的书的第二版,特别是关于日本的增补。
送上我最诚挚的问候。

你永远的
施特劳斯

----

① 英文打字稿。

[311]
　　　　　　　　　　　　　　　　　　芝加哥大学
　　　　　　　　　　　　　　　　芝加哥37,伊利诺伊州
　　　　　　　　　　　　　　　　　　政治科学系

亚历山大·科耶夫先生
学园大道13号
旺弗(塞纳河),法国

　　　　　　　　　　　　　　　1962年11月16日①

亲爱的科耶夫先生,

　　我相信,在这里待一个月对于校方而言完全可以接受。不幸的是,6-9月是我们所认为的最坏选择。4月怎么样,或者说4月10日—5月10日?最好尽快让我知道你的意见。

　　你就我关于斯宾诺莎的书的前言所说的对我而言并非全新内容。我认为我已经考虑到你的反对意见,但你没有考虑我的论点。也许你来这里时,我们可以扫清这个困难。

　　送上我最好的祝愿。

　　　　　　　　　　　　　　　　你永远的
　　　　　　　　　　　　　　　　　　施特劳斯

——————————

[312]
　　　　　　　　　　　　　　　　　　芝加哥大学
　　　　　　　　　　　　　　　　芝加哥37,伊利诺伊州
　　　　　　　　　　　　　　　　　　政治科学系

亚历山大·科耶夫先生
学园大道13号
旺弗(塞纳河),法国

　　　　　　　　　　　　　　　1963年1月25日②

亲爱的科耶夫先生,

---

　　① 英文打字稿。
　　② 英文打字稿。

很抱歉这么久才给你回信。有各种各样的行政性困难,更不用说我自己的工作。我最终成功地与一个讲座负责人谈了我希望你讲的内容。他们下周会开会。因为某些原因,他坚持要与你直接通信。我料想你不出两周就会收到他的信。

我现在正在写一本题为《城邦与人》的小书的第三章亦即最后一章(亚里士多德的《政治学》;柏拉图的《王制》;修昔底德)。我为派恩斯(Easter Pines)新译迈蒙尼德的《迷途指津》写了一篇相当长的导言,①我还和我以前的学生们写了一部《政治哲学史》。② 最后但并非最不重要的是,伽利玛的《论僭政》的英文版就要出来了。你也许已经听说,布鲁姆已经成功地成了政治科学行当中的一员。

献上我最好的祝愿。

你永远的

施特劳斯

————————

[313] 1965 年 6 月 3 日

亲爱的科耶夫尼克夫先生,

非常感谢你的来信。我已经告诉克罗波西,你没有拿到纪念文集的样书。他确定出版商已经寄给你了。也许你可以在家里再检查一次。

很遗憾你不能顺便来一趟芝加哥。至于我自己,几乎不能再旅行了。自从我的血液循环功能失常以后,我的身体便相当不适。无论如何,吉尔丁详细报告了你的政治见解,他显然曾坐在你脚下竖着耳朵、张着嘴巴。我很高兴看到,你和我一样批评美国的自由主义者。这并不让我惊讶,因为我知道存在着理性,而你是一个理性的人。

这个春天我差一点去了欧洲,我已经接受了汉堡 1965 年夏季学期的邀请,但不得不因为健康原因取消了。我本想亲眼看看德国

---

① The University of Chicago Press, 1963。
② 与 Joseph Cropsey 合编, Rand McNally & Co. , Chicago, 1963。

的近况。那些理智的德国年轻人给我的印象是,现在的发展与1830年及其后有些相似:离开德国的思辨(在二十世纪,离开海德格尔),转向西方实证主义(也就是美国的社会科学)。

我没有收到你的科瓦雷论文。① 请把它寄给我。或者你指的是《科瓦雷等人合集》(*Mélanges Koyré*)中你的文章。这个我已收悉,是与你的信一并寄到的。

我没法给科瓦雷夫人写信,这很糟糕,我想她会原谅我。

至于你为我的纪念文集写的文章,因为你给我寄过手稿,我已经熟悉它很长时间了。我感到非常满足,因为它表明迫害和写作的艺术不是什么臆想。(顺便提及:一个美国年轻人哈泽威[Hathaway]目前正从你的观点研究托名狄奥尼修斯[pseudo-Dyonisius]。② 我已经跟他提到你对新柏拉图派的看法。)

[314]我刚刚口授完一本书:《苏格拉底与阿里斯多芬》。③ 我想这本书不时地会给你带来笑意,不仅仅因为阿里斯多芬的笑话亦即我对这些笑话的维多利亚式改述。如果一切顺利,我将回到卢克莱修(Lucretius)。

你收到了我的《城邦与人》④吗? 对于克莱因的《美诺》,⑤你怎么看?

一如既往诚挚的

你的

施特劳斯

---

① 《现代科学的基督教起源》("L'origine chrétienne de la science moderne"),见《科瓦雷等人合集》(*Mélanges Alexandre Koyré*),卷2,Paris,1964,页295-306。

② Ronald F. Hathaway,《托名狄奥尼修斯与爱尔兰的司各脱〈论自然〉中的素材问题》(*Pseudo-Dyonisius and the Problem of Sources in the Periphyseon of John Scotus Errigena*),Brandeis University Dissertation。

③ Basic Books,New York,1966。

④ Rand McNally,Chicago,1964。

⑤ 《柏拉图〈美诺〉疏证》(*A Commentary on Plato's Meno*),The University of North Carolina Press,1965。

人名索引

（以下页码为英文版页码，译文中以"[ ]"标出）

Adeimantus, 277
Agathon, 268
Agesilaus, 33–34, 98, 123n37
Alcibiades, 73, 170, 200, 266–69, 294
Alexander the Great, 169–72
Anaxagoras, 278, 288–89
Antiphon, 268
Antisthenes, 84, 278
Aquinas, Thomas, *Summa Theologica*, 286
Archilochus, 272
Aristippus, 100
Aristophanes, 107n17, 129n35, 268, 309, 314
Aristotle, xxi, 74, 106n3, 107n6, 108n2, 109n21, 111n36, 112n1, 113n24, 114n29, 117n66, 118n70, 119n11, 120n30, 121n50, 121n65, 127n7, 128n26, 129n43, 171, 182, 191, 200, 224, 228, 230, 261, 266, 268–70, 272, 277–79, 282–90, 292, 295, 302, 312
    Eudemian Ethics, 182
    Metaphysics, 280, 287–90
    Nichomachean Ethics, 277, 286
    Physics, 290
    Politics, 277, 295, 307, 309, 312
    Protreptichos, 277
Asclepiodotos, 270
Asmus, 272
Astyages, 46

Austen, Jane, 185

Bacon, Francis, 228
Basjo [Miss], 222–30
Bataille, Georges, 241
Bayle, Pierre, 233–34, 256
Benardete, Seth, vii
Berns, Laurence, viii
Bloom, Allan, 263, 265, 276, 301, 304–5, 312, 323
Brochard, Victor, 130n49
Burke, Edmund, 120, 129n41
Burkhardt, Jacob, 269
Burnett, John, 120n45

Caesar, 169, 178–180
Callicles, 68, 88
Castruccio, 184
Catiline, 206
Cato, 179
Cebes, 268, 271
Cephalus, 266, 276, 278, 286, 293, 302
Charicles, 37, 109n14
Charmides, 33, 200
Cicero, 26, 106n3, 116n40, 129n35, 130n8, 206
Clinias, 117n65
Critias, 33, 37, 43, 73–74, 109n14, 200, 276, 286–87, 292–94
Crito, 266, 275, 302

Critobulus, 33, 200
Cromwell, Oliver, 182
Cropsey, Joseph, viii, 313
Cyrus, 31–34, 72, 84, 91, 98–99, 113n18, 180–82, 202; *see also* Xenophon

Dailochus, 7, 107n21
Dakyns, H. G., 129n40
Damascius, *Life of Isidor*, 269–73, 294–95, 299, 301–3
Descartes, René, 153
DeWitt, Benjamin, 162
Diderot, Denis, 225
Diodorus Siculus, 112n1
Diogenes of Appolonia, 289
Diogenes Laertius, 130n45, 268, 273–74
Diomedes, 271
Dionysius, 100, 166
Dostoievski, Fydor M., 185
Dzerzhinski, Felix E., 255

Edelstein, Emma, 129
Edmonds, J. M., 127n8
Einstein, Albert, 281, 288
Empedocles, 128n26, 178
Engels, Friedrich, 209, 252
Epicharmus, 125n57
Euclid, 228, 302
Euclides, 268
Eudoxus, 266, 280–83, 287–89, 301–2
Eunapius, 303
Euphron, 46
Euripides, 106n2
Euthydemus, 300

Farabi, 206, 234, 275, 301–3

Gadamer, Hans-Georg, 223, 305–8
Galileo, 228, 232
Gallimard, 245, 247, 249, 251, 254, 304, 312
George, Stefan, 186
Gildin, Hilail, viii, 264, 313
Glaucon, 278
Goethe, Johann W. v., 156
 Faust, 164
Gordin, Jacob, 226, 230

Gourevitch, Victor, 251, 257, 259
Gronovius, J. F., 130n2
Grote, George, 107n21
Grotius, Hugo, 130n2
Gurevitsch, Georges, 227
Guttman, Julius, 224

Hartmann, Nicolai, 282
Hathaway, Ronald, 313
Hazo, Robert G., 265
Hegel, G. W. F., x, xiii, xiv, xix, xxi, 125n59, 140–43, 147, 155–57, 164–65, 169, 174, 186, 190–92, 208, 230–38, 252, 255–56, 261–62, 264, 279, 281–82, 284, 290–91, 303, 305–7
 Phenomenology of Mind, 236, 305
Hegesias, 271
Heidegger, Martin, xiv, xxii, 233, 236, 244, 250–51, 313
 Die Selbstbehauptung der deutschen Universität, 223
 Holzwege, 250
Heinemann, Friedrich, 226
Heracles, 61, 273; *see also* Hercules
Heraclios, Cynic, 272–73
Heraclitus, 266–67, 280–83, 289
Hercules, 140, 296
Hering, 294
Hermocrates, 294
Hesiod, 125n57, 272
Hipparchus, 33
Hirzel, Rudolf, 113n16, 121n4
Hitler, Adolf, xv, 186, 226, 227, 257
Hobbes, Thomas, 106n1, 186, 192, 223, 225, 227–29, 231–33
Homer, 47, 282, 289
 Iliad, 47
Hume, David, 119n17
Husserl, Edmund, 153, 253, 256

Iamblichus, 269, 297
Ischomachus, 104, 190
Isocrates, 107n6, 109, 123n31, 127n5, 129n34, 130n4
 To Nicocles, 93
Ivanoff, Nina, viii

人名索引 367

Jaeger, Werner, 287
Jaspers, Karl, *History*, 245
Joachim of Floris, 184
Jouvenel, Bertrand de, 258, 320
Julian, Emperor
  Hymn to Helios, Hymn to the Mother of the Gods, Letter to Themistius, 269-70, 272-73, 275
  Speeches against the "Cynics," 272, 299, 302-4

Kant, Immanuel, 129n41, 237, 275, 283
Klazomenae, 288-89
Klein, Jacob, 229-30, 234-36, 252, 274-75, 281, 300, 304, 307, 309, 314, 317, 318
Klein, Susanne, viii
Kojève, Alexandre, 125, 178, 185-92, 194-95, 197, 199, 202-10, *et passim*
Koyré, Alexandre, 224, 226-27, 233-35, 245-47, 250, 264, 281, 301, 313

Laird, John, 225
Landsberg, Paul Ludwig, 224
Lenin, Vladimir I., 252
Lessing, Gotthold E., 107n22
Lincke, K., 115n39, 118n78
Livy, xxii, 26
Löwith, Karl, 235, 263
Lubienski, Zbieniew, 225
Lucretius, 314
Lukacz, Georg, *The Young Hegel,* 252, 257
Lycon, 190
Lycurgus, 72
Lysenko, 256

Macauley, Thomas B., 115n32, 254
Macchiavelli, Niccolò, 24-25, 64, 70, 106n3, 119, 130n4, 183-86, 192, 240, 276, 294, 300, 303-5
  The Prince, 24, 119n2, 276
Maimonides, Moses, 184, 206, 312
Mann, Thomas, 186
Mao Tse Tung, xxi, 262
Marchant, E. C., 113n18, 115n32, 118n1
Maritain, Jacques, 244
Marius, 299
  Vita Procli, 301-3

Marx, Karl, xiv, 236, 244, 290, 303
Meier, Heinrich, vii, viii
Mentz, Friedrich, 196
Merleau-Ponty, Maurice, 247, 250
Montesquieu, 106n1, 119n17, 120n34, 126n62, 131n10, 206
Moses, 183

Napoleon, 169, 173, 290, 303
Newman, Cardinal, 125
Niebuhr, B. G., 129n37
Nietzsche, Friedrich, xx, 209, 291

Odysseus, 47, 85
Olympiodorus, 295
Oppenheimer, Robert, 290

Pascal, Blaise, 129, 169, 196, 206
Paul, 171-73
Peisistratus, 111n44
Pericles, 200
Peter, 125n51, 256
Philip of Macedon, 184
Philippos of Opus, 302
Philo, *De origine mundi,* 268
Pindar, 118n76
Pines, Schlomo, 264, 312, 321
Plato, x, 23, 68, 87-88, 101, 106n3, 107n6, 108n22, 109n25, 111n47, 118n78, 119n17, 120n32, 121n50, 126n65, 127n7, 130n53, 153, 162-66, 170-71, 178, 180, 193, 198-200, 204-6, 230, 233, 235, 256, 261, 266-74, 276, 279, 286-93, 295, 299, 300-304, 309
  Alcibiades I, 266-68, 275
  Epinomis, 289
  Euthyphro, 265-66
  Gorgias, 87, 275
  Laws, 117n65, 289, 295
  Menexenus, 293
  Meno, 309, 314
  Parmenides, 256, 261, 268, 276-78, 281, 286, 289, 293, 300-301
  Phaedo, 267, 271, 275, 279, 288
  Phaedros, 119, 152, 267, 275
  Philebus, 272, 276, 286, 302

Plato *Cont.*
  Republic, 87, 266–67, 275–79, 286–87, 292–95, 302, 307, 309, 312
  Seventh Letter, 152, 256
  Sophist, 277–83, 287–89, 300–301
  Statesman, 87, 278–79, 282–83, 286–89, 302
  Symposium, 267, 275, 278
  Theaetetus, 266, 274, 277–78, 282–83, 286–89, 301
  Timaeus, 233, 268, 272, 276, 279, 286–89, 292–94, 302
Plotinus, 289
Plutarch, 206, 298
Pompey, 206
Prescott, William, 249
Proclus, Diadochus, 270, 294–99, 301
Prodicus, 100, 125n57
Protagoras, 277, 282, 300
Proteus, 282
Proxenus, 98, 129n35
Pythagoras, 268, 272–73, 296
Pythodorus, 268, 282, 301

Queneau, Raymond, 234, 247, 250, 257, 260, 263, 305

Richter, Ernst, 111n48
Rickert, Heinrich, 308
Romulus, 183
Rosàn, Laurence, 294–95, 301
Rosen, Stanley, 305
Rousseau, Jean-Jacques, 119n7, 131n10, 290

Salazar, António, 139, 188
Sallustius, *On the Gods and the World*, 269–70, 275, 299, 302
Salutati, Coluccio, 179
Sartre, Jean-Paul, 243, 308
Savonarola, 183–84
Schelling, F. W. J. v., 236
Scipio Africanus, 184
Scopas, 94
Seuthes, 84
Simmias, 268

Smith, Adam, 192
Socrates, 25–26, 38, 42, 47, 61, 67, 72, 74–76, 84, 91, 98, 100–101, 111n46, 114n26, 118n5, 122n25, 123n30, 124n37, 126n60, 130n54, 143n, 152–61, 170–71, 182, 186, 190, 196–200, 202, 205, 266–68, 274–79, 282–83, 288–89, 292, 302
Speusippus, 289, 302
Stalin, Joseph, xv, xxi, 188–89, 252, 257
Stavisky, Serge, 226
Stobaeus, 268
Strabo, 271
Strauss, Leo
  Natural Right and History, 244, 261, 275
  On Tyranny: An Interpretation of Xenophon's Hiero, 236, 244–61
  Persecution and the Art of Writing, 260
  Socrates and Aristophanes, 314
  Spinoza's Critique of Religion, 306, 307, 309, 311
  The City and Man, 305, 312, 314
Strauss-Clay, Jenny, viii
Syrianus, 295

Taubes, Jacob, 305
Thales, 266, 283
Themistius, 303; *see also* Julian
Theodorus, 268, 277, 282–83, 288, 292–93, 301
Theophantus, 270
Theseus, 183
Thrasybulus, 43
Thrasymachus, 68
Thucydides, 26, 111, 307, 309, 312
Tiberius, 156
Tigranes, 124
Toennies, Ferdinand, 225
Torquemada, 255, 320
Tucker, George Elliot, viii

Voegelin, Eric, 178–180, 181–84
Voltaire, 269–70, 272

Wahl, Jean, 307–8
Weber, Max, 281, 290
Weil, Eric, 234, 236, 238–41, 250, 261, 264–65, 280, 318n

人名索引 369

Xenophanes, 289
Xenophon, 239-41
  Agesilaus, 31-34, 180-81
  Apology of Socrates, 31-34
  Cyri Expeditio, 31-34, 75
  Cyropaedaea, 31-34, 180-81
  Hellenica, 47

Hiero, 24, 28-30, 242, 244, 248, 252, 256
Hipparchicus, 31-34
Lacedaemonian Republic, 266
Oeconomicus, 31-34, 85-87

Zeno of Elea, 283

主题索引

（以下页码为英文版页码，译文以"[ ]"标出）

Abdication, 54, 57, 63; *see also* Suicide
Absolutism, 281
Actualizing (making real), 139, 146, 156, 170, 175, 232–33, 290
Admiration, 30, 42–45, 49, 64, 89, 160, 162, 238, 300
Affection: *see* Love
Ambition, xx, 49, 51, 53, 110n35
Anamnesis, 267, 275
Anthropology, 232, 262
Aristocracy, 71, 140–42, 150, 228, 267
Art, 26, 260, 269, 313
Astronomy, 278
Athens, 76, 274, 293, 296
Authoritarianism, 23; *see also* Despotism
Authority, 70, 141–45, 189
Automata, xiv, 255

Beneficence, 19–20, 29, 59, 69–71, 74–75, 83, 89–90, 92, 99
Bible, 175, 178, 183–85, 189, 191–92, 238, 262
Bourgeoisie, 140–41, 151, 164, 232

Catholicism, 234
Chorismos, 282, 292, 302
Christianity, 141, 151, 158–59, 164, 171–73, 184, 232, 238, 269, 272–73, 301–2, 305
Circularity, xvii, xix, 237, 256, 281

Classical, viii, x, xxi, 23, 178, 184, 231, 255–56, 281
Collectivization, xxi, 27, 146, 262
Comedy, 267–68, 275
Conscience, 275
Constitution(s), 74, 288; *see also* Law
Conversation, 38, 267, 275
Cosmos, 233, 284, 294
Courage, 64, 71, 118n6, 228, 267, 296

Deduction, xix, 256, 262, 269, 284
Democracy, 32, 42, 47, 71, 76, 157, 234, 266
Democritus, 201, 269–74, 303
Despotism, 144
Determinism, 228
Diairesis, 266, 268, 279, 283, 286–87, 289, 302
Dialectic, xiii, xiv, 41, 148–49, 165, 167, 229, 231–33, 267, 289, 300, 302
Dialogue, 27, 66–68, 275–77, 292
Dictatorship, 23, 144, 177
Divinity, 85, 140, 271, 295–99, 300
Doxa, 160, 277; *see also* Opinion

Eleatic Stranger, 77, 278, 292–93, 300–301
Elenchus, Socratic, 50
Empire, 171–72
Emulation, 141, 143; *see also* Recognition

主題索引 371

End-State, 238, 290; *see also* History, Nietzsche, Real man, State
Envy, 4, 13–15, 20–21, 44–45, 82–84, 110n36, 166n5
Epicureanism, xviii, 150–54, 162–63, 296, 303
Eros, 278
Eugenics, 262
Excellence, 43, 82; *see also* Gentleman, Real man, Virtue
Existentialism, 244, 262

Fame, 228; *see also* Real man
Fascism, 234; *see also* Hitler
Fatherland, 11, 21, 52–53, 70, 96–98, 171
Fear, 4, 7, 11–14, 41, 51–54, 97, 228–29, 232–33, 273–75
Freedom, xiv, xvi, xx, 5, 41, 43, 65, 69, 71, 84, 232–33, 256, 270
Friendship, 7–9, 84, 52–53, 96–97, 114n30, 194–96

Gentleman, 40, 42–43, 52, 94, 105, 181f, 190, 193f.
Gifts, 14, 16
God(s), 53, 85, 103–5, 115n40, 160–61, 166n5, 167, 197, 255, 271, 273, 278–79, 282, 284–85, 297
Good, the, 4, 52–53, 79, 84–85, 92–95, 267, 277–79, 283–87, 293, 302
Government, 62, 73, 270

Happiness, xiii, 8, 21, 29–30, 34, 43, 64, 72–73, 81–82, 84, 182, 234, 237, 271
Hebrew, 171; *see also* Judaism, "Judeo-Christian"
Heterogeneity, 277, 287; *see also* Homogeneity
Historical, 138, 155, 228, 230, 237, 255–56; *see also* Historicism, History
Historicism, 25, 27, 251, 256, 280; *see also* Relativism
History, xiii, 152, 160, 168, 173, 175, 198, 207, 208, 210, 228, 232–33, 237, 256, 281, 284, 286, 290
Homogeneity, xiii, 146, 238, 277
homogeneous, xv, xx, 168, 172–73, 192, 207–9, 238, 255–56, 262
Homosexuality, 7, 50; *see also* Honor, Love, Sex
Honor, 10, 14–15, 18, 54–55, 60–62, 70, 80–81, 95, 99–100, 115n40, 139, 140, 142, 185–89, 228, 238, 271, 275
Human being (anthropos), 3, 14, 15n40, 190, 228, 232–33, 237–39, 255–56, 266, 278–79, 296–97, 303; *see also* Real man
Human nature, xx, xxi, 27, 228, 261–62, 270–71, 279; *see also* Nature
Humanism, 228

Idea, 268–69, 277–79, 283, 292–93, 297
Idealism, 26, 232
Ideology, xi, xii, 23, 146, 232, 290
Injustice, 56–58, 67; *see also* Justice, Law
Irony, 41, 266–70, 273–74, 277, 282–84, 287, 289, 299–301
Islam, 171, 238

Judaism, 238
"Judeo-Christian," 140–41
Just, the, 76, 84, 266–70, 274, 279, 293
Justice, 12, 56–58, 64, 71, 73–74, 91, 93, 104, 129n43, 267, 279

Kindness, 60, 64, 69, 83
Kingship, 68, 75
Knowledge, 74, 161, 229, 232, 277–81
Koinonia (Community), 280, 283, 287–89, 302

Law, 65, 68, 72–76, 104–5, 115n43
Liberal, xxii, 138, 146; *see also* Democracy
Liberty, 69; *see also* Freedom
Logos, 278, 281
Love, 16, 60–62, 64, 79, 81, 87–90, 125n59, 130, 142, 156, 198–99

Magnanimity, 228
Mass-state, 23; *see also* End-State
Master, xiii, 140, 142, 145, 170–71, 189, 190, 232, 267; *see also* Real man
Materialism, 232
Mercenaries, 17, 19, 63, 69–70, 89, 139
Mesotēs, 285–86, 288–89
Metaphysics, 228
Metrion, 278
Military, 54, 63, 69
Misery, 43, 49, 65
Misology, 99, 267, 275
Moderation, 40, 64–65, 72
Modernity, ix–xx, 23, 139, 177
Monarchy, 32, 42, 69
Moral, xiii, 42
Mysticism, 275, 290

Nationalism, 256; *see also* Fatherland, Patriot
Natural right, xxi
Nature, xix–xx, 23, 27, 40, 65, 94–95, 168, 178, 208, 228, 267
Naziism, xxii; *see also* Fascism, Hitler
Neo-Platonism, 269–70, 272, 276
Noble, the, 9, 17, 20, 42, 60–62, 64–65, 79, 81, 84, 94, 136
Nous, 278, 284, 290, 297

Opinion, xii, 160, 281; *see also* Doxa
Order, 268, 288–90
Owl of Minerva, xvi

Pathology, 66
Patriot, 55; *see also* Fatherland
Philosophy, ix, x, xi, xiii, 147, 155, 177; *see also* Classical, History, Modernity, Wisdom
Phronesis, 297
Piety, 103–5; *see also* God(s)
Pleasure, 3–9, 37–38, 48–49, 60, 65, 96–102
Poet, 39, 44, 53–56, 63–64, 80, 138, 146, 187, 189–90
Private life, 10, 49–50, 78
Prizes, 63, 138
Propaganda, xiv, 305
Protestantism, 107, 234, 268

Providence, xx
Prudence, 62
Puritanism, 228

Rational, xiv, xvi, 232
Real man (aner), 8, 14, 51–55, 81, 84, 94, 113n18, 113n22, 116n44, 140, 209; *see also* Human being
Recognition, xii, xiii, xviii, 142–47, 156–57, 159–60, 189, 191, 197, 203, 210, 237–38; *see also* Verification
Relativism, xvii, 256, 280, 288; *see also* History
Revolution, xiv, xv, 137, 139, 149, 194, 232–33, 303
Rhetoric, xii, xix, 26–27, 60, 228, 267
Russia, 256

Scholasticism, 228
Science, x, 23, 177–78, 186; *see also* Ideology, Modernity, Technology
Self-consciousness, xvi, 237
Self-sufficiency, 200
Sex, 3, 6, 50; *see also* Love, Pleasure
Silence, 53–54, 58–59, 84, 114n27, 138, 236, 281
Skepticism, xvii, xix, xx, 152, 196, 232; *see also* Zetetic
Slave, 140, 142, 145, 170, 189, 190, 232; *see also* Master
Society, xi, 160
Sophia, 297; *see also* Wisdom
Sophist(s), 42, 94, 266–67, 278–83, 286, 301; *see also* Wisdom
Sparta, 72
Stakhanovite, 138, 188
State, universal and homogeneous, xiii–xvii, 146, 168, 172, 192, 207–9, 238, 255
Statesman, 138
Stoicism, 232, 269, 272
Struggle, 232–33
Subjective certainty, xviii, 196, 200, 202, 204; *see also* Recognition
Suicide, 29, 34, 58, 117n51; *see also* Abdication
Technology, xi, xii, 23, 186, 194

主題索引 373

Teleology, 237, 269, 278–79, 289
Temperance, 267; *see also* Gentleman, Moderation
Theistic, 152
Theology, 269; *see also* Christianity, God(s), Judaism, "Judeo-Christian," Piety
Thomism, 244
Totalitarianism, 23; *see also* Authoritarianism, Despotism
Tragedy, 275; *see also* Comedy
Transcendentalism, 232, 237
Truth, 27, 64–65, 255–56
Tyrannicide, 45

Universality, xiii; *see also* State
Utopia, 137–39, 146–47, 164–65, 173, 175, 177, 187–88, 210, 232, 303
Value judgments, 23

Vanity, xviii, 233; *see also* Recognition
Verification, 160, 165; *see also* Recognition
Virtue, xxii, 8, 12, 20–21, 41, 61, 64, 69, 71–72, 75, 92–103, 182, 228–29, 267, 271, 295

War, 9, 52–53
Whole, 279, 292–93
Wisdom, xiii, xiv, xvi, xix, 37, 40–44, 85–86, 147, 150–51, 159, 174, 234, 236, 238, 262, 277–79, 283
Wise man, 33, 35, 38, 40–44, 67, 79, 83, 93, 147, 190
Work, 232–33

Zetetic, xii, 196; *see also* Skepticism

Licensed by The University of Chicago Press, Chicago, Illinois, U.S.A.
©1961, 1991, 2000 by the Estate of Leo Strauss.
All rights reserved.

版权所有　翻印必究
北京市版权局著作权合同登记号：图字 01-2009-1515 号

图书在版编目（CIP）数据

论僭政 ：色诺芬《希耶罗》义疏 ：含施特劳斯与科耶夫通信集 /（美）施特劳斯（Leo Strauss）著 ；（美）古热维奇（Victor Gourevitch），（美）罗兹（Michael S. Roth）编 ；彭磊译. -- 2版. -- 北京 ：华夏出版社有限公司, 2025. --（西方传统 ：经典与解释）. -- ISBN 978-7-5222-0746-9
Ⅰ. B502.29
中国国家版本馆CIP数据核字第2024XJ5132号

论僭政——色诺芬《希耶罗》义疏　含施特劳斯与科耶夫通信集

作　者	［美］施特劳斯
编　者	［美］古热维奇　罗兹
译　者	彭　磊
责任编辑	李安琴
责任印制	刘　洋
出版发行	华夏出版社有限公司
经　销	新华书店
印　装	北京汇林印务有限公司
版　次	2025 年 1 月北京第 2 版
	2025 年 1 月北京第 1 次印刷
开　本	880×1230　1/32
印　张	12.25
字　数	311 千字
定　价	98.00 元

华夏出版社有限公司　地址：北京市东直门外香河园北里 4 号　邮编：100028
网址：www.hxph.com.cn　电话：(010) 64663331（转）
若发现本版图书有印装质量问题，请与我社营销中心联系调换。

西方传统：经典与解释
Classici et Commentarii
HERMES
刘小枫◎主编

古今丛编

伊菲革涅亚　吴雅凌 编译
欧洲中世纪诗学选译　宋旭红 编译
克尔凯郭尔　[美]江思图 著
货币哲学　[德]西美尔 著
孟德斯鸠的自由主义哲学　[美]潘戈 著
莫尔及其乌托邦　[德]考茨基 著
试论古今革命　[法]夏多布里昂 著
但丁：皈依的诗学　[美]弗里切罗 著
在西方的目光下　[英]康拉德 著
大学与博雅教育　董成龙 编
探究哲学与信仰　[美]郝岚 著
民主的本性　[法]马南 著
梅尔维尔的政治哲学　李小均 编/译
席勒美学的哲学背景　[美]维塞尔 著
果戈里与鬼　[俄]梅列日科夫斯基 著
自传性反思　[美]沃格林 著
黑格尔与普世秩序　[美]希克斯 等著
新的方式与制度　[美]曼斯菲尔德 著
科耶夫的新拉丁帝国　[法]科耶夫 等著
《利维坦》附录　[英]霍布斯 著
或此或彼（上、下）　[丹麦]基尔克果 著
海德格尔式的现代神学　刘小枫 选编
双重束缚　[法]基拉尔 著
古今之争中的核心问题　[德]迈尔 著
论永恒的智慧　[德]苏索 著
宗教经验种种　[美]詹姆斯 著
尼采反卢梭　[美]凯斯·安塞尔-皮尔逊 著
舍勒思想评述　[美]弗林斯 著

诗与哲学之争　[美]罗森 著
神圣与世俗　[罗]伊利亚德 著
但丁的圣约书　[美]霍金斯 著

古典学丛编

品达《皮托凯歌》通释　[英]伯顿 著
俄耳甫斯祷歌　吴雅凌 译注
荷马笔下的诸神与人类德行　[美]阿伦斯多夫 著
赫西俄德的宇宙　[美]珍妮·施特劳斯·克莱 著
论王政　[古罗马]金嘴狄翁 著
论希罗多德　[苏]卢里叶 著
探究希腊人的灵魂　[美]戴维斯 著
尤利安文选　马勇 编/译
论月面　[古罗马]普鲁塔克 著
雅典诺剧与逻各斯　[美]奥里根 著
菜园哲人伊壁鸠鲁　罗晓颖 选编
劳作与时日（笺注本）　[古希腊]赫西俄德 著
神谱（笺注本）　[古希腊]赫西俄德 著
赫西俄德：神话之艺　[法]居代·德拉孔波 编
希腊古风时期的真理大师　[法]德蒂安 著
古罗马的教育　[英]葛怀恩 著
古典学与现代性　刘小枫 编
表演文化与雅典民主政制
[英]戈尔德希尔、奥斯本 编
西方古典文献学发凡　刘小枫 编
古典语文学常谈　[德]克拉夫特 著
古希腊文学常谈　[英]多佛 等著
撒路斯特与政治史学　刘小枫 编
希罗多德的王霸之辨　吴小锋 编/译
第二代智术师　[英]安德森 著
英雄诗系笺释　[古希腊]荷马 著
统治的热望　[美]福特 著
论埃及神学与哲学　[古希腊]普鲁塔克 著
凯撒的剑与笔　李世祥 编/译
伊壁鸠鲁主义的政治哲学　[意]詹姆斯·尼古拉斯 著

修昔底德笔下的人性 [美]欧文 著
修昔底德笔下的演说 [美]斯塔特 著
古希腊政治理论 [美]格雷纳 著
赫拉克勒斯之盾笺释 罗逍然 译笺
《埃涅阿斯纪》章义 王承教 选编
维吉尔的帝国 [美]阿德勒 著
塔西佗的政治史学 曾维术 编
幽暗的诱惑 [美]汉密尔顿 著

古希腊诗歌丛编
古希腊早期诉歌诗人 [英]鲍勒 著
诗歌与城邦 [美]费拉格、纳吉 主编
阿尔戈英雄纪（上、下）
[古希腊]阿波罗尼俄斯 著
俄耳甫斯教辑语 吴雅凌 编译

古希腊肃剧注疏
欧里庇得斯及其对雅典人的教诲
[美]格里高利 著
欧里庇得斯与智术师 [加]科纳彻 著
欧里庇得斯的现代性 [法]德·罗米伊 著
自由与僭越 罗峰 编译
希腊肃剧与政治哲学 [美]阿伦斯多夫 著

古希腊礼法研究
宙斯的正义 [英]劳埃德-琼斯 著
希腊人的正义观 [英]哈夫洛克 著

廊下派集
剑桥廊下派指南 [加]英伍德 编
廊下派的苏格拉底 程志敏 徐健 选编
廊下派的神和宇宙 [墨]里卡多·萨勒斯 编
廊下派的城邦观 [英]斯科菲尔德 著

希伯莱圣经历代注疏
希腊化世界中的犹太人 [英]威廉逊 著
第一亚当和第二亚当 [德]朋霍费尔 著

新约历代经解
属灵的寓意 [古罗马]俄里根 著

基督教与古典传统
保罗与马克安 [德]文森 著
加尔文与现代政治的基础 [美]汉考克 著
无执之道 [德]文森 著
恐惧与战栗 [丹麦]基尔克果 著
托尔斯泰与陀思妥耶夫斯基
[俄]梅列日科夫斯基 著
论宗教大法官的传说 [俄]罗赞诺夫 著
海德格尔与有限性思想（重订版）
刘小枫 选编
上帝国的信息 [德]拉加茨 著
基督教理论与现代 [德]特洛尔奇 著
亚历山大的克雷芒 [意]塞尔瓦托·利拉 著
中世纪的心灵之旅 [意]圣·波纳文图拉 著

德意志古典传统丛编
论德意志文学及其他 [德]弗里德里希二世 著
卢琴德 [德]弗里德里希·施勒格尔 著
黑格尔论自我意识 [美]皮平 著
克劳塞维茨论现代战争 [澳]休·史密斯 著
《浮士德》发微 谷裕 选编
尼伯龙人 [德]黑贝尔 著
论荷尔德林 [德]沃尔夫冈·宾德尔 著
彭忒西勒亚 [德]克莱斯特 著
穆佐书简 [奥]里尔克 著
纪念苏格拉底——哈曼文选 刘新利 选编
夜颂中的革命和宗教 [德]诺瓦利斯 著
大革命与诗化小说 [德]诺瓦利斯 著
黑格尔的观念论 [美]皮平 著
浪漫派风格——施勒格尔批评文集 [德]施勒格尔 著

巴洛克戏剧丛编
克里奥帕特拉 [德]罗恩施坦 著
君士坦丁大帝 [德]阿旺西尼 著

被弑的国王　[德]格吕菲乌斯 著

美国宪政与古典传统
　　美国1787年宪法讲疏　[美]阿纳斯塔普罗 著

启蒙研究丛编
　　赫尔德的社会政治思想　[加]巴纳德 著
　　论古今学问　[英]坦普尔 著
　　历史主义与民族精神　冯庆 编
　　浪漫的律令　[美]拜泽尔 著
　　现实与理性　[法]科维纲 著
　　论古人的智慧　[英]培根 著
　　托兰德与激进启蒙　刘小枫 编
　　图书馆里的古今之战　[英]斯威夫特 著

政治史学丛编
　　历史分期与主权　[美]凯瑟琳·戴维斯 著
　　驳马基雅维利　[普鲁士]弗里德里希二世 著
　　现代欧洲的基础　[英]赖希 著
　　克服历史主义　[德]特洛尔奇 等著
　　胡克与英国保守主义　姚啸宇 编
　　古希腊传记的嬗变　[意]莫米利亚诺 著
　　伊丽莎白时代的世界图景　[英]蒂利亚德 著
　　西方古代的天下观　刘小枫 编
　　从普遍历史到历史主义　刘小枫 编
　　自然科学史与玫瑰　[法]雷比瑟 著

地缘政治学丛编
　　地缘政治学的黄昏　[美]汉斯·魏格特 著
　　大地法的地理学　[英]斯蒂芬·莱格 编
　　地缘政治学的起源与拉采尔　[希腊]斯托齐诺斯 著
　　施米特的国际政治思想　[英]欧迪瑟乌斯/佩蒂托 编
　　克劳塞维茨之谜　[英]赫伯格—罗特 著
　　太平洋地缘政治学　[德]卡尔·豪斯霍弗 著

荷马注疏集
　　不为人知的奥德修斯　[美]诺特维克 著
　　模仿荷马　[美]丹尼斯·麦克唐纳 著

阿里斯托芬集
　　《阿卡奈人》笺释　[古希腊]阿里斯托芬 著

色诺芬注疏集
　　居鲁士的教育　[古希腊]色诺芬 著
　　色诺芬的《会饮》　[古希腊]色诺芬 著

柏拉图注疏集
　　《苏格拉底的申辩》集注　程志敏 辑译
　　挑战戈尔戈　李致远 选编
　　论柏拉图《高尔吉亚》的统一性　[美]斯托弗 著
　　立法与德性——柏拉图《法义》发微　林志猛 编
　　柏拉图的灵魂学　[加]罗宾逊 著
　　柏拉图书简　彭磊 译注
　　克力同章句　程志敏 郑兴凤 撰
　　哲学的奥德赛——《王制》引论　[美]郝兰 著
　　爱欲与启蒙的迷醉　[美]贝尔格 著
　　为哲学的写作技艺一辩　[美]伯格 著
　　柏拉图式的迷宫——《斐多》义疏　[美]伯格 著
　　苏格拉底与希琵阿斯　王江涛 编译
　　理想国　[古希腊]柏拉图 著
　　谁来教育老师　刘小枫 编
　　立法者的神学　林志猛 编
　　柏拉图对话中的神　[法]薇依 著
　　厄庇诺米斯　[古希腊]柏拉图 著
　　智慧与幸福　程志敏 选编
　　论柏拉图对话　[德]施莱尔马赫 著
　　柏拉图《美诺》疏证　[美]克莱因 著
　　政治哲学的悖论　[美]郝岚 著
　　神话诗人柏拉图　张文涛 选编
　　阿尔喀比亚德　[古希腊]柏拉图 著
　　叙拉古的雅典异乡人　彭磊 选编
　　阿威罗伊论《王制》　[阿拉伯]阿威罗伊 著
　　《王制》要义　刘小枫 选编
　　柏拉图的《会饮》　[古希腊]柏拉图 等著

苏格拉底的申辩（修订版）　［古希腊］柏拉图 著
苏格拉底与政治共同体　［美］尼柯尔斯 著
政制与美德——柏拉图《法义》疏解　［美］潘戈 著
《法义》导读　［法］卡斯代尔·布舒奇 著
论真理的本质　［德］海德格尔 著
哲人的无知　［德］费勃 著
米诺斯　［古希腊］柏拉图 著
情敌　［古希腊］柏拉图 著

亚里士多德注疏集
亚里士多德论政体　崔嵬、程志敏 编
《诗术》译笺与通绎　陈明珠 撰
亚里士多德《政治学》中的教诲　［美］潘戈 著
品格的技艺　［美］加佛 著
亚里士多德哲学的基本概念　［德］海德格尔 著
《政治学》疏证　［意］托马斯·阿奎那 著
尼各马可伦理学义疏　［美］伯格 著
哲学之诗　［美］戴维斯 著
对亚里士多德的现象学解释　［德］海德格尔 著
城邦与自然——亚里士多德与现代性　刘小枫 编
论诗术中篇义疏　［阿拉伯］阿威罗伊 著
哲学的政治　［美］戴维斯 著

普鲁塔克集
普鲁塔克的《对比列传》　［英］达夫 著
普鲁塔克的实践伦理学　［比利时］胡芙 著

阿尔法拉比集
政治制度与政治箴言　阿尔法拉比 著

马基雅维利集
解读马基雅维利　［美］麦考米克 著
君主及其战争技艺　娄林 选编

莎士比亚绎读
哲人与王者　［加］克雷格 著
莎士比亚的罗马　［美］坎托 著
莎士比亚的政治智慧　［美］伯恩斯 著

脱节的时代　［匈］阿格尼斯·赫勒 著
莎士比亚的历史剧　［英］蒂利亚德 著
莎士比亚戏剧与政治哲学　彭磊 选编
莎士比亚的政治盛典　［美］阿鲁里斯/苏利文 编
丹麦王子与马基雅维利　罗峰 选编

洛克集
洛克现代性政治学之根　［加］金·I.帕克 著
上帝、洛克与平等　［美］沃尔德伦 著

卢梭集
致博蒙书　［法］卢梭 著
政治制度论　［法］卢梭 著
哲学的自传　［美］戴维斯 著
文学与道德杂篇　［法］卢梭 著
设计论证　［美］吉尔丁 著
卢梭的自然状态　［美］普拉特纳 等著
卢梭的榜样人生　［美］凯利 著

莱辛注疏集
汉堡剧评　［德］莱辛 著
关于悲剧的通信　［德］莱辛 著
智者纳坦（研究版）　［德］莱辛 等著
启蒙运动的内在问题　［美］维塞尔 著
莱辛剧作七种　［德］莱辛 著
历史与启示——莱辛神学文选　［德］莱辛 著
论人类的教育　［德］莱辛 著

尼采注疏集
尼采引论　［德］施特格迈尔 著
尼采与基督教　刘小枫 编
尼采眼中的苏格拉底　［美］丹豪瑟 著
动物与超人之间的绳索　［德］A.彼珀 著

施特劳斯集
论法拉比与迈蒙尼德
苏格拉底与阿里斯托芬
论僭政（重订本）　［美］施特劳斯 ［法］科耶夫 著

苏格拉底问题与现代性（第三版）
犹太哲人与启蒙（增订本）
霍布斯的宗教批判
斯宾诺莎的宗教批判
门德尔松与莱辛
哲学与律法——论迈蒙尼德及其先驱
迫害与写作艺术
柏拉图式政治哲学研究
论柏拉图的《会饮》
柏拉图《法义》的论辩与情节
什么是政治哲学
古典政治理性主义的重生（重订本）
回归古典政治哲学——施特劳斯通信集
＊＊＊
哲学、历史与僭政　[美]伯恩斯、弗罗斯特 编
追忆施特劳斯　张培均 编
施特劳斯学述　[德]考夫曼 著
论源初遗忘　[美]维克利 著
阅读施特劳斯　[美]斯密什 著
施特劳斯与流亡政治学　[美]谢帕德 著
驯服欲望　[法]科耶夫 等著

施特劳斯讲学录
哲人的虔敬
苏格拉底与居鲁士
追求高贵的修辞术
　　——柏拉图《高尔吉亚》讲疏（1957）
斯宾诺莎的政治哲学

施米特集
宪法专政　[美]罗斯托 著
施米特对自由主义的批判　[美]约翰·麦考米克 著

伯纳德特集
古典诗学之路（第二版）　[美]伯格 编
弓与琴（重订本）　[美]伯纳德特 著

神圣的罪业　[美]伯纳德特 著

布鲁姆集
巨人与侏儒（1960-1990）
人应该如何生活——柏拉图《王制》释义
爱的设计——卢梭与浪漫派
爱的戏剧——莎士比亚与自然
爱的阶梯——柏拉图的《会饮》
伊索克拉底的政治哲学

沃格林集
自传体反思录

朗佩特集
哲学与哲学之诗
尼采与现时代
尼采的使命
哲学如何成为苏格拉底式的
施特劳斯的持久重要性

迈尔集
施米特的教训
何为尼采的扎拉图斯特拉
政治哲学与启示宗教的挑战
隐匿的对话
论哲学生活的幸福

大学素质教育读本
古典诗文绎读 西学卷·古代编（上、下）
古典诗文绎读 西学卷·现代编（上、下）